RECHERCHES NOUVELLES

SUR

L'HISTOIRE ANCIENNE,

PAR C. F. VOLNEY,

COMTE ET PAIR DE FRANCE, MEMBRE DE L'ACADÉMIE FRANÇAISE,
HONORAIRE DE LA SOCIÉTÉ SÉANTE A CALCUTA.

TOME PREMIER.

PARIS,

PARMANTIER, LIBRAIRE, RUE DAUPHINE.
FROMENT, LIBRAIRE, QUAI DES AUGUSTINS.

M DCCC XXV.

ŒUVRES
DE C. F. VOLNEY.

DEUXIÈME ÉDITION COMPLÈTE.

TOME V.

IMPRIMERIE DE FIRMIN DIDOT,
RUE JACOB, N° 24.

PRÉFACE.

Est-il donc vrai que l'*Histoire ancienne* soit un problème entièrement insoluble, et que nous soyons condamnés à n'avoir que des idées vagues, même sur cette partie à laquelle notre système d'éducation attache une importance religieuse? Quoi! depuis moins de 100 ans, l'esprit humain a su pénétrer une foule d'énigmes de la nature, dans l'Astronomie, dans la Physique générale et particulière, dans la Chimie, etc.; et il ne pourra deviner les logogriphes que lui-même s'est composés dans les récits de l'Histoire! D'où vient cette bizarrerie? J'interroge les observateurs des faits naturels; je leur demande par quelles méthodes ingénieuses et sûres ils on fait de si heureuses découvertes, vaincu de si subtiles difficultés? Ils me répondent « que c'est
« en rappelant les anciennes théories à de
« nouveaux examens; en dévoilant l'erreur
« ou la fausseté de certains faits qu'elles
« avaient établis comme bases; en n'admet-

« tant comme vrais que les faits constatés par
« l'expérience et par l'analyse; enfin en ne sous-
« crivant à aucune assertion par le respect des
« noms et des autorités, mais seulement par
« l'évidence qui naît de la démonstration. »

Je me tourne vers les *raconteurs* d'événements humains, vers ces écrivains qui peu-
plent nos bibliothèques de volumes sur l'*Histoire ancienne*: je leur demande pourquoi,
malgré leurs travaux savants et multipliés,
nos connaissances n'ont fait, depuis 200 ans,
aucun progrès par-delà le court espace de
six siècles qui précèdent l'ère chrétienne?
« Notre tâche, me disent-ils, est bien plus
« épineuse que celle des Physiciens : nous n'o-
« pérons pas comme eux sur des corps pal-
« pables, sur des faits soumis à l'évidence des
« sens : tels qu'un jury d'enquête, nous opé-
« rons sur des faits moraux qui ne sont pas
« présents, qui même n'existent plus, et qui
« nous sont racontés tantôt par des témoins,
« tantôt par des gens qui ne les ont pas vus :
« ces narrateurs parlant des langues diverses
« tombées en désuétude, c'est pour nous un
« premier obstacle d'être obligés de les ap-
« prendre ; déja nous pouvons commettre
« bien des erreurs à les expliquer ; ensuite il

« nous faut rechercher les faits ou plutôt les
« témoignages épars, souvent altérés par leur
« passage de bouche en bouche; il nous faut
« confronter les récits, apprécier la moralité
« et les préjugés des raconteurs; et sur quel-
« ques articles leurs contradictions sont si
« absolues, qu'il en résulte des difficultés inex-
« tricables. — Ce n'est pas tout, ajoute un
« savant critique du dernier siècle (1), et ce
« n'est pas la seule ou la vraie raison de no-
« tre ignorance : il est une cause bien plus ra-
« dicale que n'avouent pas mes doctes con-
« frères : comme eux je m'étais persuadé que
« les difficultés qui les arrêtent dans l'His-
« toire, et surtout dans la Chronologie an-
« cienne, devaient être insolubles en elles-
« mêmes, et je croyais qu'il y avait de la pré-
« somption à tenter ce que des hommes d'un
« grand nom n'avaient pu exécuter; mais lors-
« que j'ai parcouru les routes dans lesquelles
« ils ont marché, j'ai vu avec surprise que
« c'était aux seuls défauts de la méthode qu'ils
« ont suivie que l'on doit attribuer le peu de

---

(1) Fréret, premières pages des Observations générales sur l'Histoire, tome 1er de ses OEuvres, page 55, et Mémoires de l'Académie des Inscriptions, tome VI.

« succès de leurs efforts ; ils ont commencé
« par prendre leur parti dans les anciennes
« histoires, dans celles des temps antérieurs
« à Cyrus, et après cela ils semblent avoir
« étudié, non pour parvenir à la connais-
« sance de ce qui est, mais pour trouver les
« preuves de ce qu'ils ont imaginé devoir
« être, etc. »

Je vous entends, judicieux Fréret; vous voulez dire que, par l'effet d'un préjugé ancien et dominant, nos érudits ont dénaturé les fonctions de l'un des *témoins* de l'antiquité, en ce qu'au lieu d'entendre avec impartialité les dépositions du peuple juif, ils les ont reçues avec un respect aveugle, et les ont érigés en décrets suprêmes, auxquels ils ont soumis, de gré ou de force, les témoignages de ses pairs.

Effectivement, si je parcours les livres écrits depuis 200 ans sur l'Histoire ancienne, je vois leurs arguments, leurs systèmes fondés généralement sur ce principe : « Que la Chro-
« nologie du peuple juif est la règle indispen-
« sable de celle de tous les autres peuples, et
« que c'est à la mesure de son cadre qu'il
« faut allonger ou raccourcir toutes les Chro-
« nologies. »

PRÉFACE.

Avec une telle méthode, est-il surprenant que nos connaissances soient restées stationnaires au même point où les ont laissées Joseph Scaliger et le P. Petau, il y a plus de 200 ans ? et cela pouvait-il manquer d'être ainsi, lorsque les savants (1) qui ont cultivé cette branche d'instruction ont été presque tous des ecclésiastiques qui, s'attribuant l'*Histoire ancienne* comme leur domaine à raison de ses rapports avec la création du monde, ont cru leur conscience et leur religion intéressées à soutenir l'infaillibilité du système juif.

Voulons-nous dissiper, du moins en partie, les ténèbres qui couvrent l'antiquité; il

---

(1) A commencer par Africanus, prêtre, vers l'an 220, premier chronologiste chrétien qui a disloqué toutes les annales *païennes* pour les adapter au système juif ; puis Eusebius Pamphilus, évêque de Kaisarié, vers l'an 326; le moine Georges, dit Syncellus, auteur, vers l'an 800 : Joseph-Juste Scaliger, *dévot calviniste*, publie, en 1583, son livre *de Emendatione temporum* (Réforme des temps...) : Denis Petau, *jésuite*, son antagoniste, publie, en 1627, sa (vraie) *Doctrine des Temps*: Usher, dit *Usserius*, théologien, évêque d'Armagh, publie, en 1651, ses *Annales de l'Ancien Testament*, ouvrage dogmatique sans discussion ni preuve d'opinion : Alphonse Desvignoles, ministre protestant, publie, en 1732, sa *Chronologie*, qui est le livre le mieux ordonné en ce genre : voilà les chefs de la science, auxquels il faut joindre Riccioli, *jésuite*; le chevalier Marsham, *dévot catholique*... Newton, à

faut avant tout disposer nos yeux à reconnaître, à accepter la lumière de la vérité : il faut, dans l'interrogatoire ou dans l'audition des narrateurs, nous dépouiller de toute prédilection : en un mot, il faut, suivant la méthode des physiciens et des géomètres dans les sciences exactes, n'admettre par anticipation aucun fait, aucune assertion, dont la certitude, la vraisemblance morale n'aient été préalablement discutées et réduites à leur juste valeur.

C'est en cette disposition d'esprit qu'ont été faites les recherches suivantes que nous soumettons au lecteur ; et parce que, de tous les objets de discussion et de tous les moyens d'épreuve, le moins irritant, le moins récusable est le calcul arithmétique, c'est sur la Chronologie, qui est l'arithmétique de l'histoire, que nous allons d'abord exercer notre critique : nous allons examiner, 1° quel degré d'exactitude et de correction présente le système chronologique juif considéré intrinsèquement.

---

l'époque où il commenta l'Apocalypse ; l'évêque Bossuet ; Pezron et Hardouin, *jésuites* ; l'abbé Fleury ; dom Calmet, *bénédictin* ; Rollin, *recteur* de l'Université ; l'abbé Lenglet du Fresnoy ; Larcher, traducteur d'Hérodote, etc., etc., etc.

2° Sur quelles bases de faits ou de raisonnements il établit son autorité, abstraction faite de toute opinion dogmatique.

3° Quels ont été et quels *ne peuvent être* les auteurs des livres qui nous offrent ce système, fondant à cet égard nos arguments, nos preuves, uniquement sur les aveux implicites ou positifs de ces livres.

Ces bases posées, nous verrons quelles conséquences en résultent pour l'établissement de la Chronologie ancienne prise en général.

Commençons par les temps les plus connus, les plus susceptibles d'éclaircissement, et discutons d'abord la période des rois juifs, depuis Saül jusqu'à la ruine de Jérusalem, sous Sédéqiah, 687 ans avant notre ère.

RECHERCHES NOUVELLES

SUR

L'HISTOIRE ANCIENNE.

CHRONOLOGIE.

ROIS DE JUDA.   ROIS D'ISRAEL.

SECTION PREMIÈRE.   SECTION PREMIÈRE.

{ Saül   *Omis* }   *hors de compte.*
{ David... 40 }
{ Salomon. 40 }

Reg. 1, ch. 14, v. 21. Roboam. 17 ans.   Reg. 1, ch. 14, v. 20. Jéroboam. 1. 22 ans.
    ch. 15, v. 2. Abia... 3   ch. 15, v. 25. Nadal...... 2
    v. 10. Asa.... 41   v. 35. Baza....... 24
    ch. 22, v. 42. Josaphat. 25   ch. 16, v. 8. Ela........ 2
Reg. 11, ch. 8, v. 17. Joram.. 8   v. 15. Zamry.. 7 j. »
    v. 26. Okosias. 1   v. 23. Amri...... 12
                                    v. 29. Achab...... 22
                                    ch. 22, v. 52. Ochosias... 2
                                    Reg. 11, ch. 3, v. 1. Joram..... 12

          TOTAL.. 95   TOTAL.... 98

SECTION II.   SECTION II.

ch. 11, v. 3........ Athalie. 6   ch. 10, v. 28. Jehu...... 28
ch. 12, v. 1....... Joas... 40   ch. 13, v. 1. Joakas..... 17
ch. 14, v. 2, 17, 23. Amasias. 14   v. 10. Joas....... 16
           TOTAL.. 60   TOTAL.... 61

SECTION III.   SECTION III.

      Amasias continua.... 15   ch. 14, v. 41. Jéroboam II... 41
ch. 15, v. 2....... Osias... 52   ch. 15, v. 8. Zacharie 6 m.. »
    v. 33...... Joathan. 16   v. 13. Sellum. 1 m... »
ch. 16, v. 2...... Achaz... 16   v. 17. Manahem...... 10
ch. 18, v. 6...... Ézéqiab. 6   v. 23. Phakée I....... 2
                               v. 27. Phakée II....... 20
                            ch. 17, v. 1. Osée......... 9

          TOTAL.. 105   TOTAL.... 82

      Ézéqiab continua... 23
      Manassé. 55
      Amon... 2
      Josias... 31
      Ihouakas. » 3 m.
      Ihouakim. 11
      Ihouakin. » 3 m.
      Sédéquiab. 10 6 m.
      TOTAL..... 133 ans.

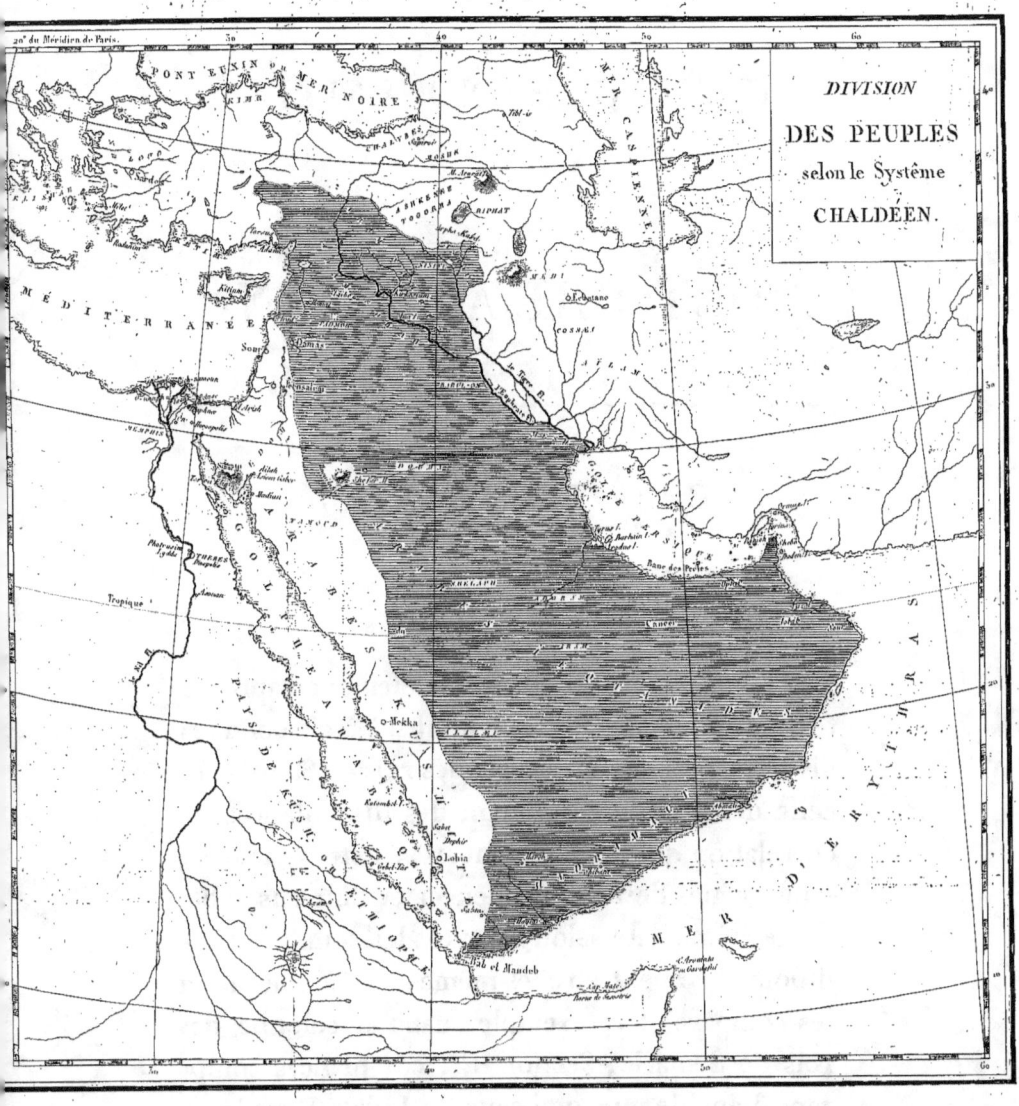

RECHERCHES NOUVELLES

SUR

L'HISTOIRE ANCIENNE.

~~~~~~~~~~~~~~~~~~~~~~~~~~~~~~~~~~~

CHAPITRE PREMIER.

Période des rois juifs.

Le tableau ci-contre, dressé fidèlement d'après le texte du *Livre des Rois*, démontre à trois époques diverses, prises dans la liste des rois de Samarie et celle des rois de Jérusalem, des discordances de corrélation qui ne devraient pas exister; car, certains règnes devant commencer et finir ensemble à une même date selon le texte, les sommes d'additions devraient être les mêmes à l'époque où on les compare. Par exemple, dans la colonne des rois de Samarie, Section 1re, ces princes comptent 3 ans de plus que ceux de Juda. Dans la 2e, une année seulement; et dans la 3e, ils ont 23 ans de moins.

Les deux premières différences sont des bagatelles que l'on peut expliquer et faire disparaître, en fondant ensemble les années premières et dernières de quatre ou cinq princes successifs ; mais les 23 ans qui se trouvent en excès de la part des rois de Juda n'admettent pas de palliatifs. Les chronologistes ont composé de gros volumes sur ce problème, sans pouvoir le résoudre, parce que posant comme principe fondamental l'infaillibilité de chaque texte, il leur devient impossible de concilier ce qui est manifestement contradictoire. Non-seulement les textes se contrarient dans les résumés additionnels, ils se contrarient encore, presqu'à chaque verset, dans les comparaisons respectives des règnes ; par exemple, un texte dit (*Reg.* II, chap. 14, v. 23) : « L'an 15 d'Amasias, « roi de Juda, Jéroboam II devient roi d'Israël, « et l'an 15 de ce Jéroboam, Amasias termine un « règne de 29 ans. » (*Ibid.* v. 17).

Donc Ozias, fils d'Amasias, lui succéda et régna l'an 16 de Jéroboam, et cependant le texte dit (chap. 15, vers. 1er.), que ce fut l'*an* 27. Quelques chronologistes veulent trouver ici un interrègne qui aurait retardé le couronnement d'Ozias ; mais cette hypothèse est détruite par l'expression formelle d'un passage qui dit : « Amasias étant mort, « le peuple prit Ozias, dit Azarias, son fils, âgé de « 16 ans, et il l'établit roi. » (*Ibid.* ch. 14, v. 21).

Cette faute de 27 *ans* se corrige en l'attribuant au copiste, qui aurait dû écrire 17 : mais immédiatement après, une autre faute semblable se reproduit ; car Jéroboam II ayant régné 41 ans, dont

15 ans du temps d'Amasias, il lui en doit rester 26 sur le règne d'Ozias; par conséquent Zakarie, fils de Jéroboam, lui succède l'an 27 (pour 28) d'*Ozias*, et cependant le texte dit l'*an* 38 (Reg. II, ch. 15, v. 8). Ce n'est pas tout; la confusion est telle dans ces comparaisons de règne à règne, que par suite de dates énoncées, un prince se trouve engendrer à l'âge de 10 ans.

« Reg. II, c. 16, v. 2.): « Achaz, fils de Joathan, « lui succède âgé de 20 ans, et il en règne 16; » donc il vécut 36 ans..... Son fils Ézéqiah lui succède âgé de 25 ans..... Donc Achaz aurait été père à 11 *ans*, et eût engendré à 10 ans; ce qui en histoire serait si étrange, qu'on en eût sûrement fait la remarque.

Il faut en convenir de bonne foi; presque toutes les dates comparées du *Livre des Rois* sont inexactes, et leur inexactitude forme un système tellement lié, qu'on ne saurait l'attribuer tout entier à la négligence des copistes..... Il est bien plutôt l'ouvrage du rédacteur même, qui composa cet extrait abrégé des archives officielles après le retour de Babylone. Nous n'entrerons pas dans les détails fastidieux et peu importants de tous les articles: nous nous bornerons à proposer pour les 23 *ans* de la Section III, deux corrections qui la redressent presque entièrement.

La première de ces corrections, admise déja par plusieurs chronologistes, porte sur le règne d'Ozias, qui a reçu 10 ans de trop par suite d'une phrase équivoque, et qui a compté 52 au lieu de 42. Le texte dit (1), « qu'après plusieurs années « d'un règne glorieux, Ozias, surnommé Azarias, « fut frappé de la lèpre; qu'il la garda jusqu'à sa « mort, et que (selon là loi) il vécut séparé dans « une maison écartée. Pendant ce temps Joathan, « son fils, *jugea le peuple à sa place* [dans le pa- « lais du roi (2)]. » En style hébraïque, *juger* c'est *régner*: ainsi Joathan *régna* à la place de son père encore vivant. Et combien de temps jugea-t-il? et auquel du père ou du fils le temps de ce règne a-t-il été compté? Plusieurs critiques ont fait cette question; en la répétant après eux, nous pensons que *ce temps équivoque* fut de 10 années, et que c'est lui qui, compté au père et au fils, a intro- duit un quiproquo de 10 ans, qui se montre par- tout. L'état primitif et vrai est qu'Azarias régna 42 *ans* seul, et 10 *ans* avec son fils : total 52. Joathan régna 6 *ans* seul et 10 avec son père : to- tal 16. Mais pour ne l'avoir pas distingué, le ré- dacteur s'est jeté dans un dédale de contradic- tions: ces 10 *ans* et ces 6 *ans* sont si bien le nœud de la difficulté et le vrai moyen de solution, que sans cesse on les voit reparaître dans l'analyse et la décomposition des règnes : ce sont ces 10 *ans*

---

(1) *Paralipom.*, II, chap. 26, v. 21. *Reg.* II, chap. 15, v. 5.
(2) *Super domum regis constitutus.*

qui ont occasioné la fausse date de l'avènement d'Ozias, placé à l'*an* 27 de *Jéroboam* au lieu de l'*an* 17 (ci-dessus). Ce sont eux qui ensuite ont réagi sur Zacharias, et l'ont fait succéder à Jéroboam l'*an* 38 au lieu de l'*an* 28 d'Ozias. Ce sont encore ces 10 *ans* qui, soustraits à l'âge de Joathan, âgé de 35 *ans* au lieu de 25, quand il règne avec son père, lui font engendrer à 16 *ans*, au lieu de 26, son successeur Achaz, qui à son tour resserré de ces 10 *ans*, engendra à 10 *ans* au lieu de 20. En rétablissant le règne d'Ozias *seul* à 42, et celui de Joathan, son fils, à 16, dont 10 du vivant d'Ozias, tout rentre dans l'ordre; mais il reste encore aux rois de Juda un excès de 13 ans.

Ici l'autorité du célèbre manuscrit *alexandrin*, que nous verrons par la suite restituer au règne d'Amon, fils de Josiah, 10 *ans* qui lui ont été mal à propos enlevés, nous fournit le moyen d'en regagner 8 sur le règne de Phakée Ier; car au lieu de 2 *ans* que les textes vulgaires donnent à ce prince, fils de Manahem, ce manuscrit lit 10 *ans*. Cette même lecture se trouve dans Eusèbe (*Chronicon, page* 24) et, qui plus est, dans le Syncelle (*page* 202). Cette fois-ci il la préfère à celle d'Africanus, qu'il remarque ne donner que 2 *ans* à ce prince (comme le texte hébreu). Par conséquent beaucoup de manuscrits grecs des plus anciens se sont accordés à donner 10 ans à Phakée Ier; ce qui restitue 8 ans de plus à la branche d'Israël, et ne lui laisse plus qu'un déficit de 5 ans, ou plutôt de 3 ans et demi vis-à-vis celle de Juda; et parce que les deux premières sections d'*Israël* ont un excès de 4 ans, il se trouve que les trois sommes additionnées et compensées donnent 249 ans, ce qui ne diffère que d'une seule année de la somme des rois de Juda, laquelle est de 250.

Après ces diverses corrections, si nous calculons la durée totale des rois de Juda, depuis l'an premier de David jusqu'à l'an dernier de Sédéqiah, nous trouvons............... 473 ans.

Et parce que le temple fut fondé l'an 4 de Salomon, c'est-à-dire, 43 ans révolus depuis l'an 1er de David, et qu'il fut incendié l'an 19 de Nabukodonosor, nous avons pour la durée de cet édifice, 473 moins 43......................... 430 ans.

Ici se présentent quelques réflexions dictées par le sujet. Comment concilier, par exemple, les hautes idées que l'on a voulu se faire de l'origine et de la nature de ces livres juifs avec l'inexactitude, les négligences, les fautes matérielles de leur rédaction? et ces vices, l'on ne peut les mettre tous à la charge des copistes : si les calculs eussent été clairs et bien ordonnés, si les sommes partielles eussent été contrôlées par une addition résumée, les copistes n'eussent point commis tant de divagations. Ce désordre de la Chronique des Rois est une preuve sensible qu'aucune autorité publique n'a présidé à sa confection; qu'elle n'est point un ouvrage officiel, mais le travail volontaire d'un ou de plusieurs individus, sans caractère authentique, et dont le nom, par cela même, n'a point été apposé. Il est facile de concevoir comment les choses ont pu se passer. Tant que la puissance nationale subsista, les registres royaux, cités dans la Chronique, furent tenus avec plus ou moins d'exactitude, et il y eut des annales régulières et authentiques; mais quand les étrangers eurent violé le trône et brisé le sceptre; lorsque le roi d'Égypte, Nekos, maître de Jérusalem, eut déposé le roi et fouillé le trésor; lorsque le roi de Babylone, surtout, eut enlevé les vases, les ornements, pillé tous les genres de richesses et de monuments conservés; lorsqu'il eut déporté toutes les principales familles, on sent que dans la dévastation d'une ville prise d'assaut, d'un palais saccagé, d'un temple brûlé, la conservation des livres fût un soin secondaire, abandonné au zèle personnel et gratuit de quelque lettré, et par suite livré à tous les hasards qu'un ou plusieurs individus courent au milieu des calamités d'une guerre terrible..... Nombre de livres durent être vendus, brûlés, dispersés. Au retour de la captivité, tout débris échappé au naufrage devint plus précieux; mais des manuscrits volumineux et dispendieux durent exciter peu d'intérêt, et trouver peu d'amateurs dans une nation ignorante et ruinée. Il fallut que le sort suscitât quelque individu qui, réunissant le goût de la chose et les moyens d'exécution, fît l'abrégé où l'extrait que nous possédons : quels furent ses matériaux et quel fut son art d'en user? Voilà ce dont on ne peut juger que par l'induction de ce qui nous reste. Si cet individu eût été un homme de marque comme Esdras, il eût été connu et cité; si ses matériaux eussent été complets et passablement en ordre, il n'eût eu qu'à les classer; s'il eût eu l'esprit méthodique et la critique nécessaire à éclaircir les difficultés, il eût rédigé son travail avec une clarté qui n'eût pas permis tant de divagations aux copistes. Par exemple, s'il eût exprimé la durée positive du règne de Saül, cette durée se trouverait-elle en lacune dans tous les manuscrits sans exception et dans toutes les versions, à commencer par la version grecque sous Ptolomée? et s'il eût exprimé la durée totale des rois de Jérusalem, éprouverions-nous les variantes et les discordances où nous la voyons flotter? Cette omission capitale est la cause de tout le désordre de leur liste, en même temps qu'elle semble l'effet de l'hésitation et de l'incertitude du compilateur, qui n'a osé prononcer. Des copies premières ayant été faites de son manuscrit, ses premiers lecteurs en auront fait la remarque : l'on aura fait quelque calcul, quelques recherches; une opinion orale se sera établie entre les docteurs; quelque savant aura coté sur sa copie la somme qu'il aura crue vraie..... Supposons 473 : par le laps du temps, par les effets des guerres et la dispersion des Juifs, cette tradition se sera perdue..... Quelques docteurs auront trouvé de l'équivoque dans le texte réellement vague qui est relatif au règne d'Ozias et à l'association de son fils..... Les uns auront compté les 10 *ans* de l'association, en dehors; les autres, en dedans du règne du père: un surplus de 10 *ans* se sera introduit; une branche de manuscrits aura compté 483; une autre branche soutenant le nombre 473, l'on aura voulu retirer les 10 ans de trop, et la soustraction sera tombée sur le règne d'*Amon*, fils de Josias, ainsi que nous le verrons; ces variantes doivent être très-anciennes, puisque nous les trouvons dans la version grecque de Ptolomée et dans l'historien Josèphe, dont les contradictions semblent tenir à la diversité des manuscrits qu'il a consultés et suivis, en exceptant néanmoins l'opinion qui lui fut imposée par la Synagogue asmonéenne dont il fut membre. Ces contradictions ne sont pas sans quelque résultat utile dans notre question; mais pour en saisir le fil il est nécessaire de remonter au règne de Saül.

La durée de ce règne, telle que l'énonce le texte hébreu, est absolument inadmissible.

« *Saül* [dit ce texte (1)] *était âgé d'un an lors-*

---

(1) Samuël, ch. 13.

CHRONOLOGIE DE JOSÈPHE.

ROIS JUIFS.

SELON LE TEXTE VULGAIRE.	SELON JOSÈPHE.		RÉSULTAT CORRIGÉ.
	TEXTE GREC.	TRADUCTION DE RUFIN.	
Saül..... » ans.	20 ans ou 40	20 ans.	20 ans.
David.... 40	40	40	40
Salomon.. 40	80 vécut 94	40 vécut 94	40
Roboam.. 17	17	17	17
Abia..... 3	3 *omis*.	3	3
Asa...... 41	41	41	41
Iosaphat. 25	25	25	25
Ioram ... 8	8	8	8
Ochozias. 1	1	1	1
Athalie... 6	6 *tuée à la* 7^e	6	6
Joas..... 40	40	39 ou 40	40
Amazias.. 29	29	29	29
Ozias.... 52	52	52	42
Ioathan.. 16	16	16	16
Achaz ... 16	16	16	16
Ézéqiah.. 29	29	29	29
Manassé.. 55	55	55	55
Amoun... 2	2	2	12
Iosias.... 31	31	31	31
Ioachaz .. » 3 m.	» 3 m. 10 j.	» 3 m. 10 j.	» 3 m. 10 j.
Ioaqim... 11	11	11	11
Ioakin... » 3 m.	» 3 m.	» 3 m.	» 3 m.
Sédéqiah. 10 5 m.	11	11	10 5 m.
473	533 6 m. ou 553	492 6 m.	493
	514		

« *qu'il régna, et il régna deux ans.* » D'abord nous observons que le texte mot à mot ne dit pas d'*un an*, mais de..... *an*, laissant le nombre en lacune ; et il n'est pas permis de traduire *un* sans le mot *ahad*, qui l'exprime. La première de ces données est si choquante, que personne n'a osé la défendre, au sens littéral ; quelques interprètes ont recouru à des sens mystiques et allégoriques, qui ne signifient rien. La seconde est si contraire à tout l'historique du règne de Saül, qu'il est incontestable qu'une altération, ou plutôt une lacune existe ici dans le texte. Or, telle est l'antiquité de cette lacune, que la version grecque d'Alexandrie n'osant admettre deux données si absurdes, a préféré de supprimer le verset entier. Aucun manuscrit grec connu n'y supplée, et ceci fait peu d'honneur à l'exactitude des prétendus 70 *docteurs* : pour remplir l'omission et surtout pour corriger l'erreur seconde, les chronologistes ont invoqué deux écrivains juifs ; l'un est l'historien Fl. Josèphe, qui dans ses Antiquités judaïques, dit (1) : *que Saül régna 18 ans du vivant de Samuël, et 22 ans après la mort de ce prophète*..... Par conséquent Saül aurait régné 40 ans ; mais plusieurs graves objections s'élèvent contre cette donnée : tous les critiques sont d'accord que les manuscrits de Josèphe ont subi des altérations considérables dans leurs

---

(1) Lib. VI, chap. 18, *in fine*.

chiffres, de la part des copistes qui y ont porté des motifs de piété. Or, dans le cas présent, outre que les manuscrits dans l'idiome grec sont trop peu nombreux pour faire autorité, nous avons la version latine que le prêtre *Rufin*, ami de saint Jérôme, fit du texte grec de Josèphe, vers le temps du concile de Nikée; et cette version, qui sert de contrôle à nos manuscrits actuels, les dément ici....., car elle porte : « Saül régna 18 *ans* du vi-
« vant de *Samuël* et 2 *ans* (seulement) après la
« mort de ce prophète; » ce qui ne fait en tout que 20 ans.

De plus, Josèphe dans un autre passage (1) des mêmes manuscrits grecs, corrige l'erreur des 22 *ans*, lorsque, récapitulant la durée des rois de Jérusalem, il dit : « Et ces rois régnèrent pendant
« un espace de 514 ans, 6 mois, 10 jours, *sur les-*
« *quels Saül, premier roi, mais qui ne fut point du*
« *sang de David*, régna 20 ans. » La version de Rufin porte les mêmes nombres de 514 et 20 : par conséquent les 22 du premier passage sont évidemment une erreur, ou plutôt une altération du copiste, qui a eu un motif que nous allons bientôt voir.

On peut demander où Josèphe a puisé cette instruction : nous ne dirons pas, dans les écrits des Juifs de son temps, qui furent très-ignorants; mais

---

(1) *Antiq. jud.*, lib. X, cap. 8.

nous pensons qu'ici et dans plusieurs autres cas, il a emprunté d'un historien grec qui paraît avoir été bien instruit de ce qui concerne les Juifs. Cet historien est *Eupolème*, qu'il cite avec éloge dans son livre contre Appion (1), et dont Eusèbe, parmi plusieurs fragments (2), cite celui-ci : « Eupolème « dit que *Saül mourut* vers la 21ᵉ année de son « règne, *que David régna* 40 *ans*, etc..... » Eupolème nous est désigné comme la source où Alexandre Polyhistor puisa la plupart de ses récits sur les Assyriens et sur les Juifs; et Alexandre Polyhistor ayant vécu du temps de Sylla, il s'ensuit qu'Eupolème a pu vivre un siècle avant lui; et comme il paraît avoir beaucoup voyagé, il aura visité Alexandrie, y aura conversé avec des docteurs juifs qui, dans ce foyer de la traduction grecque, exécutée peut-être un siècle avant eux, ont pu avoir recueilli de bonnes traditions ou des notes marginales tirées de manuscrits anciens. Toujours est-il vrai que les fragments d'Eupolème portent un cachet particulier d'instruction sur les Juifs. Quant à la durée totale des rois de cette nation, que nous évaluons à 473 ans, non compris Saül, et à 493 en y ajoutant ce prince,

---

(1) Lib. I, n° 23. Josèphe l'associe à Démétrius de Phalère et à Philon l'ancien, comme étant les trois historiens les mieux informés sur les Juifs. Démétrius fut contemporain et témoin de la version grecque.
(2) *Præp. evang.*, lib. IX, p. 447.

cette somme ne diffère de celle du texte hébreu, qu'en ce qu'il ôte au roi *Amon* 10 *ans* que nous verrons lui appartenir dans l'article des Assyriens, et qu'il double les 10 ans premiers de Joathan que nous simplifions; cette identité autorise à croire que notre calcul est l'ancien et véritable; et il semble avoir été celui de l'historien Josèphe, en écartant les altérations et les contradictions de ses principaux passages. Par exemple, sa liste détaillée que nous présentons dans le tableau ci-joint, donne, selon la traduction latine de Rufin, un total de 492 ans; et si l'on compte pour 40 ans *Joas* qu'il ne compte que pour 39, l'on a juste 493 ans.

Il est vrai que sa liste grecque diffère beaucoup puisqu'elle compte 533 ans, Saül n'étant porté que pour 20..... Mais il y a erreur manifeste sur Salomon, qu'il porte pour 80, et qui, selon tous les textes, n'a que 40 ans. Supprimez ces 40 de 533, il vous reste 493, nombre vrai.

Nous avons vu que dans un autre passage Josèphe donne aux rois (1) de Jérusalem 514 ans de durée, y compris les 20 de Saül : voilà une contradiction palpable avec les 533 de sa liste grecque, et un excès de 20 ans sur les 493 de sa liste latine. N'est-il pas à croire qu'ici il a compté Salomon pour les 40 ans qui lui appartiennent,

---

(1) *Antiq. jud.*, lib. X, cap. 8.

mais que les copistes ont ajouté à Saül les 20 ans nécessaires à compléter les 40 qu'ils ont voulu établir? Alors cette altération serait antérieure à Rufin même, et l'on voit quels embarras des copistes infidèles jettent dans les textes des écrivains. Eh! comment cette audace n'aurait-elle pas existé dans des temps de barbarie, et dans le secret des copies écrites à la main, quand de nos jours *Havercamp* a osé introduire dans son édition imprimée, une altération choquante, un faux matériel, en écrivant 522 dans sa traduction latine, au lieu de 532 que porte le grec imprimé à coté (1)!

---

(1) *Voyez* lib. XI, cap. 4, à la fin. Josèphe dit que la monarchie dura, depuis Saül, 532 ans 6 mois. La traduction de Rufin est d'accord; et il a plu à Havercamp d'écrire 522 qui est aussi faux. A l'égard des 80 ans de Salomon, qui de Josèphe ou de ses copistes les a imaginés? Nous l'ignorons; mais l'on ne peut attribuer qu'à lui les 94 ans de vie qu'il donne à ce prince, et qui sont inconciliables avec le temps de l'enlèvement de sa mère, vers la 14e ou la 15e année du règne de David; Salomon dut avoir environ 25 ans à son avènement, et son début ferme et prudent cadre avec cet âge. Au reste, on ne peut disculper partout Josèphe de manque de critique et de bons calculs: par exemple, il dit: « Achaz régna 16 ans, « et il en vécut 36... Son fils Ézéqiah régna 29 ans, et en vécut « 54 ». Donc Ézéqiah avait 25 ans lorsqu'il remplaça Achaz, lequel n'ayant vécu que 36 ans, se trouve l'avoir engendré à l'âge de 10 ou de 11 ans.

Deux autres contradictions se présentent encore dans Josèphe relativement à la durée des rois juifs: « Le temple, « nous dit-il (lib. X, cap. 8), fut brûlé par *Nabukodonosor*,

Le second écrivain invoqué par les chronologistes pour soutenir les 40 ans de Saül, est l'auteur des Actes des Apôtres. Cet anonyme fait dire (ch. XIII) à saint Paul, haranguant dans Antioche de Pisidie, que « Dieu ayant livré à nos pères le « pays de Kanaan, leur donna des juges pendant

---

« l'an 18 de son règne, 11ᵉ de Sédéqiah, 470 ans 6 mois après « sa fondation (par Salomon) ». D'abord le *Livre des Rois* atteste que le temple fut brûlé l'an 19 de Nabukodonosor, par Nabuzardan, l'un de ses généraux; ensuite ces 470 ans sont une erreur manifeste : car le temple ayant été fondé l'an 4ᵉ de Salomon, si de la durée totale des rois 493 nous retranchons, 1° les 20 ans de Saül, 2° les 40 de David, 3° les trois premières années de Salomon, total 63 ; il ne nous reste que 430 et non pas 470 ans; or la différence de 430 à 470 est précisément de ces 40 ans, dont Josèphe a surchargé, sans raison, le règne de Salomon, qu'il porte à 80 ans au lieu de 40... Mais si nous comptons ces 470 à reculons, c'est-à-dire en rétrogradant depuis l'an 11 de Sédéqiah, nous trouverons que leur première année coïncide juste à l'an 4 de David, au lieu de l'an 4 de Salomon. Cette méprise ne peut venir que de Josèphe... elle se reproduit au liv. XX, chap. 9, lorsqu'il dit : « Il y a eu dix-huit grands-prêtres depuis la fondation du « temple jusqu'à sa ruine, par Nabukodonosor, en un espace « de 466 ½. » Voilà encore une variante de 4 ans qui ne peut venir que de cet auteur ; il est remarquable que ces 466 ½ comptés en remontant, tombent juste à l'an 8 de David, c'est-à-dire à la 1ʳᵉ année de l'occupation de Jérusalem, lorsque l'arche y fut transférée par ce prince ; et cela en comptant Salomon pour 40 ans seulement, ce qui est exact en tout point. Au reste ce passage a le mérite d'indiquer que la liste des grands-prêtres a été un monument particulier, indépendant de toute autre chronique, duquel Josèphe, en sa qualité de fils de prêtre, a eu connaissance, mais dont il a fait emploi sans le discuter ni le confronter à ses autres calculs et autorités.

« *environ* 450 ans jusqu'à Samuel ; puis, lorsqu'ils lui
« demandèrent un roi, il leur donna Saül pendant
« 40 ans. »

Ces deux nombres ont causé beaucoup d'embarras aux écrivains ecclésiastiques, parce que le premier est en contradiction formelle avec le *Livre des Rois*, qui dit que « depuis la sortie d'Égypte « jusqu'à la fondation du temple, il ne s'écoula que « 480 *ans.* » Saint Paul en supposerait plus de 570 ; et parce que le second ne se trouve dans aucun autre livre canonique, l'on ne conçoit pas d'où saint Paul l'a tiré. Cette difficulté, traitée théologiquement, nous paraît réellement insoluble ; mais si nous l'examinons selon les principes naturels et généraux de la critique historique, nous demanderons d'abord quel est *cet auteur des Actes*, inconnu de temps et de lieu ; quelles preuves fournit-on de l'authenticité de son livre, de l'époque même où il a paru, de la présence de son auteur au discours de saint Paul, de son exactitude à recueillir et à coter les nombres donnés par l'Apôtre ? et parce que l'on ne peut rien répondre de satisfaisant à toutes ces questions, nous disons que ces nombres reposent uniquement sur la garantie personnelle d'un inconnu, sans date ni titre ; que ces 450 ans résultent d'une manière d'évaluer le temps des juges que nous exposerons à leur article ; et que les 40 *ans* de Saül semblent venir de la même source talmudique que les 80 ans de Salomon, système de doublement dont il existe encore d'autres exemples : néanmoins nous ne dirons pas que l'anonyme ait copié Josèphe ; au contraire, nous sommes persuadés que c'est pour se conformer à ce passage *des Actes des Apôtres*, que les copistes dévots ont altéré celui de Josèphe, où le grec porte 22 au lieu de 2. Quoi qu'il en soit de l'origine de ces fautes, une analyse exacte de la vie de Saül achevera de démontrer que ce prince n'a pu et dû régner que 20 *ans* et non pas 40.

David avait trente ans lorsqu'après la mort de Saül il commença de régner à Hébron. (*Sam.* lib. II, c. v.) Il dut en avoir au moins 20 lorsqu'il fut présenté à ce roi pour combattre le géant ; car lorsque Saül lui représente qu'il *est jeune*, tandis que son rival est un homme fait et expérimenté (1), David lui répond que *déja* il a de ses mains étranglé un ours et un lion. Et peu auparavant l'officier qui le *recommande* à Saül, avait dit que David était *un jeune homme grand et fort* (2), propre à la guerre ; ce qui ne saurait se dire d'un jeune garçon de 15 ou même de 18 ans. De là il s'ensuit que David vécut environ 10 ans avec Saül ; donc Saül a dû commencer son règne 10 années auparavant ; et lorsqu'on lit attentivement son histoire depuis les chapitres VIII et IX, l'on

---

(1) *Sam.*, lib. I, cap. 17, v. 34.
(2) *Ibid.*, cap. 16, v. 18.

est convaincu que ces 10 années ont suffi à tous les événements, qui sont : 1° la guerre contre *Nahas*, roi des Ammonites, guerre qui fut la cause de l'élection de Saül: « Au bout d'un mois », est-il dit (ch. xi), « il marche au secours de la « ville de *Iabès*, bat les Ammonites; et parce que « sa première élection avait eu des opposants, Samuel « profite de l'enthousiasme des Hébreux vainqueurs « pour sacrer Saül une seconde fois... (1) » Après cette guerre d'une seule campagne, vient celle des Philistins, où, dès le début, son fils Jonathas se montre un guerrier aussi vigoureux que brave, ce qui comporte au moins 20 ans : par conséquent *Saül*, quand il régna, dut avoir au moins 41 ans; et si le texte actuel nous dit qu'il était âgé de 1 an, c'est sûrement parce que le premier chiffre 4 a disparu, et qu'originairement il y avait 41. Cette première donnée, qui se fonde sur des faits positifs, exclut les 40 ans de règne; car Saül aurait eu 80 ans lorsqu'il périt, tandis que le récit de sa mort le représente encore comme un guerrier plein de vigueur, et peint son fils Jonathas (qui aurait dû à cette époque avoir 60 ans), comme un homme d'environ 40 ans qui venait d'avoir un enfant (*Miphiboseth*). Ajoutez que *Nahas*, ce roi ammonite contre qui marche Saül, ne meurt que vers l'an 12 ou 15 de David (lib. ii ; c. x), en sorte qu'il eût

---

(1) *Ibid.*, lib. I, cap. 12, v. 12.

régné plus de 55 ans, chose presque impossible dans un siècle où, pour être roi, il fallait être déja un homme de guerre. La guerre des Philistins occupe un ou tout au plus deux étés (ch. XIV); Saül, pour s'affermir, laisse tranquilles les Philistins trop puissants; mais pour tenir son peuple en haleine, il attaque 1° les Moabites, 2° les Ammonites, 3° les Iduméens, tous peuples pasteurs assez faibles; 4° les Syriens de Soba (au nord de Damas, vers Halep); puis il revient aux Philistins, et enfin à son expédition contre les Amalékites, par suite de laquelle l'impérieux Samuel le disgracie et sacre le jeune David. Or, si l'on fait attention qu'alors chez les Hébreux organisés à la manière des Druses de nos jours, il n'y avait point de troupes soldées subsistantes, mais que la guerre se faisait par convocation et levée en masse à chaque printemps, qu'elle ne durait ordinairement qu'une campagne, et n'était qu'une incursion de pillage pour récompenser les combattants; ces six ou sept guerres n'ont pu emporter plus de 9 à 10 ans, et par conséquent Josèphe paraît avoir eu raison de n'évaluer le règne total de Saül qu'à 20 années. Or, comme réellement c'est vers la fin de son règne qu'arrive la mort de Samuel (1), tout concourt à prouver la vraisemblance des assertions de l'historien juif.

---

(1) *Sam.*, lib. I, cap. 25.

Les douze années de judicature qu'il attribue à *Samuel*, sont également très-probables; car supposons que ce prophète soit mort à 70 ou 72 ans, il aura abdiqué de 52 à 54; à cette époque (ch. xii), Samuel demandant au peuple assemblé un témoignage solennel de la pureté de sa gestion, il dit qu'il a les cheveux déja blancs : pour un homme d'État, usé d'affaires et de soucis depuis sa jeunesse, cette circonstance convient à cet âge. Ce serait donc vers 40 ou 42 qu'il aurait commencé de juger, et cela à l'époque de l'assemblée de *Maspha*. Or, 20 ans et 7 mois avant cette assemblée, avait eu lieu la bataille d'Aphek (1), où les Philistins prirent l'arche, tuèrent les deux fils d'Héli; qui lui-même périt en apprenant ces désastres. Samuel à cette époque aurait eu environ 20 ans; et réellement lorsque l'on compare avec attention divers faits de sa jeunesse contenus dans les premiers chapitres; lorsqu'on examine avec défiance par quelles manœuvres habiles et secrètes, il parvint à supplanter la famille d'Héli; comment les vexations des enfants de ce grand-prêtre leur ayant suscité un parti ennemi, ce parti jeta ses vues sur Samuel pour les écarter du sacerdoce; comment *un homme inspiré de Dieu*, et protecteur secret du jeune Samuel, fit d'abord des remontrances à Héli, et lui annonça que Dieu écarterait sa maison

---

(1) *Sam.*, lib. I, cap. 5.

du sacerdoce pour y placer un étranger qui serait l'objet de l'envie de sa famille; comment peu de temps après, Samuel prétendit avoir entendu la voix de Dieu qui lui tint exactement le même discours (1); comment cette *apparition ébruitée* le fit regarder comme l'*élu* de Dieu et le successeur désigné d'Héli; enfin lorsque l'on considère dans tout le cours de sa vie, combien son caractère fut impérieux, dissimulé et jaloux de puissance, l'on pensera que dans l'anecdote *de la vision* du chapitre III, il joua un rôle habile et profond qui exige au moins l'âge de 20 ans.... Chez les Juifs, où il fallait 30 ans pour être sacrificateur, il fut encore trop jeune pour remplacer le grand-prêtre; mais il employa ce temps à se faire des partisans et à augmenter son crédit contre la famille puissante d'Héli : quand il se crut assez fort, il leva l'étendard à *Maspha*, âgé alors de 40. Dix ans après, vers l'âge de 50, il établit ses deux fils juges en une petite ville, pour accoutumer le peuple à leur obéir, et il put déjà avoir des enfants de 25 ans; mais leurs prévarications ayant excité des murmures, son ambition fut déçue, et il fallut que malgré lui il nommât un roi, d'où il résulta, dans l'organisation politique des Hébreux, un changement tout-à-fait semblable à celui qui, au Japon, substitua le *Cubo* au *Daïri*; c'est-à-dire, que tout

---

(2) *Ibid.*, lib. I, cap. 3.

PÉRIODE DES ROIS JUIFS.

LISTE CHRONOLOGIQUE DES ROIS DE JUDA.		Avant J.-C.	ROIS DE SAMARIE OU ISRAEL.		Avant J.-C.
Saül règne	20 ans.	1078			
David	40	1058			
Salomon	40	1018			
Roboam	17	978	Jéroboam I règne	22 ans.	978
Abia	3	961			
Asa	41	958			
			Nadab	2	956
			Baaza	24	954
			Ela	2	930
			Zamri, 7 jours	»	»
			Amri	12	928
Iosaphat	25	918			
			Achab	22	916
			Ochosias	2	894
Ioram	8	892	Ioram	12	892
Ochozias	1	884			
Athalie	6	883			
Joas	39	877	Jehu	28	880
			Ihouhakaz	17	852
Amasias	29	838			
			Iohaz	16	835
			Jeroboam II	41	820
Ozias règne seul	(42)	809			
			Zakarie, 6 mois ⎫ Sellum, 1 mois ⎬	»	779
			Manahem (tributaire de Phul, roi d'Assyrie)	10	778
Iotham règne seul... 6 ans, Et du vivant d'Ozia.. 10	16	767	Phakée I	10	768
			Phakée II	20	758
			Hoshée (appelle Seva, roi d'Egypte).	9	738
Achaz	16	751	Prise de Samarie par Salmanasars, et ruine du royaume d'Israël, l'an 6ᵉ d'Ézéqiah, roi de Juda		730
Ézéqiah	29	735			
Manassé	55	706			
Amon	(12)	650			
Josias	31	638			
Ioachaz... 3 mois, fin de l'an		609			
Ioaqim	11	608			
Ioakin... 3 mois, fin de l'an		598			
Sédéqiah... 10 ans 5 mois		597			
Ruine de Jérusalem		587			
Incendie du Temple		586			

le pouvoir exécutif passa de la main des prêtres aux mains laïques et militaires.

CHAPITRE II.

Durée des Juges.

Nous venons d'obtenir, pour la durée totale des rois hébreux, y compris Saül, une somme de............................... 493
    Si nous la joignons à celle de.......... 586

écoulée depuis la ruine du temple de Jérusalem jusqu'à notre ère, nous aurons, pour première année de Saül, l'an............ 1079

    Alors la judicature de Samuel, évaluée à 12 ans, aura commencé l'an............ 1091
    Quant à celle d'Héli, si l'on considère que ce grand-prêtre était en place dès avant la naissance de Samuel; que déja ses enfants étaient des hommes faits, ayant des enfants, et que les diverses autorités s'accordent à lui donner 78 ans quand il mourut; l'on regardera comme probable et convenable le nombre de 40 ans que le texte hébreu assigne à sa judicature. Héli aura donc commencé de gouverner l'an .... 1131 av. J.-C.

De combien d'années cette date est-elle postérieure à Moïse! Ici se présentent de grandes difficultés; car dans cette période de temps, que l'on nomme *les Juges*, nos deux seuls guides et autorités sont *le livre de ce nom*, et le livre dit *Josué*. Or, le récit de ces deux livres sur la durée et la succession des juges est si vague; leur calcul des sommes partielles d'années est si contradictoire avec le résultat d'addition totale, et avec le résumé du *Livre des Rois*, qu'il est impossible d'en déduire une série régulière et fixe de temps. Les chronologistes avouent ce déficit, mais ils n'avouent pas également la conséquence qui en résulte et qui est qu'*au-dessus d'Héli*, il y a *interruption, fracture absolue* dans le système juif, de manière que tous les événements antérieurs à ce grand prêtre flottent dans le vague et ne sont classés que par conjecture. Notre intention constante étant de donner au lecteur, non pas notre opinion propre, mais les moyens d'établir la sienne, nous allons lui offrir, dans un tableau raccourci et sous un coup d'œil facile, tous les passages chronologiques des *Livres de Josué et des Juges*, en le prévenant qu'il a besoin de beaucoup de patience et d'attention dans cette discussion aride et compliquée qui nous a coûté encore plus de peine qu'à lui. (*Suivez le tableau, page suivante.*

L'on voit dans ce tableau, que l'addition des

TABLEAU DE LA DURÉE DES JUGES.

Moïse..................	» ans.	
Josué.... *Temps omis*...	».....	
Une génération..........	»....	Josué, chap. dernier, *et Juges*, chap. 1ᵉʳ.
Servitude sous Kusan......	8....	*Juges*, c. 2.
Finie par Othoniel. *Paix de*	40....	Josué, c. 15, v. 16, *Jug.* c. 3, v. 11.
Servitude sous Eglon.......	18....	*Juges*, c. 3, v. 14.
Finie par Aod. *Repos de*..	80........	*Ibid.* v. 30.
Samgar.... *Temps omis*.	».........	
Servitude sous Jabin.....	20.......	*Ibid.* c. 4, v. 3.
Finie par Débora. *Repos de.*	40.......	*Ibid.* c. 5, v. 32.
Servitude sous les Madianites..............	7..........	c. 6, v. 1.
Finie par Gédéon *qui juge*..	40..........	c. 8, v. 28.
Abimélek................	3..........	c. 9, v. 22.
Thola...................	23..........	c. 10, v. 2.
Iaïr.....................	22..........	*Ibid.* v. 3.
Servitude sous les Philistins et les Ammonites..	18..........	v. 8.
	319 ans.	
Jephté, *juge*............	6...........	c. 12, v. 7.
Abesan.................	7...........	v. 9.
Ahialon.................	10...........	v. 11.
Abdon..................	8...........	v. 14.
	31	
Servitude sous les Philistins.	40...........	c. 13, v. 13.
Temps de Samson.......	20....	*Juges*, c. 16, v. 31, c. 14, v. 4.
——— d'Héli.............	40....	Samuel, lib. I, c. 4, v. 18.
Samuel...... *Omis*.....	».....	
Saül...................	2.....	
David..................	40.....	
Salomon................	3.....	
	495	

sommes partielles donne une durée totale de 495 ans; et cependant, outre le temps inconnu de Samagar, il faut encore porter en compte celui de Moïse (40); celui de *Josué*, et de la *génération des Vieillards* qui jugèrent après lui. Supposons pour ces deux objets 30 années: plus 40 pour Moïse = 70, plus 12 pour Samuel et 18 pour Saül, autre 30, total, 100. Nous avons depuis la sortie d'Égypte jusqu'à l'an 4 de Salomon, exclusivement, une durée totale de . . . . 595 ans.

Ce résultat authentique, et qui ne peut se nier, chagrine beaucoup les chronologistes catholiques et même protestants, parce qu'il est en contradiction formelle avec deux autorités non moins infaillibles pour eux que les *Livres des Juges et de Josué*. La première est celle de l'anonyme, auteur des *Actes des Apôtres*, qui dit, chapitre XIII:

« Le Dieu de nos pères supporta leurs maux
« au désert durant l'espace d'*environ* 40 ans....
« Après cela, pendant *environ* 450 ans, il leur
« donna des juges jusqu'à Samuel le prophète.
« Ayant ensuite demandé un roi, Dieu leur donna
« Saül pendant 40 ans. » (Act., chap. XIII, v. 18.)

D'abord, dans les deux premières sommes les mots *environ* doivent paraître singuliers: ils donnent à penser que l'auteur n'était pas sûr de son calcul.

Ensuite, si nous calculons depuis Josué jusqu'à Samuel, nous trouvons bien réellement. . 450 ans.

Ici nous avons la preuve matérielle que l'*auteur inconnu* des Actes des Apôtres n'a pas eu d'autres monuments ni d'autres documents que les nôtres; mais son calcul n'en est pas moins erroné, en ce qu'il ne compte rien pour *Josué*, ni pour les Vieillards, ni pour *Samgar*, dont les temps réunis exigent au moins 30 ans et feraient . . . 480 ans. Or, si cet auteur s'est trompé dans le *premier calcul*, nous avons droit de conclure qu'il n'a pas plus d'autorité dans celui sur *Saül*...; et nous avons démontré plus haut qu'à cet égard il est en erreur positive. Son calcul total, pris depuis Moïse jusqu'à la fondation du temple, en excluant *Josué*, les Vieillards et Samuel, supposera une durée de 573 ans. 573

Et si nous ajoutons 42 pour ces trois articles omis. . . . . , 42.

Cet auteur admettrait une durée totale de. . . . . 615 ans.

La seconde autorité contradictoire aux résultats des *Juges* et de *Josué*, est celle du rédacteur des *Rois*, qui résumant le temps écoulé depuis la sortie d'Égypte jusqu'à la fondation du temple par Salomon, dit que cet intervalle fut de. . 480 ans. Cette autorité est d'autant plus grave, que, selon l'opinion commune et raisonnable, la rédaction des Rois fut faite peu après le retour de la captivité, et que l'auteur quelconque eut à cette époque plus de moyens de s'éclairer qu'aucun autre écrivain postérieur :

Cependant, en n'admettant avec le texte hébreu que *deux* ans pour Saül; en tenant pour nuls *Moïse*, *Josué*, les *Vieillards* et *Samuel*, nous avons . . . . 495 ans.
auxquels on ne peut refuser de joindre les 4o de Moïse, total. 535
Il y a excès de 55. . . . . sur ses 48o.

Il faut donc que le rédacteur des *Rois* ait tiré son calcul d'une autre source, ou qu'il ait fait des réductions sur les nombres de notre liste; et en effet nous en trouvons une saillante exprimée formellement par le *Livre des Juges*; l'auteur rapportant le message de *Jephté* au roi des Ammonites, cite ces propres paroles de leur dialogue; Jephté dit (1) :

« Pourquoi attaquez-vous Israël? le roi répond : « Parce qu'Israël revenant d'Égypte, a usurpé mes « terres depuis l'Arnon jusqu'au Jourdain.

« Eh! pourquoi, reprit Jephté, n'avez-vous pas « fait cette réclamation depuis 3oo *ans* ? » Il y avait donc 3oo ans écoulés depuis la dernière année de Moïse jusqu'à la première de Jephté; et si la citation est exacte, Jephté a dû être mieux instruit du fait qu'on ne l'a été depuis. Néanmoins la liste des Juges présente 319 ans, et toujours avec l'o-

---

(1) Chap. 12, v. 13 et 26.

mission du temps de *Josué* et des *Vieillards*, ce qui donne un total de 349. Or, l'on ne saurait dire que Jephté ait compté 300 en nombres ronds, quand il y a un excès de 49; ce surplus a donc été *réduit* d'une manière quelconque. Pour opérer cette réduction, les chronologistes disent, «que les « 12 tribus du peuple hébreu étant répandues et « comme dispersées en deçà et au delà du Jourdain, « aux frontières de peuples divers, une même judi-« cature, une même servitude n'a pas eu lieu simul-« tanément pour toutes; mais que les temps de « divers juges et de diverses servitudes ont couru « parallèlement, et que par erreur ils ont été « comptés doubles. »

Cette explication est admissible; elle trouve même sa preuve dans le texte du chapitre 4; car il y est dit qu'après la *mort d'Aod, le peuple retomba en servitude:* or comme il est impossible qu'Aod ait jugé, c'est-à-dire, gouverné 80 ans, il est très-probable que la *servitude indiquée* fut celle que subit *la Galilée* de la part de Iabin, roi de *Hatsour*, dont le temps aura couru dans les 80. Mais cette solution admise, il reste encore un excès de 29 ans sur les 300 de Jephté.

On a dit également que Samson ne fut point un juge général (1), mais un *héros local* dont les

---

(1) C'est l'opinion expresse de Usher, de Petau, de Marsham, de Lejay, etc.

exploits eurent pour théâtre le pays des Philistins; que par conséquent l'oppression des *Philistins pendant 40 ans*, englobe *les 20 de Samson*, et que peut-être elle fut la même qui durait encore au temps d'Héli. Alors ces 40 ans engloberaient 3 sommes qui séparément en donnent 100; et si l'on retirait les 60 en excès, plus les 20 de Iabin, on aurait 80 ans à soustraire de 565 (1), ce qui produirait 485 ans, très-voisins des 480 de la Chronique des Rois; mais il faudra restituer les 12 ans de Samuel, les 20 de Saül, ce qui ajoute 32 à 485 — 517; et de plus, rien ne prouve que les 40 ans des Philistins soient identiques à la judicature d'Héli : au contraire, une lecture attentive du texte indique à la fois fracture de récit, et lacune de faits entre Abdon et Héli. Cette lacune, au lieu d'être restituée, se trouve confirmée par l'incohérence du *Livre des Juges* avec celui de *Samuel*, qui devrait en faire suite, et dont *le début* n'a aucune liaison avec ce qui précède.....
Desvignoles (2) convient expressément que le dernier verset de l'histoire de Samson fait la clôture réelle du *Livre des Juges*; car, ajoute-t-il, « la plu-
« part des savants reconnaissent, avec l'historien
« Josèphe (Ant. Jud., lib. V, cap. 12), que les cinq

---

(1) A raison des 30 ans qu'il faut ajouter pour Josué et les Vieillards.
(2) *Chronologie*, tome 1, page 69.

« derniers chapitres des Juges, qui traitent des
« anecdotes de Michas, du lévite d'Ephraïm et de
« la guerre de Benjamin, doivent être rapportés
« au temps qui suivit immédiatement *Josué* : » sur
quoi nous observons que si l'anecdote de Michas
et des 600 hommes de *Dan* se place à cette époque, comme il est plausible par quelques circonstances, il faut aussi y reporter l'histoire de Samson qui s'y lie par un trait que nous citerons. Il
serait trop long de présenter l'analyse entière du
Livre des Juges; mais tout lecteur qui voudra l'examiner avec attention, se convaincra, comme nous,
que cette compilation est un assemblage incohé-
rent de quatre morceaux parfaitement distincts.

Le premier morceau, qui s'étend depuis le chapitre 1er jusques et compris le chapitre 16, est
proprement l'histoire des Juges. Cet historique
est si mal ordonné, si confus, que débutant par
ces mots, *Après la mort de Josué*, etc., l'auteur
répète sans raison l'anecdote de Caleb, qui arriva
du vivant de ce juge; puis il introduit, dans le
chapitre 2, une assemblée générale présidée par
Josué; puis encore, copiant presque mot à mot
les versets 28, 29, 30 et 31 du chapitre dernier
de *Josué*, il entre en matière sur les Juges, comme
s'il ne faisait que commencer.

Le second morceau débutant par ces mots : « En
« ce temps-là il y eut un homme d'Éphraïm nommé
« Michas, etc., » comprend les chapitres 17 et 18,

et contient l'anecdote du lévite enlevé par 600 hommes de la tribu de Dan, qui allèrent s'établir à Laïs : or cette anecdote n'a de liaison apparente avec le temps d'aucun juge; seulement, comme il est dit que ces 600 hommes émigrèrent du canton d'*Estaol* et de *Saraa*, par la raison qu'ils n'avaient reçu aucun lot dans le partage général des terres, l'on a droit d'inférer, *comme l'a fait l'historien Josèphe*, que leur aventure arriva peu de temps après la mort de Josué; et alors ce morceau se trouve très-mal placé à la fin des Juges, chap. 17 et 18.

Le troisième morceau est l'anecdote du lévite d'Ephraïm, dont l'outrage à Gebaa devint la cause d'une guerre civile, dans laquelle la tribu de Benjamin se fit exterminer (1) presque entière pour soutenir le crime atroce commis par six de ses membres. Or cette anecdote, qui n'a aucune date, ne se lie pas plus avec l'histoire des Juges que celle de Ruth qui la suit.

Enfin le quatrième morceau est l'histoire de Samson, dont l'époque n'est point indiquée : seulement, comme il est dit, chapitre 18, verset dernier, que *Samson* commença *d'être saisi de l'esprit de Dieu*, lorsqu'il était au camp de la tribu de *Dan*, entre *Estaol* et *Saraa*; ce rapport avec l'anecdote des 600 hommes de la tribu de *Dan* (second morceau), autorise à placer *Samson* peu

---

(1) Jug., chap. 19, 20 et 21.

de temps après la mort de Josué ; ce qui est très-différent de l'opinion vulgaire. Or, nous le répétons, tout lecteur impartial qui scrutera avec soin ces divers récits, vagues, décousus, et sans date, reconnaîtra que leurs auteurs ont été divers ; que très-probablement ils n'ont été ni témoins, ni contemporains des faits, mais qu'ils les ont rédigés après coup sur des traditions populaires ; qu'à une époque plus tardive, un compilateur également inconnu recueillit ces morceaux, et en fit l'assemblage confus que l'on nomme *Livre des Juges*. Une note insérée dans l'histoire du prêtre *Michas* et des 600 hommes de Dan, indique que ce fut depuis l'établissement des rois.

« Or, en ce temps-là », est-il dit trois fois (chapitre 17, v. 6, et chap. 18, v. 1er et v. 31), « il n'y « avait pas de roi en Israël. »

Donc, faut-il conclure, *il y avait un roi* lorsque l'auteur écrivait ; donc la compilation n'a point précédé Saül, mais a pu se différer long-temps après lui. Une autre note insérée dans le morceau premier (*l'historique propre des Juges*), indique qu'elle aurait été faite même après le règne de Salomon ; car il est dit, chap. 1er, v. 6 :

« Les enfants de Benjamin ne tuèrent point les « *Jébuséens* qui habitaient Jérusalem, et les *Jébu-* « *séens* ont demeuré à Jérusalem avec Benjamin « *jusqu'à ce jour*. »

Or, il est fait mention des *Jébuséens* comme

habitant encore Jérusalem au temps de David, qui sur la fin de son règne acheta l'aire du Jébuséen *Arana* (1), située non loin de son palais; et sous Salomon, on les cite encore comme payant le tribut. (Reg., lib. 1, chap. 9, v. 20.)

A la suite de cette note et dans le chapitre 2, verset 16, les résumés généraux que l'écrivain fait de l'état de la nation pendant toute la période des juges, sont une autre preuve qu'il a écrit tard, par conséquent plus de 400 ans après Josué, et 100 ans au moins après les événements confus qui précédèrent la judicature d'Héli.

Maintenant nous demandons sur quels documents, d'après quels monuments a-t-il pu écrire? quelles archives, quelles annales a-t-il pu avoir? s'il en a eu, pourquoi tout est-il si vague, si confus? Pour répondre à ces questions, il faut considérer que tout l'espace de temps appelé *période des Juges*, se passe dans une anarchie orageuse, violente, pendant laquelle les Hébreux, féroces et superstitieux comme des *Ouahabis*, ne cessèrent d'être agités de guerres civiles ou étrangères; il faut considérer que ce petit peuple, divisé en tribus indépendantes et jalouses, subdivisées en familles aussi indépendantes, était une démocratie turbulente de paysans armés, mus plutôt que gouvernés par des bramines avides et par des inspi-

---

(1) *Sam.*, lib. II, cap. 2.

rés fanatiques.....; que dans ce temps de guerres perpétuelles et de l'*ignorance* qui en est la suite, l'art d'écrire, sans encouragement, sans estime, était difficile et rare, et que le peu d'instruction existante était concentré dans les familles lévitiques. A raison de ce genre de vie orageuse et précaire, personne n'avait le loisir ou l'intérêt de s'occuper ni du passé ni de l'avenir; par conséquent il ne dut se composer aucuns livres historiques : faute de gouvernement central, il ne dut pas même exister d'autres archives publiques que la succession des pontifes. Ce ne fut que sous le règne de David que commença de s'organiser un état de choses plus régulier, plus calme, plus propre à la culture des esprits : alors il y eut une chancellerie, des archives, et l'on put s'occuper d'histoire : alors, et mieux encore sous Salomon, purent être faites quelques recherches sur le passé; et puisqu'à cette époque l'on ne trouva ou l'on ne produisit rien de mieux que ce que nous avons dans les deux ouvrages intitulés *Josué* et les *Juges*, nous avons le droit de conclure, 1° qu'aucune archive authentique et régulière n'avait été composée ; 2° que *les Livres de Josué et des Juges* sont uniquement des *productions littéraires d'écrivains inconnus*, sans autorité publique; telles que les chroniques de nos moines aux 8e, 9e et 10e siècles, où, parmi plusieurs faits historiques, se sont glissés des récits entièrement fabuleux.

Ce dernier caractère se montre avec *évidence* dans les aventures bizarres de *Samson* ; plusieurs critiques, qui ont déja fait cette remarque, se sont accordés (1) à voir dans ce personnage l'Hercule de la mythologie. Hercule est l'emblème du Soleil, le nom de Samson signifie *Soleil* : Hercule était représenté nu (2), portant sur ses épaules deux *colonnes* appelées *portes de Cadix*; Samson est dit avoir enlevé et porté sur ses épaules les portes de *Gaza*. Hercule est fait prisonnier par les Égyptiens, qui veulent le sacrifier ; mais tandis qu'ils se préparent à l'immoler, il se délie et les tue tous (3) : Samson, garrotté de cordes neuves par des gens armés de Juda, est livré aux Philistins, qui veulent le tuer; il délie les cordes et tue 1000 Philistins avec la mâchoire d'âne. «Hercule « (soleil), se rendant aux *Indes* (ou plutôt en « *Éthiopie*), et conduisant son armée par les dé- « serts de la Libye (4), éprouve une soif ardente « et conjure *Ihou*, son père, de le secourir dans « ce danger ; à l'instant paraît le Belier (céleste); « Hercule le suit et arrive à un lieu où le Belier « gratte du pied, et il en sort une source d'eau « (celle des Hyades ou de l'Éridan) : » Samson,

---

(1) *Voyez* Fabricius, notes sur l'*Hérésie de Philastre*.
(2) Montfaucon, *Antiquité expliquée*, tome 1, page 127.
(3) Hérodote, lib. II, § xlv.
(4) Servius, notes sur l'*Énéide*, lib. IV, v. 196. Notez que chez les anciens l'Éthiopie est souvent appelée *Inde*.

après avoir tué 1000 Philistins avec la mâchoire d'âne, éprouve une soif violente; il supplie le Dieu *Ihou* d'avoir pitié de lui; Dieu fait sortir une source d'eau de la mâchoire d'âne.

Les habitants de *Carseoles*, ancienne ville du Latium, chaque année, dans une fête religieuse, brûlaient une quantité de renards avec des torches liées à la queue; ils donnaient pour raison de cette bizarre cérémonie, qu'autrefois leurs blés avaient été brûlés par un renard auquel un jeune homme avait lié sur la queue une botte de paille allumée (1). C'est bien là le conte de Samson avec les Philistins, mais c'est un conte phénicien. *Car-Seol* est un mot composé de cet idiome, signifiant *ville des Renards;* les Philistins, originaires d'Égypte, n'ont point eu de colonies connues : les Phéniciens en ont eu beaucoup; et l'on ne peut guère admettre qu'ils aient emprunté ce conte des Hébreux, aussi obscurs que les Druses de nos jours, ni qu'une simple aventure ait donné lieu à un usage religieux : on voit que ce ne peut être qu'un

---

(1) Ovide, *Fastes*, liv. IV, v. 681 à 712. Cette même fête avait lieu à Rome vers le 20 avril, au coucher des pluvieuses Hyades. Bochart remarque qu'à cette époque on coupe les blés en Palestine et dans la basse-Égypte (*Hierozoicon*, tome II, page 857). Or, peu de jours après le coucher des Hyades se levait le Renard, à la suite ou queue duquel venaient les feux ou torches de la canicule, signalés, chez les Égyptiens, par des marques rouges peintes sur le dos de leurs animaux.

récit mythologique et allégorique, tel que nous l'indiquons dans la note ci-dessus.

Ceux qui, comme les savants du 16ᵉ siècle, veulent que les païens aient calqué les Hébreux, peuvent dire que Samson a servi de modèle à tous ces contes; mais aujourd'hui que nos idées se sont étendues et rectifiées sur l'antiquité, et qu'Hercule nous est bien connu pour être le dieu *Soleil* (1), dont l'histoire allégorisée fut répandue chez tous les peuples long-temps avant qu'il fût question des Hébreux, nous avons droit de croire et de dire que quelque Juif, lévite ou autre, a composé l'anecdote de *Samson*, en défigurant les traditions populaires des Phéniciens, soit pour s'en moquer, soit pour attribuer ce *héros* à sa propre nation.

CHAPITRE III.

Secours fournis par Flavius Josephus.

CES remarques ne résolvent pas notre problème de la durée des *Juges*. Quelques chronologistes

---

(1) En arabe Shams-on, *Soleil*.

ont eu recours, pour cet effet, à l'historien Josèphe ; il est bien vrai que Josèphe, à raison du temps où il vécut, de sa qualité de prêtre, de son éducation plus soignée, plus libérale que celles des autres Juifs, de sa vie publique, de ses liaisons, de ses lectures à Rome, où il finit ses jours; il est bien vrai que Josèphe a eu des moyens d'instruction sur l'histoire de sa nation, plus étendus qu'aucun historien; mais nous avons vu que ses manuscrits ont été considérablement altérés, et que la critique de cet auteur, d'ailleurs très-crédule, n'est ni ferme ni scrupuleuse. Où a-t-il puisé les harangues qu'il prête aux rois, aux grands-prêtres juifs, même aux patriarches? D'où a-t-il tiré tant de circonstances sur les actions, l'âge, la vie des princes juifs avant Sédéqiah? et cela, sans jamais citer ni indiquer de monuments à lui particuliers; en suivant, au contraire, toujours la trace des livres que nous avons, et qu'il paraphrase et commente quelquefois avec une licence qui touche à l'inexactitude. Il est clair que Josèphe, élevé dans l'idiome grec, sous le gouvernement romain, ayant passé la dernière partie de sa vie dans Rome (vers la fin du premier siècle de notre ère), a imité le goût et les mœurs de cette époque, et s'est permis d'introduire dans son récit des détails de convenance et d'ornement empruntés peut-être des traditions, ou imaginés par lui-même. Ce n'est donc qu'avec réserve et discussion que l'on peut user de son autorité : faisons-en un nouvel essai dans le sujet présent.

Cet auteur nous fournit, sur la durée des juges, quatre passages principaux, dont les calculs comparés ne se trouvent pas exactement les mêmes; mais l'un d'eux est accompagné d'un fait qui semble authentique et qui peut nous devenir utile.

1° « Avant les rois, nous dit-il, les Hébreux « avaient été gouvernés par des juges pendant plus « de 500 ans, depuis la mort de Moïse et du gé- « néral *Josué* (1). »

Effectivement, Desvignoles (2) trouve ces 500 ans dans un tableau des juges, qu'il dresse, dit-il, suivant Josèphe; mais, outre qu'il interpose *Tholah* et ses 23 ans, dont Josèphe ne dit pas un mot, et qu'il restitue les 8 ans d'Abdon, juge omis par cet auteur (qui cependant récite ses actions), Desvignoles s'écarte de la logique en séparant Moïse de Josué, quand le texte les unit par ces mots : « *Depuis la mort de Moïse et du général Jo-* « *sué*, etc. » Il faut admettre ou exclure l'un et l'autre : en restituant Moïse et ses 40 ans, nous aurions 540 ans, y compris *Tholah;* et seulement 517, si l'on écartait ce juge, comme l'on y est autorisé par le silence absolu de Josèphe.

---

(1) *Antiq. jud.* lib. XI, cap. 4, n° 8.
(2) *Chronologie*, tome 1, pag. 136.

2° Dans un autre passage, Josèphe (lib. X, c. 8, n° 5) dit « que le temple fut brûlé 1062 *ans* « *et* 6 *mois* après la sortie d'Égypte. »

Retranchons les 514 ans qu'il a comptés ailleurs pour les vingt-un rois juifs, y compris les 20 ans de Saül; nous aurons 548 ans pour la durée des juges, ce qui diffère de 8 ans du calcul précédent (540); mais en comptant ces 1062 ans, Josèphe dit, dans la même phrase, que le temple avait été brûlé 470 ans après la fondation, c'est-à-dire 533 ans après l'avénement de Saül. Or, dans ce cas, il ne reste pour les juges et pour Moïse que 529 ou 530 ans.

3° Il dit au liv. II, c. 4, v. 8, que depuis Saül, premier roi, jusqu'à la ruine du temple, la monarchie avait duré 532 ans. Soustrayons-les de 1062, nous avons 530 pour les juges et Moïse; ce qui revient au calcul que nous venons de voir, en s'écartant de 32 ans de celui que Josèphe fait dans la même phrase; car après les 533 des *rois*, il dit que les *juges gouvernèrent plus de* 500 *ans*.

4° Enfin un autre passage nous donne encore un autre résultat.

« Depuis la sortie d'Égypte, dit Josèphe (1), jus-
« qu'à la fondation du temple, il y eut de père en
« fils 13 grands-prêtres dans un espace de 612 ans. »

---

(1) *Antiq. jud.*, lib. XX, cap. 10, pag. 700 à 702.

De ces 612 ans, ôtons les 63 qui appartiennent aux règnes de Saül, David et Salomon, nous aurons pour la durée des juges *depuis la sortie d'Égypte*................ 549 ans.
Ce nombre revient à celui du n° 2.. 548 $\frac{1}{2}$

De ces 548 ou 549 ôtons les 40 de Moïse, il nous reste pour les juges proprement dits................. 500 ou 501,
ce qui revient au premier calcul sommaire de Josèphe.

D'où l'on peut conclure que réellement cet auteur compte 500 ans pour les *Juges*; mais en même temps l'on peut assurer que ses calculs n'ont pas d'autres bases que le livre de ce nom, et les combinaisons que Josèphe a faites lui-même des divers passages de ce livre.

Le fait des 13 générations de grands-prêtres, mentionné dans le dernier passage, mérite une attention particulière. Citons le passage entier :

« Depuis Aaron jusqu'à Phanasus, dernier pon-
« tife au temps de Titus, il y eut en tout 83 grands-
« prêtres, savoir, 1° 13 depuis le temps que Moïse
« établit l'arche dans le désert, jusqu'à la fonda-
« tion du temple par Salomon. Dans l'origine, le
« pontificat fut à vie ; par la suite l'on succéda
« même à un vivant : or, les 13 étant la postérité
« des deux fils d'Aaron, ils reçurent le pontificat par
« succession (du vif au mort) ; et le temps de leur

« gestion depuis leur sortie d'Égypte jusqu'à la fon-
« dation du temple, fut de........ 612 ans.

« Après ces 13, et depuis ladite
« fondation jusqu'à la ruine du tem-
« ple par Nabukodonosor, 18 autres
« pontifes se succédèrent dans un es-
« pace de..................... 466 ans ½

« Le pontife emmené captif fut Iose-
« dék; après la captivité qui fut de 70
« ans (*V.* lib. XX, c. 8), terminée par
« Kyrus, *Jésus*, fils de Iosedek, re-
« vint pontife à Jérusalem; et ses des-
« cendants, au nombre de 15, se suc-
« cédèrent jusqu'au règne d'Antio-
« chus Eupator, pendant.......... 412 ans.

Josèphe continue de détailler avec ordre le reste des 83; mais parce qu'alors la succession ne fut plus régulière, et que les pontifes furent déposés, tantôt par les rois, tantôt par des rivaux, nous laissons cette suite.

Ce passage demande plusieurs observations. D'abord il est étonnant que Josèphe compte 70 ans de captivité, en lui donnant pour limites, d'une part, la ruine du temple, d'autre part, la seconde année du règne de Kyrus; ces deux points sont bien fixés, le dernier à l'an 537, et le premier à l'an 586; or, entre ces deux dates il n'y a que 49 ou 50 ans; et Josèphe, qui avait en main l'historien Bérose, aurait dû sentir son erreur, d'autant plus qu'il observe que le grand-prêtre *Jésus*, qui revint de Babylone l'an 2 de Kyrus, était le propre fils de Iosedek, grand-prêtre emmené par Nabukodonosor, ce qui serait presque impossible dans un intervalle de 70 ans; mais Josèphe paraît avoir été lié ici par l'opinion canonique des docteurs juifs, de qui l'ont empruntée plusieurs des anciens chronologistes chrétiens.

Ce dénombrement des grands-prêtres est par lui-même un fait important, et qui paraît d'autant plus digne de confiance, qu'à raison de la constitution politique des Hébreux, leurs familles sacerdotales avaient un intérêt puissant à conserver leurs généalogies et leurs titres de descendance, sur lesquels se fondaient leurs droits aux charges du temple, et même au pontificat. C'est ce que Josèphe atteste dans son premier livre contre Appion, et l'on n'a point de difficulté raisonnable à y opposer. Depuis l'organisation régulière du service du temple par Salomon, la liste des grands-prêtres fut aussi authentique que celle des rois.... La même exactitude n'est pas également prouvée pendant la période des juges; mais il est facile de concevoir qu'outre les motifs d'intérêt qu'avaient les lévites à tenir registre de la succession, le peuple même ne dut guère manquer de faire attention aux mutations de personnes, et de remarquer que chaque nouveau grand-prêtre était le *tantième* depuis la conquête: le changement de pontife produisait une sensation générale au temps de la Pâque, et le calcul de son numéro de succession était un fait simple et frappant qui dut devenir une tradition nationale conservée jusqu'au temps de la monarchie et de la fondation du temple où elle fut recueillie par la chancellerie, et convertie officiellement en fait historique.

Ici Josèphe suscite une difficulté, lorsque dans un autre passage (1) il ne nomme que 5 *grands-prêtres* depuis Ithamar, fils d'Aaron, jusqu'à Héli : mais, outre les inconséquences habituelles de Josèphe, il est facile de sentir que par le laps de temps, par les accidents des guerres et de la dispersion, les détails de la liste ancienne furent négligés et perdus, surtout lorsque la ligne directe d'Aaron fut éteinte et n'eut plus de représentants intéressés à garder ses titres : alors les noms purent s'oublier, et cependant le souvenir du nombre se conserver dans l'opinion publique, ce nombre étant un fait simple à retenir. On peut donc regarder la liste des *cinq* citée par Josèphe, comme une liste tronquée, et cela avec d'autant plus de raison, que puisqu'il y eut 13 grands-prêtres entre Aaron et la fondation du temple, il est impossible que 8 d'entre eux se soient succédés de père en fils depuis Héli jusqu'à cette fondation dans un intervalle de 75 ans seulement.

---

(1) *Antiq. jud.*, lib. V, cap. 6, *in fine*.

Josèphe laisse encore une équivoque dans une circonstance de ce nombre, car après avoir dit « qu'il y eut 13 grands-prêtres depuis que Moïse « établit l'arche dans le désert, jusqu'à la fonda-« tion du temple; il ajoute que ces 13 furent la « postérité des deux fils d'Aaron..... » Mais alors ces deux fils d'Aaron devraient être comptés pour une génération, et nous donner le nombre total 14.

Quoi qu'il en soit, posons l'un de ces nombres, il va nous devenir un moyen d'évaluer le temps écoulé entre Moïse et Salomon, en donnant à chaque génération une valeur moyenne et probable (1).

D'abord, si l'on répartit sur les 14 générations les 612 ans que Josèphe suppose, l'on a une durée moyenne de 44 ans pour chaque, et ce terme est inadmissible; il est refuté par la fausseté où l'erreur des calculs d'années qu'a faits Josèphe.

Que si nous évaluons ces 14 générations par les 480 du rédacteur des *Rois*, nous aurons 34 ans pour chaque génération, et quoique moins exagéré, ce terme est encore improbable, surtout

---

(1) Le livre d'Esdras, quoique canonique, est bien moins exact que Josèphe, puisqu'en remontant depuis ce prêtre jusqu'à Aaron, il ne compte que 17 têtes, savoir: d'Esdras à Helkyah, sous Josias, 4 têtes en 160 ans; ce qui est absurde. De là à Achitob, sous David, trois têtes en 420; ce qui est encore plus absurde. De là à Aaron, 10 têtes: en général les recensements de générations dans les livres juifs, depuis la captivité de Babylone, sont tronqués et méritent peu de croyance.

lorsque deux autres termes de comparaison, certains et appropriés au sujet, nous fournissent une évaluation plus naturelle.

Josèphe nous dit que depuis la fondation du temple jusqu'à sa ruine par Nabukodonosor, 18 autres pontifes se succédèrent de père en fils dans un espace de 466 $\frac{1}{7}$; dans nos calculs cette durée ne fut que de 431 *ans*: mais admettons les 466.

Cette somme divisée par 18, donne près de 26 ans par génération.

Depuis le retour de la captivité sous Kyrus, en l'an 537, jusqu'au règne d'Antiochus Eupator, il y eut encore, dit Josèphe, 15 grands-prêtres successifs de père en fils en 412. Ces 412 divisés par 15, font un peu plus de 27 ans par génération. Voilà deux séries de 31 et 18 générations qui nous donnent pour résultat le même terme de 26 à 27 ans par génération, la liste des rois nous donne également 25 : nous avons donc le droit d'appliquer de préférence cette mesure aux 13 ou 14 grands-prêtres qui depuis la sortie d'Égypte jusqu'à la fondation du temple, se succédèrent dans des circonstances de climat, de régime et d'hérédité parfaitement analogues. Or, 14 générations multipliées par 27 ans, donnent 378 ans. Supposons le nombre rond 380, le rédacteur des *Rois* qui compte 480 se trouve toujours inculpé de quelque exagération ; d'ailleurs ce nombre rond

480 suscite quelque doute sur la précision de cet auteur, et donne lieu à une conjecture : nous avons dit que le *Livre des Rois* n'a pu être rédigé que depuis la captivité de Babylone; nous ajoutons que l'opinion assez générale qui l'attribue à Ezdras, nous semble raisonnable : ce travail a donc été fait entre les années 460 et 470 avant notre ère. A cette époque un système dominant chez les Égyptiens, chez les Grecs, et probablement dans l'Asie voisine, évaluait 3 générations à 100 ans. Nous en verrons la preuve dans un passage d'Hérodote, qui écrivit vers l'an 460 avant notre ère. L'auteur juif des *Rois* n'a pu manquer de connaître cette évaluation. Or, si nous l'appliquons à ces 480 années, les 14 générations citées par Josèphe, rendent 466 ans, qui ne diffèrent que de 14 ans : il semblerait donc que le rédacteur des *Rois* aurait connu et employé ces 14 générations de grands-prêtres, et qu'il n'aurait ajouté les 14 ans que pour quelque motif maintenant ignoré : toujours est-il vrai que l'époque de Moïse ne peut s'élever plus haut que ces 480 ans qui, ajoutés à 1015 autres écoulés depuis la fondation du temple jusqu'à J.-C., placent ce législateur vers l'an 1495; mais parce que l'évaluation de 3 générations au siècle est exagérée et peu probable, admettons 1450 pour terme moyen; Moïse aura vécu, vers l'an 1460 avant J.-C., environ 100 ans avant Sésostris, qui régna en 1356 : et un peu

plus de 200 ans avant Ninus, dont le règne date de l'an 1237, ainsi que nous le verrons.

CHAPITRE IV.

Y a-t-il eu un cycle sabbatique?

Plusieurs chronologistes, pour dernière ressource, ont eu recours au *cycle sabbatique*, c'est-à-dire à ce *jubilé* prescrit par Moïse, qui avait ordonné que chaque 7e *année*, à l'imitation du 7e jour de la semaine, fût une année de *Sabbat*; c'est-à-dire d'oisiveté et de repos *absolus*, même pour la culture de la terre. Moïse avait de plus ordonné (1) qu'en cette 7e année toute créance d'argent prêté serait annulée; que le débiteur serait libre, et de plus encore, que tout Hébreu réduit en esclavage pour dette ou autre cause, serait remis en liberté, et renvoyé avec des provisions capables de l'entretenir pendant du temps.

Il est certain que si une telle loi eût eu son exécution, elle eût produit une sensation et constitué une époque aussi remarquable par ses retours *septénaires* que la période olympique chez les Grecs;

---

(1) *Deuteron.*, chap. 15, v. 1, 12 et suivants.

mais on cherche en vain dans tous les livres hébreux une mention, une indication même légère de ces jubilés. L'on n'en trouve pas la moindre trace ni dans le *Livre des Juges*, ni dans celui de Samuel, quoique très-détaillé dans une durée de plus de 60 ans, ni dans le *Livre des Rois;* au contraire, Jérémie, dans le chapitre 34 de ses prophéties, nous fournit la preuve positive de la négligence et de l'inobservation de cette loi dès son origine.

Jérémie, est-il dit, engagea le roi Sédéqiah, les grands et le peuple de Jérusalem à renvoyer leurs esclaves hébreux; ils s'y engagèrent par la cérémonie d'un sacrifice, et ils renvoyèrent leurs esclaves hébreux; puis s'en étant repentis, ils les reprirent et les contraignirent de force; et Jérémie leur dit: Écoutez les paroles du Dieu d'Israël:

« Au jour où je retirai vos pères de l'Égypte, je
« fis un pacte avec eux, et je leur dis: Lorsque
« 7 ans seront écoulés, que chacun de vous ren-
« voie l'esclave hébreu *qui lui a été vendu et qui*
« *a servi 6 ans; que l'esclave soit libre;* et vos pères
« *n'ont point écouté ma parole; ils n'ont point in-*
« *cliné leur oreille* (à m'obéir); vous, aujourd'hui,
« vous vous êtes retournés (de leur sentier) et
« vous avez fait le bien; vous avez fait alliance avec
« moi, mais ensuite vous l'avez violée (comme vos
« pères); maintenant je vais amener sur vous tous
« les maux, etc. »

Pour tout lecteur qui pesera bien ces mots : « *Vos pères n'ont point écouté ma parole, n'ont point obéi à mon ordre de renvoyer libre ; vous, aujourd'hui, vous vous êtes retournés* (de leur sentier, etc.); » pour tout lecteur, disons-nous, il sera prouvé que jusqu'au temps de Sédéqiah, les Juifs avaient imité leurs pères et n'avaient point observé le jubilé septénaire ; par conséquent il n'y a point eu chez eux de cycle sabbatique avant la captivité de Babylone. Ce ne fut qu'alors et au retour dans leur patrie, qu'ayant pris à tâche d'exécuter littéralement les lois de Moïse, celle-ci devint en usage avec plusieurs autres. De savants chronologistes, quoique très-pieux, n'ont pu s'empêcher de reconnaître ces faits ; entre autres, le Père Petau, jésuite, dans son *Traité de la doctrine des temps*, livre IX, chapitre 26, *s'avoue réduit à la nécessité de révoquer en doute l'observance des années sabbatiques* (1) avant le règne d'Antiochus Eupator ; mais beaucoup d'autres ont cru leur religion intéressée à en soutenir la croyance. Le sa-

---

(1) *Nihil in sacris litteris aut in historicis exteris satis expressum legi unde sciri possit, utrum jubileus etiam in Judæa ipsa, necdum in aliena regione ac deportatione, Judæi servaverint. — Primus est is quo Antiochus Eupator, Epiphanis filius, Hierosolymam obsedit.* (Voyez chap. 26, p. 59). Voyez aussi : *Johan. Davidis Michaelis Commentationes ; Bremæ, 1774, Commentatio nona : de anno Sabbatico*, où ce savant auteur déclare aussi que cette loi n'a point eu d'exécution.

vant Desvignoles présente, à cet égard, une inconséquence remarquable; car après avoir exposé avec candeur une masse de raisons négatives, il finit par dire (1) que *comme il faut avoir une mesure de temps, il se range au gros des chronologistes qui ont admis les Sabbats;* ce qui ne l'empêche point de convenir ailleurs, que les cycles sabbatiques, produits par les Samaritains et les Juifs, et remontant jusqu'à la création, sont des cycles fictifs et inventés après coup (2).

Par une autre inconséquence, Desvignoles fournit un argument ingénieux de calculer le temps de la monarchie, en admettant la non-existence ou l'inobservance des *Sabbats*. Tout le monde connaît la célèbre prophétie de Jérémie, concernant l'exil et *la captivité du peuple hébreu pendant 70 ans, et cela pour avoir négligé et méprisé les ordonnances de Dieu.* En comparant à ce texte celui des Paralipomènes, qui dit (chap. 36, vers. 10) « Que le peuple hébreu fut déporté à Babylone, « afin que la terre (d'Israël) *prît plaisir à célébrer* « *ses sabbats*, et qu'elle *eût 70 ans de repos;* » Desvignoles a pensé que Jérémie dans sa prédiction avait eu spécialement en vue la loi de Moïse sur les jubilés de 7 ans, et que par le nombre 70 il

---

(1) Tom. 1, p. 694.
(2) *Desvignoles*, tome 1, p. 709, où il cite les solides raisons de Godefroi Vendelin.

avait entendu établir une compensation des sabbats que l'on avait omis ou négligé de célébrer : il est bien vrai que ces 70 jubilés de 7 ans donnent une somme totale de 490 ans, et que si l'on prend ces 490 ans pour la durée des rois, en y ajoutant 604, qui sont la date première de la prophétie en question, l'on a pour première année de Saül, l'an 1094 avant J.-C. Or, les calculs de Josèphe donnent pour ce même intervalle 1091, et l'analogie est frappante; mais nous avons vu que la Chronologie détaillée des Rois, en nous produisant la somme totale de 493, jusqu'à Sédéqiah (en 587), ne donne jusqu'à l'an 604, que 475 ans; ce qui fait 15 ans de moins que 490. Jérémie aurait-il aussi compris dans son calcul le temps de Samuel, qui fut de 12 ans ? Il y aurait encore déficit de 3 ans. D'ailleurs il a donné à ses 70 ans de captivité, deux points de départ différents; tandis qu'au chapitre 25, verset 11 (1), il les fait partir de l'an 4 de Ihouaqim, au chapitre 31, verset 5—10 (2), dans sa lettre aux émi-

---

(1) [Chap. 25, v. 11.] « Depuis 23 ans, je vous ai porté la
« parole de Dieu, vous ne m'avez point écouté; voici ce que
« dit aujourd'hui le Seigneur : J'amène Nabukodonosor, roi de
« Babylone; il va dévaster cette terre; elle restera déserte, et
« tous ses peuples seront en servitude 70 ans, et quand 70 ans
« seront écoulés, je visiterai Babylone à son tour, et je la dé-
« truirai ».

(2) [Chap. 29, v. 5-10]. « Bâtissez des maisons à Babylone;
« plantez-y, semez-y; mariez-vous-y, etc.; car voici ce que

grés qui suivirent Iéchonias à Babylone, il les fait partir de l'an 598; ce qui donne 481 ans depuis l'an 1er de Saül, et 493 depuis l'an 1er de Samuel: 4 ans de plus que les 490. Néanmoins, comme nous ignorons de quelle manière Jérémie a pu établir son calcul de la durée des rois, et qu'il a pu compter comme Josèphe (1), l'idée de Desvignoles reste plausible, et tend à constater ce qui nous paraît vrai; savoir, que la loi des années sabbatiques n'a point eu d'exécution sous les rois.

Un fait positif vient aussi prouver qu'elle n'en eut point sous les juges, qui furent un véritable temps d'anarchie; car lorsque Josué entre en Palestine, on le voit admettre les Gabaonites à vivre au milieu d'Israël à titre d'esclaves et d'ilotes, malgré la loi de Moïse qui ordonnait l'*extermination*; et ces mêmes Gabaonites sont cités au temps de David, comme subsistants dans le même état (2), ce qui n'aurait pu être si la loi des jubilés eût été exécutée. De plus, il est dit dans le

---

« dit le Seigneur: Lorsque 70 ans seront écoulés (pendant
« votre séjour) à Babylone, je vous visiterai et vous ramene-
« rai ici ».

(1) La différence de 2 ou 3 ans que nous avons citée n'aurait-elle point pour cause l'intercalation de quelques années, faite dans cet espace de près de 500 ans, par des procédés que nous ignorons; car, quoi que l'on en ait dit, nous ne connaissons pas exactement la forme de l'année juive avant la captivité de Babylone ?

(2) *Samuel,* lib. II, cap. 24, v. 2.

Livre des Juges, (1) qu'après le partage des terres, chaque tribu accorda aux Chananéens de son arrondissement, la faculté d'habiter avec le peuple de Dieu, en payant un tribut qu'ils payaient encore au temps de Salomon. On est en droit de conclure de ce double fait, que la loi des Jubilés sabbatiques, cette loi étrange d'oisiveté, de stérilité, de famine organisée pour chaque huitième année, fut abrogée dès le début de la conquête par les Hébreux, qui, après tant de peine et de danger, trouvèrent sans doute trop dur de relâcher des esclaves et des biens achetés au prix de leur sang : dans ce premier état anarchique ou démocratique, personne n'eut intérêt de réclamer contre l'inobservance ; personne n'eût eu le pouvoir de faire exécuter; dans le second état, c'est-à-dire, sous le règne monarchique, lorsque les rois investis d'un pouvoir arbitraire eurent cette faculté, leur prudence dut trouver trop dangereux de rétablir une loi qui eût tout bouleversé.

Ainsi il est constant que depuis Josué jusqu'au temps du roi Sédéqiah, les Juifs n'observèrent point la loi sabbatique, et cela est fâcheux pour la science chronologique, qui eût trouvé dans ce cycle, une mesure précise du temps.

En résumé de toute notre discussion sur le

---

(1) *Judic.*, tout le chapitre premier.

temps des juges, le lecteur voit qu'au delà du grand-prêtre Héli, le système des Juifs est brisé et dissous; que tout y est vague, incertain, confus, que leurs annales ne remontent réellement d'un fil continu, que jusqu'à l'an 1131; enfin, qu'il est impossible d'assigner, à 20 ou 30 ans près, le temps où Moïse a vécu, et qu'il est seulement permis, par un calcul raisonnable de probabilité, de le placer entre les années 1420 et 1450.

CHAPITRE V.

Des temps antérieurs à Moïse et des livres attribués à ce législateur.

MAINTENANT si les Juifs n'ont pu conserver de notions exactes du temps écoulé entre le grand-prêtre Héli et Moïse, ni du temps que dura le séjour de leurs pères en Égypte (car rien n'est clair à cet égard), comment peuvent-ils prétendre avoir mieux connu les temps antérieurs où n'existait pas encore la nation, et qui plus est, les temps où n'existait aucune nation, c'est-à-dire, l'époque de l'origine du monde, à laquelle aucun témoin n'assista, et dont leur Genèse nous fait cependant le récit, comme si l'écrivain en eût eu sous les yeux un procès verbal? Les Juifs nous disent que c'est une révélation faite par Dieu à leur prophète : nous répondons que beaucoup d'autres peuples ont tenu le même langage. Les Égyptiens, les Phéniciens, les Chaldéens, les Perses, ont eu, comme le peuple juif, leurs histoires de la création, également révélées à leurs prophètes Hermès, Zoroastre, etc. De nos jours les Indous ont présenté à nos missionnaires les Vedas et les Pouranas, avec des prétentions d'une antiquité plus reculée que la Genèse même, et que les autres livres attribués à Moïse. Il est vrai que nos savants biblistes rejettent, ou du moins contestent l'authenticité de ces livres; mais quand notre zèle convertisseur présente aux Indous la Bible, qu'aurons-nous à répondre, si les brahmes nous rétorquent nos propres arguments européens? si, par exemple, ils nous disent :

« Vous niez l'authenticité et l'antiquité de cer-
« tains Pouranas et Chastras, par la raison qu'ils
« mentionnent des faits postérieurs aux dates pré-
« sumées de leur composition : eh bien! nous
« nions à notre tour l'authenticité des *cinq* livres
« que vous attribuez à Moïse, par cette même
« raison que nous y trouvons un grand nombre
« de passages et de citations qui ne peuvent con-
« venir à ce législateur. »

La question se réduit donc à savoir si cette dernière assertion est fondée en preuve de faits ; et c'est une question qui doit se traiter avant toute autre ; car le système chronologique antérieur à Moïse, tirant son autorité principale de la supposition que ce prophète en a été le rédacteur, si cette supposition était démontrée fausse, l'autorité du système en serait considérablement affaiblie. De savants critiques ont déja traité ce sujet (1) ; mais parce qu'ils ne l'ont pas à beaucoup près épuisé, et que surtout ils n'ont pas bien saisi les conséquences qui découlent des preuves, nous allons reprendre la discussion dans ses fondements, et dresser un tableau plus complet qu'aucun autre précédent, de tous les passages du Pentateuque, qui prouvent la posthumité de cet ouvrage relativement à Moïse, et qui indiquent la véritable époque de sa rédaction.

---

(1) *Voyez*, entr'autres, le *Tractatus Theologico-Politicus*, publié en 1665, et l'*Histoire critique du Vieux-Testament*, in-4°, 1685.

CHAPITRE VI.

Passages du Pentateuque, tendants à indiquer en quel temps et par qui cet ouvrage a été ou n'a pas été composé.

1° Au dernier chapitre du Deutéronome on lit un récit détaillé et circonstancié de la mort de Moïse, de son inhumation, et en outre ces phrases singulières : « Personne, *jusqu'à ce jour*, n'a « connu le lieu de sa sépulture, et il ne s'est plus « élevé dans Israël de prophète égal à Moïse. »

N'est-ce pas l'indice saillant d'un long temps déja écoulé? *Personne jusqu'à ce jour... il ne s'est plus trouvé de prophete.*

On nous dit que ce chapitre a été ajouté après coup, qu'il ne fait point corps avec l'ouvrage. Admettons la réponse, parce qu'elle est naturelle et raisonnable; mais comment expliquera-t-on tous les autres passages qui se trouvent au corps du livre, et qui ne sont pas moins incompatibles avec l'hypothèse reçue? Par exemple, le premier chapitre du Deutéronome débute par ces mots : « Voici les paroles que Moïse adressa à tout Israël « *au delà* du Jourdain (1), dans le désert, etc. »

---

(1) Plusieurs traductions latines altèrent ici et ailleurs le

On sait que Moïse ne passa point cette rivière, et qu'il mourut dans le désert qui est à son orient (1), par conséquent le mot *au delà* désigne, relativement à Moïse, la *rive* occidentale, le côté où est Jérusalem. Par inverse, la rive orientale ou Moïse mourut, se trouve *au delà* du Jourdain, relativement au pays de Jérusalem. Donc cette phrase, *Moïse mourut au delà*, a été écrite du côté de Jérusalem ; donc ce n'est point Moïse qui l'a écrite : l'expression *au delà* se trouve trois autres fois : 1° Deutéronome (chap. 3, vers. 8), l'on fait dire à Moïse : « En même temps que « nous enlevâmes à deux rois amorrhéens leur « pays situé *au delà* du Jourdain, entre le tor- « rent *Arnon* et le mont *Hermon*. » Puisque Moïse parlait dans ce pays-là même, il était *en deçà* et non *au delà* ; et la note qu'il joint immédiatement, ne lui convient pas davantage....

« Or, l'Hermon est appelé *Chirin* par les Sidoniens, et *Chinir* par les Amorrhéens. »

Une telle note ne convient qu'à un auteur posthume, qui explique la nomenclature du temps passé à ses contemporains, qui ne l'entendent plus. Il en est ainsi des versets suivans :

---

vrai sens des mots, et au lieu de dire *ultrà*, disent *in transitu* ou *in ripâ* ; mais il est avoué, de tous les hébraïsans, que *b'âber* signifie rigoureusement *au delà*, *ultrà*.

(1) *Deut.*, chap. 4, v. 22, Moïse dit : « Voici que je meurs « dans cette terre, et je ne passerai point le Jourdain ».

« 4° Et nous prîmes toutes les villes d'Og, roi
« de Basan, qui était resté seul de la race des Ra-
« phaïm ou géans : son lit est encore dans la ville
« de *Rabat-Amon*; et je donnai à Jaïr, fils de Ma-
« nassé, le pays de *Basan*, qu'il nomma *villages*
« *de Iaïr*, et on les appelle ainsi *jusqu'à ce*
« *jour.* »

Et (chap. iv, vers. 21), on lit : « Moïse marqua
« trois villes *au delà* du Jourdain, du côté du *so-*
« *leil levant.* »

Et (*idem*, versets 45 et 46), « Voilà les lois et
« statuts que Moïse donna aux enfants d'Israël,
« après la sortie d'Égypte, dans la vallée de Beth-
« phegor, *au delà* du Jourdain... Et les enfants
« d'Israël possédèrent *au delà* du Jourdain, les
« pays de, etc., etc. »

Ces versets, et en général tout ce chapitre, sont
évidemment un récit historique écrit long-temps
après Moïse, par un rédacteur qui a résidé du côté
de Jérusalem, au *soleil couchant* du Jourdain, et
pour qui le soleil levant était *au delà*; qui parlant
des faits anciens, y a joint les explications nécessaires à ses contemporains : poursuivons.

Dans la Genèse (chap. xii, vers. 6), en décri-
vant la route d'Abraham, depuis la Mésopotamie
jusqu'à *Sichem* et à la vallée de *Moria*, il est dit :
« *Or les Kananéens occupaient alors le pays :* »(1)

---

(1) Cette phrase est répétée chap. 13, v. 7.

donc ils ne l'occupaient plus au temps de l'historien ; donc cet historien écrivait après Josué, qui chassa les Kananéens de ce pays. Donc Moïse n'est pas l'historien.

Même Genèse (ch. 21, vers. 14), en parlant du lieu où Abraham voulut sacrifier son fils, on lit :

« Abraham appela ce lieu *Iahouh Ierah*, c'est-« à-dire, *Dieu verra* ; » d'où est venu ce mot usité *jusqu'à ce jour: Sur la montagne Dieu verra.*

Notez ce mot, *jusqu'à ce jour;* et de plus, comment Abraham a-t-il pu appeler Dieu du nom de *Iahouh*, quand il est dit (chap. 6 de l'Exode, vers. 3) « que Dieu ne s'était fait connaître à per-« sonne avant Moïse, sous le nom de *Iahouh...?* » L'auteur posthume ne se décèle-t-il pas à chaque instant ?

Même Genèse (chap. 14, vers. 14), « Abraham « poursuivit ses ennemis jusqu'à *Dan*. »

Le *Livre des Juges* (chap. 18, vers. 29) nous apprend que jusqu'au temps des juges, on appela *Laïs* la ville sidonienne qui fut surprise par 600 hommes de la tribu de Dan, et que ce fut seulement alors qu'elle reçut le nom de *Dan*. Certainement Moïse n'a point écrit cela : l'auteur est postérieur aux juges.

Deutéronome (chap. 2, vers. 12), il est dit : « Nous tournâmes la montagne de Séir sans l'atta-« quer, parce qu'elle est habitée par nos frères, les « enfants d'Ésaü. Or Séir était d'abord habitée par

« les *Horiens*, que chassèrent les enfants d'Ésaü,
« qui ont habité ce pays jusqu'à ce jour (verset 32),
« *comme les enfants d'Israël ont habité celui que*
» *le Seigneur leur a donné.* »

Ceci est manifestement postérieur à la conquête par Josué.

L'auteur *des Rois* (livre I, chap. 9, vers. 9), en parlant de Saül qui alla consulter *le voyant*, dit : « *Autrefois*, lorsqu'on allait consulter Dieu,
« l'usage était de dire, *Allons au voyant*; car on
« appelait *voyant* ce qu'aujourd'hui on appelle
« *prophète.* » Or puisque l'usage durait encore du temps de David, qui appela *Gad* son *voyant* et non son *prophète*; et puisque dans tout le Pentateuque, Moïse est toujours appelé le *prophète* et non le *voyant*, il s'ensuit clairement que la rédaction du Pentateuque est postérieure au temps de David.

Enfin un passage frappant est celui du chapitre 36 de la Génèse, où, parlant de la postérité d'Ésaü, l'auteur dit (verset 31 et suivants) : « Voici
« les rois qui régnèrent sur la terre d'Édon *avant*
« *qu'Israël eût des Rois*, etc. »

Or si, comme il est de fait, Israël n'eut de rois que depuis Saül, il est évident que l'auteur historique est postérieur à cette époque, et que cet auteur n'a pu être Moïse, par toutes les raisons ci-dessus. Ainsi nous avons une masse de preuves incontestables que le Pentateuque, *tel qu'il est en nos mains,* n'a point été rédigé par Moïse, mais par un écrivain anonyme dont l'époque n'a pu précéder le temps des rois David et Salomon; bientôt nous verrons encore d'autres preuves de cette posthumité, lorsque l'époque de cette rédaction nous sera connue : il s'agit maintenant de la connaître.

Quelques écrivains critiques (1), qui comme nous ont senti que le Pentateuque n'a pu être rédigé par Moïse, ont essayé d'en deviner l'auteur, et ils ont cru l'apercevoir dans le lévite *Esdras*, qui, au temps d'Artaxercès roi de Perse, ranima chez les Juifs attiédis l'observance et l'étude de la loi. Sur l'autorité accréditée de ces écrivains, nous avions d'abord admis cette opinion ; mais l'intérêt qu'excite ce sujet nous ayant engagé à de nouvelles recherches, nous avons trouvé, dans une lecture attentive des livres hébreux, des raisons de penser différemment, et d'attribuer le Pentateuque à un autre auteur, indiqué par les textes mêmes avec plus d'évidence, que le lévite *Esdras*.

D'abord on cherche vainement des indices quelconques de l'existence du Pentateuque, soit dans le livre de Josué, l'un des plus anciens, soit dans le livre dit des *Juges*, soit dans les deux li-

---

(1) *Voyez l'Histoire critique du Vieux-testament,* par R. Simon, chap. 5 et 6, etc.; et le *Tractatus philos. polit.*, chap. 8, 9 et 10, traduit sous le nom de *Recherches curieuses d'un esprit désintéressé,* etc., Cologne, 1672, in-12.

vres intitulés *Samuel*, soit enfin dans l'histoire des premiers rois juifs. Ce silence, surtout au temps de Salomon, est d'autant plus remarquable, que l'auteur de la Chronique, en nous apprenant que les *Tables de la Loi de Moïse* furent déposées dans le temple bâti par ce prince, ne dit pas un mot des livres de Moïse; et cependant si le Pentateuque eût été l'ouvrage de Moïse, le manuscrit autographe devait encore exister, et il est inconcevable qu'un livre si précieux fût laissé dans un oubli absolu; surtout lorsqu'en cette inauguration du temple, une foule d'objets moins importants, moins appropriés au sujet, sont relatés et mentionnés.

Une autre circonstance encore digne de remarque, est que dans les livres de Salomon, dans les psaumes réellement de David, (1) et même dans les prophéties d'Isaïe, l'on ne trouve presque aucune citation que l'on puisse rapporter avec évidence au Pentateuque. Il faut descendre jusqu'au règne de Josias, pour en découvrir une indication probable; le passage qui la contient mérite d'être

---

(1) On sait, et le texte hébreu déclare, qu'un grand nombre ne sont pas de David: plusieurs chapitres d'Isaïe sont évidemment dans le même cas. Au chap. 12, v. 2, on trouve un demi-verset tiré du cantique composé à l'occasion du passage de la mer Rouge (*Exod.*, chap. 15, v. 2); mais ce cantique, qui nous est indiqué par le texte même comme devenu *chant populaire*, a pu et dû se conserver en d'autres livres.

cité en entier, pour en bien scruter les détails.
(Voyez *Reg.*, lib. 2, cap. 22.)

CHAPITRE VII.

Époque de l'apparition du Pentateuque.

Après la mort du roi Amon, son fils Josiah devint roi à l'âge de 8 ans ; on sent qu'un roi de 8 ans eut un tuteur régent, qui n'est point nommé, mais qui naturellement et par l'indication des faits, fut le grand-prêtre Helqiah.

La 18e année de son règne, Josiah envoie, sans motif apparent, Saphan, scribe ou secrétaire du temple, vers le grand-prêtre, pour lui dire de recueillir tout l'argent donné par le peuple aux portiers du temple, et de le remettre aux entrepreneurs et ouvriers des réparations, *sans leur faire rendre compte, et en se reposant sur leur bonne foi.* Pour réponse, le grand-prêtre Helqiah dit au secrétaire : « J'ai trouvé un livre (ou le livre) de la loi dans « le temple du Seigneur ; » et il donne ce livre au secrétaire qui le lit. Saphan retourne vers le roi, et lui dit : « Vos ordres sont exécutés...; (de plus), Helqiah m'a remis un livre ; » et il (commença) de

le lire devant le roi...; et lorsque le roi entendit les paroles de la loi, il déchira ses vêtements, et il dit à Helqiah, à Ahiqom, à Akbour, à Saphan, secrétaire, et à Achih, serviteur du roi : «Allez et
« consultez Dieu sur moi et sur tout le peuple juif,
« au sujet des paroles de ce livre qu'on a trouvé;
« car la colère de Dieu est allumée contre nous de
« ce que nos pères n'ont point pratiqué ses pré-
« ceptes.... Et ils se rendirent tous ensemble chez
« Holdah, prophétesse, qui demeurait à Jérusalem,
« et dans la rue Seconde. Holdah leur annonça,
« de la part de Dieu, de grands maux contre le
« pays et la ville. Mais, ajouta-t-elle, parce que
« le roi a écouté la parole du Seigneur, qu'il a
« pleuré et déchiré ses vêtements, ces maux n'ar-
« riveront point de son vivant.... Helqiah et les au-
« tres envoyés portent cette réponse au roi.... Le
« roi envoie de tous côtés des ordres dans la ville.
« Tous les *anciens* et gens notables se rassemblent
« dans le palais.... Le roi va ensuite au temple, et
« il y est suivi des prêtres et des anciens, et de
« tout le peuple depuis le plus grand jusqu'au plus
« petit; et là on fait une *lecture solennelle* de ce
« livre trouvé. Le roi monte ensuite aux degrés
« (de l'autel), et fait un sacrifice d'*alliance* pour
« pratiquer tout ce qui est dans le livre....; et le
« peuple en prend l'engagement.... Alors en exé-
« cution de ce pacte et des préceptes du livre,
« l'on jette hors du temple les vases de *Baal*; on

« souille les *lieux hauts* où l'on sacrifiait, et celui où
« l'on passait les enfants par la flamme...; on chasse
« des portiques du temple les chevaux sacrés que
« les rois entretenaient en l'honneur du soleil ; on
« brûle les chars consacrés au soleil ; on détruit
« les autels élevés par Achaz et Manassé, et ceux
« élevés par Salomon sur les *hauts lieux* aux dieux
« de ses femmes. Josiah, présent à tous ces actes
« qu'il commande et dirige, fait déterrer même les
« morts sur les *hauts lieux*, et *égorger tous les prê-*
« *tres de Baal* qu'il y trouve.... De retour à Jéru-
« salem, il fait célébrer une pâque *si solennelle,*
« qu'il n'y en eut point de telle depuis les *juges*
« *d'Israël* et pendant tout le temps des rois. »

Pesons les mots et les circonstances de ce récit ;
et d'abord remarquons que Josiah, enfant couronné dès l'âge de 8 ans, fut élevé par le grand prêtre Helqiah, qui pendant 10 ou 12 ans fut le véritable régent de l'État et du prince : par conséquent Josiah, maintenant âgé de 25 à 26 ans, est encore sous l'influence morale du pontife et de l'éducation sacerdotale qu'il en a reçue. A cet âge et l'an 18 de son règne, il fait un message solennel au grand-prêtre : l'objet de ce message est de *remettre aux entrepreneurs des réparations du temple, des sommes d'argent sans leur en faire rendre compte*. Pourquoi cette faveur d'un genre singulier, même injuste et imprudent ? Elle a certainement un motif, un objet en vue ; cet objet est

de se concilier ces gens et leurs familles, et, par suite, leurs amis et le peuple dont ils font partie : pour réponse, le grand-prêtre présente un livre, qu'il dit être le livre de la loi, et qu'il dit avoir trouvé dans le temple. Où est la preuve qu'il a trouvé ce livre? at-il des témoins? On ne le dit pas; mais il est clair que s"il a besoin d'appui, tous les ouvriers du temple qu'il a gratifiés lui seront dévoués. Admettons qu'il ait trouvé *ce livre*, et qu'il ne l'ait pas lui-même *composé* ; du moins il l'a eu en main, seul et aussi long-temps qu'il a voulu : n'y a-t-il pas fait des changements? C'est un manuscrit unique ; personne ne l'a contrôlé ; rien n'établit son authenticité. Ce manuscrit dut être un rouleau de papyrus ou de vélin ; quelle main l'a écrit? est-ce la main de Moïse? Helqiah ne le dit pas, il dit seulement *le livre de la loi*: cela est remarquable. S'il fût venu de Moïse, Helqiah eût-il supprimé une circonstance si propre à ajouter au respect? D'ailleurs, s'il fût venu de Moïse, ce manuscrit aurait eu à cette époque plus de 800 ans d'existence ; et depuis tant de temps, oublié dans quelque armoire, il eût dû être rongé des vers et de poussière, dans un climat aussi *rongeur* que l'est la Judée. Il y aurait eu des lacunes ; l'écriture même aurait dû être différente, et beaucoup de mots tombés en désuétude ; car il est sans exemple qu'une langue et qu'une forme d'écriture aient subsisté 800 ans sans altération. Cependant le secrétaire Saphan le lit couramment et à livre ouvert : il porte le livre au roi, et le roi entendant le contenu, est surpris, effrayé au point de déchirer ses vêtements. Quoi, le roi Josiah, élevé par le grand-prêtre, ne connaissait pas la loi de Moïse ! cette loi, dont tout prince, à son avénement, devait avoir une copie transcrite à son usage par les prêtres, selon un ordre exprès du Deutéronome, chapitre 17. Tout était donc oublié ; ou bien tout est simulé. Le roi Josiah de suite fait consulter *Dieu ;* l'oracle auquel on s'adresse est *une vieille femme, exerçant le métier de devineresse*, et jouissant d'un grand crédit sur le peuple, c'est-à-dire dans la classe des ouvriers que le roi a gratifiés. Le grand-prêtre, le secrétaire Saphan, Akbour et d'autres prêtres, se rendent en pompe chez cette femme.... N'est-il pas clair que l'intention d'une telle démarche est de produire une vive sensation sur le peuple et de donner de l'éclat à une chose nouvelle ?

La prophétesse répond dans le sens désiré..... Elle annonce que *Iahouh*, Dieu d'Israël, va envoyer contre Jérusalem et ses habitants, toutes les calamités écrites dans le livre que le roi a entendu, et cela parce que les Juifs *ont abandonné leur Dieu, et qu'ils ont sacrifié à des dieux étrangers*.

Ces expressions nous deviendront bientôt utiles ; mais pour le présent remarquons que cette prophétie de *Holdah* a une analogie frappante avec les autres prophéties que depuis cinq ans proclamait Jérémie : or, dans sa qualité de prêtre et de fils de prêtre, Jérémie avait des rapports nécessaires avec le pontife; il était, comme Holdah, dans la dépendance plus ou moins médiate de Helqiah (1); et lorsque nous trouvons que peu d'années après les fils de *Saphan* et d'*Akbour* furent les amis et protecteurs zélés de Jérémie contre la colère de Ihouaqim, nous avons lieu de soupçonner que déja il avait des liaisons avec *Saphan* et *Akbour*, qui figurent dans cette affaire; que par conséquent il était lui-même, comme Holdah, l'un des confidents de ce drame concerté; qu'en un mot il y a eu dans cette occasion un pacte secret, un plan combiné entre le grand-prêtre, le roi, le secrétaire Saphan, le prêtre Akbour, le prophète Jérémie et la prophétesse Hodah; et cela, pour un motif, une affaire d'état de la plus haute importance, puisqu'il s'agissait de sauver la nation du danger imminent d'une destruction absolue ou d'une dispersion prochaine.

En effet, à l'époque dont nous parlons, l'an 621, le royaume de Jérusalem se trouvait dans les circonstances les plus désastreuses. Depuis quatre ans les Scythes, venus du Caucase, exerçaient ces

---

(1) Son père se nommait Helqiah, comme le grand-prêtre; ils ont pu être parents.

ravages dont parle Hérodote, et dont leurs pareils, les Tatars de Genghizkan et de Tamerlan, nous ont fourni d'effrayants exemples dans les temps modernes. Vainqueurs de Kyaxare et de ses Mèdes, maîtres de la haute et de la basse Asie, les Scythes n'avaient pu parvenir à Azot, où les arrêta Psammitik, sans inonder la Syrie et la Palestine : leur cavalerie innombrable avait ravagé tout le pays plat, avec cette cruauté féroce et impitoyable qui a toujours caractérisé les Tatars ; le pays montueux, investi de toutes parts, privé de toutes communications, attaqué dans ses postes faibles, menacé dans toute sa masse, ressemblait à une grande place assiégée, et subissait tous les maux attachés à cette situation : or voilà premièrement le tableau que trace Jérémie dans ses dix-sept premiers chapitres.

L'an 13 de Josiah, dit cet écrivain, le (Dieu « de Moïse) *Iahouh*, m'adressa la parole (1),

« Et il me dit (chap. 1): Que vois-tu? Je vois « une chaudière bouillante; elle est dans le nord « (prête à verser), et Dieu dit: Du nord accourt « le mal sur tous les habitants de cette terre; car « voici que j'appelle toutes les familles des royau-« mes *du nord*, et elles viennent établir chacune « leur tente aux portes de Jérusalem, autour de

---

(1) Cet an 13 de Josiah est l'an 626 avant notre ère, ainsi que nous le prouverons par la suite.

« ses murs et dans toutes les villes de Juda, et
« je prononcerai mes décrets contre les pervers
« qui *m'ont abandonné, et qui ont sacrifié aux
« dieux étrangers* ».

Cette dernière phrase est mot pour mot, le motif allégué par la prophétesse Holdah. Les chapitres suivants sont remplis de reproches, de menaces et d'exhortations.

Le prophète s'écrie (ch. 4) : « Annoncez dans
« Juda; publiez dans Jérusalem; sonnez de la
« trompette; criez et dites: Rassemblez-vous; re-
« tirez-vous dans les villes fortes; élevez des si-
« gnaux de fuite; ne restez pas, parce que, dit le
« Seigneur, voici que j'apporte du nord une ca-
« lamité, une grande destruction; le lion a quitté
« son repaire; le destructeur des peuples est parti
« de son pays pour réduire cette terre en soli-
« tude ».

Ceci convient parfaitement aux Scythes; ce qui suit les caractérise encore mieux :

« Voici qu'un peuple vient du nord; une grande
« nation est sortie des flancs de la terre....; ils
« portent l'arc et le bouclier; ils brisent et dé-
« chirent sans pitié....; leur bruit ressemble au
« bruissement des flots; ils montent des chevaux
« armés (et bardés) eux-mêmes comme un guer-
« rier, etc. » : voilà bien les cavaliers scythes.

« Voici que (l'ennemi) monte comme une nue,
« ses chars (volent) comme un tourbillon; ses

« chevaux sont plus légers que les aigles.... Mal-
« -heur à nous! nous sommes ravagés. — Un cri
« d'alarme vient du côté de *Dan*; on apprend des
« *horreurs* (*iniquitatem*) de la montagne d'É-
« phraïm..... Faites entendre dans Jérusalem que
« des troupes d'*éclaireurs* viennent d'une terre
« lointaine.....

« J'ai regardé le pays, il est désert... J'ai vu les
« montagnes, et elles tremblent; les collines, et
« elles se choquent; j'ai regardé (partout), il n'y
« a plus d'hommes; les oiseaux du ciel se sont en-
« volés..... J'ai regardé le *Carmel*, *il est désert*, et
« toutes les villes détruites devant la face de Iahouh
« et de sa fureur ».

(Chap. 5, v. 15): « J'amène sur vous une nation
« lointaine, une nation robuste, antique, dont
« vous ne connaissez point le langage, dont vous
« ne comprenez point les paroles... : son carquois
« est un sépulcre ouvert...; tous ses guerriers sont
« forts. Ils mangeront votre pain, votre mois-
« son, vos enfants, vos bœufs, vos figues, vos
« raisins, etc. »

(Chap. 6, v. 1): « Enfants de Benjamin, fuyez
« de Jérusalem; sonnez de la trompette, parce
« que de l'aquilon vient un fléau, une dévastation ».

Et (Ch. 8, v. 16 à 20): « Du côté de Dan on
« entend le bruit de leurs chevaux; la terre reten-
« tit de leurs violents hennissements; ils accou-
« rent; ils dévorent la terre et son abondance, la

« ville et ses habitants..... *La moisson* est passée, « *l'été est fini, et nous ne sommes pas délivrés* ».

Nous verrons ailleurs que cette dernière circonstance cadre très-bien avec la date de l'irruption des Scythes, que nous plaçons en 625.

Tous ces maux dépeints par Jérémie duraient donc depuis 4 ans, lorsque Helqiah tira de l'oubli ou du néant un livre qui devait sauver la nation en la régénérant; et cependant le danger qu'elle éprouvait de la part des Scythes n'était pas le seul. Deux puissances voisines, devenues plus ambitieuses depuis quelques années, menaçaient dans leur choc prochain d'écraser le petit royaume de Jérusalem: l'*Égypte*, d'une part, délivrée des guerres étrangères et civiles qui l'avaient long-temps déchirée, venait de concentrer toutes ses forces dans les mains de Psammitik; et ce prince heureux et habile, avait, par la prise d'Azot et de la Palestine, annoncé à la Syrie les projets d'agrandissement que poursuivit *Nekos* son fils. D'autre part, les rois de Babylone, héritiers de l'empire ninivite, renouvelaient, sur la Phénicie et la Judée, les prétentions et les attaques de Sennacherib et de Salmanasar. Selon la chronique *des Jours* (1), l'un deux avait fait saisir et emmener captif le roi Manassé, grand-père de Josiah. Helqiah, grand-prêtre et régent en 638,

---

(1) Les Paralipomènes.

avait pu être témoin de cet événement arrivé 18
ou 20 ans auparavant. — A l'époque présente,
c'est-à-dire l'an 621, Nabopolasar, père de Nabukodonosor, régnait depuis 4 ans, et son règne
préparait le régne de son fils. Une grande lutte
s'annonçait entre l'Égypte et la Chaldée ; et dans
cette lutte, les politiques juifs ne pouvaient manquer de sentir que leur nation faible et d'ailleurs
divisée d'opinions, était menacée d'une entière
dissolution. Si le salut était possible, ce n'était
qu'en réunissant les esprits, en ressuscitant le caractère national; et si cette pensée dut venir à
quelqu'un, ce dut être au grand-prêtre Helqiah,
qui, par la minorité du prince, se trouvant chef
politique et religieux, eut l'avantage de réunir en
sa personne et les connaissances, et l'intérêt, et
les moyens d'exécuter une réforme, une régéné-
ration urgente. Cette idée une fois conçue, il ne
lui resta plus à imaginer que le moyen. Un admi-
nistrateur purement politique eût pu en apercevoir plusieurs ; mais un homme de famille sacerdotale, imbu, dès son berceau, de la prééminence
des institutions religieuses, qualifiées divines, ne
pouvait en apercevoir que dans la religion et par
la religion : celle de Moïse avait eu le pouvoir ma-
gique de changer une multitude esclave et poltronne en un peuple de conquérans fanatiques ; il
fut naturel à un prêtre juif, de penser qu'en rétablissant les institutions anciennes, l'on rétablirait

la même ferveur. La religion de Moïse, comme toute autre et plus que toute autre, enseignait que tous les maux qui arrivaient au peuple, provenaient de ce qu'il violait ou négligeait la loi : un successeur de Moïse ne put avoir une autre doctrine, et il ne dut éprouver d'embarras que dans le moyen d'exécution. S'il eût été possible d'évoquer le législateur, de ressusciter Moïse lui-même, ce moyen eût été le premier employé. Évoquer son livre, ressusciter sa loi, ne fut qu'une modification de cette idée assez naturelle..... Lors donc que Helqiah, sans un motif d'abord apparent, annonce avec éclat qu'il a trouvé le *Livre de la loi*, nous avons lieu et droit de penser que ce n'est point une invention fortuite, mais une opération méditée et préparée depuis du temps, concertée même avec quelques personnes nécessaires à l'exécution, spécialement avec Jérémie, dont le rôle et les écrits ont plusieurs rapports frappants avec certains textes du livre produit, ainsi que nous le verrons.

CHAPITRE VIII.

Suite des preuves.

Mais que faut-il entendre par ce *Livre de la Loi*, découvert dans le temple et porté au roi? Les commentateurs qui veulent absolument que le *Pentateuque* soit l'ouvrage immédiat de Moïse, imaginent ici diverses hypothèses pour détourner l'idée qui s'offre d'abord : cependant tout esprit impartial qui voudra peser les circonstances accessoires, pensera probablement, comme nous, que ce *livre* ne saurait être autre que le *Pentateuque* tel que nous l'avons, et cela par plusieurs raisons qui se confirment réciproquement.

1° Parce que l'on n'aperçoit pas le moindre indice de l'existence du Pentateuque avant le roi *Josiah*, et que s'il eût été connu, un silence aussi absolu eût été une chose impossible.

2° Parce que depuis l'époque de Helqiah, nous trouvons le Pentateuque accrédité d'une manière imposante, et qu'il est habituellement désigné chez les Juifs sous le nom de *Livre de la Loi*. C'est ce livre qu'Esdras lut au peuple rassemblé aux portes du nouveau temple, et cette lecture, qui dura six matinées consécutives, nous donne précisément l'espace de temps qui convient à une lecture publique du Pentateuque.

Après Esdras, les docteurs l'appelèrent indifféremment *Livre de la Loi* ou *Livre de Moïse*, parce qu'il contient la loi de ce prophète ; or il est facile de voir que ce fut cette expression qui introduisit l'usage de regarder Moïse comme son auteur : les Pharisiens consacrèrent cette opinion par bigoterie; puis, en haine des Saducéens, ils déclarèrent hérétiques quiconque la rejetterait.

3° Si le Pentateuque eût existé avant Josiah, il eût été connu du moins dans les hautes classes ; et le jeune roi, élevé par le grand-prêtre, n'eût pu être *surpris* en entendant des préceptes qui s'y trouvent répétés cent fois. Au contraire, le Pentateuque n'ayant pas existé jusque-là, on conçoit l'épouvante vraie ou simulée de Josiah à la lecture des anathèmes terribles contenus dans les chapitres 27 et 28 du Deutéronome. Mais, nous dira-t-on, si le livre trouvé par Helqiah, fût le Pentateuque, et si, par toutes les raisons citées, Moïse ne put en être l'auteur, s'ensuivra-t-il que Helqiah l'ait composé de toutes pièces, et qu'on doive le regarder comme un livre entièrement supposé ?

Nous n'admettons point cette conséquence exagérée ; nous pensons seulement que ce grand-prêtre se proposant de ressusciter la loi de Moïse, généralement oubliée par les Juifs, a recherché tout ce qui a pu subsister d'écrits et de monuments relatifs à son but; qu'il a réellement pu trouver des écrits dont Moïse fut l'auteur, mais plutôt en copie de seconde main qu'en original ; qu'à raison des 800 ans écoulés depuis ce prophète, beaucoup de choses étant tombées en désuétude dans le langage, dans l'écriture, et dans les usages géographiques ou civils, il a fait de tous ces matériaux une refonte, une rédaction nouvelle, dans laquelle il a conservé beaucoup de fragments anciens, mais aussi dans laquelle il a introduit beaucoup de liaisons et d'explications de son propre chef. D'autre part nous rejetons aussi l'opinion de ceux qui veulent regarder tous les passages anachroniques comme des notes marginales introduites dans le texte par la succession des copistes; il suffit de lire avec attention ces passages et d'autres que nous ne citons pas, pour sentir qu'il font partie intégrante de la narration, et qu'il faudrait considérer des chapitres entiers comme des parenthèses. Les redites même, qui sont si nombreuses, prouvent cette rédaction par *compilation* telle que nous l'indiquons : il serait d'ailleurs trop commode de dire à chaque découverte d'un nouveau trait posthume, que c'est une *note insérée;* il vaut mieux convenir de bonne foi que *Helqiah* est réellement *auteur* dans le sens de rédacteur et ordonnateur de matériaux ; mais il faut convenir aussi qu'à ce titre nous sommes livrés à sa discrétion, et qu'il a pu supprimer, réformer, introduire même une partie entière, inconnue ou du moins étrangère aux livres de Moïse, ainsi que nous croyons le pouvoir démontrer du livre de la Genèse.

A l'époque et dans les circonstances dont nous parlons, l'état politique et religieux des Juifs nous semble avoir été le même que celui des Parsis et des Hindous, qui pratiquent les lois de Brahma et de Zoroastre, sur des traditions, sur des commentaires et liturgies de prêtres, sans posséder les livres autographes de leur prophètes (1). Maintenant supposons qu'un roi perse, tel que *Darius Hystasp* ou *Ardchir-Babekan*, eût concerté avec le grand Môbed, la *découverte* et la *mise au jour* de l'ouvrage de Zoroastre, n'est-il pas vrai que personne autre n'ayant en main ni l'original, ni une copie, n'eût pu démontrer la fausseté de leur opération, et que nous n'aurions de moyen d'en juger, que par l'examen du livre lui-même, questionné et interrogé dans tous ses détails : or ce cas est précisément celui de Josiàh et de

---

(1) Depuis Alexandre on a peine à prouver l'existence des livres de Zerdoust. Quant aux Vedas, on a long-temps douté de la leur ; et il a fallu toute la puissance des Anglais pour parvenir à compléter une copie de ces livres, réduits à un seul manuscrit dont rien ne garantit la parfaite pureté.

Helqiah, avec la différence que le grand-prêtre est ici l'auteur et le promoteur principal. Ils ont pu dire tout ce qui leur a convenu sur la découverte du livre : c'est à nous de n'admettre que ce qui est conforme au raisonnement et aux preuves ou indices fournis par ce livre lui-même. Déja nous y avons vu des preuves chronologiques d'une composition postérieure de plusieurs siècles à Moïse ; maintenant si nous le questionnons encore, nous serons conduits à penser que les livres réels de Moïse ne sont point contenus dans le Pentateuque en original ; mais par extraits et par citation ; et que le rédacteur, en écartant tout ce qui ne marchait pas à son but, y a introduit des portions tout-à-fait étrangères et probablement inconnues à ce législateur.

On ne saurait douter que Moïse ait composé des livres et laissé des écrits. Son rôle de législateur lui en suppose la faculté, comme il lui en impose la nécessité. Il se trouva dans la même position que Mahomet, avec la différence que Mahomet feignit de ne savoir pas écrire. Aussi trouvons-nous là mention expresse de certains écrits de Moïse, dans plusieurs passages de l'Exode et du Deutéronome. Par exemple, au chapitre 24 de l'Exode, versets 3 à 7, il est dit que « Moïse étant des-
« cendu de la montagne d'Horeb vers le peuple, il
« lui répéta tout ce que (le Dieu) Iahouh lui avait dit :
« qu'il *l'écrivit* (ce jour-là) et que le matin (du len-

« demain) étant retourné au pied de la monta-
« gne avec le peuple, pour faire un sacrifice, il
« prit en main *le volume ou rouleau* qu'il avait
« écrit, il le lut au peuple, qui dit : *Tout ce*
« *que vous nous ordonnez, nous l'observerons.* »

Il est clair qu'un rouleau écrit *dans un jour*, et
lu en préliminaire d'un sacrifice, n'est pas le Pentateuque, ni même le Deutéronome. Si nous confrontons ce qui précède et ce qui suit, nous trouvons que ce volume ou *livre de l'Alliance* dut être composé des 126 versets ou articles de la loi que nous lisons (chap. 20, vers. 2, jusqu'au chap. 24, vers. 1er), qui effectivement comprennent toute l'essence de la loi des Juifs. Or, ce livre de l'Alliance n'étant employé dans le Pentateuque que comme fragment, il est clair que nous n'avons pas les écrits originaux de Moïse dans leur état distinct et isolé.

En un autre endroit (Exode, chap. 17, verset 14), il est dit que Josué ayant battu les Amalékites qui étaient venus attaquer les Hébreux, peu après leur sortie d'Égypte, le dieu Iahouh ordonna à Moïse d'écrire ce premier fait d'armes dans le *livre*. Que peut avoir été ce livre, sinon le registre ou journal des opérations militaires des Hébreux, guidés par leur dieu Iahouh, et par son visir Moïse; opérations dont ce lieutenant voulut, comme tout chef militaire, avoir le tableau pour le consulter au besoin? Lorsque

ensuite nous trouvons au livre des Nombres
(chap, 21, vers. 14) la citation d'un livre intitulé
livre des Guerres (du Dieu) Iàhouh..., exprimée dans les termes suivants : « Les enfants
« d'Israël décampèrent, du torrent de Zared et
« vinrent camper sur l'Arnon, qui est dans le
« *désert,* et sort de la montagne des *Amrim.*
« Or, l'Arnon est la frontière de Moab qui le
« sépare des *Amrim* : c'est pourquoi il est dit
« *dans le livre des Guerres de Iahouh,* ce qu'a fait
« Iahouh sur la mer Rouge, (il l'a fait) *sur les*
« *torrents d'Arnon* »; nous disons qu'un tel récit,
une telle citation ne saurait être de Moïse, et
qu'ils ne conviennent qu'à un interlocuteur posthume qui écrivait d'après des matériaux qu'il avait
sous les yeux, et où il trouvait décrits les campements et les faits militaires des Hébreux. Or ce
livre ancien et original semble devoir être celui-
là même ou Moïse écrivit la victoire sur Amaleq,
l'an 1er, *puis tout ce qui arriva pendant le séjour*
dans le désert, et enfin l'an 40, la victoire sur Se-
houn et celle sur Og, qui furent les derniers exploits du législateur. Lorsqu'ensuite les livres que
nous avons en main portent une lacune totale
entre l'an 2 et l'an 40, et que tout leur récit de
ce qui se passa pendant 37 ans, se borne à une
stérile notice de campements (1), c'est parce que

---

(1) *Voyez* le chap. 33 et les précédents, livre des Nombres.

le rédacteur posthume a supprimé, comme inutiles à son but, les détails du *Journal de Moïse*, de ce livre des *Guerres du Dieu Iahouh*, que nous n'avons pas.

Le Deutéronome (1) parle encore plusieurs fois d'un *livre de la Loi* écrit par Moïse l'an 40; outre le *livre de l'Alliance* écrit au pied de l'Horeb, l'an 2...... Moïse remit ce livre peu avant sa mort, aux prêtres, enfants de Lévi, et aux anciens d'Israël (ch. 31, v. 9), pour être lu, tous les 7 ans, à la fête des Tabernacles, à l'époque du Jubilé : or, ce livre ne saurait être ni le Pentateuque, ni le Deutéronome entier, attendu que Moïse ordonna (ch. 27, v. 2), qu'après le passage du Jourdain, ledit livre serait écrit en entier sur les pierres du pourtour d'un autel dont la face aurait été enduite de chaux pour recevoir l'écriture. Il est déraisonnable et impossible de supposer qu'une masse d'écriture, telle que le Deutéronome, ait été écrite sur des pierres, surtout lorsqu'une partie contient des récits étrangers à la loi et postérieurs à Moïse..... Ce second *livre de la Loi* ne peut donc être qu'un nouvel exposé des lois, avec quelques développements, tels qu'on les trouve dans certains chapitres du Deutéronome; mais là encore, nous n'avons l'écrit de Moïse que par intermédiaire et non pas autographe, tel qu'il

---

(1) *Deut.*, ch. 29, v. 1er.

le produisit; et toujours nous sommes ramenés à l'idée d'un compilateur posthume, qui retranchant, ajoutant, choisissant ce qu'il a voulu, a composé l'ouvrage réellement confus et peu cohérent, que l'on appelle *Pentateuque*.

Ici revient se placer une remarque qui semble avoir échappé à nos prédécesseurs, et que nous avons indiquée plus haut (1). Nous avons dit que l'oracle rendu par la prophétesse Holdah, désignait d'une manière spéciale les anathèmes des chapitres 27 et 28 du Deutéronome.

« Le dieu d'Israël, dit cette femme, va envoyer
« contre Jérusalem tous les maux écrits dans le
« livre dont le roi a ouï la lecture, et cela, *parce*
« *que les Juifs ont abandonné leur Dieu et sacrifié*
« *à des dieux étrangers*. »

On feuillette vainement l'*Exode*, le *Lévitique*, les *Nombres*, l'on n'aperçoit rien qui corresponde à ces paroles, ni qui remplisse l'idée de ces maux; mais lorsqu'on arrive au chapitre 27 du Deutéronome, on trouve une série de malédictions et d'anathèmes qui continue dans le chapitre 28, et qui réellement présente un tableau affreux.

« Si vous n'écoutez point la voix de Dieu, dit
« le verset 15, pour observer tous ses comman-
« dements et pratiquer ces cérémonies, une foule
« de maux viendra vous accabler. Vous serez mau-

---

(1) Page 70.

« dits dans vos villes, maudits dans vos campa-
« gnes......;.Dieu vous enverra la disette et la
« famine.....;.il vous enverra la peste qui vous
« consumera.......; la pluie du ciel sera une pous-
« sière et une cendre brûlante, etc., etc. »

Maintenant, comment se fait-il que la suite de ces anathèmes ait pour le sens, et, qui plus est, pour l'expression, une analogie frappante avec les premiers chapitres de Jérémie, écrits depuis l'an 625 jusqu'à 621, c'est-à-dire pendant les 4 années où le grand-prêtre dut être occupé de la rédaction du Pentateuque. Les chapitres 4, 5 et 6 en offrent surtout des exemples frappants :

Deutéronome, chapitre 28, v. 48 et suiv.: « Et vous servi-
« rez les ennemis que Dieu en-
« verra contre vous : vous les
« servirez dans la faim, la nu-
« dité, la soif, le manque de
« tout..... Ils appuieront un
« joug de fer sur vos têtes.
    « Dieu amènera sur vous un
« peuple lointain, un peuple
« du bout de la terre, sem-
« blable à un aigle qui vole (à
« sa proie);
    « Un *peuple dont vous ne*
« *connaissez point le langage,*
« *dont vous ne comprendrez*
« *point les paroles*, un peuple
« insolent et dur, sans respect
« pour les vieillards, sans pi-
« tié pour les enfants ;
    « Qui dévorera les produits

Jérémie, chapitre 5, v. 15, Dieu a dit : « Voici que j'amène
« sur vous un peuple lointain,
« un peuple *robuste, antique,*
« *dont vous ne connaissez point*
« *le langage; dont vous ne*
« *comprenez point les paroles* ».

    Et (chap. 4, v. 13.) « Ses
« chevaux *sont plus légers que*
« *les aigles.* Malheur à nous !
« nous sommes ravagés ».

    (Chap. 6, v. 22 et 23.) « Un
« peuple vient du nord ; il sort
« des flancs de la terre ; *peuple*
« *cruel, qui n'a point de pitié.*

    « Ils mangent (ou mange-

« de vos animaux, les fruits « ront) votre moisson, votre
« de vos champs jusqu'à votre « pain, vos enfants, vos trou-
« entière destruction: qui ne « peaux, vos bœufs, vos vi-
« vous laissera ni blé, ni vin, « gnes, vos figues, etc.
« ni huile, ni bœufs, ni bre-
« bis;

« Qui vous resserrera dans « Ils ravagent (ou ravage-
« toutes vos villes fortes jus- « ront) vos villes fortes, dans
« qu'à ce qu'il abatte les murs « lesquelles vous mettez votre
« élevés qui font votre con- « confiance ».
« fiance; et vous serez assiégés
« dans toutes les villes de votre
« pays, etc. »

Le hasard ne produit pas d'aussi parfaites ressemblances (1), surtout lorsque les expressions

---

(1) Une autre identité a été remarquée par les critiques. On lit, au chap. 21 du livre des Nombres, v. 26, 27 et 28 : « Or, « la ville de Hesbon avait été enlevée aux Moabites par Séhon, « roi amorrhéen; c'est pourquoi il est dit dans le livre des « *Moshalim* : Venez bâtir Hesbon, la ville de Séhon.... Un « feu est sorti de Hesbon, une flamme de la ville de Séhon, « pour dévorer les villages de Moab sur les hauteurs de l'Ar- « noun : malheur à toi, ô Moab! il a péri le peuple de Kâ- « môs..., il a livré ses enfants à la fuite, et ses filles à la capti- « vité ».

D'autre part, le chapitre 48 de Jérémie, v. 44, 45 et 46, porte: « A l'ombre de Hesbon se sont arrêtés les fuyards de « Moab; un feu est sorti de Hesbon, une flamme du milieu de « Séhon pour dévorer les pierres angulaires et les sommets « des enfants de Châoun. Malheur à toi, Moab! Le *peuple de* « *Kâmôs a péri;* car ses enfants sont emmenés en esclavage, « et ses filles en captivité. ». — On objecte que le livre *des Moshalim* a pu être cité par l'auteur des Nombres, comme par Jérémie; mais dans un temps où un manuscrit était rare et souvent unique, sa citation par deux auteurs devient un indice de quelques relations habituelles entre eux, et appuie notre opinion sur celles de Jérémie avec le grand-prêtre Helqiah.

des deux textes sont littéralement les mêmes. Il nous semble donc presque démontré que Jérémie a eu connaissance du travail que préparait le grand-prêtre; qu'il en est devenu le confident, peut-être même le collaborateur; du moins est-il certain que son rôle et sa doctrine sont en accord parfait avec le Pentateuque; et quant à la composition matérielle de ce livre, nous trouvons, dans les difficultés de l'entreprise, de nouvelles raisons de l'attribuer à Helqiah; car quel individu autre que ce grand-prêtre, tout-puissant par sa place et ses récentes fonctions de régent, eût pu se faire ouvrir les archives du temple, les registres du royaume et les monuments des villes? Quel autre que lui eût pu réunir l'instruction variée, la connaissance des antiquités nécessaire à la compulsation des monuments et à la rédaction de l'ouvrage? Huit siècles s'étaient écoulés depuis la mort de Moïse; ce laps de temps avait introduit bien des changements dans le langage, dans les coutumes, dans le régime civil et même religieux, dans la forme même de l'écriture et l'usage des mots. Les 12 tribus, pendant 400 ans sous les juges, avaient vécu dans un état réciproque d'indépendance et d'isolement; c'étaient autant de peuples séparés comme les tribus arabes..... Après Salomon 10 tribus firent schisme absolu, et de ces 10 tribus, 3 vivant au-delà du Jourdain, faisaient presque une autre confédération distincte...... Le langage et les coutumes s'étaient ressentis de cette manière d'être : bien des choses anciennes étaient des énigmes pour le vulgaire; les vieux manuscrits étaient pénibles à déchiffrer, à comprendre; le concours de plusieurs hommes lettrés était nécessaire; de tels hommes étaient rares chez un peuple grossier, ignorant, déchiré de troubles; leur travail devenait dispendieux, et toute l'entreprise avait des obstacles qu'un homme puissant et tel que le grand-prêtre pouvait seul exécuter.

Après l'exposé que nous venons de faire des preuves positives fournies par divers passages du Pentateuque d'une part, et des présomptions et indices tirés des faits historiques et de leurs accessoires d'autre part, nous croyons pouvoir conclure impartialement :

1° Que le *Pentateuque*, tel qu'il est en nos mains, ne saurait être l'ouvrage immédiat, ni la composition autographe de Moïse ;

2° Que le livre soi-disant *trouvé* par le grand-prêtre Helqiah, l'an 18 du roi Josiah, est réellement notre Pentateuque actuel;

3° Que la partie de ce livre lue devant Josiah, se rapporte aux chapitres 27 et 28 du Deutéronome ;

4° Que le grand-prêtre Helqiah, qui dit avoir *trouvé ce livre, et qui l'a possédé seul et sans témoins;* qui en a été le maître absolu et sans contrôle, est fortement prévenu, par toutes les circonstances du fait, d'en être l'auteur, et de l'être en ce sens, qu'il a recueilli et rassemblé des matériaux dont quelques-uns paraissent venir directement de Moïse; mais qu'il les a fondus, rédigés et mis dans l'ordre qu'il lui a convenu, et que nous voyons aujourd'hui.

CHAPITRE IX.

Problèmes résolus par l'époque citée.

CES propositions étant admises, l'on peut résoudre d'une manière satisfaisante presque toutes les difficultés chronologiques, géographiques et historiques contenues dans le Pentateuque. Et d'abord en considérant que son apparition ou promulgation l'an 18 de Josiah, correspond à l'an 621 avant notre ère, on voit la raison de tous les faits disparates dont ce livre offre les citations. Par exemple, on conçoit que Helquiah écrivant dans Jérusalem, à l'occident et *en deçà* du Jourdain, a dû dire « que Moïse parla et mourut *au* « *delà* du Jourdain, *du côté du soleil levant;* » et il a pu ajouter avec convenance « que per- « sonne n'avait connu le lieu de sa sépulture *jus-*

« *qu'à ce jour,* » puisque 8 siècles étaient écoulés ; et encore, « qu'aucun *prophète égal à Moïse ne* « *s'était élevé en Israël ;* » un tel prononcé a de la dignité et de la modestie dans la bouche d'un grand-prêtre successeur de Moïse.

On conçoit aussi comment Helquiah a pu employer, au temps d'Abraham, les mots *Iahouh* et *Dan*, qui ne furent usités que long-temps après ; comment il a fait des notes explicatives sur le lit d'Og, roi de Basan, sur les rois qui régnèrent en Edom, avant qu'il y eût des rois en Israël, comment il a cité le livre des *Guerres du Seigneur*, celui de *Moshalim*, ou traditions, etc., et employé le terme de *nabia* pour *prophète*, au lieu de *raï, voyant*, qui fut usité jusqu'après David ; enfin, comment il a pu dire : « *de la terre de Sen-* « *nar est sorti l'Assyrien qui a bâti Ninive,* » événement qui date de l'an 1218, ainsi que nous le prouverons. Cette remarque avait alors de l'intérêt pour les Juifs, à qui 150 ans de guerres avaient fait connaître les Assyriens, tandis qu'auparavant, soit sous Moïse, soit sous David, ils n'avaient aucun rapport avec ce peuple lointain, et ne le connaissaient que vaguement.

Le mérite de cette date tardive du Pentateuque ne se borne pas là. Elle a encore l'avantage d'expliquer plusieurs énigmes de la *Genèse* et du livre des *Nombres*, qui sont restées inintelligibles jusqu'à ce jour. Par explique, elle explique les bénédictions supposées que Jacob mourant est censé donner à ses enfants..... Nous disons *supposées*, parce qu'il est inconcevable qu'il y ait eu là un sténographe pour les recueillir (1), et qu'en les examinant avec critique, l'on y découvre un résumé allégorique de l'historique de chaque tribu, présenté, selon l'usage oriental, sous une forme prophétique.

« Zabulon habitera aux bords de la mer, près
« des ports, appuyé contre Sidon : *Issachar*, âne
« robuste, voyant que sa terre est bonne, bais-
« sera (2) l'épaule sous le fardeau, et paiera le tri-
« but. Le pain d'*Aser* est excellent... Je diviserai
« Siméon et Lévi : je le disperserai en Israël (les
« lévites n'eurent point de lot spécial...); le scep-
« tre ne sera point ôté de *Juda*, ni le trône d'entre
« ses pieds, jusqu'à ce que vienne celui à qui *ap-*
« *partient le sceptre et l'obéissance....* » Remarquez qu'au temps de Josiah le sceptre avait été ôté d'Israël, c'est-à-dire, des tribus, et qu'il restait en Juda, mais avec l'incertitude d'y persister s'il venait un *puissant* à qui appartînt l'obéissance.

Un second passage énigmatique qui s'explique également bien, est la prophétie de Nohé à ses

---

(1) Genèse, ch. 49.
(2) Les interprètes traduisent ce mot *au passé*, mais il n'en porte pas plus le signe dans l'hébreu que les autres traduits au futur. En général ils font arbitrairement l'échange de ces deux temps.

trois (prétendus) enfants : « *Maudit soit Ka-*
« *naan* (1); *il sera l'esclave des serviteurs de ses*
« *frères.* » Kanaan, comme on sait, est le peuple
phénicien. Ici, *les serviteurs de ses frères* sont les
Hébreux, devenus tributaires des Assyriens, issus de Sem, et même des Mèdes et des Scythes
(en 621), issus de Iaphet.

« Béni soit le Dieu de Sem, Kanaan sera son
« esclave.... Dieu dilatera Iaphet (2) qui habitera
« les tentes de *Sem*...., et Kanaan sera son es-
« clave. »

On n'a jamais compris ce verset; mais dans la
géographie hébraïque, Iaphet désigne les races
scythiques qui parlent l'idiome sanscrit. *Sem* désigne les nations arabiques-chaldéennes, et la prophétie eut son accomplissement lorsque les *Mèdes*,
race de *Iaphet*, eurent envahi *Ninive*, c'est-à-dire,
l'habitation guerrière des Assyriens, race de Sem.
Cet événement avait eu lieu 100 ans avant Helquiah, au temps de Sardanapale et d'Arbak; mais
l'invasion des Scythes, qui, en 625, s'emparèrent
de tous les pays *sémitiques*, nous paraît être l'ap-
plication la plus directe et l'objet le plus immédiat de l'oracle : cet article semble nous révéler
positivement le secret du rédacteur Helqiah.

---

(1) Genèse, chap. 9.
(2) C'est un jeu de mots, car Iaphet signifie *dilaté*, *vaste*,
comme le continent des races scythiques. *Ham*, le pays *chaud*,
brûlé.

Enfin Kanaan, c'est-à-dire les peuples phéniciens se trouvaient alors exactement les esclaves et les tributaires des peuples sémitiques et iaphétiques, puisqu'ils payaient le tribut aux Assyriens et aux Scythes. Aucune explication n'avait, jusqu'à ce jour, rempli toutes les conditions de celle-ci. En cette circonstance nous avons un exemple remarquable de l'observation critique de M. John Bentley, qui, à l'occasion de prophéties semblables insérées dans les livres indiens, soit *Pouranas*, soit *Shastras*, nous avertit que, « *de l'aveu* « *des plus savants et des plus honnêtes brahmes* (1), « les écrivains Indous (et en général les écri- « vains asiatiques), à raison de la corruption des « mœurs du siècle, ont dès long-temps imaginé de « se servir du respect porté aux anciens person- « nages, et de la croyance établie qu'ils avaient le « don de prévoir l'avenir, pour leur attribuer « tantôt des leçons de morale, tantôt des avis et « prédictions *de choses futures que l'on voyait en-* « *suite arriver.* » Or, comme les Indous modernes sont en tout point une image vivante de l'esprit et du caractère, des usages et du régime politique de l'ancienne Asie, qu'il ont surtout une grande ressemblance avec les Égyptiens, les Chaldéens et les Hébreux (2); l'on conçoit que le

---

(1) Asiatick researches, tome IV.
(2) Mégasthènes fait une remarque expresse de cette res-

PROBLÈMES RÉSOLUS PAR L'ÉPOQUE CITÉE. 99

grand-prêtre a pu imiter une pratique commune à tout l'ancien monde, surtout lorsque personne ne pouvait le convaincre de supposition.

Une troisième énigme plus obscure, plus compliquée que les précédentes, se résout encore très-bien par la rédaction du Pentateuque à la date de l'an 621 avant J.-C.; c'est l'oracle rendu par le prophète Balaam, que le roi des Moabites appela pour maudire l'armée des Hébreux (1); ce morceau est d'autant plus bizarre, que l'on veut expliquer les mystères les plus sacrés par les prédictions d'un devin païen que Moïse fit tuer (Voy. *Josué*, chapitre 13, verset 22, et *Numeri*, chapitre 31, verset 8). Laissons à part son dialogue avec son ânesse, qui est raconté sérieusement, comme une chose crue par la cour du roi Moab

---

semblance entre les Indiens et les Juifs pour les opinions théologiques (Eusèbe nous dit, *Præpar. Evang.*, lib. IX, cap. 6), *Megasthenis*..... *clarissimus hic locus est libro suo de Indicis tertio :* « *Quidquid ab antiquis de naturâ dictum est, eorum* « *etiam qui extra Græciam philosophantur, ut brachmanum* « *apud Indos, et Judæorum in Syriâ sermone celebratur* ». Un passage de Josèphe, dans son livre Ier contre Appion, est encore remarquable, § XXII : « Cléarque, disciple d'Aristote, en « son livre du Sommeil, parlant d'*Hyperochides*, philosophe « juif, observe que les Juifs tirent leur origine des Indiens. « Chez les Indiens, dit-il, les philosophes se nomment *Kala-* « *ni*, et chez les Syriens, *Judæi*, à raison du nom de la con- « trée qu'ils habitent ».

(1) Le livre des Nombres, chap. 22, dit que Balaam vint du pays des Ammonites. Le livre du Deutéronome dit, chap. 23, v. 4, qu'il vint de la Mésopotamie (*Aramnahrim*).

7.

et par les Hébreux. Balaam après bien des difficultés, et après des cérémonies de divination, curieuses pour le temps, au lieu de maudire les Hébreux, prononce sur eux des bénédictions.

Or les dernières de ces bénédictions composent les versets suivants : « (1) Que les tentes d'I-
« sraël sont belles ! Son *roi* l'emportera (ou prédominera) sur Agag; et son royaume s'élèvera (de plus en plus.)

« Une étoile sortira de Jacob, un sceptre s'élè-
« vera d'Israël; il démolira les pierres angulai-
« res (2) de Moab; il détruira tous les enfants de
« Seth. L'Idumée sera possédée par lui. — Le
« mont Séir sera possédé par ses ennemis, et Is-
« raël montrera sa force. »

Jusqu'ici le style oraculaire est intelligible et présente des faits liés entre eux. Le premier roi d'Israël vainquit Agag, roi des Amalékites, et la royauté naissante des Hébreux fut affermie.... David succéda, et se montra comme une *étoile* fortunée ; il écrasa dans une bataille toute la nation moabite, dont il fit tuer, après l'action, tous les chefs, qui sont les *pierres angulaires*, les soutiens d'une nation, et tous les mâles qui pouvaient porter les armes : il fut le premier qui subjugua Séir (l'Idumée); jamais les Hébreux ne furent

---

(1) *Numeri*, chap. 24, v. 5 à 7 et 17 à 20.
(2) Voilà encore une phrase de Jérémie.

plus forts. Le verset qui suit se comprend encore.

« Amaleq est le commencement (c'est-à-dire le
« plus ancien, ou le chef des peuples), sa fin sera
« la *perte.* » David réduisit aussi ce peuple aux
abois : ici nous entrons dans l'obscurité.

« Pour toi ! ô peuple *Qinéen*, ton habitation
« (montueuse) est très-forte ; tu as placé ton nid
« sur un rocher (destiné) à te brûler du soleil, ô
« Qinéen ! jusqu'à ce que l'Assyrien (Assur) t'em-
« mène captif. Malheur à qui verra ces choses !
« des vaisseaux viendront de Ketim ; ils dévaste-
« ront l'Assyrien, ils dévasteront l'Hébreu, et *lui*
« aussi sera détruit (1). »

Le petit peuple Qinéen, ou la tribu de *Qin*,
était parent des Juifs, comme étant issu d'une famille madianite, alliée de Moïse. Ce peuple vivait troglodyte dans des rochers arides au sud-est
de la mer Morte, dans le district des Amalékites (2) : on ignore le temps où il fut conquis ;
mais puisque ce fut par les *Assyriens*, ce dut être
par Sennacherib ou par Téglatphalasar, qui enleva
les tribus d'Israël fixées à l'est du Jourdain et
contiguës au pays d'Amaleq et de *Qin*.

---

(1) Dans la Polyglotte de Walton, pas une des sept traductions grecque, syriaque, arabe, vulgate, chaldaïque, etc., ne
ressemble à l'autre ; ce qui démontre l'incertitude des auteurs :
nous avons suivi le sens le plus littéral et le plus plausible.

(2) *Sam.*, lib. I, cap. 15, v. 6.

Quant aux vaisseaux venant de *Ketim*, la Vulgate traduit venant de l'*Italie*, par conséquent, elle désigne les Romains : ceci supposerait une interpolation postérieure au règne d'Antiochus-le-Grand (1). Il faudrait alors supposer que la grande Synagogue a eu le crédit et l'autorité d'introduire ce verset dans la version grecque faite sous Ptolomée, environ 280 ans avant notre ère et dans le texte samaritain : cela n'est pas absolument impossible, mais cela est très-difficile à concevoir.

D'autres versions veulent que *Ketim* désigne la Macédoine, et ils s'appuient du livre des Machabées, qui dit qu'Alexandre vint de *Ketim* ; ce serait donc lui qui aurait dévasté ou assiégé l'Assyrien et l'Hébreu; cela lui conviendrait assez à raison de l'addition, *et lui aussi périra*. Alors ce passage aurait été interpolé peu après ce prince, et il serait naturel de le trouver dans le texte grec; mais comment s'est-il introduit dans le samaritain ?

Une troisième explication nous paraît plus convenable de toutes manières. L'historien Josèphe, qui en général a eu des idées saines sur l'ancienne géographie des Hébreux, c'est-à-dire, sur le chapitre 10 de la Genèse, observe que le nom pluriel, *Ketim*, doit s'entendre des insulaires de Cypre,

---

(1) Environ 180 ans avant J.-C.

ainsi nommés du peuple de *Kitium*, antique capitale de cette île : voilà pourquoi dans la Genèse on trouve les *Ketim* à côté des *Rodanim* (1) ou *Rhodiens*. Il paraît que les Juifs, aussi ignorants en géographie que les Druses, étendirent par la suite ce nom aux côtes de la Cilicie (2) et en général aux grandes *îles* ou *pays* (3) de l'ouest : l'auteur tardif des Machabées en serait une preuve, sans devenir une autorité contre Josèphe. Or, en prenant les *Ketim* de Balaam pour les peuples ou pays de Cypre, le règne de Josiah nous fournit un fait analogue et convenable. Hérodote (4) rapporte que le roi égyptien Nekos (qui régna en 616), « ayant tourné toutes ses pensées du côté « des expéditions militaires, fit construire une « flotte de *trirèmes* sur la Méditerranée, et que « cette flotte lui servit dans l'occasion »; et aussitôt il parle de la bataille de Magdol où périt Josiah.

D'autre part, nous apprenons par Bérose et par Jérémie, que cet armement fut destiné à agir contre la Syrie, soumise aux Assyriens de Baby-

---

(1) Le texte hébreu porte *Dodanim*, par confusion de l'*R* avec le *D*, qui en hébreu lui ressemble; mais le samaritain, qui n'est pas susceptible de cette confusion, porte *Rodanim*, et c'est la vraie leçon.

(2) *Voyez* Isaïe, chap. 23.

(3) En hébreu, tout pays au-delà de la mer s'appelle *Ile : Ai*. La même chose a lieu en sanscrit.

(4) *Hérodote*, liv. II, § CLIX.

lone; en sorte que tandis que Nekos conduisit par terre une armée qui battit les Juifs et Josiah, sa flotte conduisit par mer une autre armée qui dut le seconder sur l'Euphrate. Cette flotte dut nécessairement prendre un appui en Cypre, et put agir de concert avec les *Kitiens*; alors ces *vaisseaux* seront réellement venus de *Ketim*, ils auront tourmenté l'Assyrien et l'Hébreu. Ce dernier, dans cette même guerre, reçut le terrible échec de *Magdolum*, où périt Josiah, échec qui fut suivi de la prise de Jérusalem : or, comme Nekos finit par être battu et chassé en l'an 604, l'oracle, *lui-même aussi périra*, se trouve accompli. Il y a l'objection que cet événement est postérieur de 17 ans à la publication du Pentateuque; mais Helqiah pouvait vivre (1) encore; et comme il resta maître de son manuscrit, toujours *unique*, il put y faire lui-même cette addition : les mots, *malheur à qui vivra alors*, conviennent singulièrement à la douleur que durent lui laisser la mort de son pupille Josiah et la prise de Jérusalem.

Cette solution, qui sauve l'interpolation trop tardive du temps des Romains et même d'Alexandre, a aussi le mérite d'expliquer l'existence du Pentateuque samaritain, plus naturellement que

---

(1) Supposez qu'en 638, 1re année de Josiah, Helqiah eût 40 ans, il en aura eu 74 en 604.

ne le fait l'hypothèse qui rend Ezdras auteur du Pentateuque : en effet, si Ezdras eût composé ou publié ce livre (1), c'eût été en lettres chaldaïques, *qui sont notre hébreu actuel*, dont l'usage prévalut chez les Juifs à leur retour de Babylone, et alors on ne conçoit pas comment une secte schismatique, usant de l'ancien et véritable caractère hébreu, mal à propos nommé *samaritain*, aurait accepté un tel livre, et l'aurait transcrit, à l'exclusion de tous les autres qu'elle rejette ; au lieu qu'à l'époque de Helquiah, tous les Juifs usaient encore de leur écriture nationale, qu'ils tenaient des Phéniciens, et avec laquelle furent composés tous leurs livres, depuis Moïse jusqu'à Jérémie. Ce ne fut qu'au retour de Babylone, que les émigrés, nourris dans les sciences et dans les lettres chaldéennes, voulurent avoir les livres nationaux transcrits dans le caractère auquel ils étaient habitués. Comme ils étaient la haute classe de la nation, leur système acquit l'ascendant; mais ce ne dut pas être subitement, et il resta un autre parti, conservateur du système ancien, qui traitant celui-ci d'*innovation*, continua d'écrire la loi avec les caractères dits *samaritains*; de là s'est formée cette double branche de manuscrits perpétuée jusqu'à nos jours : et parce que les Juifs du pays de Samarie, dès long-temps séparés de

---

(1) Sous le règne d'Artaxercès, vers l'an 452 avant J.-C.

ceux de Jérusalem, n'ont en aucun temps voulu se plier à leur autorité ecclésiastique, ni admettre leur genre d'écriture, le parti novateur des chaldaïsants finit par confondre avec eux la branche ou secte réellement orthodoxe des hébraïsants qui ont continué d'écrire comme les Samaritains. Par la suite, sous le régime des Asmonéens, un sanhédrin suprême et despotique s'étant formé, son autorité, semblable à celle des conciles, introduisit des changements qui composent les différences actuelles du texte hébreu avec le samaritain et même avec la version grecque.

Que si le verset de Balaam, relatif aux vaisseaux de *Ketim*, désigne la venue d'Alexandre, il faudra attribuer cette interpolation au grand sanhédrin; et alors il faudra admettre qu'il a eu le crédit d'engager ou de contraindre les manuscrits grecs et samaritains à l'admettre, ce qui n'est pas impossible, mais ce qui néanmoins est peu naturel. Il est d'ailleurs singulier et remarquable que par un devoir traditionnel, les copistes ne manquent jamais de laisser à certains endroits des manuscrits hébreux, des places vides ou blanches..., comme si elles eussent primitivement été destinées à recevoir des interpolations du genre de la prophétie que le grand-prêtre Iaddus montra à Alexandre. Au demeurant, lorsque l'on examine tous les détails de l'anecdote de Balaam, on est porté à croire qu'elle est un épisode tiré, quant aux faits, d'un livre tel que celui des *Guerres du Seigneur*, écrit par Moïse, ou de son temps ; et quant aux prédictions, qu'elles ont été composées par le rédacteur même ; car qui a tenu le procès verbal des jongleries de Balaam (1) ?

CHAPITRE X.

Suite du précédent.

La rédaction du Pentateuque par Helqiah, explique encore pourquoi l'on trouve dans ce livre quelques faits chronologiques des temps anciens, que l'on ne peut concilier avec les temps postérieurs ; par exemple, il est dit dans l'Exode, (ch. XVI, v. 1er et 13) :

« Que les Hébreux étant arrivés dans le désert
« de Sinaï *le quinzième jour du second mois* de-
« puis la sortie d'Égypte, le peuple murmura de

---

(1) Le livre célèbre intitulé, *Tractatus theologico-politicus*, publié en 1670, est le premier qui ait traité tout ce qui concerne les livres hébreux avec la liberté d'esprit convenable pour y porter la lumière..... Le lecteur y trouvera beaucoup de détails intéressants sur le sujet que nous traitons ; mais son auteur, qui a cru qu'Ezdras composa le Pentateuque, nous paraît s'être trompé dans plusieurs de ses raisonnements ; son grand mérite est d'avoir ouvert une route où presque personne n'avait osé mettre le pied avant lui.

« la disette des vivres, et que le soir il vint une
« si grande quantité de cailles, qu'il put en man-
« ger à satiété. »

Et dans les Nombres (comparez ch. IX, v, 1er, 3, 5, chap. x, v. 11, et chap. XI, v. 31.), il est encore dit :

« Que l'an II, au deuxième mois, peu après *le*
« *vingtième jour*, le peuple étant campé dans le
« désert, à 3 jours de marche de Sinaï, il arriva en-
« core une volée de cailles si abondante, que cha-
« que famille put s'en rassasier et en faire sécher
« pour sa provision. »

Ce fait d'histoire naturelle n'est point changé; il y a encore, chaque année, 2 passages de cailles dans ce désert et dans l'Égypte. L'un de ces passages a lieu vers la mi-septembre, lorsque les cailles craignant l'hiver, quittent l'Europe pour se rendre en Afrique et en Arabie; l'autre vers la fin de février, lorsque les cailles reviennent en Europe chercher l'abondance de la belle saison.

De ces 2 passages, celui qui s'applique à l'exemple cité est le passage en février, par les raisons suivantes. Peu avant la sortie d'Égypte, il y avait eu une grêle terrible qui avait détruit l'orge parce qu'*il était déjà grand*, et le *lin*, parce qu'*il montait en tuyaux*; (1) elle n'avait point détruit le froment, parce qu'*il est plus tardif*. Cet état de

---

(1) Exod., chap. 9, v. 23, 31, 32.

choses n'a lieu en Égypte que dans le cours de février : l'épi du blé se forme vers la fin de ce mois. Le texte ajoute peu après : Et Dieu *dit :* « Voici le premier de vos mois (qui arrive), et « (ch. XIII, v. 4) aujourd'hui vous sortez dans le « mois des nouveaux blés. »

L'année commençait donc en hiver. Le passage des cailles n'était donc pas celui de septembre, qui placerait le premier mois en août : c'était le passage de février, qui étant arrivé vers le vingt ou vingt-cinquième jour du second mois, nous indique le commencement de l'année vers la fin de décembre ou le début de janvier : les circonstances de la grêle n'y seraient point discordantes, lors même que l'on supposerait exact tout ce récit; ce qui ne peut s'admettre, vu les prodiges magiques qui y sont joints. Nous avons donc lieu de croire qu'à l'époque de Moïse, l'année commençait au solstice d'hiver, selon un usage des Égyptiens, dont ce législateur emprunta beaucoup d'idées. Cependant tous les livres juifs, y compris le Pentateuque, indiquent que l'année commençait à l'équinoxe du printemps...... Ce n'est pas tout....., le livre intitulé *Josué*, écrit sur des matériaux anciens, et rédigé, à ce qu'il semble, avant le temps de Salomon, porte un autre passage tout-à-fait contraire à celui-ci. On y lit : (1) « que Josué, de-

---

(1) Chap. 3, v. 1, 15.

« venu chef, s'approcha du Jourdain pour le pas-
« ser; qu'il trouva cette rivière gonflée, *parce que*
« *le Jourdain au temps de la moisson, a coutume*
« *de remplir son lit;* et que le peuple le traversa
« le dixième jour du premier mois (1). » Notez ces
circonstances; le peuple passe le Jourdain le
dixième jour du *premier* mois, et le Jourdain est
gonflé parce que c'est son usage au temps de la
moisson; ce qui a encore lieu de nos jours, à raison de la fonte des neiges. L'année commençait
donc à cette époque : or, la moisson dans le pays
de Jéricho se fait, selon Josèphe (2), 14 jours
avant le pays de Jérusalem; et dans ce pays,
comme dans la Palestine, elle a lieu vers la fin
de mai : tout est fini du 1er au 5 juin. La date
du passage est donc indiquée vers le solstice
d'été; et cette date, vu l'importance du fait,
a dû être notée et conservée même par la tradition.

Nous avons ici deux textes clairs et positifs,
indiquant chacun le commencement de l'année à
une époque différente; l'une au solstice d'hiver,
l'autre au solstice d'été. D'où peut venir une telle
contradiction? Selon nous, elle vient de ce qu'à
l'époque de Moïse et de Josué, les Hébreux avaient
une manière de compter le temps, qui fut chan-

---

(1) Chap. 4, v. 19.
(2) *De Bello judaico.*

gée sous le régime obscur et anarchique des juges, et que le grand-prêtre Helqiah en rédigeant son livre, a fait disparaître la méthode des temps anciens et des livres originaux, parce qu'elle n'était plus d'usage et qu'elle eût contrarié ses récits en d'autres occasions, spécialement à l'occasion du déluge. Notre opinion pourra sembler singulière à quelques lecteurs ; mais ceux qui connaissent certains passages de Pline, de Plutarque, de Macrobe, et surtout le Traité de Censorin, *de Die natali*, pourront admettre avec nous, que les Hébreux, dans l'origine, ont été du nombre de ces peuples qui ne mesuraient point le temps par la double révolution du soleil dans l'écliptique, et qui trouvaient plus simple d'employer de moindres révolutions de cet astre ou de la lune, telles que les mois, les saisons de 3 mois, et la durée de 6 mois que le soleil met à se rendre d'un tropique à l'autre, ou de l'un à l'autre équinoxe : de là est venue l'expression singulière d'*années* d'*un* mois, d'*années* de *trois* mois, d'*années* de *six* mois, dont les anciens citent beaucoup d'exemples.

« L'an le plus ancien usité en Égypte, dit Cen-
« sorin (1), fut de 2 mois: Orus le fit de 3; le roi

---

(1) Censorinus, *de Die natali* par Lindenbroq. *Cantabrigiæ*, 1695, *in*-12, chap. 19. *Et in Ægypto antiquissimum ferunt annum bimestrem fuisse ; deinde a Pisone rege quadrimestrem factum*. Diodore, liv. I, pag. 22, dit, d'*un* mois, d'accord avec Plutarque; Pline, Augustin, Varro et Proclus. *Item in*

« Pison le porta à 4. Les Cariens et les Arcarna-
« niens ont eu des années de 6 mois ; les Arca-
« diens des années de 3 mois, etc.

« Chez les anciens, dit Pline (1), l'année a eu
« des valeurs bien différentes de celle que nous
« lui donnons aujourd'hui ; les uns faisaient un *an*
« de l'été et un *an* de l'hiver ; d'autres, comme les
« Arcadiens, composaient l'année de 3 mois ; d'au-
« tres, comme les Égyptiens, avaient des années
« d'un mois. »

En raisonnant d'après ces exemples, qu'il nous
serait facile de multiplier (2), nous pensons que
les Hébreux eurent d'abord des années de 6 mois,
prises d'un solstice à l'autre (3). Le passage de Josué que nous avons cité, et ceux de l'Exode relatifs aux cailles, en offrent l'indication formelle ;
et nous en trouvons d'autres indices dans l'analyse de quelques autres faits de l'*Histoire des Juifs*.
Par exemple, au temps de Moïse, le *Pentateuque*
donne pour terme ordinaire et moyen de la vie

---

*Achaiá, Arcades trimestrem habuisse ; Cares autem et Acar-
nanes semestres habuerunt annos, et inter se dissimiles quibus
alternis dies augescerent aut senescerent, eosque conjunctos
veluti trieterida annum magnum.*

(1) *Hist. nat.*, lib. VII, cap. 49.

(2) *Voyez* Plutarque, *de Numa* ; Diodore, lib. I, Varron ;
Proclus, *Comment. in Timeum*.

(3) Cela serait d'autant plus naturel, que n'étant point laboureurs, mais pâtres errants, ils n'avaient pas besoin du calendrier écliptique.

humaine, 120 ans de 12 mois : Moïse meurt à cet âge; Josué vit 110 ans; Amram, 137; Caat, fils de Lévi, 133, etc. Cet état prodigieux est d'autant moins admissible, qu'environ 4 siècles plus tard, David dit expressément « *que 70 ans sont le terme* « *habituel de la vie humaine, et qu'au delà ce n'est* « *qu'infirmité et misère* (1). » Supposons qu'il y ait équivoque de mots, et qu'au temps de Moïse l'année fût de 6 mois, tous les âges cités se réduiront à l'état naturel, tel que l'indique David, et que nous le voyons encore réglé par l'organisation de l'homme; Moïse aura vécu 60 de nos années, Josué 55, Amram 68 $\frac{1}{2}$, etc. A l'appui de notre idée vient la remarque faite par dom Calmet, *que les Juifs semblent n'avoir connu que deux saisons, puisque leurs anciens livres ne nomment jamais que l'hiver et l'été*, lesquels présentent cette division de l'année solaire en deux parties, comme nous le disons.

Un fait cité dans le *livre de Josué*, ch. 14, v. 6, vient à l'appui de notre opinion. Kaleb, fils de Iephoné, dit à Josué :

« Tu sais que j'avais 40 ans lorsque Moïse m'en-
« voya avec toi reconnaître le pays des Kananéens:
« il y a environ de cela 45 ans..... Maintenant je

---

(1) Lorsque ce roi, fuyant Absalon, passe le Jourdain, il est accueilli par un vieillard de 85 ans, que l'historien peint décrépit, tel qu'il serait de nos jours.

« suis âgé de 85, et je suis aussi fort que j'étais
« alors; j'ai la même vigueur pour combattre et
« pour marcher..... Donne-moi, pour mon par-
« tage, cette montagne d'Hébron que Moïse m'a
« promise. »

(Ch. 15, v. 13). Josué ayant donné ce lot à Kaleb, celui-ci marcha avec ses parents pour s'en
emparer. « Je donnerai, dit-il, ma fille à celui qui
« prendra *Kariath Sepher;* et Othoniel, fils de Ke-
« nez, frère cadet de Kaleb, prit la ville d'assaut,
« et il eut sa cousine *Oxa* pour épouse. »

Si dans ce récit on prend les 85 ans de Kaleb
pour des années de 12 mois, *sa vigueur* est hors
de *vraisemblance;* bien plus, le mariage de sa fille
avec son neveu est une autre circonstance choquante, en ce que ce même neveu (Othoniel)
après la mort de Josué, après celle des vieillards,
après 8 ans d'oppression de Cusan, chasse ce roi
et gouverne pendant 40 ans; il en eût vécu plus
de 100. Prenons-les pour des années de 6 mois,
tout devient naturel. Kaleb partit âgé de 20 ans
(moitié de 40), et il est dit *qu'il était le plus jeune
avec le jeune Josué, serviteur de Moïse.....* 22 $\frac{1}{2}$
après (moitié de 45) Kaleb, âgé de 42 $\frac{1}{2}$, est aussi
vigoureux qu'à 20 ans, et cela est naturel..... Il
donna sa fille âgée de 16 à 18 ans, au fils de son
frère cadet: ce frère put être âgé de 40 à 41 ans,
son fils Othoniel put en avoir 20, tout cela est
dans l'ordre.....; et il put, 20 ou 30 ans après,

gouverner encore 20 ans (moitié de 40), sans être âgé de plus de 60 à 70.

Une seule objection raisonnable se présente. « Si des années de 6 mois eurent lieu sous Moïse, « pourquoi ses lois font-elles une mention expresse « des fêtes placées au 7e mois? » Par exemple au *Lévitique* (ch. 23, v. 27), il est dit : « Au premier « jour du 7e mois vous célébrerez une grande « fête..... ; le 10e jour du 7e mois sera la fête « des expiations, et le 15e sera la fête des tentes « ou tabernacles..... : ce jour, en recueillant le « produit de la terre, vous prendrez les fruits du « plus bel arbre, etc. »

Nous répondons que cela est une conséquence naturelle de la refonte des livres originaux, faite par Helqiah, et de la réforme qui s'introduisit tacitement dans le calendrier au temps des juges.... Helqiah écrivant selon les usages de son temps, a fait disparaître les expressions anciennes et autographes qu'avait pu employer Moïse; et quant à la célébration de la Pâque qui, dans notre hypothèse, ne revient que tous les deux ans, rien n'empêche que Moïse l'ait désignée par le passage du soleil dans le signe du belier, et que connaissant l'année de 12 mois, employée par les Égyptiens, ses maîtres, il se soit conformé à l'usage populaire des Hébreux dans la désignation des fêtes.

A l'égard de la réforme que nous disons s'être

introduite tacitement au temps des juges, elle a dû réellement se faire, et elle a pu se faire sans laisser de traces apparentes, à raison de l'anarchie et du défaut de monuments; car le *livre des Juges* n'est pas une chronique. Cette réforme expliquerait très-bien la surabondance d'années que donne ce livre dans les sommes partielles; les premiers juges et les premières servitudes ayant compté des années de 6 mois, il s'ensuivrait que 2 ou 300 de leurs années ne vaudraient que moitié; et c'est la non-distinction des unes et des autres qui, par l'ignorance de l'écrivain, a introduit un désordre maintenant irrémédiable. Il est probable que Helqiah lui-même n'a pas trouvé de matériaux suffisants à cet égard..... D'ailleurs la période des juges n'était pas dans son plan : l'auteur du *livre des Rois* ne nous semble pas avoir été plus heureux.

Le temps écoulé en Égypte est une autre période obscure sur laquelle le *Pentateuque* ne fournit point de documents admissibles. Selon l'*Exode* (ch. 12, v. 40), ce temps fut de 430 ans; mais outre que ce calcul est entièrement dénué de preuves, il est encore incompatible avec le nombre de 2 ou 3 générations que veulent compter les Évangiles, et même avec les quatre que nous donne la *Génèse* dans la vision où Dieu dit à Abraham, « que sa race, pendant 400 ans, servira « un peuple étranger, et qu'à la 4ᵉ *génération* (seu-

« lement), elle reviendra posséder le pays de Ka-
« naan (1). » Il est impossible d'admettre 100 ans
pour une génération, et outre que cette prophétie
est évidemment faite après coup, comme nous
verrons celle de *Jacob* et de *Nohé*, il est apparent que l'auteur n'a pas eu d'autres renseignements que ceux de l'*Exode*, qui sont nuls.

Josèphe qui eut sous les yeux (2) des chroniques égyptiennes, ne compte que 230 ans; et ce
nombre qui avoisine la moitié de 430, viendrait à
l'appui de notre opinion pour les années de 6
mois; nous aurions encore en notre faveur l'emploi inverse qu'il en fait lorsqu'il donne à Salomon 80 ans de règne au lieu de 40, et nous dirions
que l'ancien usage se serait conservé dans quelque
chronique qu'il aurait consultée (3); au reste,
en admettant les années de 6 mois, le séjour en
Égypte n'en reste pas moins un temps incertain,
inconnu.....; et l'ignorance où nous laisse le *Pentateuque* sur l'emploi de ce temps, est une nouvelle preuve que Moïse n'est pas l'auteur de ce
livre : il eût eu, et il nous eût donné, à cet égard,
des renseignements qui ont manqué à Helqiah :
cette observation s'applique encore mieux aux 40
années du désert, dont 38 se passent dans un si-

---

(1) Genèse, chap. 15.
(2) Josèphe, *Antiq. jud.*, liv. II, ch. 6 et 15.
(3) *Voyez Mémoires de l'Acad. des Inscrip.*, tome XXXIV,
un *Mémoire de Gibert sur les années des Juifs*.

lence absolu; car entre les chap. 9, 11, 13, 14 du *livre des Nombres*, où il est parlé des événements arrivés l'an 2, et le chap. 20 du même livre, où les Israélites se trouvent près d'entrer en Kanaan (l'an 40 de la sortie d'Égypte), il y a une lacune manifeste, que le *Deutéronome* répète et rend plus sensible dans la fin du chap. 1er jusqu'au verset 14 du chap. 2, et cette lacune, qui ne saurait avoir existé dans le *Journal* de Moïse, s'explique naturellement de la part de Helqiah, soit que réellement il ait manqué de documents sur l'emploi de ce temps, soit qu'il ait volontairement supprimé des détails qui eussent contrarié d'autres parties de son travail, et indiqué, par exemple, l'usage des années de 6 mois.

Ainsi nous nous voyons sans cesse ramenés à nos deux propositions fondamentales, savoir:

« Que Moïse n'est point l'auteur du *Pentateuque*,
« et que Helqiah est cet auteur indiqué par une
« foule de circonstances. »

CHAPITRE XI.

Examen de la Genèse en particulier.

Pour rendre à Moïse ce qui peut lui appartenir dans cette composition, il faut la diviser en deux parties; l'une, la partie religieuse et législative, contenant les ordonnances de rites et de cérémonies, les préceptes, commandements et prohibitions qui constituent la loi de Moïse, et que l'on trouve répandus dans l'*Exode*, le *Lévitique*, les *Nombres* et le *Deutéronome*; l'autre, la partie purement historique et chronologique qui expose les faits, leur série, la manière dont ils sont arrivés; et celle-là dont le début est au 1er chapitre de l'*Exode*, est le travail du grand-prêtre Helqiah, qui en a fait la rédaction d'après les écrits et monuments anciens dont il a pu disposer. Le *livre de la Genèse* se trouve ici dans un cas particulier; car, bien qu'il soit un livre historique, l'on ne saurait le considérer comme appartenant aux Juifs, ni comme un livre national, puisque son sujet comprend un espace de temps où ce peuple n'existait pas; où il n'avait point d'archives, et ne pouvait rien conserver...... Or, si depuis Moïse, dans toute la période des juges, les Juifs en corps de nation n'ont point eu ou n'ont point su conserver d'annales; si avant Moïse, le temps de leur séjour en Égypte, dans un état de servitude qui exclut tout autre soin, est resté dans une profonde obscurité faute de monuments, comment se pourrait-il qu'ils eussent conservé des annales antérieures, surtout des annales aussi détaillées que celles des anecdotes de la vie de Joseph, de son père Jacob et d'Abraham leur souche commune? Et quand ce point serait accordé, alors qu'Abraham, de leur aveu, naquit Chaldéen, tout ce qui précède cet homme, vrai ou fictif, n'est-il pas un récit chaldéen, uniquement fondé sur les traditions et les monuments des Chaldéens? La Genèse, du moins au-dessus d'Abraham, n'est donc pas une histoire juive, mais un monument que les Juifs ont emprunté d'un peuple étranger, qu'ils ont reconnu pour leur aïeul...... Or, comment a pu se faire une telle naturalisation, surtout lorsqu'un article de ce livre paraît contraire à la loi de Moïse? Voilà un problème absolument inexplicable dans le système des opinions reçues, mais il s'explique naturellement dans le nôtre.

Le grand-prêtre Helqiah ayant conçu le projet de ranimer la ferveur des Juifs, de retremper leur esprit national, en ressuscitant la loi de Moïse, put croire que son dessein ne serait pas assez rempli, s'il ne publiait que le code des rites et ordonnances des 4 *livres*. C'était la mode alors d'avoir des cosmogonies, et d'expliquer l'origine de toutes choses, celle des nations et celle du monde; chaque peuple avait son livre sacré, commençant par une cosmogonie : les Grecs avaient la Cosmogonie d'Hésiode; les Perses, celle de Zoroastre; les Phéniciens, celle de Sanchoniaton; les Indiens avaient les Vedas et les Pouranas; les Égyptiens avaient les 5 livres d'Hermès, portés solennellement dans la procession d'Isis, que décrit Clément d'Alexandrie. Helqiah voulant donner aux Juifs un livre qui leur servît d'étendard, et, pour ainsi dire, de cocarde nationale, trouva nécessaire d'y joindre une cosmogonie. L'inventer de son chef eût compromis tout l'ouvrage; son peuple, d'origine chaldéenne, avait conservé plusieurs traditions maternelles; Helqiah, qui comme Jérémie, son agent, penchait politiquement pour la Chaldée de préférence à l'Égypte, adopta avec quelques modifications la cosmogonie babylonienne; voilà la source vraie et radicale de la ressemblance extrême que l'historien juif, Josèphe, et les anciens chrétiens ont remarquée entre les 11 premiers chapitres de la Genèse et les antiquités chaldaïques de Bérose, sans que ces auteurs aient élevé le moindre soupçon de plagiat. Le droit d'aînesse des Chaldéens et l'antiquité de leurs monuments étaient alors trop notoires pour que personne imaginât qu'un peuple aussi puissant, aussi fier de ses arts et de ses sciences que les Babyloniens, eût emprunté les traditions mythologiques d'une petite tribu qu'il regardait comme schismatique et rebelle, et qu'il avait rendue son esclave. Aujourd'hui que par la bizarrerie des révolutions humaines, toute la gloire de Babylone a disparu comme un songe, et que Jérusalem couverte de ruines, de chaînes et de mépris, voit l'univers soumis à ses opinions, il est devenu facile de récuser des témoins qui n'ont plus de représentants, de réfuter des écrits dont il ne reste plus que des morceaux incohérents : cependant, si l'on recueille et confronte ces morceaux, on y trouve encore de quoi persuader tout esprit impartial de l'identité des cosmogonies juive et chaldéenne; et de faire sentir que le système faussement attribué à Moïse, a été un système commun à beaucoup de peuples de l'ancien Orient, et dont on retrouve des traces jusqu'au Thibet et dans l'Inde..... Nous ne prétendons point approfondir ce sujet, qui serait la matière d'un gros volume; mais par quelques exemples nous voulons prouver jusqu'à quel point une analyse exacte pourrait porter l'évidence..... Citons d'abord le témoignage de l'historien Josèphe, qui, vu son caractère, est du plus grand poids dans cette question.

CHAPITRE XII.

Du Déluge.

D'ABORD, dans la défense du peuple juif contre les attaques d'Appion (1), recueillant les témoignages répandus dans les écrits de diverses nations, « maintenant, dit-il, j'interpellerai les mo-
« numents des Chaldéens, et mon témoin sera
« Bérose, né lui-même Chaldéen, homme connu
« de tous les Grecs qui cultivent les lettres, à cause
« des écrits qu'il a publiés en grec, sur l'astrono-
« mie et la philosophie des Chaldéens. Bérose donc,
« compulsant et copiant les plus anciennes his-
« toires, présente les mêmes récits que Moïse, sur
« le déluge, sur la destruction des hommes par les
« eaux, et sur l'arche dans laquelle *Noux* (2) [Noé]
« fut sauvé, et qui s'arrêta sur les montagnes d'Ar-
« ménie; ensuite, exposant la série généalogique

---

(1) Contre Appion, liv. I, § xix.
(2) Ce mot *noux* est la meilleure orthographe de l'hébreu *nouh* (Noé), parce que les Grecs n'ayant point l'aspiration *h*, la remplacent par *x*, qui est le *ch* allemand et latin.

« des descendants de *Noux*, il fixe le temps où
« vécut chacun d'eux, et il arrive jusqu'à Nabo-
« polasar, etc. »

Ainsi l'histoire de Noé, du déluge et de l'arche, est une histoire purement chaldéenne, c'est-à-dire que les chapitres 6, 7, 8, 9, 10 et 11, sont tirés des légendes sacrées des prêtres de cette nation, à une époque infiniment reculée. Il est très-fâcheux que le livre de Bérose ne nous soit point parvenu; mais la piété des premiers chrétiens le regardant comme dangereux (1), paraît l'avoir supprimé de bonne heure. Josèphe en cite un texte positif sur le fait du déluge, dans ses *Antiquités Judaïques*, livre Ier, chap. 6.

« De ce déluge, dit-il, et de l'arche font men-
« tion tous les historiens asiatiques; Bérose, entre
« autres, en parle ainsi : On prétend qu'une partie
« de cette arche subsiste encore sur les monts Kor-
« duens (Kurdestan) en Arménie; et que les dé-
« vots en retirent des morceaux de bitume, et vont
« les distribuant au peuple, qui s'en sert comme
« d'amulettes contre les maléfices. » Josèphe continue..... « Hiérôme, l'Égyptien, qui a écrit sur
« les antiquités phéniciennes, en parle aussi de

---

(1) Voyez *le Syncelle*, pages 38 et 40, ligne 8. Cet auteur cite quelquefois le nom de Bérose; mais tous les passages qu'il produit, finissant par être rapportés à Polyhistor, Abydène et autres copistes de Bérose, il nous semble que déjà l'original de Bérose n'existait plus.

« même que Mnaseas et plusieurs autres. Nicolas
« de Damas lui-même, dans son livre 96ᵉ, dit :

« Au-dessus de Miniade, en Arménie, est une
« haute montagne appelée *Baris*, où l'on raconte
« que beaucoup de personnes se sauvèrent au temps
« du déluge; qu'un homme, monté sur un vaisseau,
« prit terre au sommet, et que long-temps les dé-
« bris de ce vaisseau y ont subsisté. Cet homme
« pourrait être celui dont parle Moïse, le législa-
« teur des Juifs. »

On voit que Josèphe est loin d'inculper Bérose
et les autres historiens, d'un plagiat envers Moïse,
qu'il croit auteur de la Genèse; qu'au contraire
il invoque les monuments chaldéens, phéniciens,
arméniens, comme témoins premiers et originaux,
dont la Genèse n'est qu'une émanation ou un pair.

Quant au détail du déluge, nous les trouvons,
1° dans un fragment d'Alexandre Polyhistor, savant compilateur du temps de Sylla, dont le Syncelle nous a transmis plusieurs passages précieux :
2° dans un fragment d'Abydène, autre compilateur
qu'Eusèbe nous représente comme ayant consulté
les monuments des Mèdes et des Assyriens (1); ce
qui explique pourquoi il diffère quelquefois de
Bérose, dont le Syncelle l'appelle le *copiste*, avec
Alexandre Polyhistor (2). Ce que la Genèse ra-

---

(1) *Præpar. Evang.*, lib. IX, cap. 12.
(2) *Nec me fugit Berosum et sequaces ejus Alexandrum Polyhistorem, et Abydenum*, etc., page 14.

conte de *Nouh* ou *Noé*, ces auteurs le racontent de *Xisuthrus*, avec des variantes qui prouvent la diversité des monuments antiques, d'où émanaient ces récits. Un tableau comparé des textes sera plus éloquent que tous les raisonnements.

Monuments chaldéens, copiés par Alexandre Polyhistor,
en son second livre (1).

« Xisuthrus fut le 10ᵉ roi (comme Noé fut le 10ᵉ patriarche):
« sous lui arriva le déluge..... Kronos (Saturne) lui ayant ap-
« paru en songe, l'avertit que le 15 du mois Dœsius, les hommes
« périraient par un déluge : en conséquence il lui ordonna de
« prendre les écrits qui traitaient du *commencement*, du *mi-
« lieu*, et de la *fin de toutes choses*; de les enfouir en terre
« dans la ville du soleil, appelée *Sisparis*; de se construire un
« navire, d'y embarquer ses parents, ses amis, et de s'aban-
« donner à la mer. Xisuthrus obéit; il prépare toutes les pro-
« visions, rassemble les animaux quadrupèdes et volatiles;
« puis il demande où il doit naviguer; *vers les Dieux*, dit Sa-
« turne, et il souhaite aux hommes *toutes sortes de bénédic-
« tions*. Xisuthrus fabriqua donc un navire long de *cinq stades
« et large de deux*; il y fit entrer sa femme, ses enfants, ses
« amis et tout ce qu'il avait préparé. Le déluge vint, et bien-
« tôt ayant cessé, Xisuthrus lâcha quelques oiseaux qui, faute
« de trouver où se reposer, revinrent au vaisseau : quelques
« jours après il les envoya encore à la découverte; cette fois
« les oiseaux revinrent ayant de la boue aux pieds; lâchés une
« troisième fois, ils ne revinrent plus : Xisuthrus concevant
« que la terre se dégageait, fit une ouverture à son vaisseau,
« et comme il se vit près d'une montagne, il y descendit avec
« sa femme, sa fille et le pilote; il adora la terre, éleva un au-
« tel, fit un sacrifice, puis il disparut, et ne fut plus vu sur la
« terre avec les trois personnes sorties avec lui...... Ceux qui
« étaient restés dans le vaisseau ne les voyant pas revenir, les
« appelèrent à grands cris : une voix leur répondit en leur re-
« commandant la piété, etc., et en ajoutant qu'ils devaient re-
« tourner à Babylone, selon l'ordre du destin, retirer de terre

---

(1) Le *Syncelle*, page 30, semble d'abord tirer ce passage de Bérose ; mais
en le terminant, il dit : *Voilà ce qu'écrit Alexandre Polyhistor.*

CHAPITRE XII.

Suite du récit de Polyhistor.

« les *lettres* enfouies à Sisparis, pour les communiquer aux
« hommes; que du reste le lieu où ils se trouvaient était l'Ar-
« ménie. Ayant ouï ces paroles, ils s'assemblèrent *de toutes*
« *parts*, et se rendirent à Babylone. Les débris de leur vais-
« seau, poussés en Arménie, sont restés jusqu'à ce jour sur les
« monts *Korkoura*; et les dévots en prennent de petits mor-
« ceaux pour leur servir de talismans contre les maléfices. Les
« *lettres* ayant été retirées de terre à Sisparis, les hommes bâ-
« tirent des villes, élevèrent des temples, et *réparèrent Ba-*
« *bylone elle-même*. »

Récit du livre hébreu, la Genèse.

« Et les dieux (Elahim) dit à *Noh :* Fais-toi un vaisseau,
« divisé en cellules et enduit de bitume : sa longueur sera de
« 300 coudées, sa largeur de 50, sa hauteur de 30. Il aura une
« fenêtre d'une coudée carrée. Je vais amener un déluge d'eau
« sur la terre; tu entreras dans l'arche, toi, tes fils, ta femme
« et les femmes de tes fils; et tu feras entrer un couple de tout
« ce qui a vie sur la terre, oiseaux, quadrupèdes, reptiles : tu
« feras aussi des provisions de vivres pour toi et pour eux.
« *Noh* fit tout ce que Dieu (Elahim) lui avait ordonné : et Dieu
« (Iahouh) dit encore : Prends sept couples des animaux purs,
« et deux seulement des impurs; sept couples aussi des vola-
« tiles..... Dans sept jours je ferai pleuvoir sur terre pendant
« 40 jours et 40 nuits : et *Noh* fit ce qu'avait prescrit (Iahoüh);
« il entra dans l'arche âgé de 600 ans; et après sept jours,
« dans le second mois, le 17 du mois, toutes les sources de
« l'Océan débordèrent, et les cataractes des cieux furent ou-
« vertes; et *Noh* entra dans le vaisseau avec sa famille et tous
« les animaux; et la pluie dura 40 jours et 40 nuits; et les
« eaux élevèrent le vaisseau au-dessus de la terre; et le vais-
« seau flotta sur les eaux; et elles couvrirent toutes les mon-
« tagnes qui sont sous les cieux, à 15 coudées de hauteur; et
« tout être vivant fut détruit; et les eaux crurent pendant 150
« jours; et Dieu (Elahim) se ressouvint de *Noh ;* il fit souffler
« un vent; les eaux se reposèrent; les fontaines de l'Océan et
« les cataractes du ciel se fermèrent, et la pluie cessa; et les
« eaux s'arrêtèrent au bout de 150 jours, et le 7e mois, au
« 17e jour, l'arche se reposa sur le mont *Ararat* en Arménie,
« et les eaux allèrent et vinrent diminuant jusqu'au 10e mois;
« et le 10e mois au 1er jour, on vit les cimes des montagnes;
« 40 jours après (le 10e du 11e mois), *Noh* ouvrit la fenêtre
« du vaisseau, et lâcha le corbeau, qui alla volant jusqu'à ce
« que les eaux se retirassent; et *Noh* lâcha la colombe qui, ne
« trouvant point où reposer le pied (les cimes étaient pourtant
« découvertes), revint au vaisseau, et après 7 jours (le 17 du

CHAPITRE XLI.

Suite du récit de la Genèse.

« 11ᵉ mois), *Noh* la renvoya encore, et elle revint le soir por-
« tant au bec une feuille d'olivier; et 7 jours après (le 24 du
« 11ᵉ mois), il la lâcha encore, elle ne revint plus. L'an 601 de
« *Noh*, le 1ᵉʳ du mois, 7 jours après le dernier départ de la co-
« lombe, la terre fut sèche, et *Noh* leva le couvercle du vaisseau,
« et il vit la terre sèche, et le 27ᵉ du second mois, la terre fut
« sèche; et Dieu (Elahim) lui dit de sortir avec toute sa fa-
« mille et tous les animaux; et *Noh* dressa un autel et y sacri-
« fia des oiseaux et des animaux purs; et (Iahouh) Dieu en
« respira l'odeur avec plaisir, et dit: Je n'amenerai plus de dé-
« luge; et il donna des *bénédictions* et des *préceptes* à *Noh*:
« ne pas manger le sang des animaux (précepte de Moïse:
« l'ame est dans le sang); de ne pas verser le sang des hom-
« mes, etc.; et il fit alliance avec les hommes; et pour signe
« de cette alliance, je placerai, dit-il, *un arc dans les nues*
« (l'arc-en-ciel), et en le voyant, je me souviendrai de mon
« alliance avec tout être vivant sur la terre, et je ne les détrui-
« rai plus....; et *Noh* en sortant du vaisseau avait trois enfants,
« et il se livra à la culture de la terre et il planta la vigne, etc. »

Nous ne transcrivons point le récit d'Abydène qu'Eusèbe a conservé dans sa Préparation évangélique (liv. ɪx., chap. 12), parce qu'il est infiniment abrégé, et qu'il ne diffère que dans deux circonstances. Dans son récit tiré des monuments mèdes et assyriens, Xisuthrus lâche les oiseaux 3 jours après que la tempête se fut calmée; ils reviennent 2 fois, ayant de la boue *aux ailes* et non aux pieds; à la troisième fois ils ne reviennent plus.

DU DÉLUGE. 131

Ces textes seraient la matière d'un volume de commentaires : bornons-nous aux remarques les plus nécessaires pour tout homme sensé : les deux récits sont un tissu d'impossibilités physiques et morales ; mais ici le simple bon sens ne suffit pas ; il faut être initié à la doctrine astrologique des anciens, pour deviner ce genre de logogriphe, et pour savoir qu'en général tous les *déluges* mentionnés par les Juifs, les Chaldéens, les Grecs, les Indiens, comme ayant détruit le monde sous Ogygès, Inachus, Deucalion, Xisuthrus, Saravriata, sont un seul et même événement physico-astronomique qui se répète encore tous les ans, et dont le principal merveilleux consiste dans le langage métaphorique qui servit à l'exprimer. Dans ce langage, le grand *cercle* des cieux s'appelait *mundus*, dont l'analogue *mondala* signifie encore *cercle* en *sanscrit* : l'*orbis* des Latins en est le synonyme. La révolution de ce cercle par le soleil, composant l'*année* de 12 mois, fut appelée *orbis*, le *monde*, le *cercle céleste*. Par conséquent, à chaque 12 mois, le *monde* finissait, et le *monde* recommençait ; le *monde* était détruit, et le *monde* se renouvelait. L'époque de cet événement remarquable variait selon les peuples et selon leur usage de commencer l'année à l'un des solstices ou des équinoxes : en Égypte, c'était au solstice d'été. A cette époque, le Nil donnait les premiers symptômes de son débordement, et dans 40 jours, les

9.

eaux couvraient *toute la terre* d'Égypte à 15 coudées de hauteur. C'était et c'est encore un *océan*, un *déluge*. C'était un déluge destructeur dans les premiers temps, avant que la population civilisée et nombreuse eût desséché les marais, creusé des canaux, élevé des digues, et avant que l'expérience eût appris l'époque du débordement. Il fut important de la connaître, de la prévoir : l'on remarqua les étoiles qui alors paraissaient le soir et le matin à l'horizon. Un groupe de celles qui coïncidaient fut appelé le *navire* ou la *barque*, pour indiquer qu'il fallait se tenir prêt à s'embarquer; un autre groupe fut appelée le *chien*, qui avertit; un troisième avait le nom de *corbeau*; un quatrième, de *colombe* (1); un cinquième s'appelait le *laboureur*, le *vigneron* (2); non loin de lui était la *femme* (la vierge céleste) : tous ces personnages qui figurent dans le déluge de *Noh* et de *Xisuthrus* sont encore dans la sphère céleste; c'était un vrai tableau de *calendrier* dont nos deux textes cités ne sont que la description plus ou moins fidèle. Au moment du solstice et au début de l'inondation, la planète de *Kronos* ou *Saturne*, qui avait son domicile dans le cancer, ou plutôt le *génie ailé*, gouverneur de cette planète, était censé avertir

---

(1) En Égypte ces oiseaux ne quittent pas la maison pendant que le sol est couvert d'eau : quand ils s'absentent, c'est le signe qu'ils trouvent à vivre et que la terre se découvre.

(2) *Arcturus*, Bóotes.

l'*homme* ou le *laboureur* de s'embarquer. Il avertissait *pendant la nuit*, parce que c'était le soir ou la nuit que l'astre était consulté. Le calendrier des Égyptiens et leur science astrologique ayant pénétré dans la Grèce encore sauvage, ces tableaux non appropriés au pays y furent mal compris, et ils y devinrent les fables mythologiques de Deucalion, d'Ogygès et d'Inachus, dont le nom est *Noh* même, écrit en grec *Noch* et *Nach*. La Chaldée avait aussi son déluge, par les débordements du Tigre et de l'Euphrate, au moment où le soleil fond les neiges des monts Arméniens. Mais ce déluge avait un caractère malfaisant, par la rapidité et l'incertitude de son arrivée. Ce pays, d'une fertilité extrême, par conséquent peuplé de toute antiquité, dut avoir son calendrier propre ainsi que ses légendes : cependant les historiens nous assurent que les rites de l'Égypte y furent introduits avec une colonie de prêtres, peut-être par le moyen de Sésostris qui, vers l'an 1350, traversa ces régions en conquérant; peut-être par la voie des Ninivites ou plus anciennement : ce dut être déja une cause de variantes dans les légendes chaldéennes. Les déluges du Nil et de l'Euphrate n'arrivaient pas aux mêmes époques; une autre cause fut la précession des équinoxes qui, tous les 71 ans, change d'un degré la position du soleil dans les signes. Enfin les physiciens ayant étendu leurs connaissances géographiques, et ayant constaté que l'hémisphère du nord était comme noyé de pluies dans l'intervalle hybernal des deux équinoxes, il en résulta que l'idée et le nom de *déluge* furent appliqués au semestre d'hiver, tandis que le nom d'*incendie* fut donné au semestre d'été, ainsi que nous l'apprend Aristote. De là l'expression amphibologique que le *monde éprouvait des révolutions alternatives d'incendie et de déluge;* de là aussi une nouvelle source de variantes adoptées par l'écrivain juif, lorsqu'il fait durer la pluie 150 jours (près de 6 mois), après avoir dit qu'elle n'en dura que 40; il n'est donc pas étonnant qu'il y ait des discordances entre les divers compilateurs des monuments, puisqu'il a dû s'en introduire très-anciennement entre les monuments eux-mêmes et entre les calendriers tant indigènes qu'étrangers.

La différence la plus remarquable entre le récit chaldéen et le récit hébreu, est que le premier conserve le caractère astrologico-mythologique, tandis que le second est tourné dans un sens et vers un but moral. En effet selon l'hébreu, dont nous n'avons donné qu'un extrait, puisque le texte contient plus de 100 versets, le genre humain s'étant perverti, et des *géans*, nés des anges de *Dieu* et des *filles* des hommes, exerçant toutes sortes de violences, Dieu se repent d'avoir créé l'espèce; il se parle, il délibère, il se fixe au parti violent d'exterminer tout ce qui a vie. Cependant il aperçoit un homme juste, il en a pitié; il veut le sauver : il lui fait part de son dessein, il lui annonce le déluge, lui prescrit de bâtir un navire, etc. Quand le déluge a tout détruit, l'homme fait *un sacrifice d'animaux purs* (selon la loi de Moïse); Dieu en est si touché, qu'il promet de ne plus faire de déluge; il donne des bénédictions, des préceptes, un abrégé de loi; il fait alliance avec tous les êtres vivants; et pour signe de cette alliance, *il invente l'arc-en-ciel* qui se montrera en temps de pluie, etc.; tout cela chargé de redites avec quelques contradictions. Par exemple, la *pluie dura 40 jours*....; les eaux crûrent 150 jours, un vent souffla, et la pluie cessa. Le premier jour du dixième mois, « l'on vit les cimes des monts; « 40 jours après, la colombe ne trouve pas *où poser le pied*, etc. »

Tout ce récit n'est-il pas un drame moral, une leçon de conduite que donne au peuple un législateur religieux, un prêtre? Sous ce rapport, on pourrait l'attribuer à Moïse; mais le nom pluriel *Elahim*, les *dieux*, très-mal traduit au singulier, *Dieu*, ne saurait se concilier avec l'unité dont Moïse fait la base de sa théologie. Le Dieu de Moïse est *Iahouh* : on ne voit jamais que ce nom dans ses lois et dans les écrits de ses purs sectateurs, tels que Jérémie. Pourquoi l'expression *Elahim*, les *dieux*, se trouve-t-elle si souvent et presque uniquement dans la Genèse? Par la raison que le monument est chaldéen, et parce que dans le système chaldéen comme dans la plupart des théologies asiatiques, ce n'est pas un *Dieu seul* qui créait, c'étaient les dieux, ses ministres, ses anges, et spécialement les décans et les génies des 12 mois qui créèrent chacun une partie du *monde* (le cercle de l'année). Le grand-prêtre Helqiah empruntant cette cosmogonie, n'a osé y changer une expression fondamentale qui peut-être avait cours chez les Hébreux, depuis leurs relations avec les Syriens; il est même possible qu'il n'ait rien ajouté de son chef à ce texte, quoique les animaux purs (selon la loi) et le nombre 7, indiquent une main juive, avec d'autant plus de raison, que le nom de *Iahouh* y est joint.

Long-temps avant Helquiah, la Grèce avait l'apologue «de *Ioupiter irrité* contre les *géans* et con-
« tre la génération coupable, lui annonçant la fin
« du monde, submergeant la terre de torrents qui
« se précipitent des cataractes du ciel, etc. »
(Voyez *Nonnus, Dionysiaq.* lib. vi, vers. 230.

Tout le système du Tartare et de l'Élysée tenait à cette théologie d'origine égyptienne et d'antiquité assez reculée, puisqu'elle était la base des *mystères* et des *initiations* : ce fut dans ces mystères que la science astrologique prit un caractère moral qui altéra de jour en jour le sens physique de ses tableaux hiéroglyphiques, etc.

Selon l'hébreu, après le déluge, *Noh* cultive la

terre, plante la vigne; en cela, il est *Osiris* et *Bacchus* qui tous deux sont le soleil dans la constellation *Arcturus* ou le *Bouvier* qui, après la retraite du Nil, annonçait au plat pays le temps de semer; et sur les coteaux du Faïoum, le temps de vendanger.

Ici les fragments de Bérose et de ses copistes ont une lacune qui correspond au chapitre x de la Genèse, où l'auteur juif décrit le partage de la terre entre les trois *prétendus* enfants de Noh, et donne la nomenclature de leurs *prétendus* enfants, selon leurs *langues* et *nations* : nous disons *prétendus*, parce que toute cette apparente généalogie est une véritable description géographique des pays et des peuples connus des Juifs à cette époque; description dans laquelle chaque nation est désignée, tantôt par un nom collectif, selon le génie de la langue, tantôt par un nom pluriel; et cela, dans un ordre méthodique de localités contiguës et d'affinités de langage. Imaginer que les noms pluriels de *Medi*, les Mèdes, *Saphirouim*, les Saspires, *Rodanim*, les Rhodiens, *Amrim*, les Amorrhéens, *Aradim*, les Aradiens, *Masrim*, les Égyptiens, *Phélastim*, les Philistins, etc., etc., soient des noms d'individus, et imaginer que ces individus fussent la troisième ou quatrième génération de trois familles qui seules sur le globe s'en seraient fait le partage, est un excès de crédulité et d'aveuglement qui passe toutes bornes;

mais ce sujet nous écarterait trop : nous le traiterons dans un article particulier.

CHAPITRE XIII.

De la tour de Babel ou pyramide de Bel à Babylone.

Viennent ensuite dans le chapitre xi, la séparation des familles, l'entreprise de la tour de Babylone et la confusion des langues. Nous trouvons l'équivalent de ce récit dans un fragment de Polyhistor. (Voy. le *Syncelle*, p. 44, et *Eusèbe*, *Præpar. evang.*, lib. ix, c. xiv): la Sibylle porte ce texte :

« Lorsque les hommes parlaient (encore) une
« seule langue, ils bâtirent une tour très-élevée,
« comme pour monter au ciel, mais les dieux (Ela-
« him) envoyèrent des tempêtes qui la renversè-
« rent, et ils donnèrent à chaque (homme) un
« langage : de là est venu le nom de Babylone à
« cette cité. Après le déluge existèrent Titan et
« Prométhée, etc.

Ici, dit le Syncelle, Polyhistor oublie que selon ses auteurs, existait depuis des milliers d'années cette ville de Babylone, dont le nom n'est donné qu'à cette époque. Le même Syncelle poursuit son récit par ce fragment d'Abydène, qui porte, p. 44. « Il y en a qui disent que les premiers hommes « nés de la terre, se fiant en leur force et en leur « taille énorme, méprisèrent les dieux, dont ils « voulurent devenir les supérieurs; que dans ce « dessein, ils bâtirent une *tour* très-haute, mais « que les vents, venant au secours des dieux, ren-« versèrent l'édifice sur ses auteurs; et les décom-« bres prirent le nom de *Babylone* : jusqu'alors le « langage des hommes avait été un et semblable, « mais de ce moment il devint multiple et divers; « ensuite survinrent des dissensions et des guerres « entre Titan et Saturne, etc. »

En nous offrant plusieurs versions, ces fragments nous montrent qu'il existait diverses sources dont le récit juif n'était qu'une émanation, sans être le type primitif, comme on le voudrait établir.

Quelle fut cette sibylle citée par Polyhistor? On ne nous le dit point; mais nous pensons la retrouver dans Moïse de Chorène, dont les *premiers chapitres* se lient à notre sujet, de manière à prouver l'authenticité et l'identité des sources communes. Cet écrivain, qui date du cinquième siècle avant J.-C., établit d'abord comme faits notoires : « Que les anciens Asiatiques, et spé-« cialement les Chaldéens et les Perses, eurent une « foule de livres historiques; que ces livres furent

« partie extraits, partie traduits en langue grecque,
« surtout depuis que les Ptolomées eurent établi
« la bibliothèque d'Alexandrie, et encouragé les
« littérateurs par leurs libéralités ; de manière que
« la langue grecque devint le dépôt et la mère de
« toutes les sciences. Ne vous étonnez donc pas,
« continue-t-il, si pour mon histoire d'Arménie,
« je ne vous cite que des auteurs grecs, puis-
« qu'une grande partie des livres originaux a péri
« (par l'effet même des traductions). Quant à nos
« antiquités, les compilateurs ne sont pas d'accord
« sur tous les points entre eux, et ils diffèrent de
« la Genèse sur quelques autres : cependant Bé-
« rose et Abydène, d'accord avec Moïse, comptent
« *dix* générations avant le déluge ; mais selon eux,
« ce sont des *princes*, et des noms barbares avec
« une immense série d'années, qui diffèrent non-
« seulement des nôtres (qui ont 4 saisons), et des
« *années divines*, mais encore de celles des Égyp-
« tiens, etc. Abydène et Bérose comptent aussi
« 3 *chefs illustres* avant la tour de Babel; ils expo-
« sent fidèlement (c'est-à-dire comme la Genèse) la
« navigation de Xisuthrus en Arménie; mais ils
« *mentent*, quant aux noms, (c'est-à-dire qu'ils
« *diffèrent* de la Genèse).... Je préfère donc de
« commencer mon récit d'après ma véridique et
« chérie *sibylle bérosienne*, qui dit : Avant la tour
« et avant que le langage des hommes fût devenu
« divers, après la navigation de Xisuthrus, en Ar-

« ménie, *Zérouan*, *Titan* et *Yapétosthe* gouver-
« naient la terre : s'étant partagé le monde, *Zé-*
« *rouan*, enflammé d'orgueil, voulut dominer les
« deux autres : *Titan* et *Yapétosthe* lui résistèrent,
« et lui firent la guerre, parce qu'il voulait établir
« ses fils rois de tout. *Titan* dans ce conflit s'em-
« para d'une certaine portion de l'héritage de *Zé-*
« *rouan* : leur sœur *Astlik*, en se *mettant entre eux*,
« apaisa le tumulte par *ses douceurs*. Il fut con-
« venu que *Zérouan* resterait chef; mais ils firent
« serment de tuer tout enfant mâle de *Zérouan*,
« et ils préposèrent de forts Titans à l'accouche-
« ment de ses femmes... Ils en tuèrent deux; mais
« *Astlik* conseilla aux femmes d'engager quelques
« Titans à conserver les autres, et de les porter
« à l'*orient*, au mont Ditzencets ou *Jet des Dieux*,
« qui est l'Olympe. »

Le lecteur voit qu'ici nous avons une sibylle comme dans Polyhistor; et elle est appelée *Bérosienne*. Les anciens nous apprennent que Bérose eut une fille dont il soigna beaucoup l'éducation, et qui devint si habile, qu'elle fut comptée au rang des sibylles. N'avons-nous pas lieu de voir ici cette femme savante, surtout quand il s'agit d'antiquités de son pays? Le fragment cité a une analogie marquée avec le *Sem*, *Cham* et *Iaphet* de la Genèse, et c'est par cette raison que le dévôt *auteur* arménien le préfère aux récits de Bérose et d'Abydène; mais ce fragment nous reporte, comme les autres, à des traditions mythologiques qu'il nous importe de multiplier pour en éclaircir le sens. Notre Arménien en rapporte une très-ancienne de son pays, qui dit :

Un livre qui n'existe plus, a dit de Xisuthrus et de ses trois fils : « Après que *Xsisutra* eut na-
« vigué en Arménie, et pris terre, un de ses fils,
« nommé *Sim*, marcha entre le couchant et le
« *septemtrio*; et arrivé à une petite plaine sous
« un *mont très-élevé*, par le milieu de laquelle les
« fleuves coulaient vers l'Assyrie, il se fixa *deux*
« *mois* au bord du fleuve, et appela de son nom
« *Sim*, la montagne; de là il revint par le même
« (chemin), entre orient et midi, au point d'où
« il était parti; un de ses enfants cadets, nommé
« *Tarban*, se séparant de lui avec 30 fils, 15 filles
« et leurs maris, se fixa sur la rive du même
« fleuve......; d'où vint à ce lieu le nom de *Taron*,
« et à celui qu'il avait quitté, le nom *Tseron*, à
« cause de la *séparation* qui s'y était faite de ses
« enfants.

« Or, les peuples de l'Orient appellent *Sim, Ze-*
« *rouan*, et ils montrent un pays appelé *Zaruan-*
« *dia* (1). Voilà ce que nos anciens Arméniens
« chantaient dans leurs fêtes, au son des instru-
« ments, ainsi que le rapportent Gorgias, Bana-
« nus, David, etc. »

---

(1) Pline, lib. VI, cap. 27.

Nous touchons ici aux sources où a puisé l'auteur juif. Notre Arménien cite un autre écrit plus intéressant par son origine et ses développements; c'est le volume que le Syrien Mar I Bas trouva dans la bibliothèque d'Arshak, 80 ans après Alexandre, et qui portait pour titre :

« Ce volume a été traduit du chaldéen en grec.
« Il contient l'histoire vraie des anciens person-
« nages illustres, qu'il dit commencer à *Zerouan*,
« Titan et Yapetosth; et il expose par ordre la
« série des hommes illustres nés de ces 3 chefs ».

Le texte commence : « Ils étaient terribles et
« brillants, ces premiers des dieux, auteurs des
« plus grands biens, et principes du monde et de
« la multiplication des hommes...... D'eux vint la
« race des géans, au corps robuste, aux membres
« (ou bras) puissants (ou vigoureux), à l'im-
« mense stature, qui, pleins d'insolence, conçu-
« rent le dessein impie de bâtir *une tour*. Tandis
« qu'ils y travaillaient, un vent horrible et *divin*,
« excité par la colère des dieux (Elahim), détrui-
« sit cette masse immense, et jeta parmi les
« hommes des paroles inconnues qui excitèrent
« (ou causèrent) le tumulte et la confusion :
« parmi ces hommes, était le Iapétique Haïk, cé-
« lèbre et vaillant gouverneur (*præfectus*), très-
« habile à lancer les flèches et à manier l'arc (1).

---

(1) *Moses Chor.*, ch. 9. Ce Haïk a tous les caractères d'A-

« Ce Haïk, beau, grand, à chevelure brillante,
« aux bras puissants, à l'œil perçant, plein d'hi-
« larité, se trouvant l'un des *géants* les plus in-
« fluents, s'opposa à ceux qui voulurent comman-
« der *aux autres géants*, et à la race des dieux,
« et il excita du tumulte contre l'impétueux effort
« de *Belus*. Le genre humain, dispersé sur la
« terre, vivait au milieu des *géants*, qui, mus de
« fureur, tirèrent leurs sabres les uns contre les au-
« tres, et luttèrent pour le commandement. *Belus*
« ayant eu des succès, et s'étant rendu maître de
« presque toute la terre, Haïk ne voulut pas lui
« obéir, et après avoir vu naître son fils *Arme-*
« *nak* dans *Babylone*, il alla vers le pays d'Ararat,
« placé au nord, avec son fils, ses filles et des
« braves, au nombre de 300, sans compter des
« étrangers qui s'y joignirent : il se fixa ou s'as-
« sit au pied d'un certain mont très-étendu dans
« la plaine, où habitaient quelques-uns des *hommes*
« *dispersés*. Haïk le soumit et y établit son do-
« micile, etc. »

Voilà donc un livre original chaldéen qui, à raison de sa célébrité, excita la curiosité d'Alexandre, et qui, par ce léger fragment, nous prouve 1° l'antiquité réelle des traditions recueillies par Bérose, par Abydène, par la Sibylle ; 2° l'analogie de ces

---

pollon, chassé du ciel par Jupiter, qui, de l'aveu des Grecs, est identique au Belus babylonien.

traditions avec celles du livre juif appelé la *Genèse*. Cette analogie est sensible dans ce qui concerne le déluge, l'homme sauvé dans un navire; les trois princes ou chefs du genre humain issu de cet homme; la séparation de leurs enfants; l'entreprise de la tour de Babel, la confusion qui en résulte, etc.; enfin dans ces *géants*, nés des enfants des dieux (Élahim) et des filles des hommes, *géants grands de corps* et *fameux de nom dans les temps anciens* (*Genèse*, ch. vi, v. 2 à 5); ce sont les propres expressions de la Genèse. Leur entreprise de monter aux cieux est la même que celle des géants chantés par les mythologues grecs, et cette ressemblance vient confirmer l'origine chaldéenne de toutes ces allégories, dont l'explication nous écarterait trop de notre sujet (1). Nous nous bornerons à remarquer, que ces mêmes allégories se trouvent dans les récits cosmogoniques des sectateurs de *Budha*, réfugiés au Thibet, et qui, sous le nom de *Samanéens*, étaient une secte indienne, célèbre et déjà ancienne, au temps d'Alexandre. Leur cosmogonie qui, sous d'autres rapports, ressemble singulièrement à celle de la Genèse, parle comme ce livre, de la corruption des hommes, de la colère de Dieu, des déluges dont

---

(1) *Voyez* Dupuis, *Origine des Cultes, Table des matières,* tome iii, in-4°, art. *Déluge, Orion, Titan, Géants, Belus,* et sa *Dissertation sur les grands cycles.*

il punit le genre humain; et ils tournent dans un sens moral tout ce que les mythologues grecs présentent sous un aspect astrologique. Or, si l'on considère que les récits des Grecs se rapportent à une époque où la constellation du taureau ouvrait l'année et la marche des signes, c'est-à-dire au delà de 4000 ans avant notre ère, tandis que les récits des Juifs et des Perses indiquent l'*agneau* ou *belier* comme *réparateur*, l'on pensera que les Grecs ont mieux gardé le type originel, parce qu'ils sont plus anciens que les autres, et que les autres l'ont altéré, parce qu'ils sont venus plus tard; en sorte que le système moral et mystique, dans lequel il faut comprendre l'Élysée, le Tartare, et toute la doctrine des mystères, n'aurait pas une origine plus reculée que 2500 à 2300 ans avant notre ère, et ce serait de l'Égypte et de la Chaldée que se seraient répandues dans l'Orient et dans l'Occident toutes ces idées, comme s'accordent à le témoigner tous les anciens auteurs grecs et même les arabes, qui ont eu en main d'anciens livres échappés aux ravages des guerres et du temps. Il est remarquable qu'un de ces livres, cité par le Syncelle sous le nom de livre d'*Enoch*, présente l'histoire des géants, nés des anges et des filles des hommes, presque dans les mêmes termes que les livres de Boudhistes du Thibet, et le livre de la Genèse; sans doute le livre d'Enoch est apocryphe quant au nom que lui a donné l'auteur anonyme, pour imprimer le respect, mais non quant à sa doctrine qui est chaldéenne et de haute antiquité. Revenons à nos confrontations.

Après le déluge de *Noh* ou de *Xisuthrus*, le partage de la terre entre 3 *personnages* puissants et brillants, dont Titan est un, ressemble beaucoup à ce que les Grecs nous disent des 3 frères, Jupiter, Pluton et Neptune (1). La construction de la tour de Babylone semblerait prendre un caractère plus historique; et lorsqu'on se rappelle que pour bâtir cette ville et la pyramide de Bel aux sept étages (comme les sept sphères), Sémiramis employa deux millions d'hommes tirés de tous les peuples de son empire, par conséquent parlant une multitude de dialectes divers, on serait tenté de croire que cette confusion de langage a donné lieu à une tradition ensuite altérée. Mais Sémiramis était trop récente pour être oubliée et méconnue; l'événement porte un caractère mythologique beaucoup plus ancien : et comme en langage astrologique, le *zodiaque* s'appelait la *grande Tour Burg*, en grec, *pyrg-os*, la partie de cette tour, composée de *six signes* ou *six étages*, qui, depuis le solstice d'hiver jusqu'à celui d'été, s'élevait vers le nord où était le mont Olympe (Ararat et Merou), était censée élevée ou bâtie par les géants, c'est-à-

---

(1) Pluton même est noir comme Cham.

dire par les constellations ascendantes de l'horizon au zénith. Il faudrait connaître tous les détails de ces mystères chaldéens, pour expliquer tous ceux du récit..... Il est du moins évident que le repeuplement de la terre en 5 ou 6 générations, est une rêverie au physique comme au moral. Par suite de cette impossibilité, l'on ne peut admettre, à la onzième génération, l'apparition d'*Abraham* comme homme et comme personnage historique; et les soupçons s'accroissent lorsqu'on lit ce qu'en rapportent Bérose, Alexandre Polyhistor et Nicolas de Damas.

CHAPITRE XIV.

Du personnage appelé Abraham.

« Bérose, dit Josèphe (1), en supprimant le nom
« d'Abraham, notre ancêtre, l'a cependant indiqué
« par ces mots :
« A la dixième génération après le déluge,
« exista chez les Chaldéens, un homme juste et
« grand, qui fut très-versé dans la connaissance
« des choses célestes. »

---

(1) *Antiq. jud.*, liv. I, chap. 7, § 11.

DU PERSONNAGE APPELÉ ABRAHAM. 149

Effectivement, dans la généalogie juive, Abraham se trouve à la dixième génération depuis le déluge, et cela prouve l'identité continue et l'origine commune des deux récits.

Josèphe ajoute : « Hécatée a écrit sur Abraham
« un volume entier. Nicolas de Damas, au qua-
« trième livre de son recueil d'histoire, dit : Abra-
« ham régna à Damas ; c'était un étranger venu
« du pays des Chaldéens ; au-dessus de Babylone,
« à la tête d'une armée (1). Peu de temps après, il
« quitta le pays avec tout son monde, et il émigra
« dans la contrée appelée alors *Kanaan*, aujour-
« d'hui *Judée* ».

D'autre part, Alexandre Polyhistor, citant Eupolème, dit (2) : « Qu'Abraham naquit à *Camarine*,
« ville de la Babylonie, appelée *Ouria*, ou *ville des*
« *Devins*; cet homme surpassait tous les autres en
« naissance et en habileté. Il inventa l'astrologie et
« la *chaldaïque* (3); par sa piété il fut agréable à
« Dieu... Les Arméniens ayant attaqué les Phé-
« niciens, Abraham les chassa (comme le dit la
« Genèse). Il eut en Égypte de longs entretiens avec
« les prêtres sur l'astrologie. »

Artapan, écrivain persan, cité par Eusèbe (l. 9,

---

(1) Nicolas de Damas, dans son propre texte, ajoute ici :
« Son nom est encore célèbre à Damas, où l'on montre un fau-
« bourg qui l'a retenu. »

(2) Eusèbe, *Præpar. evang.*, liv. IX, chap. 17.

(3) Probablement l'écriture chaldaïque.

chap. 18), parlait également de ce séjour d'Abraham en Égypte, où « il enseigna pendant 20 ans « l'astrologie; il ajoutait qu'Abraham se rendit en-« suite à Babylone chez les géants, qui furent exter-« minés par les dieux, à cause de leur impiété. »

Enfin Josèphe parle, comme tous ces auteurs, « de la grande connaissance qu'Abraham avait des « changements qui arrivent dans le ciel, et de « ceux que subissent le soleil et la lune (les « éclipses), etc. (1); » ce qui signifie, en mots décents, qu'Abraham était versé en astrologie.

En examinant ces récits, l'on s'aperçoit que, semblables à ceux sur le déluge, ils viennent d'une source antique où la Genèse a puisé; mais parce qu'ils ont mieux conservé le caractère mythologique qu'ils avaient originairement, ils suscitent plus de doutes et de soupçons sur l'existence d'Abraham, comme individu humain. En effet, dès lors que le déluge chaldéen n'est qu'une fiction astrologique, que peuvent être les personnages et les générations mis à la suite d'un événement qui n'a pas existé? Si un déluge détruisait aujourd'hui la race humaine, à l'exception d'une famille de 8 personnes, cette famille, isolée et faible, accablée de tous ses besoins, ne vaquerait qu'aux soins pressants de sa conservation; et avant 3 générations, sa race serait retombée dans un état

---

(1) Josèphe, liv. I, chap. 7.

sauvage, qui ne permettrait ni écriture, ni conservation de souvenirs anciens. Chez les peuples policés eux-mêmes, personne, sans l'écriture, n'a idée de la 6ᵉ génération antérieure ; comment donc la prétendue généalogie d'Abraham eût-elle pu se conserver, surtout chez les Juifs, qui n'ont pu conserver aucun monument régulier et suivi, ni de la période des juges, ni du séjour de leurs ancêtres en Égypte? cette généalogie ne leur appartient point; ils l'ont empruntée des Chaldéens; elle est toute chaldéenne. Or, chez les Chaldéens elle est du temps mythologique, comme le déluge et comme les géants avec qui Abraham eut des relations; c'est pour cette raison que tous les détails ont tant de précision. Dans l'habitude où nous sommes de regarder Abraham comme un *homme*, il est choquant, au premier aspect, de dire que ce personnage est fictif et allégorique, et qu'il n'est que le génie personnifié d'une planète; cependant tel est le cas d'une foule de prétendus rois, princes et patriarches des anciennes traditions de l'Orient. Qui ne croirait qu'Hermès a été un sage, un philosophe, un astronome éminent chez les Égyptiens? et néanmoins Hermès analysé, n'est que le génie personnifié, tantôt de l'astre Sirius, tantôt de la planète Mercure. Qui ne croirait que chez les Indiens, les 7 *richis* ou patriarches ont été de saints pénitents qui ont enseigné aux hommes des pratiques dévotes encore subsistantes? et cependant les 7 richis ne sont que les génies des 7 étoiles de la constellation de l'ourse, réglant la marche des navigateurs et des laboureurs qui la contemplent. Du moment que par la métaphore naturelle de leurs langues, les anciens Orientaux eurent personnifié les corps célestes, l'équivoque introduisit un désordre d'idées, qui s'accrut de jour en jour, et par l'ignorance d'un peuple crédule, superstitieux, et par l'usage mystérieux, énigmatique, qu'en firent les initiés à la science, et par la tournure poétique que lui donnèrent des écrivains à imagination. Il ne faudrait donc pas s'étonner si Abraham, *roi*, *patriarche* et *astrologue* chaldéen, analysé dans ses actions et son caractère, ne fût que le génie d'un astre ou d'une planète.

D'abord tout génie d'astre est *roi* : il gouverne une portion du ciel et de la terre soumise à son influence; ses *images* ou *idoles* portent toujours une couronne, emblème de son pouvoir suprême (1): « Abraham, nous dit-on, avait régné à Damas; « son nom y était resté. » S'il n'eût été qu'un chef d'armée passager, il n'eût pas laissé une impression si durable. Il était allé en Égypte et y avait enseigné l'astrologie; il l'avait même inventée, dit Eupolème, ainsi que la *chaldaïque*.

---

(1) *Voyez* Moses Maimonides, *More Nebuchim*, et le livre intitulé *Dabistan*, publié à Calcutta, 1789, dans le *New-Asiatick Miscellany*, tome Ier. Ce livre contient à ce sujet des détails qui se lient très-bien avec ceux de Maimonides.

Un étranger enseigner l'astrologie aux Égyptiens, et cela 16 ou 17 siècles avant notre ère, quand les Égyptiens étaient, depuis tant d'autres siècles, les maîtres et les inventeurs de cette science! cela est inadmissible et décèle la fable : Abraham a ici les caractères de *Thaut* ou *Hermès*, qui inventa l'astrologie et les lettres de l'écriture (1); qui surpassa tous les hommes dans la connaissance des choses célestes et naturelles; qui fut un sage et un roi, mais qui, dans son type originel, n'est que le génie de l'astre *Sothis* ou *Sirius*, qui annonçait l'inondation du Nil, etc.

Abraham, dans le sacrifice homicide de son fils unique, retrace une autre divinité également célèbre par sa science.

Écoutons Sanchoniaton, qui écrivit environ 1300 ans avant notre ère.

« Saturne, que les Phéniciens nomment *Israël*, « eut d'une nymphe du pays, un enfant mâle qu'il « appela *Iéoud*, c'est-à-dire *un* et *unique*. Une guerre « survenue, ayant jeté le pays dans un grand dan- « ger, Saturne dressa un autel, y conduisit son fils « paré d'habits royaux, et l'immola. »

Or Saturne avait été *roi* en Phénicie, ayant pour secrétaire *Thaut* ou *Hermès*, et après sa mort on lui avait consacré l'astre de son nom.

---

(1) *Voyez* le fragment de *Sanchoniaton*, Eusèbe, *Præpar. evang.*, lib. I, cap. ult.

Dira-t-on que *Sanchoniaton*, qui consulta un prêtre hébreu nommé *Iérombal*, a défiguré le récit de la Genèse? Nous disons, au contraire, que les récits de cet écrivain tendent à prouver qu'elle n'existait pas de son temps, vu leur différence absolue. La vérité est que les Phéniciens, peuple bien plus ancien que les Hébreux, ont eu leur mythologie propre et particulière, à laquelle ce trait appartient, et qu'ils ne l'ont pas emprunté des Juifs, qu'ils haïssaient : pourquoi donc cette ressemblance? Parce qu'une tradition semblable existait chez les Chaldéens, peuple d'origine arabique, comme les Kananéens; mais l'écrivain juif, auteur de la Genèse, a pris à tâche d'effacer tout ce qui retraçait l'idolâtrie, pour donner à son récit le caractère historique et moral convenable à son but.

L'analogie ou plutôt l'identité d'Abraham et de Saturne ne se borne pas à ce trait. « Les plus sa-
« vants auteurs persans, dit le docteur Hyde (1),
« assurent que dans les anciens livres chaldéens,
« Abraham porte le nom de *Zerouan* et *Zerban*,
« qui signifie *riche en or*, *gardien de l'or* (il est
« remarquable que la Genèse appelle Abraham,
« *très-riche en or et en argent* (2); elle l'appelle

---

(1) *De Religione veter. Persarum*, pag. 77, 78.
(2) Genèse, chap. 13, v. 3.

« aussi *prince très-puissant* (1), ce qui se retrouve
« dans les anciens livres où il est appelé *roi*); ces
« mêmes livres l'appellent encore *Zarhoun* et *Zar-*
« *man* (2), c'est-à-dire *vieillard décrépit.* Les Perses
« lui appliquent l'épithète spéciale de *grand,* et il
« est de tradition antique que l'on voyait son tom-
« beau à Cutha en Chaldée. Sa réputation ne se bor-
« nait pas à la Judée, elle était dans tout l'Orient. »

Maintenant rappelons-nous que le nom de *Zerouan* se trouve dans la *Sibylle bérosienne*, et dans
le fragment de Mar I Bas, cités au 5ᵉ siècle de
notre ère, par Moïse de Chorène, et copiés par le
livre chaldéen traduit par ordre d'Alexandre. Déja
la bonne information des auteurs persans est prouvée : ajoutons qu'une autre sibylle, dans la même
circonstance, au lieu de *Zerouan*, nomme *Saturne;*
qu'Abydène associe Saturne au lieu de *Zerouan*
à Titan (3); l'identité de Saturne, de Zerouan et
d'Abraham devient palpable. Les accessoires cités complètent la démonstration : Abraham est
nommé *Zerouan, Zerban, riche en or;* Saturne fut
le roi de l'âge d'or : Abraham est nommé *Zarhoun*
et *Zarman, vieillard décrépit;* Saturne, dans les
légendes grecques, est un *vieillard,* emblème du

---

(1) Genèse, chap. 23, v. 6.
(2) *De Relig. veter. Persarum*, pag. 77, 78.
(3) *Voyez* Moïse de Chorène, *Histoire armén.*, page 16, note 2.

temps que sa planète mesure par la marche la plus lente et la carrière la plus longue de toutes les planètes. L'on a donné à ce vieillard le caractère habituel de son âge; on l'a peint avare, aimant l'or et entassant l'or : on lui a aussi donné la *faux*, parce qu'il moissonne tous les êtres, et qu'il fait mourir tout ce qu'il fait naître; c'est sous ce rapport que, de temps immémorial, les Arabes et les Perses l'ont appelé l'ange de la mort, *Ezrail* : or Israël, chez les Phéniciens, était le nom de Saturne, dit *Sanchoniaton* : l'une des épithètes d'Abraham, en Bérose, est *Mégas* (1), *grand*; son épithète spéciale chez les Perses, est *Buzoug*, qui signifie aussi *grand*. Sa femme *Sarah* portait primitivement le nom d'*Ishkah*, signifiant *belle* et *beauté* : la Genèse en fait la remarque spéciale (chap. 12, v. 14); et dans le fragment de Sanchoniaton (2), Saturne épouse la *beauté* que son père avait envoyée pour le séduire. Enfin le nom primitif d'*Abram* (3) désigne *Saturne*; car il est composé de deux mots, *Ab-ram*, signifiant *père de l'élévation*; et dans l'hébreu, comme dans l'arabe, c'est la manière d'exprimer le superlatif *très-élevé*,

---

(1) Josèphe, *Antiq. jud.*
(2) Eusèbe, *Præpar. evang.*, lib. II, page 37.
(3) Selon la Genèse, chap. 17, v. 5, Dieu changea le nom d'*Abram* en *Abraham*, comme signifiant *père de la multitude*; mais ce mot *Rahm* manque dans les lexiques.

très-haut, tel qu'est Saturne, la plus élevée, la plus distante des planètes.

Tout s'accorde donc à démontrer qu'*Abraham* n'a point été un individu historique, mais un être mythologique, célèbre sous divers noms chez les anciens Arabes que nous nommons *Phéniciens* et *Chaldéens*, et chez leurs successeurs, les Mèdes et les Perses. Si l'auteur juif de la Genèse en a fait un personnage purement historique, c'est parce que voulant faire remonter l'origine de sa nation jusqu'aux temps les plus reculés, il a, sciemment ou par ignorance, commis une méprise qui se retrouve à d'autres égards chez la plupart des historiens de l'antiquité.

Mais, nous dira-t-on, si l'histoire d'Abram-Zérouan n'est réellement qu'une légende astrologique, comme celle d'*Osiris*, d'*Hermès*, de *Ménou*, de *Krishna*, etc., l'histoire de son fils *Isaak*, de son petit-fils *Jacob*, et même des 12 fils de celui-ci, tombera dans la même catégorie; alors où s'arrêtera la mythologie des Hébreux? à quelle époque commencera leur histoire véritable, et comment expliquerez-vous la tradition immémoriale d'après laquelle ils se sont appelés enfants de Jacob, d'Israël et d'Abram?

Ces difficultés puisent leur solution dans la nature même des choses.

D'abord il est dans le génie des langues arabiques, dont l'hébreu est un dialecte, que les habitants d'un pays, les partisans d'un chef, les sectateurs d'une opinion, soient appelés enfants de ce pays, de cette opinion, de ce chef : c'est le style habituel de tous leurs récits, de toutes leurs histoires.

2° Chez les anciens, comme chez les modernes, un usage presque général fut que chaque peuple, chaque tribu, chaque individu eussent un patron; et ce patron fut le génie d'un astre, d'une constellation ou d'une puissance physique quelconque. Tous les cliens ou sectateurs de cette divinité tutélaire étaient appelés et se disaient *ses enfants;* la Grèce, dans ses origines soi-disant historiques, offre de nombreux exemples de ce cas.

En troisième lieu, l'origine des anciens peuples est généralement obscure, comme celle de tous les êtres physiques, parce que ce n'est qu'avec le temps que ces êtres, d'abord petits et faibles, font des progrès et acquièrent un volume ou une action qui les font remarquer. D'après ces principes, combinant les récits divers sur les Hébreux avec les faits avérés, nous pensons que ce peuple dérive d'une secte ou tribu chaldéenne qui, pour des opinions politiques ou religieuses, émigra de gré ou de force de la Chaldée, et vint, à la manière des Arabes, camper sur la frontière de Syrie, puis sur celle de l'Égypte, où elle trouvait à subsister. Ces étrangers durent être appelés par les Phéniciens, *Eberim*, c'est-à-dire *gens d'au delà*, parce qu'ils venaient d'au delà du *grand fleuve* (l'Euphrate), et encore *béni Abram, béni Israël*, enfants d'*Abram* et d'*Israël*, parce qu'Abram et Israël étaient leurs divinités patronales. Ce que l'Exode raconte de leur servitude sous le roi d'Héliopolis, et de l'oppression des Égyptiens, leurs hôtes, est très-vraisemblable : là commence l'histoire; tout ce qui précède, c'est-à-dire le livre entier de la Genèse, n'est que mythologie et cosmogonie. Les chances de la fortune voulurent qu'un individu de cette race fût élevé par les prêtres égyptiens, fût instruit de leurs sciences, alors si secrètes, et que cet individu fût doué des qualités qui font les hommes supérieurs. Moïse, ou plutôt *Moushah*, selon la vraie prononciation, conçut le projet d'être roi et législateur, en affranchissant ses compatriotes; et il l'exécuta avec des moyens appropriés aux circonstances et une force d'esprit vraiment remarquable. Son peuple, ignorant et superstitieux, comme l'ont toujours été et le sont les Arabes errants, croyait à la magie dont est encore infatué tout l'Orient; Moïse exécuta des prodiges, c'est-à-dire qu'il produisit des phénomènes naturels, dont les prêtres astronomes et physiciens avaient, par de longues études et par d'heureux hasards, découvert les moyens d'exécution.... Quand on lit comment des feux lancés du tabernacle s'attachèrent aux séditieux qui le voulaient lapider au retour des espions, et comment ces feux les dévorèrent, on touche au doigt et à l'œil ce feu *grégeois*, composé de naphte et de pétrole, qui d'époque en époque s'est remontré dans l'Orient. On pourrait ramener à un état naturel tous les *miracles* dont Moïse sut grossir les apparences; mais il faudrait écarter de leur récit les circonstances exagérées et fausses dont lui-même ou les écrivains posthumes ont entouré les faits réels. Ainsi l'on verrait le passage de la mer Rouge fait par les Hébreux à gué et à basse marée, comme il se fait encore; tandis que les Égyptiens voulant passer au moment du flux, en furent surpris, comme ils le seraient encore, car à peine le connaissent-ils. On verrait le passage du Jourdain, projeté par Moïse, exécuté par Josué, en dérivant cette petite rivière, comme Krœsus dériva l'Halys; les murailles de Jéricho renversées par une mine pratiquée, et par le feu mis aux étançons dont on les avait étayées; on verrait Coré, Dathan et Abiron engloutis dans une fosse recouverte, où des combustibles cachés prirent feu par leur chute; et enfin l'on verrait que cette voix qui parlait dans le propitiatoire (1), et que

---

(1) Or quand Moïse entrait dans le tabernacle, la nuée descendait à l'entrée et parlait à Moïse, en présence de tout le peuple prosterné en adoration; et Dieu parlait à Moïse comme un ami à son ami; et quand il revenait au camp, le jeune Jo-

DU PERSONNAGE APPELÉ ABRAHAM. 161

l'on croyait être la voix de Dieu causant avec le prophète, n'était que la voix du jeune Josué, fils de *Noun*, qui (1) ne sortait point du tabernacle où il servait Moïse, et qui fut son successeur plus habile et plus heureux que ne fut *Ali*, le Josué de Mahomet. Mais ce sujet curieux nous écarterait trop de notre sphère ; qu'il nous suffise de dire que Moïse a dû être le véritable créateur du peuple hébreu, l'organisateur d'une multitude confuse et poltronne (2), en un corps régulier de

---

sué, fils de Noun, qui l'assistait dans le tabernacle, y restait et n'en sortait point. (*Exode*, chap. 33, v. 10.).

(1) Il est encore dit, au chap. 32, v. 17, que lorsque Moïse descendit du mont Sinaï, Josué l'accompagnait : preuve qu'il y fut avec lui pendant les 40 jours que Moïse y resta; qu'il y fut l'interlocuteur et le scribe de la loi attribuée à Dieu; et l'on a le droit de dire qu'il y prépara tout l'appareil de pyrotechnie dont l'Exode nous montre les effets, en même temps qu'il y porta les provisions dont Moïse et lui vécurent pendant les 40 jours du prétendu jeûne, également raconté et cru sans preuves ni témoins.

(2). Il y a une exagération palpable dans le nombre de *six cent mille hommes* portant les armes, qui, selon le texte, sortirent d'Égypte avec Moïse. Ce nombre suppose une quantité proportionnelle d'enfants, de femmes et de vieillards invalides; il est même ajouté qu'une populace innombrable suivit avec des troupeaux. (*Exode*, chap. 12, v. 37).

Cette quantité ne peut pas être évaluée moins de trois têtes pour chaque homme armé; ainsi ce serait une masse de 2,400,000 ames, sans les troupeaux. Pour qui connaît l'Égypte et le désert, cela est une pure absurdité, et cette absurdité est décelée par plusieurs circonstances. 1° Dieu est censé dire (*Exode*, chap. 24) : « Je n'exterminerai point les Kauanéens
« devant votre face en une seule année, de peur que le pays
« ne soit réduit en un désert, et que les bêtes féroces ne se

I. 11

guerriers et de conquérants. Le séjour dans le désert fut employé à cette œuvre difficile. La division

« multiplient contre vous. » Nous remarquons que le pays de Kanaan n'a pas plus de 30 lieues de long sur autant de large, faisant 900 lieues carrées environ, dont beaucoup en terres rocailleuses et désertes ; ce serait près de 3,000 ames par lieue carrée, ce qui ne se voit en aucun pays. 8 à 900 ames par lieue carrée sont une forte population : toute la Syrie, toute l'Égypte, qui ont plus de 3,000 lieues carrées chacune, ne contiennent pas plus de 2,000,000 d'ames chaque. 2° Au Deutéronome, chap. 7, v. 1, il est dit « que la « terre de Kanaan contenait 7 peuples, plus *forts* et plus « *nombreux* chacun que le peuple hébreu. » Ce petit pays de 900 lieues carrées aurait donc contenu 16,800,000 ames ! On voit l'extravagance. Mais quel peut être le nombre vrai ? Nous croyons qu'il y a erreur décimale, et qu'au lieu de 600,000 il faut lire 60,000 : le calcul décimal paraît avoir été très-usité chez les Chaldéens, les Perses et les Mèdes ; l'on trouve répétées dans le Zend Avesta les progressions décuples : « Ormusd, y est-il dit, donne-moi 100 chevaux, « 1,000 bœufs, 10,000 lièvres, 9 bénédictions, 90 bénédic-« tions, 900 bénédictions, etc. » Dans le cas dont nous traitons, le signe décuple se serait introduit mal à propos. 60,000 hommes armés supposeraient 240,000 ames en tout, ce qui est déjà trop de monde à nourrir dans le désert : ce nombre eût donné 266 têtes par lieue carrée au pays de Kanaan, qui en aurait eu déjà plus de 1,700. (C'est trop). Un passage du livre de Josué indique un nombre plus modéré, et ce témoignage a d'autant plus de poids, que ce livre, étranger au Pentateuque, a été hors de l'influence de Helqiah. Il est dit, chap. 7 et 8, « que Josué voulant attaquer la ville de *Haï*, ses « *éclaireurs* lui rapportèrent que le nombre d'hommes qu'elle « contenait ne méritait pas la peine de faire marcher toute « l'armée, et que 2 ou 3,000 hommes suffiraient. Josué envoya « 3,000 hommes qui furent battus avec perte de 36 hommes. « Cet échec, tout léger qu'il était, effraya beaucoup les Héen douze corps ou tribus fut très-probablement son ouvrage; mais lors même qu'elle eût existé auparavant, elle ne prouverait point encore la réalité de l'histoire de Jacob et de ses enfants;

«'breux. Pour les rassurer. Josué imagina l'expiation dont
« Achan fut victime; puis il dressa, pendant la nuit, une em-
« bûche de 30,000 hommes en un ravin près la ville, avec
« l'instruction que le lendemain, lorsqu'il aurait attiré au de-
« hors le roi et ses gens armés par une fuite simulée, ils eus-
« sent à y entrer et à la saccager. Cela fut fait; la ville fut
« prise : tout fut égorgé, et le nombre total, y compris vieil-
« lards, femmes et enfants, fut de *douze* mille. Ces 12,000
« ames supposent au plus *trois* mille hommes en état de com-
« battre. Les premiers 3,000 que Josué envoya supposent en-
« core moins, puisqu'ils furent regardés comme *plus forts*.
« L'embuscade de *trente* mille est improbable; ce dut être
« aussi *trois* mille. » Il est encore dit que Josué embusqua
5,000 hommes entre Haï et Bethel, et qu'il se présenta avec
tout le reste : il ne dut pas présenter un nombre beaucoup
plus fort que la veille, de peur d'effrayer trop le roi et son
monde : supposons encore 3 ou 4,000 hommes, cela ne produit pas plus de 12,000 hommes. Josué n'a pas dû avoir une
réserve plus considérable, et tout ce récit n'indique pas 30,000
combattants. Il est étonnant que la perte de *trente-six* hommes
ait pu effrayer cette armée; c'était encore moins pour *soixante*
mille. Si toute l'armée de Josué ne fut que de 25 à 30,000
hommes, sa population totale ne dut être que de 120 à 130,000
têtes. Les 7 peuples plus nombreux donneraient alors 1,050,000
ames, c'est-à-dire, plus de 1,000 ames par lieue carrée. Au lieu
de 600,000 hommes armés, ne serait-ce pas plutôt 60,000 ames
qui seraient sorties de l'Égypte, et qui ensuite se seraient re-
crutées dans le désert arabe? Les exemples de ces exagéra-
tions décimales se reproduisent dans les 1,000 livres d'argent
qu'Albimelek donne à Sara (au lieu de 10), les 1,000 Philistins que tue Samson, les 3,000 qu'il précipite de la terrasse
d'un temple; les 50,000 Betsamites qui périssent pour avoir

d'abord, parce que nous n'avons qu'un seul témoin déposant, l'auteur juif, qui, après toutes les déceptions que nous avons vues sur d'autres articles, ne peut mériter notre confiance; et ensuite parce que la légende de Jacob porte des détails du genre fabuleux, tels que sa vision des anges montant au ciel avec des échelles, ses conversations avec Dieu, sa lutte contre l'homme divin qui lui paralysa la cuisse, et lui donna le nom d'*Israël*, tout-à-fait suspect en cette occasion. Si l'on nous eût transmis sur Jacob des détails vraiment chaldéens, comme sur Abraham, nous y trouverions sûrement la preuve de son caractère mythologique déguisé par le rédacteur juif. Mais revenons aux analogies de la Genèse avec la cosmogonie chaldéenne.

CHAPITRE XV.

Des personnages antédiluviens.

CES analogies que nous avons vues se suivre depuis le déluge, se continuent au delà, et remon-

---

regardé dans l'arche (peut-être 5o); les 3oo,ooo guerriers que Saül mena contre Nahas, roi des Ammonites (sans doute 3o,ooo); et voilà comme s'écrit l'histoire! et l'on y croit!

tent jusqu'à l'origine première, dite la *création*. Les anciens auteurs chrétiens en ont tous fait la remarque, en se plaignant d'ailleurs de l'*altération*, c'est-à-dire de la différence des noms et des âges que les livres chaldéens donnent aux personnages antédiluviens appelés par nous *patriarches*, et *rois* par les Chaldéens. Le Syncelle (1) nous a rendu le service d'en conserver la liste, copiée d'Alexandre Polyhistor ou d'Abydène, copistes eux-mêmes de Bérose.

Patriarches antédiluviens selon la Génèse.			*Rois chaldéens antédiluviens selon Bérose.*		
Noms.	Ages.	Années.	Noms.	Ages en *sares*.	En années.
Adam	930		Alor	10	36,000
Seth	912		Alaspar	3	10,800
Enos	905		Amélon	13	46,800
Kaïnan	910		Aménon	12	43,200
Mahlaléel	862		Metalar	18	64,800
Iared	895		Daón	10	36,000
Enoch	365		Evedorach	18	64,800
Mathusala	969		Amphis	10	36,000
Lamech	777		Otiartes	8	28,800
Nohé	950		Xisuthrus	18	64,800
			TOTAL	120	432,000

Voilà les prétendus rois que les Chaldéens disaient avoir régi le monde pendant 120 sares, équivalant à 432,000 ans. Ce calcul seul nous montre qu'il s'agit ici d'êtres *astronomiques* ou *astrologiques*; et le Syncelle lui-même nous en avertit, lorsque, page 17, il dit que « les Égyptiens,

---

(1) Pages 17 à 18.

« les Chaldéens et les Phéniciens se donnent une
« antiquité extravagante, au moyen de certaines
« supputations astrologiques. » L'Arménien Moïse
de Chorène, environ 300 ans avant le Syncelle,
avait fait les mêmes remarques. « L'origine du
« monde, dit-il (chap. 3), n'est pas exposée par
« nos saints livres, de la même manière que par
« les historiens; j'entends le très-savant Bérose et
« Abydène; dans Abydène, les chefs de famille
« diffèrent quant au temps et aux noms (mais
« non quant au nombre qui est également de 10).
« Ces auteurs présentent même le chef du genre
« humain, Adam, sous un autre caractère que la
« Genèse, car ils disent : Dieu très-prévoyant fit
« Alorus pasteur et directeur du peuple, et il ré-
« gna 10 sares, qui sont 36,000 ans. De même,
« ils donnent à Noyi (Nohé), un autre nom (Xi
« suthrus) et un temps immense, d'accord d'ail-
« leurs *sur la corruption des hommes*, et la vio-
« lence du déluge. Ils établissent dix chefs (ou
« rois) avec Xisuthrus; et leurs *années* diffèrent
« non-seulement de nos années qui ont *quatre sai-*
« *sons*, et des *années divines*, mais encore ils ne
« comptent point les levers de lune comme les
« Égyptiens, ni les levers dont le nom se tire des
« dieux (les constellations personnifiées). Néan-
« moins les auteurs qui les prennent pour des
« *années* (ordinaires), les adaptent aux calculs
« grecs, etc. »

On voit que les Chaldéens nous ont donné une sorte de logographe à résoudre; il ne faut pas s'étonner s'il a été mal compris de beaucoup d'auteurs anciens et même modernes, puisque sa solution exige la connaissance d'une doctrine astrologique assez compliquée, et qui, long-temps tenue secrète, a été trop négligée depuis qu'elle a perdu son empire. Pour donner quelques idées claires sur cette énigme, il faut les reprendre à leur origine.

Lorsque l'expérience eut fait connaître aux anciens peuples agricoles, les rapports intimes qui se trouvent entre la production des substances terrestres et la marche du soleil dans le cercle céleste, un premier système astronomique et physique fut organisé, conforme aux besoins de l'agriculture, et aux phénomènes des corps célestes les plus remarquables. Ce système, inculqué dans tous les esprits, par l'éducation civile et religieuse, et par l'habitude, devint la base de tous les raisonnements, le type de toutes les hypothèses qui firent naître ensuite des idées plus étendues. Le grand cercle céleste avait été divisé en douze maisons (les douze signes du zodiaque), d'après les lunes qui se montraient tandis que le soleil le parcourait; chacune de ces maisons était subdivisée en 30 parties (ou degrés), d'après les jours de chaque lune. Les étoiles, individuellement et en groupes, avaient reçu des noms tirés des opérations de l'homme ou de la nature pendant la révolution solaire ; et le ciel astronomique était devenu comme un miroir de réflexion de ce qui se passait sur la terre. Cet ordre de choses, si intéressant pour le peuple, en fut d'abord bien compris ; mais par le laps du temps plusieurs causes introduisirent dans les idées une confusion qui eut des suites à la fois ridicules et graves. Une classe d'hommes, livrés spécialement à l'observation des astres, était parvenue à découvrir le mécanisme des éclipses, à en *prédire* les retours. Le peuple, frappé d'étonnement de cette *faculté de prédire*, imagina qu'elle était un don divin qui pouvait s'étendre à tout : d'une part, la curiosité crédule et inquiète, qui sans cesse veut connaître l'avenir ; d'autre part, la cupidité astucieuse, qui sans cesse veut augmenter ses jouissances et ses possessions, agissant de concert, il en résulta un art méthodique de tromperie et de charlatanisme que l'on a appelé *astrologie*, c'est-à-dire, l'*art de prédire tous les événements de la vie par l'inspection des astres* et par la connaissance de leurs *influences* et de leurs aspects. La véritable *astronomie* étant la base de cet art, ses difficultés le restreignirent à un petit nombre d'initiés, qui, sous les divers noms de *voyans*, de *devins*, de *prophètes*, de *magiciens*, devinrent une corporation sacerdotale très-puissante chez tous les peuples de l'antiquité. Quant aux *influences* des corps célestes, leur préjugé dut sa naissance aux premiers observateurs, qui, remarquant un rapport habituel entre le lever et le coucher de tel astre, avec l'apparition de tel phénomène ou de telle substance terrestre, supposèrent une action secrète de cet astre, par un fluide subtil, tel que l'air, la lumière ou l'éther. Ce préjugé devint le grand lévier de toute l'astrologie; les astres étant censés les moteurs et régulateurs de tout ce qui arrive dans le monde, le mortel qui connut leurs lois, put tout connaître, et par conséquent tout prédire.

Ces lois semblèrent d'abord assez simples, parce que l'on crut que le ciel avait un état fixe, comme il semble au premier aspect. Mais lorsque des observations séculaires eurent montré des changements considérables dans le premier ordre arrangé, il fallut inventer de nouvelles théories, que les progrès des sciences mathématiques rendirent plus savantes et plus compliquées.

Une première école d'astronomie avait divisé le grand cercle céleste (le zodiaque) en douze parties, subdivisées chacune en 30 degrés, faisant au total 360, et ce nombre avait été regardé comme suffisant aux horoscopes du calendrier. Une seconde école d'astronomes plus raffinés, le trouva insuffisant aux horoscopes bien plus nombreux de la vie humaine: elle divisa chaque signe zodiacal en douze *sections*, dites *dodécatémories*;

puis chacune de ces sections en soixante *particules* ou *minutes*, partagées elles-mêmes en soixante *secondes*, etc. Cette division avait l'inconvénient de couper les 30 degrés de chaque signe par une première fraction de 2 ½. Une troisième école voulut y remédier, en y appliquant le calcul décimal; et elle partagea chaque signe en trois *sections* ou *décatémories*, comprenant chacune 10 degrés; puis chaque section en soixante *minutes*, et chaque *minute* en soixante *secondes*; etc. Ptolomée, qui nous apprend ce fait, ajoute que cette dernière méthode est *chaldaïque*, c'est-à-dire qu'elle fut inventée par les *Chaldéens*; de là ne semble-t-il pas résulter que les Arabes de Chaldée sont les inventeurs des chiffres qui la constituent, et qui portent le nom d'*Arabes*; tandis que la méthode *duodécimale* appartiendrait aux astronomes égyptiens. Quoi qu'il en soit, la méthode chaldaïque, en donnant dix *sections* à chaque signe, divise le cercle zodiacal en 120 parties; et parce que chaque section se subdivise en *soixante* multiplié par *soixante*, il en résulte une subdivision de 3,600 parties pour chacune, et une somme de 432,000 pour la totalité du cercle. Maintenant il est remarquable que ce nombre 432,000 est précisément l'expression de la période antédiluvienne, c'est-à-dire du temps écoulé entre le commencement du *monde* et sa destruction par le déluge; et que les parties élémentaires de ce nombre sont exactement les *sares*, les *sosses* et les *nères* mentionnés par le chaldéen Bérose. En effet, selon lui, le *sare* vaut 3,600 ans; et nous voyons que la section *décatémorie* vaut 3,600 secondes : le *nère* valait 600 ans, et nous trouvons que chaque signe contient 600 minutes, savoir, 10 sares de 60 minutes chaque : selon Bérose, le *sosse*, qui est la moindre période, vaut 60 ans; et nous trouvons que 60 secondes sont la dernière sous-division du *sare*. L'on voit que le logogriphe commence à se dévoiler; mais d'où vient cette conversion du zodiaque mathématique en valeurs chronologiques? Pour expliquer ceci, il faut savoir ou se rappeler que chez les anciens, le mot *année* qui signifie un *cercle*, un *anneau* (1), une *orbite*, ne fut point restreint à l'année solaire, mais qu'il fut étendu à tout *cercle* dans lequel un astre, une planète quelconque exécute une *révolution*; bien plus, il devint chez les astronomes l'expression des révolutions simultanées de plusieurs astres partis d'un même point du ciel, et s'y retrouvant après une longue série de leurs mouvements inégaux : ainsi ayant appelé *année* de Mars, la révolution de cette planète, qui dure *deux ans* solaires; *année* de Jupiter, celle qui dure 12 ans; *année* de Saturne, celle qui dure 31 ans; ils

---

(1) *Annus, annulus.* En arabe, *aïn* désigne le *rond* de l'œil, le *rond* du soleil, le *rond* d'une fontaine.

appelèrent encore *année de restitution*, et *grande année*, l'espace de temps que le soleil, les planètes et les étoiles fixes employaient ou étaient censés employer à revenir et à se trouver tous ensemble à un point donné du ciel; par exemple, au premier degré d'*Aries*, d'où ils étaient partis. Cette dernière idée ne put avoir lieu que lorsque le phénomène de la précession des équinoxes eut été connu, et que l'on eut vu l'ordre du premier planisphère dérangé de plusieurs degrés, par l'anticipation que fait le soleil dans le cercle zodiacal à chacune de ses révolutions. Cette grande année fut d'abord estimée 25,000 ans, puis 36,000, puis enfin 432,000. Et voilà ces *années divines* dont nous venons de voir l'indication dans Moïse de Chorène, et dont les livres indous nous ont conservé une mention clairement détaillée, en disant: « qu'une année de Brahma est composée de plu- « sieurs années des nôtres, et qu'un jour des dieux « est précisément une année des hommes, etc. (1)».

Ce premier équivoque n'a pu manquer d'occasioner beaucoup de confusions d'idées; un second vint compléter le désordre. Dans la langue des premiers observateurs, le grand *cercle* s'appelait *mundus* et *orbis*, le *monde*. Par conséquent, pour décrire l'année solaire, ils disaient que le monde

---

(1) Voyez *Asiatik researches*, tome ii, pages 111 et suivantes.

commençait, que le monde *naissait* dans le signe du *Taureau* ou du *Belier;* que le *monde finissait,* était *détruit* dans un tel autre signe ; que le monde était composé de 4 âges (les 4 saisons); et parce que leur année commençait, selon l'ordre rural, au printemps où tout naît, et finissait en hiver où tout dépérit, ils disaient que ces *âges allaient en se détériorant;* que le monde *allait de mal en pis.* Ces idées naturelles et vraies, au sens physique, s'imprimèrent dans tous les esprits. Lorsqu'ensuite par le laps de temps, par les progrès ou l'altération du langage, les mots *année* et *monde* prirent un sens plus précis, les idées attachées à l'un ne se détachèrent pas de l'autre, et les astrologues et les moralistes profitèrent de l'équivoque pour dire « que le *monde* subissait des *naissances* et des « *destructions* successives; que la *méchanceté* des « hommes était la cause de ces *destructions;* que « dans les premiers âges, les hommes étaient bons, « mais qu'ensuite ils se pervertirent; » et ils ajoutèrent que le *monde* périssait tantôt par des *incendies,* tantôt par des déluges; parce que, selon que nous l'apprend Aristote, la *saison brûlante* de l'été avait été appelée *incendie,* et que la saison pluvieuse de l'hiver avait été appelée *déluge* (1); or le *monde,* c'est-à-dire, l'*année* ayant eu son

---

(1) *Aristot. Meteor.,* lib. I, chap. 14, et *Julius Firmicus,* lib. III, chap. 1, page 47, et *Epiphan. hæres.,* chap. 19.

commencement tantôt au solstice d'été, comme chez les Égyptiens, tantôt au solstice d'hiver, on avait dû dire que sa fin arrivait dans ces saisons.

Ainsi c'est par l'équivoque des mots, et par l'association vicieuse des idées, que le *Zodiaque* matériel fut converti en Zodiaque chronologique, et que l'on supposa pour *durée infinie du monde*, ce qui ne fut primitivement que la durée limitée d'une révolution circulaire. Voilà toute l'illusion du calcul chaldéen et le mot de son logogriphe. Les 432,000 ans de Bérose ne sont qu'un calcul fictif de la *grande période* qui, selon les mathématiciens, devait rétablir toutes les sphères célestes dans un premier état donné. Cette grande période avait d'abord été supposée de 36,000 ans; mais l'observation ayant fait connaître que le concours de toutes les sphères n'était pas parfait, qu'il restait des intervalles et des fractions, les mathématiciens, pour atténuer ces fractions et les rendre insensibles, imaginèrent de les reverser sur plusieurs révolutions; multipliant 36,000 par 12, ils obtinrent le nombre cité 432,000. Ils ne s'en sont pas tenus là; il paraît que leur doctrine s'étant introduite dans l'Inde, à une époque plus ou moins reculée, leurs successeurs, dans cette contrée, ont voulu ajouter un nouveau degré de précision, et ont, pour cet effet, multiplié ces 432,000 par 10, ce qui leur a produit les 4,320,000 qu'aujourd'hui les Indous nous présentent comme durée du *monde*, avec des circonstances semblables à celles des Chaldéens; car ils terminent cette durée par un déluge, et ils remplissent le prétendu temps antérieur par *dix* avatars ou apparitions de *Vishnou*, qui répondent *aux dix Rois antédiluviens.* Ces analogies sont remarquables et mériteraient d'être approfondies, mais elles nous écarteraient trop de notre sujet; il doit nous suffire, pour terminer cet article, de dire que les 432,000 ans étant une fiction, les dix prétendus *Rois* en sont une autre du même genre: chacun d'eux doit désigner un période partielle; et en effet, *Alor* et *Dâon* nous en offrent un exemple connu dans leur nombre 36,000, qui est une période élémentaire de 432,000 ans. Par cette analyse, les 10 patriarches de la Genèse, identiques aux 10 rois de Bérose, se trouvent jugés; mais pourquoi portent-ils tous des noms et des chiffres différents? ne serait-ce pas que cette légende serait plus ancienne que celle de Bérose, et qu'elle aurait été faite avant l'ampliation décimale des nombres? D'ailleurs les écoles arabe et chaldéenne étant diverses, chacune d'elles a pu avoir son système particulier calqué sur un fond commun. Celui qu'a préféré l'auteur de la Genèse doit être antérieur à Moïse, puisque le dogme des 7 jours qui se lie à l'histoire d'Adam, se trouve consacré dans la législation de ce réformateur : le nom même d'*Adam* se trouve dans son cantique (1), en admettant cette pièce comme autographe. Si les détails des légendes nous fussent parvenus sur chacun des 10 rois et patriarches, nous y eussions trouvé le mot de leurs énigmes respectives (2); nous en sommes dédommagés par l'histoire d'*Adam*, d'*Ève* et de leur serpent, dont le caractère astrologique est d'une évidence incontestable.

CHAPITRE XVI.

Mythologie d'Adam et d'Ève.

En effet, prenez une sphère céleste dessinée à la manière des anciens; partagez-la par le cercle d'horizon en deux moitiés : l'une supérieure, qui sera le ciel d'*été*, le ciel de la lumière, de la chaleur, de l'abondance, le royaume d'Osiris, dieu de tous les biens; l'autre moitié sera le ciel infé-

---

(1) *Deut.*, chap. 32, v. 8.
(2) Alexandre Polyhistor remarque (dans Eusèbe, *Præpar. evang.*, lib. IX, chap. 17), qu'*Enoch*, selon plusieurs savants, est le même qu'*Atlas*, par conséquent le même que *Bootes*, sur les épaules de qui tourne le pôle, et qui, par cette raison, a été peint comme portant le globe. C'est saint Christophe. *Voyez* Bochart, sur *Sem, Cham, Seth*, etc.

rieur (*infernus*), le ciel d'hiver, le séjour des ténèbres, des privations et des souffrances, le royaume de Typhon, dieu de tous les maux. A l'occident et vers l'équinoxe d'automne, la scène vous présente une constellation figurée par un *homme* tenant une faucille (1), un *laboureur* qui chaque soir descend de plus en plus dans le ciel inférieur, et semble être expulsé du ciel de lumière; après lui vient une *femme*, tenant un rameau de fruits *beaux à voir* et *bons à manger* : elle descend aussi chaque soir et semble *pousser* l'homme, et *causer sa chute* : sous eux est le grand serpent, constellation caractéristique des boues de l'hiver, le *Python* des Grecs, l'*Ahriman* des Perses, qui porte l'épithète d'*Aroum* dans l'hébreu. Près de là est le *vaisseau* attribué tantôt à *Isis*, tantôt à Iason, à Nohé, etc.; à côté se trouve *Persée*, génie ailé, qui tient à la main une épée flamboyante, comme pour menacer : voilà tous les personnages du drame d'Adam et d'Ève, qui a été commun aux Égyptiens, aux Chaldéens, aux Perses, mais qui reçut des modifications selon les temps et les circonstances. Chez les Égyptiens, cette femme (la *Vierge* du Zodiaque) fut *Isis*, mère du *petit* Horus, c'est-à-dire du soleil d'hiver qui, languissant et faible comme un *enfant*, passe 6 mois dans la sphère inférieure, pour reparaître à l'équinoxe du

---

(1) *Voyez* la sphère de Coronelli.

printemps, *vainqueur* de Typhon et de ses géans. Il est remarquable que dans l'histoire d'Isis, c'est le Taureau qui figure comme signe équinoxial; tandis que chez les Perses, c'est le *Belier* ou l'*Agneau*, sous l'emblême duquel le dieu Soleil vient *réparer les maux du monde* : de là naît l'induction que la version des Perses est postérieure au vingt-unième siècle avant notre ère, dans lequel le Belier devint signe équinoxial; tandis que la version des Égyptiens peut et doit remonter à près de 4200 ans, époque où le Taureau devint signe de l'équinoxe du printemps (1).

L'auteur juif, qui sans cesse écarte les indices de l'idolâtrie, et substitue un sens moral au sens astrologique, a supprimé ici plusieurs détails;

---

(1) A proprement parler, le système *des deux principes*, considéré relativement à l'hiver et à l'été, ne convient point au climat de l'Égypte, où l'hiver est une saison douce et agréable : l'on peut dire qu'il n'y est point un système primitif et naturel..... Mais lorsque les prêtres furent parvenus à la connaissance générale des phénomènes du globe, tant par leurs propres recherches que par les relations des Phéniciens et des Scythes; alors, embrassant sous un seul point de vue les opérations de la nature végétante et animée, ils imaginèrent l'hypothèse de la diviser en un principe de *vie*, qui fut le *soleil*, et un principe de *mort* qui fut le froid et les ténèbres ; et c'est sur cette base, vraie à bien des égards, que se sont échafaudées des fictions qui ont tout défiguré ! Quant au changement des signes du Zodiaque par la précession des équinoxes, on l'estime à 2130 ans par signe, à raison de 71 ans pour chaque degré, et de 50 secondes par an.

mais il a conservé un trait qui forme un nouveau lien de sa version à celles des Égyptiens et des Perses, lorsqu'il fait dire à Dieu, maudissant le serpent : « J'établirai la haine entre la *race* de la « femme et entre la tienne, et son rejeton écra- « sera ta tête (1). » Ce rejeton est l'enfant que dans les anciennes sphères célestes, la vierge (Isis, Ève) portait dans ses bras, et dont l'histoire, prise en contre-sens, est devenue si célèbre dans le monde. Le lecteur qui désirera plus de détails sur ce sujet, en trouvera de démonstratifs dans l'ouvrage de *Dupuis*, aux articles *Apocalypse* et *Religion chrétienne*. En nous bornant au récit de la Genèse, relativement à Adam et au lieu de délices où il fut placé, nous observons que deux des fleuves mentionnés comme y ayant leur source, savoir, le Tigre et l'Euphrate, indiquent encore une origine chaldéenne, car ils appartiennent spécialement à la Chaldée. Le troisième, appelé *Gihoun*, est sans contredit le *Nil*, puisqu'il entoure la terre de *Kus*, qui est l'Éthiopie ou l'Abissinie.

Le quatrième, appelé *Phishoun* ou *Phison*, n'est point aussi facile à désigner, parce que la terre d'*Hevila*, qu'il *entoure*, n'a pas une position claire, ainsi que nous le dirons bientôt; seulement on

---

(1) Genèse, chap. 3, v. 15. La Vulgate dit : *elle* (la femme) *écrasera* ; mais le texte hébreu porte le genre masculin *lui*, relatif au rejeton (Zara).

peut assurer qu'il n'y a point de raison solide à le prendre pour le *Phase* de Colchide. D'ailleurs lorsque le texte nous dit que ces *quatre fleuves* sortaient d'une *même source*, il nous avertit qu'il y a encore ici de l'allégorie, puisque rien de tel n'existe dans la géographie connue, à moins qu'il n'ait voulu indiquer pour cette source l'*Océan*, duquel les anciens peuples ont souvent cru que sortaient les fleuves et les rivières ; mais ici le mot de l'énigme est plus compliqué, plus ingénieux : il faut le trouver dans cette même doctrine astrologique qui vient de nous en éclaircir d'autres. Or dans cette doctrine, et conformément au génie oriental, qui exprime tout par figures, il paraît que les adeptes représentèrent le Zodiaque sous l'image d'un *fleuve* dont le cours entraîne tous les événements du ciel et de la terre. Pour exprimer ce qui se passe pendant la saison d'été, ils peignirent au bord de ce fleuve, *à la porte*, c'est-à-dire à l'équinoxe du printemps, qui *ouvre* la belle saison, ils peignirent un *arbre* vêtu de ses feuilles, emblème sensible de la végétation ; ce fut l'arbre de vie, le *lignum vitæ* de l'Apocalypse, portant 12 fruits, un pour chaque mois. Jusqu'à l'automne le *jardin* où étaient ce fleuve et cet arbre, était *un lieu* de délices ; mais venait ensuite le semestre d'hiver, saison de ténèbres, de souffrances, empire du *mal*. L'*homme* qui goûta les fruits de cette seconde période, acquit l'expérience des deux états; il eut la science du *bien* et du *mal;* et lorsqu'il revint à la porte du printemps, l'*arbre de vie* ne fut plus que l'*arbre de cette science.* Ce texte fut trop riche pour être négligé par les prêtres moralistes; en suivant cette première idée du Zodiaque, devenu *fleuve*, le *monde se trouva* entouré de l'*Océan*; par la raison que *Océan* et *fleuve* s'expriment par un seul et même mot chaldéen-arabe, *Bahr.* De là cette antique opinion exprimée par Hésiode et par Homère, que l'*Océan est comme une ceinture autour de la terre;* ici nous avons la sphère terrestre (la géographie) confondue avec la *haute-sphère:* cette confusion dont nous voyons un trait dans les *quatre* fleuves de la Genèse, est devenue un système complet dans les livres non moins anciens des sectes indiennes de Boudha. Tout ce que ces livres, conservés au *Thibet*, à *Ceylan*, au *Birmah* et dans l'*Inde*, nous disent du *monde entouré* de 7 *montagnes;* de 7 mers entre ces 7 montagnes, formant 7 grandes îles; chaque mer et chaque montagne avec un nom distinct et des qualités relatives aux métaux, l'or, l'argent, etc., et aux couleurs, rouge, vert, etc.; aux pierres précieuses; tout ce qu'ils disent de la division du monde en *quatre parties*, et des *quatre faces* du *mont Righel* ou *Merou* (qui est l'Olympe): tout cela, qui au sens littéral est absurde et sans type physique, devient raisonnable et vrai, quand on le prend pour une description du *monde céleste* e de ses divisions physiques, selon les systèmes anciens. Il y a cette particularité dans la cosmogonie du Thibet, que près d'un grand *arbre*, qui est la figure du monde, sont placés 4 rochers, desquels *sortent quatre fleuves sacrés, dont* l'un fait face à l'orient, l'*autre* au midi, le troisième au couchant, et le quatrième au nord ; c'est-à-dire qu'ils sont placés aux *quatre portes* du cercle zodiacal (les 2 solstices et les 2 équinoxes) ; et afin que l'on ne s'y trompe point, chacun de ces 4 fleuves est caractérisé par la tête d'un animal (1) qui, dans le Zodiaque lunaire indien, est affecté à l'un de ces points du cercle céleste. Nous avons ici une analogie sensible avec les *quatre fleuves* de la Genèse qui, chez les Chaldéens comme chez les Indiens, ont été la figure des influences célestes s'écoulant du grand fleuve Zodiaque par les quatre portes du ciel, c'est-à-dire par les coupures des solstices et des équinoxes qui ouvraient

---

(1) Voyez *Alphabetum thibetanum*, in-4°, page 186. L'auteur missionnaire fait cette remarque intéressante, que le système des Boudhistes du Thibet diffère de celui des Brahmes, en ce que, dans ce dernier, les figures des 7 mers et des 7 montagnes qui sont les 7 sphères célestes, et leurs intervalles, sont elliptiques ou ovales, tandis que dans le premier elles sont purement circulaires : c'est une raison de penser (ajoutée à plusieurs autres), que la secte de Boudha est plus ancienne que celle des Brahmes, les formes elliptiques étant un perfectionnement des premières idées, qui furent les *circulaires* pures.

chaque saison et déterminaient son caractère. Il est à remarquer que l'historien Josèphe, qui, en sa qualité de prêtre, ne fut pas étranger à la *doctrine secrète*, dit que le fleuve *Phison* est le Gange, ce qui indique une sorte de parenté entre les deux systèmes : il ajoute que chacun de ces fleuves a un sens moral ; que l'Euphrate signifie *dispersion* (il a voulu dire *division*, séparation, *pharat*) (1) ; le Tigre, *rapidité* ; le Phison, *multitude* ou *abondance* ; et le Gihoun, *venant d'Orient*. Ne serait-ce point ici la cause des noms de ces 4 fleuves qui, par l'effet du hasard, se seraient trouvés avoir le nom des qualités attribuées aux époques des influences. Au reste les Indiens ont aussi leur paradis, et les 4 fleuves qui en sortent, viennent également d'une source commune, placée au *point de partage* des eaux de l'Indus, de l'Oxus (appelé *Gihoun* par les Arabes) et de deux autres rivières. Chaque peuple a dû chercher et trouver chez lui ces fleuves d'un monde primitivement fictif, et la ressemblance des noms qu'ils portent est un indice de la source commune de toutes ces idées. Prétendre, avec les missionnaires chrétiens, que cette source est *dans les livres de Moïse*, d'où elle se serait répandue chez tous les peuples, est une hypothèse insoutenable, surtout quand *ces livres* sont une énigme qui ne s'explique que par les li-

---

(1) De là, le mot latin *fretum*.

vres des autres peuples. La vérité est que le petit peuple hébreu, plus obscur chez les anciens que les Druses chez les modernes, a pris sa part des idées que le commerce et la guerre répandirent dès la plus haute antiquité, et rendirent communes aux grandes nations civilisées, telles que les *Égyptiens*, les *Chaldéens*, les *Assyriens*, les *Mèdes*, les *Bactriens*, et les *Indiens*, qui tous eurent leurs colléges de prêtres astronomes et astrologues, livrés aux mêmes travaux, par conséquent soumis aux mêmes révolutions de découvertes, de disputes, d'erreurs, de perfectionnement que nous voyons dans tous les siècles agiter les corps savants et même ignorants. Plus on a pénétré, depuis 30 à 40 ans, dans les sciences secrètes, et spécialement dans l'astronomie et la cosmogonie des Asiatiques modernes, les Indous, les Chinois, les Birmans, etc., plus on s'est convaincu de l'affinité de leur doctrine avec celle des anciens peuples nommés ci-dessus (1); l'on peut dire même qu'elle s'y est transmise plus complète à certains égards, et plus pure que chez nous, parce qu'elle n'a pas été aussi altérée par des innovations anthropomorphiques qui ont tout dénaturé......... Cette comparaison du moderne à l'ancien est une mine féconde, qui n'attend que des esprits droits

---

(1) *Voyez* Bailly, *Astronomie indienne*, et l'*Histoire de l'astronomie ancienne.* Voyez aussi les Mémoires asiatiques.

et dégagés de préjugés pour fournir une foule d'idées également neuves et justes en histoire; mais, pour les apprécier et les accueillir, il faudra aussi des lecteurs affranchis de ces mêmes préjugés ennemis de toute idée nouvelle, etc.

CHAPITRE XVII.

Mythologie de la création.

Poursuivons nos recherches sur la Genèse, et montrons que son récit de la *création* se retrouve, comme les précédens, presque littéralement exprimé dans les cosmogonies anciennes, et toujours spécialement dans celles des Chaldéens et des Perses. Notre traduction va être plus fidèle que celles du grec et du latin :

« Au commencement, les dieux (Elahim) créa
« (bara) les cieux et la terre. Et la terre était (une
« masse) confuse et déserte, et l'obscurité (était)
« sur la face de la terre..... Et le *vent* (ou esprit)
« des dieux s'agitait sur la face des *eaux*. Et les
« *dieux* dit : Que la lumière soit! et la lumière fut;
« et il vit que la lumière était *bonne;* et il la sé-
« *para* de l'obscurité. Et il appela *jour* la lumière,

« et *nuit* l'obscurité ; et le soir et le matin furent
« un premier jour.

« Et les *dieux* dit : Que le *vide* (Raqîa) soit
« (fait) au milieu des eaux, et qu'il sépare les eaux
« des eaux; et les *dieux* fit le *vide* séparant les
« eaux qui sont sous le vide, des eaux qui sont sur
« le *vide;* et il donna au vide le nom de *cieux;*
« et le *soir* et le *matin* furent un second jour; et
« les *dieux* dit : Que les eaux sous les cieux se ras-
« semblent en un seul lieu, et que la terre sèche
« se montre; cela fut ainsi; et il donna le nom de
« *terre* à la sèche, et le nom de *mer* à l'amas d'eaux ;
« et il dit : Que la terre produise les végétaux avec
« leurs semences; et le soir et le matin furent un
« troisième jour, etc.

« Et le quatrième jour, il fit les corps lumineux
« (le soleil et la lune), pour *séparer le jour de la*
« *nuit*, et pour servir de signes aux temps, aux
« jours et aux années.

« Au cinquième jour, il fit les reptiles d'eau, les
« oiseaux et les poissons.

« Au sixième jour, les *dieux* fit les reptiles ter-
« restres, les animaux quadrupèdes et sauvages,
« et il dit : *Faisons* l'homme à *notre image* et à *no-*
« *tre* ressemblance, et il créa (bara) l'homme à son
« image; et le créa (bara) à son image; et il les
« créa (bara) *mâle et femelle;* et il se reposa au
« septième jour, et il bénit ce septième jour.

« Or, il ne pleuvait point sur la terre; mais une

CHAPITRE XVII.

« source (abondante) s'élevait de la terre, et arro-
« sait toute sa surface.

« Et il avait planté le jardin d'*Éden* (antérieu-
« rement ou à l'Orient); il y plaça l'homme. Au
« milieu du jardin était l'*arbre de vie* et l'arbre
« de la *science du bien et du mal*. Et du jardin d'É-
« den sortait un *fleuve* qui se divisait en 4 têtes
« appelées le *Phison*, le *Gihoun*, le *Tigre* et l'*Eu-
« phrate*.

« Et *Iahouh-les-dieux* (1) dit : Il n'est pas bon
« que l'homme soit seul; et il lui envoya un som-
« meil, pendant lequel il lui retira une côte, de
« laquelle il *bâtit* la femme, etc., etc. »

Si un tel récit nous était présenté par les brahmes
ou par les lamas, il serait curieux d'entendre nos
docteurs contrôler ses anomalies. « Voyez, di-
« raient ils, quelle étrange physique ! Supposer
« que la lumière existe avant le soleil, avant les
« astres, et indépendamment d'eux ; et ce qui est
« plus choquant, même dans le langage, dire
« qu'il y a un *soir* et un *matin*, quand le soir et
« le matin ne sont que l'apparition ou disparition
« de l'astre qui fait le jour ! Et ce vide produit au
« milieu des eaux, qui suppose qu'au-dessus du
« ciel visible, il y a un amas d'eaux subsistant !

---

(1) Ce nom de *Iahouh* n'est employé, pour la première fois,
qu'au 4ᵉ verset du chap. 2 ; le latin le rend par *Dominus*, il
devrait dire *existens per se*.

« aussi cette physique nous parle-t-elle des *cata-
« ractes du ciel* ouverte au déluge ; et l'un de ses
« interprètes ne craint pas de nous dire que la
« voûte du ciel est de cristal (1). Et cette terre sans
« pluies, sans nuages, par conséquent sans éva-
« poration, ayant une seule source qui arrose sa
« face! et cet homme créé tout seul et cependant
« *mâle* et *femelle!* en vérité ces Indous avec leurs
« *Shastras* et leurs *Pouranas* nous font des contes
« arabes. »

Nous le pensons comme nos docteurs ; mais parce que ce côté de la question est jugé pour tout esprit de sens rassis et non imbu des préjugés de l'enfance, nous allons nous borner à considérer le côté allégorique, et à développer le sens. Tout lecteur aura été choqué de notre traduction les *dieux créa;* néanmoins telle est la valeur du texte, de l'aveu de tous les grammairiens. Pourquoi ce pluriel gouvernant un singulier? parce que le rédacteur juif, pressé par deux autorités contradictoires, n'a vu que ce moyen de sortir d'embarras. D'une part, la loi de Moïse proscrivait la pluralité des dieux; d'autre part, les cosmogonies sacrées, non seulement des Chaldéens, mais de presque tous les peuples, attribuaient aux *dieux secondaires*, et non à ce grand Dieu unique, l'organisation du monde. Le rédacteur n'a osé chas-

---

(1) Flavius Josèphe, *Antiq. jud.*, liv. I, chap. 1.

ser un mot consacré par l'usage. Ces Elahim étaient les *décans* des Égyptiens, les génies des mois et des planètes chez les Perses et les Chaldéens, génies-dieux cités sous leur propre nom par l'auteur phénicien Sanchoniaton, lorsqu'il dit : les compagnons d'*Il* ou *El* qui est Kronos (Saturne), furent appelés *Eloïm* ou *Kroniens* (1) et on les disait les égaux de Kronos.

Or Kronos ou Saturne est, comme on sait, l'emblème du *temps*, mesuré par la planète de ce nom : ses égaux furent donc naturellement des génies de la même espèce. La lettre *h* manquant à l'alphabet grec, le mot Eloïm a rendu le mieux possible le phénicien arabe *Elahim*, pluriel hébreu de *Elah*, *Dieu*. Mais pourquoi leur attribuait-on l'organisation ou la *création du monde ?* Par la raison simple et naturelle que le *monde* dans son sens primitif, fut le grand *orbe* des cieux, et spécialement l'*orbe* ou cercle du Zodiaque. Or, comme à partir de l'équinoxe du printemps les êtres terrestres, engourdis et comme morts pendant l'hiver, prenaient une vie nouvelle; que la production des feuilles, des fleurs et de tout le règne végétal semblait être une véritable création, les génies qui présidaient à chaque signe du Zodiaque furent *considérés* comme les auteurs et moteurs de tout ce mouvement de vie; et parce que

---

(1) Eusèbe, *Præpar. evang.*, lib. I, pag. 37.

cette période de vie, d'abondance et de délices, ne durait que jusqu'à l'équinoxe d'automne, la création fut dite ne durer que *six mois*, qui, par d'autres équivoques, ont été appelés dans les diverses cosmogonies tantôt des *jours*, tantôt des *mille*, etc.

Avec le progrès des connaissances, les astronomes physiciens ayant considéré le *monde* sous un point de vue plus vaste, des esprits subtils raisonnèrent sur l'origine de tous les êtres visibles; et alors naquirent ces systèmes plus ou moins extravagants qui de l'Inde et de la Chaldée passèrent dans l'ancienne Grèce, et qui, commentés par Pythagore, par Thalès, par Platon, par Zénon, par Aristote, ont donné naissance à d'autres systèmes que l'on peut appeler des *délires* organisés. Quant au mot *création*, pris dans ce sens de *produire* de rien, de *tirer* du néant des substances solides et sensibles, il est douteux que cette idée abstraite, due à l'exaltation des cerveaux jeûneurs des pays chauds, ait été connue ou reçue par les anciens juifs; ce qu'il y a de certain, c'est que le mot *bara*, traduit par (les dieux) *créa*, ne comporte point ce sens, puisqu'on le trouve en beaucoup d'occasions employé comme dans le sens de fabriquer, *former :* nous en avons trois exemples dans le morceau cité, où il est dit que Dieu *créa* l'homme à son image, qu'il *les créa* mâle et femelle, etc. Le *limon rouge* dont l'homme fut formé existait; et la distinction du sexe n'est qu'une disposition de la matière déja formée : il n'y eut donc point là une *création* dans le sens de *tirer du néant*, de produire quelque chose avec rien.

Nous avons dit que les six mois de la création furent considérés sous des rapports et sous des noms divers, selon les divers systèmes des anciens astrologues. Leurs livres, chez les Perses et chez les Étrusques, nous en offrent deux exemples d'une analogie sensible avec la Genèse.

« Un auteur toscan très-instruit, dit Suidas (1), « a écrit que le grand *Démi-ourgos*, ou architecte « de l'univers, a employé 12,000 ans aux ouvra-« ges qu'il a produits, et qu'il les a partagés en « 12 temps distribués dans les 12 maisons du so-« leil (les 12 signes du Zodiaque). »

[Notez que ce grand architecte, ou son type original, est le soleil, qui dans toutes les premières théogonies, est le créateur, le régulateur du monde supérieur et inférieur.]

« Au premier mille, il fit le ciel et la terre.

« Au deuxième mille, il fit le firmament (le grand vide) qu'il appela le *ciel*.

« Au troisième mille, il fit la mer et les eaux qui coulent dans la terre.

« Au quatrième, il fit les deux grands flambeaux de la nature.

« Au cinquième, il fit l'ame des oiseaux, des

---

(1) Article *Tyrrhenia*.

reptiles, des quadrupèdes, des animaux qui vivent dans l'air, sur la terre et dans les eaux.

« Au sixième mille, il fit l'homme.

Cette distribution des ouvrages est d'une telle ressemblance, qu'on ne peut douter qu'elle ne vienne de la même source. Or, et si l'on considère, d'une part, que tout ce que nous connaissons des arts et de la religion étrusques, a une analogie frappante avec les arts et la religion de l'Égypte (1); d'autre part, que Moïse a imité une foule d'institutions de ce dernier pays, l'on sera porté à y placer l'origine de ces idées, surtout lorsqu'elles se lient à l'institution de *la semaine* qui est attribuée aux Égyptiens, et qui date de la plus haute antiquité. Dans la citation que nous venons de faire, nous avons des *mille* à la place des *jours*; mais il ne faut pas oublier que les anciens théologues ou cosmologues ont donné des acceptions très-diverses aux mots *jours* et *années*. « Le soleil, dit l'ancien livre indien attribué à « Ménou, cause la division du jour et de la nuit « qui sont de deux sortes, ceux des hommes et

---

(1) Les peintures découvertes par nos savants français dans les catacombes des rois de Thèbes, achèvent de certifier cette opinion. Les vases, les meubles et les ornements que représentent ces peintures, sont absolument du même style que ceux des vases étrusques; *voy.* le tom. II de la Commission d'Égypte; et relativement à Moïse, son arche d'alliance a totalement la forme du coffre ou tombeau d'Osiris.

« ceux des dieux. Le mois (ou temps d'une lune)
« est un *jour* ou nuit des Richis (ou Patriarches).
« La moitié brillante est destinée à leurs occupa-
« tions, et la moitié obscure à leur sommeil. Une
« *année* est un jour et une nuit des dieux (censés
« habiter le pôle ou mont Merou); leur jour a
« lieu quand le soleil se meut (de l'équateur)
« au nord (en effet le pôle nord est éclairé six
« mois); (de l'équateur) au midi (ou pôle sud);
« or 4000 années des dieux, composées de tels
« jours, font un âge appelé krïta, etc » (1).

Quant aux *mille* employés ici comme synonymes
des mois et des signes du Zodiaque, nous avons
vu et nous allons voir encore que cette division
décimale de chaque signe fut usitée par les Chaldéens, sans néanmoins prétendre en exclure les
Égyptiens. Avec un tel langage et de telles acceptions de mots, l'on sent que les mystiques anciens et modernes ont pu se faire un dictionnaire
très-embarrassant pour ceux qui n'en ont pas la
clef. En cette occasion, elle nous donne le moyen
de reconnoître entre les six jours des Hébreux et
les six mille des Étruriens, une synonymie difficile à contester. L'auteur étrurien ajoute « que
« les six premiers mille ans ayant précédé la for-
« mation de la race humaine, elle semble ne de-
« voir subsister que pendant les six mille autres qui

---

(1) Asiatick researches, tome 1.

« complètent la période de douze mille ans au bout desquels le *monde* finit.

Ici nous avons la source de l'opinion des *millénaires* si célèbres dans les premiers siècles du christianisme, et qui fut commune à presque tout l'Orient : en même temps nous voyons l'effet bizarre produit par l'équivoque du *monde* ou *orbe* zodiacal avec le *monde* pris pour une durée systématique de l'univers.

D'un autre côté, cette durée de douze mille, et cette création pendant six, se retrouve chez les *Parsis*, successeurs des anciens Perses, et dans leur Genèse intitulée *Boun Dehesch.*

« Le temps, dit ce livre ancien, pag. 420, est
« de douze mille ans; il est dit dans la loi que le
« peuple céleste fut trois mille ans à exister, et qu'a-
« lors l'ennemi (Ahriman) ne fut pas dans le monde.
« Kaïomorts et le Taureau furent trois autres mille
« ans dans le monde, ce qui fait six mille ans....
« Les *mille* de Dieu parurent dans l'*Agneau*,
« le *Taureau*, les *Gémeaux*, le *Cancer*, le *Lion* et
« l'*Épi*, ce qui fait six mille ans. » (Ici l'allégorie est sans voile.) « Après les mille de Dieu, la *Ba-*
« *lance* vint; Ahriman (ou le mal) courut dans le
« monde (l'hiver commença.) »

Idem, pag. 345. « Le *temps* (ou destin) a éta-
« bli *Ormusd*, roi borné pendant l'espace de douze
« mille ans. »

Pag. 348. « Des productions du monde, la *pre-*

« *mière* que *fit* Ormusd fut le ciel. La deuxième fut
« l'eau; la troisième fut la terre; la quatrième fu-
« rent les arbres; la cinquième furent les animaux;
« la sixième fut l'homme. »

Pag. 400. « Ormusd parlant dans la loi dit en-
« core, j'ai fait les productions du monde en 365
« jours; c'est pour cela que les 6 gahs gahanbars
« (les mois) sont renfermés dans l'année. »

Enfin, dans l'origine de toutes choses, l'auteur
dit, pag. 344 et suivantes, « que les ténèbres et
« la lumière étaient d'abord mêlées et formant un
« seul tout; qu'ensuite étant séparées par le temps
« (ou destin), elles formèrent Ormusd et Ahri-
« man, etc. »

Ces passages nous offrent, d'une part, l'explica-
cation la plus claire de la période de douze mille
ans, supposée devoir être la durée physique du
monde; d'autre part, une analogie marquée avec
le récit que la Genèse fait de la *création* : la différence principale est que, dans l'hébreu, le premier œuvre est la séparation de la *lumière*, tandis
que dans le Parsi, c'est la formation du ciel;
mais abstractivement de l'ordre numérique, l'un
et l'autre placent d'abord le chaos ténébreux, puis
la séparation de la lumière, et l'auteur juif semble
faire une allusion directe aux idées zoroastriennes,
quand il dit que la lumière fut *bonne* : néanmoins,
comme le dogme du *bien* et du *mal* existe également dans le système égyptien d'Osiris et de Ty-

phon, cette allusion ne peut faire preuve pour la date de la composition.

Une comparaison suivie de la Genèse juive avec la Genèse *parsie*, multiplierait les exemples d'analogie ; mais ce travail nous écarterait trop de notre but ; nous nous bornerons à remarquer avec le traducteur (*Anquetil du Perron*), que le *Boun Dehesch* (1) est une compilation évidente de livres anciens dont il s'autorise, et que cette compilation, quoiqu'elle cite dans ces trois derniers versets les dynasties Sasanide, Aschkanide, et le règne d'Alexandre, doit néanmoins remonter à une époque antérieure : ces trois versets ont dû être ajoutés après coup, comme il est arrivé aux livres de l'Inde. On a droit de croire, vu l'analogie de plusieurs de ses passages avec certaines citations des anciens auteurs grecs, et entre autres de Plutarque, que le compilateur eut sous les yeux quelques *livres de Zoroastre*; mais en lisant le *Boun Dehesch* avec attention, nous y trouvons d'autres citations singulières qui ne peuvent venir de cette source. Par exemple, à la page 400, ch. xxv, il est dit : « que le plus long jour de l'été est égal « aux deux plus courts de l'hiver, et que la plus « longue nuit d'hiver est égale aux deux plus « courtes nuits d'été. »

---

(1) Ce mot signifie, dit-il, *racine donnée* ou *donné par la racine*, c'est-à-dire *origine*, *Genèse des choses*.

CHAPITRE XVII.

Un tel état de choses n'a lieu que par le 49ᵉ degré 20 minutes de latitude, où le plus long jour de l'année est de 16 heures 10 minutes, et le plus court, de 8 heures 5 minutes. Or cette latitude est d'environ 12 dégrés plus nord que les villes de *Bactre* ou *Balkh* et Ourmia, où l'histoire place le théâtre des actions de Zoroastre. Cette latitude sort infiniment au delà des frontières de l'empire persan, à quelque époque qu'on le prenne. Elle tombe dans la Scythie, soit au nord du lac Aral et de la Caspienne, soit aux sources de l'*Irtisch*, de l'*Ob*, du *Ienisei* et de la rivière *Selinga* : elle se trouve dans le pays des anciens grands Scythes (ou Massagètes), qui disputèrent d'antiquité avec les Égyptiens, selon Hérodote. Aurait-il donc existé dans ces contrées, à ce parallèle, un ancien foyer d'observations astronomiques, chez un peuple policé et savant ? ou l'observation citée par le *Boun Dehesch* serait-elle tirée de temps plus modernes ? Ammien Marcellin nous apprend avec Agathias, « que, postérieurement à Zoroastre, le roi Hys-
« tasp ayant pénétré dans certains lieux retirés de
« l'*Inde supérieure*, arriva à des bocages solitaires
« dont le silence favorise les profondes pensées
« des Brames. Là, il apprit d'eux, autant qu'il lui
« fut *possible*, les rites purs des sacrifices, les
« causes du mouvement des astres et de l'univers,
« dont ensuite il *communiqua une partie* aux ma-
« ges. Ceux-ci se sont transmis ces secrets de père

« en fils, avec la science de prédire l'avenir ; et
« c'est depuis lui (Hystasp) que dans une longue
« suite de siècles jusqu'à ce jour, cette foule de
« mages composant une seule et même race (ou
« caste), a été consacrée au service des temples
« et au culte des dieux ».

Ce passage nous indique clairement une réforme ou une innovation introduite par Hystasp dans la religion de Zoroastre. Quel fut cet Hystasp ? Ammien Macellin dit que ce fut le père du roi Darius ; mais Agathias, auteur instruit, dit que cela n'était point clair chez les Perses : et Hérodote, presque contemporain de Darius, atteste que ce prince, promu à la royauté par l'élection, était le fils d'un simple *particulier* ou *seigneur* persan. N'est-il pas à croire que le roi *Hystasp* est *Darius* lui-même, appelé par abréviation, du nom de son père Hystasp ? L'innovation indiquée lui conviendrait par bien des raisons : lorsqu'il fut élu roi, les mages de Zoroastre subirent un massacre général dans tout l'empire perse, en vengeance de la tromperie du mage Smerdis, usurpateur du trône de Cambyse. Darius, qui organisa le gouvernement, jusqu'alors purement militaire, qui partagea l'empire en vingt satrapies, qui fit battre une monnaie générale et régla les tributs de chaque peuple, qui établit une police et des lois, porta sûrement son attention sur le culte qui n'avait plus de ministres et qui partageait leur discrédit ; il voulut, comme tous les rois, donner cet appui à son trône : Hérodote, garant de tous ces détails, nous apprend que la vingtième satrapie, la plus riche de toutes (1), était celle des Indiens (des sources de l'Indus ou Pandjab) : n'est-il pas probable que *Darius Hystasp* visita cette partie de ses sujets, et que le fait cité par Ammien date de cette époque. Ce prince aurait donc alors consulté les Brahmes ou plutôt les Boudhistes-Samanéens, dont la doctrine était dominante. Or, en examinant la cosmogonie des Boudhistes réfugiés à Ceylan, telle qu'elle est exposée dans le tome septième des *Asiatik researches* (2), nous trouvons plusieurs traits de ressemblance entre cette cosmogonie d'origine indienne et celle des Perses ; ce qui est surtout frappant, c'est que des quatre dieux ou anges qui gardent et surveillent les quatre coins du monde, l'un en Parsi, s'appelle *Tashter*, et en Bali, ou langue sacrée de Ceylan, *der Terashtré* ; l'île de l'est en Bali, se nomme *pouya wevidehé* ; et en Parsi l'est se nomme *pouroué weedesieh* ; l'ouest en Parsi est appelé *appéré godamé* ; et en Bali *apré godami* : le nord, en Parsi, *outourou kourou* offre le même mot *outourou*, que les Indiens appliquent au pôle du sud, par une transposition dont on trouve un autre exemple entre les Ceylanais et les Birmans.

---

(1) Hérodote, liv. III, § xciv.
(2) Mémoire de M. Joinville, page 413.

Maintenant, s'il existe une analogie marquée entre les Boudhistes et les Parsis, quant au système cosmogonique, n'est-il pas à croire que la cause de cette analogie se trouve dans la réforme ou innovation de Darius Hystasp, qui rapporta de l'Inde ces idées qu'il communiqua aux mages, dont il fit une création nouvelle. Alors le *Boun-Dehesch* aura été composé après cette époque, et probablement peu après la ruine de l'empire perse par Alexandre, lorsque les livres sacrés devinrent plus rares par les troubles et les incendies des guerres. D'autre part, les Brahmes et les Boudhistes s'accordent à dire qu'ils ne sont point indigènes de l'Indostan; qu'ils sont originaires du nord, et leur figure ovale porte le caractère scythe : leur berceau ancien et premier aurait-il été par les 49 degrés 20 minutes de latitude, et aurait-il existé là très-anciennement un peuple policé, auteur de l'observation citée? L'illustre Bailly, dans son Astronomie ancienne, a cité beaucoup de faits à l'appui de cette opinion; son émule, Lalande, qui ne fut point versé en littérature ancienne, a voulu beaucoup la déprécier, mais si quelque jour un homme doué de talent réunit aux connaissances astronomiques l'érudition de l'antiquité que l'on en sépare trop, cet homme apprendra à son siècle bien des choses que la vanité du nôtre ne soupçonne pas. Revenons à notre cosmogonie juive, et à nos douze mille ans étrusques et parsis.

CHAPITRE XVII.

Astronomiquement parlant, il n'existe point de périodes de 12,000 ans, c'est-à-dire que ce nombre ne convient à aucune révolution simple ou compliquée d'astres ou de planètes. Pourquoi donc se trouve-t-il employé en ce sens par les anciens? Ceci est encore un logographe astrologique dont il faut demander la solution aux adeptes de la science secrète. Cette solution nous est donnée par l'ingénieux et savant Dupuis, dans son Mémoire sur les grands Cycles ou Périodes de restitution. « En comparant avec attention diverses périodes
« des Indiens et des Chaldéens, dit-il en substance,
« l'on s'aperçoit que leur composition est due à une
« addition ou soustraction croissante ou décrois-
« sante d'un premier nombre élémentaire qui suit
« l'ordre arithmétique direct 1, 2, 3, 4, ou l'ordre in-
« verse 4, 3, 2, 1; c'est ce que démontre l'analyse. »

1° L'*Ezour-Vedam* rapporte une tradition indienne(1) d'après laquelle les quatre âges du monde ont eu la durée suivante : savoir,

Le premier âge................ 4,000 ans.
Le second..................... 3,000
Le troisième.................. 2,000
Le quatrième.................. 1,000

Otez les zéros, vous aurez 4, 3, 2, 1

---

(1) *Voyez* Mémoires de l'Académie des Inscriptions, tome 31, page 254, Mémoire de l'abbé Mignot.

Le *Baga-Vedam*, autre livre sacré indou, cite une tradition d'une autre source; il dit que, selon les anciens, le premier âge du monde
dura.......................... 4,800 ans.
　Le second.................. 3,600
　Le troisième............... 2,400
　Le quatrième, où nous sommes, doit
durer......................... 1,200
　　　　　　　TOTAL....... 12,000

Voilà encore l'ordre 4, 3, 2, 1, dans les premiers chiffres; et il se retrouve le même, quoique double, dans les seconds, 8, 6, 4, 2. De plus, prenez pour élément le nombre le plus simple 1,200, élevé à 2 ou à son double, vous avez 2,400; à son triple (3) 3,600; à son quadruple (4) 4,800, et la somme des quatre est 12,000. Les mystiques indiens ont figuré ce système par une *vache* dont les quatre pieds représentent les quatre âges du monde. Au premier âge, la vache se tenait sur ses quatre jambes; au second sur 3; au troisième, sur 2; au quatrième, sur 1. Toujours 1, 2, 3, 4, ou 4, 3, 2, 1. Ce n'est pas tout; ces mêmes Indiens, dans d'autres livres plus savants (1), ayant

---

(1) *Voyez* Legentil, Mémoires de l'Académie des Sciences, 1772, tome II, page 190; Abraham Roger, Mœurs des Brahmines, part. II, chap. 5, page 179; le Père Beschi, Grammaire tamoulique.

CHAPITRE XVII.

établi la durée totale du monde à
4,320,000 ans, disent que le premier âge a duré............ 1,728,000 ans.
Le second................. 1,296,000
Le troisième.............. 864,000
Le quatrième 432,000
TOTAL..... 4,320,000

Voilà une grande différence de nombre, et cependant l'ordre de composition et de décomposition est le même, car prenant pour
élément le plus petit nombre.. 432,000 = 1 ans.
nous avons, en l'élevant à 2,
son double........... 864,000 = 2
En l'élevant à 3, son triple. 1,296,000 = 3
En l'élevant à 4, son quadruple. 1,728,000 = 4
TOTAL...... 4,320,000.

D'autre part, les Indiens disent qu'une année *des dieux* se compose de 360 années des *hommes* : les 4,320,000 étant des années de cette dernière espèce, divisons cette somme par 360, qui est le dénominateur des années divines; le quotient qui vient est la période 12,000; n'est-il pas singulier de voir les calculs indiens prendre leurs éléments chez les Perses et chez les Étruriens?

En outre, dans la période indienne nous avons pour élément premier la fameuse période chaldaïque de Bérose, 432,000 ans.

Maintenant, pour la composer suivons l'ordre arithmétique 1, 2, 3, 4 jusqu'à 8, en prenant comme élément premier la période

Etrusco-Perse..................... 12,000 ans,
nous aurons, pour second degré..... 24,000
Pour troisième................... 36,000
Pour quatrième................... 48,000
Pour cinquième................... 60,000
Pour sixième..................... 72,000
Pour septième.................... 84,000
Pour huitième.................... 96,000
Pour total de toutes ces sommes. 432,000

Il n'est pas besoin de raisonner longuement sur cet exposé, que nous avons beaucoup abrégé; le lecteur en voit facilement découler plusieurs conséquences.

1° Il est clair que toutes ces périodes sont des combinaisons mathématiques plus ou moins fictives et arbitraires, imaginées par les anciens pour faciliter leurs opérations d'astrologie plutôt que de véritable astronomie.

2° Il est sensible que ces périodes qui, quoique éparses chez divers peuples à diverses époques, s'amalgament si parfaitement quand on les rassemble, appartiennent à un seul et même corps de doctrine dont l'origine remonte à une très-haute antiquité, et dont le foyer semble se placer de préférence chez les Égyptiens et les Chaldéens.

3° Enfin il nous semble également démontré que toutes ces idées, tous ces systèmes de *création*, de durée, de destruction et d'âges du monde ont

eu leurs types primitifs dans les idées simples et
naturelles d'un système originel dont les figures
hiéroglyphiques mal interprétées, dont les termes
équivoques mal compris, sont devenus une cause
de désordre moral et métaphysique. Ainsi les
4 âges du monde, si célèbres dans l'Inde et la
Grèce, quoique aucun mortel n'en pût avoir de
notion, ces 4 âges n'ont point d'autre origine,
d'autre type que les 4 saisons de l'année, ce *grand
cercle monde* dont une révolution commence et finit toutes les opérations de la nature. La *création*
n'est autre chose que la *production nouvelle*, que
le *mouvement de vie* spontané qui, chaque année,
au printemps, a lieu dans tout le système des végétaux et des animaux. Ce printemps, saison de
feuilles, de fleurs et de pâturages, d'abondance,
de lumière et de chaleur, fut l'âge d'*or*, parce qu'il
est sous l'influence du soleil, qui dans l'alchimie
et l'astrologie a l'*or* pour emblème ; l'*été*, l'âge d'argent, parce que ses nuits longues et sereines sont
sous l'empire de la *lune* à l'emblème d'argent :
Vénus au blason de cuivre, Mars au blason de fer,
présidèrent à l'automne et à l'hiver ; et voilà l'ordre figuré sur lequel les moralistes bâtirent leurs
systèmes *de bonheur originel*, de vertu *première*,
de dégradation postérieure et successive, de vice
et de malheur final, punis par une destruction, à
laquelle ils ne manquent jamais de faire succéder
une nouvelle organisation calquée sur celle du

monde ou cercle zodiacal. Voilà les bases de cette doctrine qui, professée d'abord secrètement dans les mystères d'Isis, de Cérès et de Mithra, etc., se répandit ensuite avec éclat dans toute l'Asie, et qui a fini par envahir toute la terre. Mais il est temps de clore cet article, et cependant ne passons point sous silence la différence apparente ou réelle qui existe entre la Genèse et Bérose au sujet de la création. Il est fâcheux que le récit de cet écrivain ne nous soit parvenu qu'après avoir été copié d'abord par Alexandre Polyhistor qui a pu y faire quelque changement, puis retouché par le Syncelle qui l'abrége et le censure selon ses idées; de manière qu'il y a plusieurs voiles entre nous et le texte originel et primitif des traditions chaldéennes traduites en grec et commentées par Bérose.

Selon cet historien, dans le fragment qui nous est transmis (1), « l'on avait conservé avec beau-
« coup de soin à Babylone, des archives ou re-
« gistres contenant l'histoire de 15 myriades d'an-
« nées et traitant du *ciel*, de la *mer*, de l'origine
« des choses, puis des (X) rois et de leurs ac-
« tions, etc. Bérose décrit d'abord l'état physique
« du pays de Babylone, ses productions, ses limi-
« tes, sa population... Dans le principe, les hommes
« vivaient à la manière des brutes, sans mœurs et

---

(1) Syncelle, pages 28 et 29.

« sans lois, lorsque de la mer Érythrée (golfe persi-
« que), sur la plage chaldéenne, sortit un ani-
« mal ayant la forme d'un poisson selon Apollo-
« dore, portant sous sa tête de poisson une autre tête
« et des pieds d'homme attachés près sa queue de
« poisson; cet animal, appelé *Oan*, avait la voix
« et le langage des hommes, et l'on conserve en-
« core (à Babylone) son effigie peinte. Cet être
« qui ne mangeait point, venait de temps à autre
« se montrer aux hommes, pour leur enseigner
« tout ce qui est utile, les arts mécaniques, les
« lettres, les sciences, la construction des villes et
« des temples, la confection des lois, la géomé-
« trie, l'agriculture, et tout ce qui rend une so-
« ciété policée et heureuse. Depuis cette époque
« l'on n'en a plus ouï parler. Cet animal *Oan*, au
« coucher du soleil, descendait dans la mer, et
« passait la nuit sous l'eau ou près de l'eau: par la
« suite, d'autres animaux semblables à lui se mon-
« trèrent aussi. Il avait écrit un livre qu'il laissa
« aux hommes, sur l'*origine* des choses et sur l'art
« de conduire la vie. Un temps exista où tout était
« eau et ténèbres contenant des êtres inanimés in-
« formes, qui (ensuite) reçurent la vie et la lu-
« mière sous diverses formes et espèces étranges :
« c'étaient des corps humains, les uns à 2, les au-
« tres à 4 ailes d'oiseau avec 2 visages; ceux-ci,
« sur un seul corps, portaient une tête d'homme
« et une tête de femme avec l'un et l'autre sexe ;

« ceux-là avaient des jambes et des cornes de chèvre;
« d'autres, tantôt la tête, tantôt la croupe d'un che-
« val : il y avait aussi des *taureaux* à tête d'homme
« et une foule d'autres combinaisons bizarres de
« têtes, de corps, de queues de divers animaux,
« tels que les chiens, les chevaux, les poissons,
« les serpens, les reptiles, *dont les figures se voient
« encore peintes dans le temple de Bel.* Une femme
« nommée *Omoroka* présidait à toutes ces choses :
« ce mot chaldéen signifie en grec la mer et dé-
« signe la lune. Or Belus, divisant cette femme
« en deux moitiés, de l'une fit la terre, et de l'au-
« tre le ciel, d'où s'ensuivit la mort des animaux.
« Bérose observe que ceci est une manière figurée
« d'exprimer la formation du monde et des êtres
« animés avec une matière humide. Le dieu *Bel*
« ayant enlevé la tête de cette femme, d'autres
« dieux (Elahim) mêlèrent à la terre son corps qui
« était tombé, et dont *furent formés les hommes;*
« c'est par cette raison qu'ils sont doués de l'*intel-
« ligence divine.* En outre le dieu Bel, qui est You-
« piter, ayant partagé les ténèbres *en deux moitiés,*
« sépara le ciel de la terre, établit le monde dans
« l'ordre où il est, et les animaux qui ne purent
« soutenir la lumière, disparurent. *Bel,* qui vit
« que la terre était déserte quoique fertile, or-
« donna aux autres dieux de se couper chacun la
« tête, de mêler leur sang à la terre, et d'en for-
« mer des êtres qui supportassent l'air; enfin Bel

« lui-même fit les astres, le soleil, la lune et les
« 5 autres planètes. Voilà ce que Polyhistor raconte
« en son livre 1er., d'après Bérose. »

Ces récits, pris à la lettre, seraient trop choquans, trop absurdes; aussi le prêtre Bérose nous observe-t-il qu'il y faut voir une expression figurée des opérations de la nature; et l'étude de l'histoire ancienne et moderne, en nous montrant, chez des peuples divers, tels que les Égyptiens, les Indiens, les Chaldéens, les Chinois, les Mexicains, etc., des systèmes entiers de figures monstrueuses du même genre que celles-ci, nous apprend que cette manière de peindre et de rendre sensibles à la vue les attributs et les rapports abstraits des corps, est la première opération dont s'avise l'entendement humain; c'est cette écriture, dite *hiéroglyphique*, qui partout a précédé l'écriture dite alphabétique, née ensuite d'une abstraction et d'une observation comparée beaucoup plus subtile et raffinée. Dans le prétendu monstre *Oan*, la tête d'homme désigne l'*intelligence*, le *raisonnement*, tandis que la forme de poisson désigne l'habitude ou la nature aquatique combinées, pour exprimer les effets et l'action de la constellation appelée *poisson austral* : l'étoile principale de cette constellation avait le mérite de mesurer exactement la plus courte nuit de l'année, en se levant, le jour du solstice d'été, au moment où se couchait le soleil, et en se couchant au moment où il se levait : par cette raison, elle joua un rôle important en Égypte, où elle annonçait l'inondation, et en Chaldée, ainsi qu'en Syrie, où elle servait à régler l'époque de certains travaux agricoles, et à conjecturer certains accidens de la saison ou du climat. C'est le *Dagon* des Philistins (1). Avec cette clef, l'on explique toutes les autres figures d'animaux monstrueux. On leur donnait des ailes, pour désigner leur nature aérienne; des sexes, pour exprimer leur nature passive ou active; des têtes de chien, pour exprimer leur propriété d'*avertir* comme l'*animal* qui aboie : tous étaient des symboles d'astres ou de constellations; et voilà pourquoi leurs images étaient peintes sur les murs du temple de Bel, comme d'autres semblables l'étaient dans l'antre des Nymphes, dans la caverne de Zoroastre et dans tous les temples des dieux égyptiens où on les retrouve. Voilà aussi pourquoi l'auteur juif de la Genèse, ennemi des idoles, a répudié cette partie de la cosmogonie chaldéenne; mais l'emprunt qu'il a fait des autres parties, se retrouve dans plusieurs phrases de la formation ou création de l'univers par Bel: *Un temps exista où tout était eau et ténèbres*: Et Dieu partagea les ténèbres en 2 moitiés, sépara le ciel de la terre, fit les astres, le soleil, la lune, etc. Toutes ces phrases, qui ne sont que des extraits peu

―――――――――――

(1) *Voyez* Dupuis, t. II, in-4°, p. 208 et 228; t. III, pag. 186.

fidèles du texte chaldéen, ont cependant une analogie marquée avec le texte de la Génèse; dans Bérose, les dieux Elahim forment l'homme, et lui donnent l'intelligence divine. Dans la Génèse, les *dieux* disent : faisons l'homme à *notre* image ; par le mot *notre*, ils s'avouent *plusieurs*. Bél était le grand dieu, *Elah-Akbar* : eux étaient les dieux *Kabirim*, ces douze grands dieux Cabires, adorés des Grecs.

Dieu Elahim fit le *vide* au ciel et au milieu des eaux...... Ce mot vide en hébreu est *Raqia* (ou Rakiá); en chaldéen, *om-o-raka* signifie littéralement *mère du vide*, c'est-à-dire l'espace sans bornes que le vulgaire, trompé par le mot *mère*, a pris pour une femme. Le sens vrai est que Bél partagea le vide en deux moitiés, dont la supérieure fut le ciel, l'inférieure fut la terre, et c'est littéralement le sens de l'hébreu, *Dieu fit le vide* (Raqia), au *milieu* des eaux; et il donna le nom de *ciel* aux eaux de dessus, et les eaux d'au-dessous furent la mer et la terre. Dans la cosmogonie des Boudhistes du Tibet, qui, comme nous l'avons déjà dit, paraît venir de l'école chaldéenne, le ciel n'a pas d'autre nom que le *vide*, l'*immensité* (*om-o-raka*); et un vent impétueux, excité par le *destin* sur les eaux, fut le premier signe de la création de l'univers (1). Dans la Génèse, ce qu'on

---

(1) Alphab. thibet., page 184.

traduit l'*esprit de Dieu*, n'est littéralement que le *vent* de Dieu s'agitant sur les eaux. Ce *vent*, premier moteur ou premier mû, se retrouve dans la cosmogonie phénicienne, où nous lisons que le vent *Kolpia* eut pour femme *Băau*, c'est-à-dire la *nuit*, l'obscurité ténébreuse.... Ce terme *Băau*, dans la Genèse, est l'épithète de la terre informe, qui d'abord fut *Tohou*, *Bahou*, traduit par la version grecque et par Josèphe, *invisible*, ténébreuse. Les hébraïsants se fondant sur l'arabe, interprètent *Bahou*, par le *vide immense;* et alors c'est la femme *Om-o-raka* du chaldéen. De ce vent *Kolpia*, premier moteur, comme le *cœur* (qui en arabe se dit aussi *qolb* et *qalb*), naissent *Aïon* et *premier-né*. En sanscrit *adima* signifie *premier*, et dans l'hébreu, Adam est le *premier-né*.

Ainsi à chaque instant, à chaque pas, nous trouvons de nouvelles preuves de notre proposition première et fondamentale, savoir, que « la « Genèse n'est point un livre particulier aux Juifs, « mais un monument originairement et presque « entièrement chaldéen, auquel le grand-prêtre « Helqiah se contenta de faire quelques change- « ments dictés par l'esprit de sa nation et adaptés « au but qu'il se proposa. »

Désormais le lecteur sait que penser de ces *créations* du monde, que l'on nous raconte comme s'il y eût eu des témoins à en dresser procès-verbal : il voit à quoi se réduisent ces prétendues chronologies qui tronquent l'histoire des nations, et restreignent la formation, les progrès, la succession de toutes les institutions, de toutes les inventions humaines, y compris le langage et l'écriture, à un petit nombre d'années, incompatible avec la nature de l'entendement et avec le témoignage des monuments subsistants.

CHAPITRE XVIII.

Examen du chapitre 10 de la Genèse, ou système géographique des Hébreux.

Un dernier exemple choquant de ce genre d'invraisemblances est la prétendue généalogie du dixième chapitre de la Genèse; l'auteur y suppose que les enfants de *Nohé* dès la troisième génération occupèrent l'immensité du pays qui s'étend depuis la Scythie jusqu'à l'Éthiopie ou Abissinie, d'une part; depuis la Grèce jusqu'à l'Océan qui borde l'Arabie, d'autre part; et qu'ils y devinrent chacun la souche des peuples que l'on y dénombrait de son temps. Le tableau généalogique et la carte géographique que nous joignons ici, présentent son système sous un coup-d'œil facile à saisir. Quelques savants, tels que Samuël Bochart (1), dom Calmet (2), Pluche (3), Michaëlis (4), qui se sont occupés à éclaircir les difficultés de géographie, ont bien senti l'impossibité du sens littéral, mais les préjugés dominants ne leur ont pas permis d'en faire sentir les inconséquences. Il est vrai qu'on peut excuser l'auteur, en disant que par une métaphore naturelle aux langues orientales, et usitée chez les Grecs et chez les Latins, donnant à chaque peuple un nom collectif, il lui a aussi donné l'apparence d'un individu : ainsi, sous le nom d'*Ioun*, il désigne les Ioniens; sous celui d'*Ashour*, les Assyriens; sous celui de *Kanaan*, les Phéniciens; sous celui de *Koush*, les Éthiopiens ou Abissins. L'invraisemblance consiste à nous dire que *Ioun*, *Ashour*, *Kanaan*, *Koush*, *Sidon*, etc., furent des individus pères et auteurs des peuples de leurs noms; mais cet abus se retrouve chez les Grecs, qui nous disent que Pelasgus fut père des Pelasgues; que Cilix fut père des Ciliciens; *Latinus*, père des Latins, etc. Il paraît qu'en général les anciens, lorsqu'ils voulurent remonter aux origines, et qu'ils n'eurent aucun monument précis, employèrent cette formule, et

---

(1) Phaleg et Kanaan.
(2) Commentaires sur la Bible.
(3) Histoire du Ciel.
(4) *Geographiæ Hebræorum exteræ spicilegium.*

donnèrent au premier auteur le nom de la chose ; et parce que la nature même du langage les conduisit à personnifier tous les êtres, il en résulta que tout effet résultant d'une *cause*, fut censé *engendré* par elle, en fut appelé le *fils*, le produit, comme elle-même en fut appelée la *mère* ou le *père*; ainsi, parce que la *terre* alimente le peuple qui l'habite, qu'elle semble en être la *nourrice*, la mère, ce peuple fut appelé, et l'est encore, en arabe, *enfant* de cette terre, de ce pays. *Beni-masr*, les enfants de l'Égypte; *Beni-sham*, les enfants de Syrie; *Beni-fransa*, les enfants de la France. Avec cette explication fondée en raison et en fait, tout entre dans l'ordre, et alors tout le dixième chapitre doit se considérer comme une nomenclature géographique du monde connu des Hébreux à l'époque où écrivit l'auteur; nomenclature dans laquelle les peuples et les pays figurent sous des noms individuels, tantôt au singulier et tantôt au pluriel; comme *Medi*, les Mèdes; *Masrim*, les Égyptiens; *Rodanim*, les Rhodiens, etc., et dans laquelle les rapports d'origine par colonie, ou d'affinité par mœurs et par langage, sont exprimés sous la forme d'engendrement et de parenté. L'écrivain juif semble lui-même écarter le voile, lorsqu'après chaque branche de famille, ou chaque division de pays, il ajoute cette phrase: *Voilà les enfants de Sem, de Cham, de Iuphet, selon leurs tribus, selon leurs langues, leurs pays et leurs nations.* Ces expressions : *selon leurs langues et leurs pays*, sont d'autant plus remarquables, qu'après avoir placé chaque peuple selon les meilleures indications géographiques, nous les trouvons tous distribués dans un ordre méthodique de voisinage et de contiguïté, et que ceux de chaque branche ont un système commun de langage : par exemple, chez tous les peuples de Iaphet, la source du langage est cet idiome scythique appelé *sanscrit*, que des études récentes nous ont appris avoir jadis régné depuis l'Inde jusqu'à la Scandinavie, et que nous trouvons aujourd'hui être un des éléments de l'ancien grec et de l'ancien latin. Chez les enfants de Sem, la langue-mère est l'idiome arabique commun aux Élyméens, aux Assyriens, aux *Araméens* (les Syriens). Chez les enfants de Cham, c'est encore ce même idiome que parlèrent les Phéniciens et les Éthiopiens : les Égyptiens eurent un système à part.

Le dixième chapitre offre encore cette particularité, que tous les peuples étant placés dans leurs pays respectifs l'on se trouve avoir *trois* grandes divisions du *monde connu* des Hébreux, qui ont une analogie sensible aux trois grandes divisions du monde connu des anciens ; aux trois divisions de la terre, par Zoroastre ; en pays de *Tazé* ou Arabes ; pays de Mazendran ou *Nord*, et pays de *Hosheng* ; et au partage du monde entre les *trois dieux*, Jupiter, Pluton et Neptune ; notez que *Cham* ou plutôt *Ham*, qui signifie *noir, brûlé*, et qui se traduit en grec *asbolos*, couleur de suie, est le synonyme de Pluton. Mais commençons par établir tous les noms de la liste sur la carte, afin de rendre plus palpables nos propositions. Nous n'entrerons point dans tous les détails de discussion qui ont occupé Samuël Bochart, dom Calmet et Michaëlis; en profitant de leur travail, nous insisterons seulement sur quelques articles où notre opinion diffère de la leur. Iaphet a pour *descendants* ou pour *dépendants* :

1° G*M*R, qui, étant écrit sans voyelles, peut se pronocer *Gomer* ou *Gamr*, ou *Gimr* (prononcez *Guimr*); nous préférons cette dernière lecture, et nous disons avec l'historien Josèphe, que *Guimr* représente les *Kimr* ou *Kimmériens* de l'Asie mineure et de la Chersonèse *Kimmérienne* ou *Kimbrique*. Hérodote parle de leurs incursions à l'époque même de Helqiah; lors de l'incursion des Scythes en 625; ils en avaient fait une autre sous Ardys, et encore antérieurement; et ils avaient fini par établir des colonies, que Josèphe confond avec les Galates, et que la Genèse désigne sous les noms d'*Ashkenez*, *Riphat* et *Togormah*.

Ashkenez a des traces dans la province d'Arménie, appelée par Strabon, *Asikins-ene*, et qu'il place entre la *Sophène* et l'*Akilisène*.

Riphat est l'altération facile de *Niphates*, mont et pays arménien, dont l'r a été prononcé nasalement.

Togormah est reconnu par Moïse de Chorène (pag. 26), pour être le nom d'un peuple qui habitait un autre canton montueux appelé *Harch*, dans la grande Arménie : ces trois peuples nous sont donc indiqués ici comme des colonies des *Kimmériens* ou *Kimbres*, fondées à une époque inconnue.

2° Le second peuple de *Iaphet*, appelé *Magog*, représente les Scythes, de l'aveu unanime des auteurs grecs et arabes. On ne fait point mention ici de *Gog* ou *Goug*, qu'Ézéqiel associe à *Moshk*, *Roush* (1), et *Toubal*, et qui doit être encore un peuple scythique : dans Strabon, le pays dit *Gogarene* est voisin des *Moschï*. Dans l'ancien grec et latin, *goug-as* signifie géant, et les légendes grecque et chaldéenne placent toujours les *géants* dans le nord comme les Scythes. Justin, au début de son histoire, observe que les Scythes, dans des temps anciens, antérieurs même à Sésostris (1350), dominèrent sur l'Asie pendant 1500 ans. Cela cadre bien avec l'étendue de leur langue (le sanscrit).

3° Le troisième peuple est *Medi*, nom pluriel des Mèdes : Hérodote en compte sept nations; il ajoute que jadis leur nom était *Arioi*, les *braves* (2) : les livres parsis n'en citent pas d'autre à

---

(1) *Roush* montre sa trace dans l'*Erusheti* de Danville, canton à l'ouest de Gokia.
(2) Hérodote, liv. VII.

l'époque de Zoroastre. Ne peut-on pas en inférer que le nom des *Mèdes* ne se serait introduit que depuis la conquête de ces peuples par Ninus et les Assyriens?

4° Le quatrième peuple est *Ioun*, l'Ionien ou Grec de l'Asie mineure. Selon les auteurs grecs, la colonie des Ioniens ne vint s'établir en Asie que 80 ans après la guerre de Troie (1). Les Grecs les appelèrent *Pélasgues aigialéens* (c'est-à-dire *pêcheurs*) aussi long-temps qu'ils habitèrent l'Achaïe (2); Strabon (lib. VI) dit que l'Ionie, avant eux, était occupée par les Cariens et les Lelèges: les Pélasgues les ayant chassés, reçurent des barbares, selon quelques auteurs, le nom de *Ioun* et *Iaoun* (3) (dont on a fait *Iavan*): selon d'autres, c'était le nom d'une tribu athénienne, qui d'abord faible, devint ensuite prépondérante dans le lieu de son émigration. De ces Ioniens vinrent ou descendirent *Elishah*, *Tarshish*, *Ketim* et *Rodanim*.

Elishah est l'*Ellas*, ancien nom de la Grèce ou Peloponèse; il pourrait aussi être l'*Elis*, très-ancienne portion de ce pays qui en aurait pris le nom chez les Phéniciens. Mais ici les Grecs sont

---

(1.) Selon la plupart des chronologistes modernes, 1130 ans avant J.-C. : comment concilient-ils cette date avec la composition de la Genèse par Moïse 300 ans avant?

(2) Hérodote, lib. VII.

(3) *Scholiast. Aristophanis in Acharn.*

en contradiction avec l'auteur de la Genèse, puisqu'ils soutiennent que c'est de l'*Ellas* que sont venus les Ioniens et les autres colonies citées.

Ketim est le nom pluriel des Kitiens, peuple ancien et prépondérant de l'île de Cypre, qui paraît en avoir pris le nom : ce nom se trouve aussi appliqué à la côte de Cilicie. (*Isaïe*, c. XIII.)

Rodanim sont les Rhodiens.

Tarshish est la ville et pays de *Tarsous*, sur la côte de Cilicie, en face de Cypre. Tous ces pays sont contigus sur la carte, comme dans la liste de l'auteur; et tous sont maritimes ou insulaires; ce qui sans doute lui fait dire « que par eux furent « partagées les îles des nations. »

Isaïe, ch. LXVI, associe, dans un même récit, *Phul, Loud, Ketim, Tarshish, Ioun, Moshk* et *Tubal*. *Phul* est la *Pam-phulie*; *Loud* est la *Lydie*. La contiguïté est bien observée.

5° Le cinquième peuple de Iaphet est *Toubal*, que Josèphe dit représenter les Ibériens. La capitale de ce pays, nommée *Tebl-is* et *Teflis*, offre quelque analogie au mot *Tebl*; mais les peuples *Tubar-eni*, sur le rivage de l'Euxin, pourraient ici être désignés, et rempliraient mieux l'indication d'*Isaïe*.

6° Le sixième peuple est *Moshk*, qui représente les habitants des *Moschici montes*, au nord de l'Arménie.

7° Enfin le septième peuple est *Tiras*, que l'on

regarde comme le représentant des *Thraces* établis dans la Bithynie. Moïse de Chorène dit à ce sujet (1) : « Nos antiquités s'accordent à regarder « *Tiras* non comme fils propre de Iaphet, mais « comme son petit-fils. » Ceci indique des sources communes où a puisé Helqiah.

Si l'on examine la carte, l'on voit que tous ces peuples de Iaphet sont situés au nord du *Taurus*, comme le remarque Josèphe, ayant pour limites la Grèce à l'ouest, la Scythie au nord et au nord-est; ce qui nous donne de ce côté les bornes du monde connu des Hébreux, dans lequel Iaphet représente le continent ou le climat du nord.

En opposition, le midi est occupé par *Ham* ou *Cham*, qui effectivement signifie *brûlé*, *noir* de chaleur. L'épithète de *ammonia*, que les Grecs donnent à quelques parties de l'Afrique, n'est que le mot phénicien-hébreu privé de son aspiration *H*.

Les dépendances de *Ham* sont *Kanaan*, *Phut*, *Masrim* et *Kush*. Sous le nom collectif de *Kanaan* sont compris les peuples Phéniciens, au nombre de onze, dont les positions sont connues : l'on peut s'étonner de ne point y voir les *Tyriens* compléter le nombre sacré *douze*; mais si, comme le disent plusieurs auteurs anciens, Tyr ne fut fondée que 240 ans avant le temple de Salomon par des émigrés de Sidon, Helqiah n'a point dû pla-

---

(1) Page 49.

cer cette colonie posthume dans le tableau primitif ; et ce silence, joint au mot d'Isaïe, qui appelle *Tyr, fille de Sidon*, vient à l'appui de l'opinion que nous indiquons.

Tous les auteurs grecs s'accordent à dire que la nation phénicienne avait émigré des bords de la mer *Erythrée* ou *Rouge*, à raison du bouleversement de leur pays par des volcans. Ceci nous indiquerait son siége ancien et primitif sur la côte frontière de l'Iemen, dans le Téhama, en face des îles volcaniques de *Kotombel*, de *Foosth*, de *Gebel-Tár*, de *Zekir*; tout ce local, jusqu'à l'autre rive où est *Dahlak*, porte des traces de combustion et de tremblements de terre. Par cette raison géographique, les Phéniciens se trouvent être un peuple arabique; leur langue nous en est garant; et parce que nous allons voir le foyer présumé de leur origine occupé par une branche d'Arabes qui nous sont désignés comme les plus anciens de tous, nous avons lieu de les classer dans cette branche. A quelle époque se fit cette émigration? L'histoire n'en dit rien, et c'est une preuve de son antiquité. La fondation du temple d'Hercule à Tyr, en même temps que l'on fonda cette ville (1), 2760 ans avant notre ère, nous montre les Phéniciens déja établis; mais ils ont pu être arrivés bien antérieurement.

---

(1) Hérodote, lib. II, § XLIV.

2.º Sous le nom pluriel de *Masrim* sont désignés les Égyptiens, dont le pays et la capitale sont encore aujourd'hui appelés par les Arabes *Masr*.

Leurs enfants, c'est-à-dire les peuples compris dans leur territoire, sont :

1.º Les *Loudim*, qu'il ne faut pas confondre avec les Lydiens d'Asie. Jérémie, chap. LXVI, en les associant aux Libyens et à d'autres peuples du Nil, ne permet pas qu'on les écarte de ce local; ils doivent être les habitants du pays de *Lydda* ou *Diospolis*, l'une des villes anciennement populeuses et puissantes de la Haute-Égypte.

Les *Aïnamim* n'ont pas laissé de trace apparente, non plus que les *Nephtahim* et les *Kasalhim*.

Les *Phatrousim* sont les habitants du nome ou pays de *Phatoures*, près Thèbes, comme l'a très-bien prouvé Bochart (1), dont les arguments démontrent que la division de l'Égypte en haute et basse (*Said* et *Masr*), telle que la font encore les Arabes, a dû être usitée chez les Juifs, leurs frères à tant d'égards.

Les *Lehabim* doivent être les Libyens : Ezéquiel est le seul qui ait parlé d'un pays de Qoub dans ce désert; les *Cobii* de Ptolomée en remplissent l'indication.

(1) *Phaleg.*, lib. IV, chap. 27.

Les Philistins nous sont indiqués ici comme un peuple émigré d'Égypte, et l'histoire nous dit qu'effectivement des dissensions religieuses chassèrent souvent des peuplades de ce pays. Les *Kaphtorim* peuvent être les habitants de Gaza, mais en aucun cas ceux de Cypre, comme l'a cru Michaëlis.

Isaïe, Jérémie et d'autres écrivains hébreux parlent de quelques villes d'Égypte qu'il est bon de placer.

Sin est Péluse; *Taphnahs* est Daphnàs d'Hérodote; *Tsan* est Tanis dans le lac Menzâlé.

Nouph est l'*O-nuph-is* de Ptolomée plutôt que Memphis.

Na-amoun, ville comparée à Ninive, pour la splendeur, ne peut être que *Thèbes*, ainsi que l'on en est d'accord d'après les raisons de Bochart.

On ou *Aoun* est connu pour être Héliopolis.

Quant à la division de *Phut*, elle n'a pas de trace, à moins de la voir, avec Josèphe, dans le fleuve *Phutes* en Mauritanie.

Le quatrième peuple de la division de *Cham* est *Kush*, dont Josèphe nous déclare que le nom correspond, chez les Asiatiques, au mot *Éthiopien* chez les Grecs. Par conséquent *Kush* (1) désigne les peuples *noirs* à cheveux plats, habitant l'Abissinie

---

(1) Le nom de Kush semble s'être conservé dans *guiz* ou *guis*, qui est le nom antique du langage éthiopien ; l'*idiome guiz*.

en général, spécialement le pays d'Axoum, où paraît avoir été l'ancienne capitale de Kush; il faut distinguer ces noirs à cheveux plats, des noirs à cheveux *crépus* (les nègres) : cette distinction est exprimée chez les Grecs par l'expression d'*Éthiopiens occidentaux* et *Éhtiopiens orientaux*. Dans Homère (1), ceux-ci sont proprement les peuples de l'Abissinie, dont les rois conquirent plusieurs fois l'Égypte; par la suite le nom d'*Éthiopiens* s'étendit aux peuples noirs que les Persans appelaient *Hind*, ou Hindous; et ce nom de Hindous ou Indiens, au temps des Romains, revint aux peuples de l'Iémen, qui étaient effectivement des hommes noirs, des *Éthiopiens*. Hérodote, dans sa description de l'armée de Xercès, joint les Arabes aux Éthiopiens-Abissins, et nous les montre réunis sous un même chef, ce qui indique une affinité étroite de constitution et de langage. Cette affinité se trouve confirmée par l'auteur de la Genèse, lorsqu'il dit : Les enfants de *Kush* sont *Saba, Haouilah, Sabta, Sabtaka* et *Ramah*.

C'est-à-dire que ces cinq peuples étaient aussi des hommes noirs de race *kushite*, ou éthiopienne-abissine : il s'agit de trouver leur emplacement.

Bochart veut que *Saba* soit le pays de Mareb, appelé synonymement par les Arabes, *Saba-Ma-*

---

(1) *Odyss.*, lib. I, v. 22. Strabon entend ce vers d'Homère des Éthiopiens sur la rive ouest, et des Arabes sur la rive est du golfe arabique, et c'est l'idée de la Genèse.

reb; mais l'identité ne peut s'admettre, parce que ces mêmes Arabes placent à *Mareb* la reine de *Saba* qui visita Salomon, et que les Hébreux, en parlant de cette femme, ne la disent point reine de *Saba* par *s* (ou Sameck), tel qu'est écrit notre *Saba kushite;* mais reine de *Sheba* par *sh* (ou *Shin*), tel qu'ils écrivent *Sheba*, fils de Ieqtan, qui, à ce moyen, est le *Saba homérite* des Arabes; et remarquez que *Saba* par *s* n'a point dans l'arabe moderne, le sens de *lier* et faire *captif*, que les Arabes disent lui appartenir, tandis que *Sheba* par *Shin* a ce sens dans l'hébreu; ce qui prouve que la véritable orthographe est *Sheba-Mareb*. Une meilleure représentation nous semble se trouver dans une autre ville de Saba, située au pays de Tehama, laquelle nous est désignée par les Grecs, comme l'entrepôt ancien et très-actif du commerce de l'or et des aromates de l'Arabie. La circonstance d'être placée sur l'une des éminences qui bornent le plat pays de Téhama, nous fait reconnaître cette ville dans celle que les Arabes modernes nomment encore *Sabbea* : si, comme tant d'autres cités de l'Orient, elle est réduite à un état presque misérable, l'on en trouve les causes palpables dans la dérivation qu'a subie le commerce de l'Inde, et dans les ensablements qui, sur cette place, repoussent la mer à près de 1,200 toises par siècle.

Sabtah n'en fut pas éloigné, si, comme nous le pensons, il est le *Sabbatha-metropolis* de Ptolomée (1), placé par le géographe nubien Edrissi, entre *Damar* et *Sanaa* (2).

Sabtaka est rejeté par Josèphe dans l'*Éthiopie abissine*, par Bochart dans la Caramanie persique, sous prétexte de rassembler à *Samydake* : ces deux hypothèses nous paraissent vagues et sans preuves : Sabtaka n'a pas de trace connue.

Haouïlah, mal prononcé *Hevila*, et bien représenté par les *Chavelœi* de Pline, et *Chavilatœi* de Strabon, que ces auteurs s'accordent à placer entre les *Nabatéens* et les *Agréens*, ou *Agaréens*. Le pays de ces derniers doit être le *Hijar* ou *Hagiar* moderne (3), par le 27ᵉ de latitude, dans le Hedjaz, à environ 40 lieues *est* de la mer Rouge... Par conséquent *Haouilah*, qui a le sens de *pays aride*, dut être dans le sol réellement aride, dans le désert au nord de *Hijar*, au pied de la chaîne des rocs où vivaient les Tamudeni. Ce local remplit bien l'indication du livre de Samuël qui nomme *Haouilah* comme borne extrême de l'expédition de Saül contre les Amalékites (4); et cette situation d'une tribu kushite convient d'autant mieux en cet endroit, que, d'une part, elle

---

(1) *Voyez* Ptolomée, *Geog. in-fol., Tabula Asiæ sexta.*
(2) Danville, carte d'Asie première.
(3) *Voyez* Danville, carte d'Arabie; *hagiar* ou *hagar* signifie *pierre, pierreux*, et tels sont les rochers de Hidjar.
(4) *Sam.*, lib. I, chap. 15, v. 7.

se trouve appuyée au mont *Shefar*, appartenant aux tribus ieqtanides, et désigné par Ptolomée pour être la *borne* de l'*Arabie heureuse*, tandis que d'autre part elle est contiguë au pays de *Tamoud*, l'une des 4 anciennes tribus arabes qui paraissent avoir été réellement kushites, et au pays des Madianites qui certainement l'étaient, ainsi que le prouve l'anecdote de Séphora, femme de Moïse, à laquelle sa belle-sœur Marie reprochait d'être une *noire* (une kushite); ce genre de population subsistait encore au temps de *Zarah*, roi de Kush, qui vint avec une armée immense, attaquer Asa, roi de Juda, vers l'an 940 avant notre ère (1), et qui avait pour résidence, du moins temporaire, la ville de *Gerara*, dans le pays d'Amalek; *Taraqah* qui, au temps d'Ézékiaq, et de Sennachérib, fut aussi un roi de Kush, sortit également, avec une autre nuée de soldats, de cette même contrée. Il paraît donc certain que la côte arabique de la mer Rouge, depuis l'Arabie pétrée jusqu'à *Sabtah*, c'est-à-dire, les deux pays appelés *Hedjaz* et *Téhamah*, appartenaient aux Éthiopiens, et formaient un même état ou une même population avec l'Abissinie, placée sur l'autre rive de cette même mer. Cela se conçoit d'autant mieux, qu'au moyen des îles, la communication des deux rivages est extrêmement facile, et que la ligne de séparation

---

(1) Paralipomènes, liv. II, chap. 14.

d'avec les tribus ieqtanides, se trouve être une chaine de rocs et de montagnes qui borne le grand désert de la péninsule vers ouest, depuis le mont Shefar jusqu'à l'Iémen (1).

Une autre dépendance de *Kush* est encore *Ramah*, que les Grecs écrivent *Regma*. Strabon dit que ce mot en syrien signifie *détroit;* et Ptolomée, avec Étienne de Byzancé, place une ville de Regma sur la côte arabe du golfe Persique, non loin du fleuve *Lar* ou *Falg* moderne. Par cette situation, séparée et distante de *Kush*, tel que nous venons de le décrire, Rama s'indique pour être une colonie d'Éthiopiens ou Kushites; *Busching* place en ce parage une ville de *Reamah*, peuplée de noirs très-commerçants. A son tour, Reamah semble avoir produit près de lui deux autres colonies qui sont *Sheba* et *Daden*.

Daden est la petite île *Dadena*, sur la côte arabe qui mène au golfe Persique. L'ouvrage intitulé *Oriens Christianus* (2), nous apprend que cette île, appelée en syrien *Dirin*, dépendit de l'évêché de *Catara* ou *Gatara*.

Sheba montre sa trace dans les pays montueux des *Asabi*, que Ptolomée place à la pointe arabe

---

(1) Strabon aurait donc eu raison d'interpréter en ce sens le vers d'Homère qui partage les *Éthiopiens* eu deux pays (par la mer).

(2) Tom. II, col. 1239 et 1240. Voyez aussi Assemani, Biblioth. syriac., tom. III, pars II, pag. 744.

du détroit; ces trois positions, qui se touchent, remplissent très-bien l'indication d'Ezéqiel, dans son chapitre XXVII, où il dit : « O ville de Tyr, « les marchands de *Sheba* et de *Ramah* sont tes « courtiers; ils te fournissent l'*or*, les *parfums* et « les *perles*: *Daden* t'envoie les dents d'éléphant « et les bois d'ébène. »

Le voyageur Niebuhr observe que depuis *Ras-el-had*, jusqu'à *Ras-masendom*, il n'y a de sables qu'entre *Sib* et *Sehar;* « que tout le pays dépen- « dant de Maskat est montueux jusqu'à la mer, « et que deux bonnes rivières y coulent toute « l'année; l'on y cueille en abondance du froment, « de l'orge, du dourah, des lentilles, des dattes, « des légumes, des raisins; le poisson est si abon- « dant, que l'on en nourrit le bétail. *Sehar*, rui- « née, est une des plus anciennes villes de l'Orient, « de même que *Sour* (Tyr), située non loin de « Maska. » Voyez *Niebuhr, Descript. de l'Arabie*, pag. 255.

Avec de tels avantages de sol, favorisés d'un beau climat, sur une superficie égale à toute la Syrie, l'on conçoit qu'il put jadis exister en cette contrée des peuples industrieux et riches, surtout lorsque le commerce de l'Inde y avait sa route principale vers l'occident; et puisque les habitants d'alors portaient le nom de *Sabéens* (Sheba), il ne faut plus s'étonner qu'ils aient enrichi par leur or et par leur commerce les Phéniciens de

Tyr, ainsi que le disent expressément les Grecs qui ont pu les confondre avec les autres Sabéens de l'Iémen et du Téhama. (Voyez *Bochart, Phaleg.* lib. iv, chap. vi, vii et viii.)

La Genèse continue : « Or l'Éthiopie engendra
« ou produisit *Nemrod* qui commença d'être fort
« (ou géant) sur la terre : il fut un grand chasseur
« devant le Seigneur, et les chefs-lieux de sa do-
« mination furent Babylon, Arak, Nisibe et Ka-
« lané dans le pays de Sennaar. »

De quelque manière que Nemrod vienne d'Éthiopie, ou qu'il en dépende, nous avons ici une indication que les pays de sa domination appartiennent à la division de Kush, et que par conséquent leurs habitants furent des hommes noirs à cheveux longs. Ceci s'accorde très-bien avec le témoignage d'Homère, d'Hérodote, de Strabon, de Diodore, et en général des anciens auteurs qui nous dépeignent tels les peuples de la Babylonie et de la Susiane. Ce furent là les *Éthiopiens* de Memnon, fils de l'Aurore et de Titon, auxquels les Asiatiques durent donner le nom de *Kushéens*, prononcé, en dialecte chaldaïque, *Kuhéens*. Ce même nom se représente dans le Kissia de Ptolomée, pays voisin de Suse. Les auteurs arabes désignent également les peuples de ces contrées par le terme de *Soudan*, c'est-à-dire, les *noirs* : ainsi les colonies *éthiopiennes* ou *kushites* s'étaient répandues dans tout l'*Iraq-Arabi*, jusque dans la

Perse, et ceci nous rappelle l'ancien monument arabe cité par Maséoudi, selon lequel les tribus de *Tasm* et de *Djodaï* possédèrent l'Iraq-Arabi et la Perse limitrophe(1) : ces tribus primitives auraient donc été des *kushites*, parentes des Kananéens ou Phéniciens qui, issus de Cham, et émigrés du *Téhamah*, auraient réellement eu une même origine.

Quant aux pays dépendants de Nemrod, *Arak* est *Arekka*, que Ptolomée place près de la Susiane.

Akad ou Akar est l'ancien nom de *Nisibe*, selon le témoignage de l'ancien traducteur de la Genèse (2). *Kalaneh*, qu'Étienne de Byzance écrit *Telané*, est une ancienne ville du pays de Sennaar, que cet auteur dit avoir été le berceau de Ninus.

Ainsi la race noire-kushite s'étendit jusqu'au revers méridional du Taurus, conformément au témoignage de Strabon, qui dit que les peuples Syriens sont divisés en deux grandes branches ; les *Syriens blancs*, au nord du mont Taurus ; et les *Syriens noirs*, au sud du Taurus ; tous ayant un même fonds de mœurs, de coutumes et de langage : en effet, les dialectes des Abissins, des Arabes, des Phéniciens, des Hébreux, des Assy-

---

(1) *Voyez* ci-après page 278.
(2) *Hieronym. Quest. in Genes.*, cap. 10, n° 10.

riens, des Araméens ou Syriens, sont tous construits sur les mêmes bases de grammaire, de syntaxe et d'écriture.

À l'egard de Nemrod, Cedrenus et la Chronique paschale nous avertissent que ce héros ou géant n'est autre chose que la constellation d'*Orion*, devenue une divinité importante pour les Babyloniens, à raison de ses influences supposées à l'époque de l'année où elle culmine pendant le jour avec la constellation du *Chien*, époque qui a pris le nom de *canicule*. Le voisinage de ce chien a procuré le titre de chasseur à *Orion*, qui d'ailleurs, comme grande divinité, eut aussi le nom de *Bel* (1). Sous ce nom les légendes grecques lui donnent la même parenté que la Genèse.

---

(1) Plusieurs divinités chez les Chaldéens ont eu le nom de *Bel* ou *Baal*, qui signifie *Dieu* et *Seigneur*. Alexandre Polyhistor parle de Bélus l'*ancien*, appelé *Kronos* (ou Saturne), de qui naquirent un second Bélus ou Bélus le jeune, ayant pour frère *Kanaan*. Il ajoute que Kanaan fut père des Phéniciens et eut pour fils *Chum*, appelé par les Grecs *Asbolos*, c'est-à-dire *couleur de suie*, lequel Chum eut pour frère *Mesraim*, père des Éthiopiens et des Égyptiens : l'on voit ici une autre version des mêmes idées, des mêmes traditions que la Genèse. Voyez Eusèbe, *Præpar. evang.*, lib. IX, chap. 17. Dans la Chronique d'Alexandrie, page 17, un premier Bélus est Saturne ; après lui Picus règne 30 ans ; après Picus un second Bélus règne 2 ans : celui-ci est la planète de Mars, dont la révolution dure effectivement 2 ans ; c'est par erreur que l'auteur attribue les 30 à Picus-Jupiter, puisqu'ils appartiennent à Saturne, dont la révolution dure cet espace de temps.

« Bélus, disent-elles, fut fils de *Libye* et de *Nep-*
« *tune.* » N'est-ce pas précisément la phrase hébraïque? « Nemrod fut engendré par l'Éthiopie; »
ce nom de *Nemrod* qui n'a aucun sens dans l'hébreu, qui n'a pas même les formes de cette langue, s'explique assez bien dans la langue pehlevi : « *Nim* en pehlevi, dit le traducteur du *Zend-
Avesta*, signifie *côté, portion, moitié; rouz* signifie *midi*(1); en sorte que Nimrouz bien identique
à *Nemrod*, est l'astre de l'*Éthiopie, le fils de la
saison brûlante.*

Jusqu'ici l'on voit que, sous des formes généa-
logiques, nous avons une véritable géographie
dont toutes les parties observent un ordre régulier et systématique. Ce même caractère continue de se montrer dans la troisième division, celle
de *Sem*.

---

(1) Zend-Avesta, tome II, pages 402 et 456; et tome I, partie II, page 272, note 3.

CHAPITRE XIX.

Division de Sem.

Les peuples dépendants de Sem, contenus dans son territoire, sont : 1° *Aïlam*, nom collectif des Elyméens, bien connus pour habiter les montagnes de la Perse à l'orient de la Chaldée;

2° *Ashour* ou *Assur*, nom collectif des *Assyriens*, qui d'abord ne furent que les habitants de l'*Atourie*, où Ninus bâtit Ninive, mais dont le nom, après ce conquérant, s'étendit aux Babyloniens et même aux Syriens.

Ici se présente une remarque sur la traduction vulgaire de ce verset célèbre de la Genèse (ch. « 10) : « De la terre de Sennar est sorti *Assur*, « qui a bâti Ninive. »

Il semblerait qu'*Assur* fût un nom d'homme : alors il désignerait Ninus, et c'est l'opinion de beaucoup de savants; mais dans ce cas il sera, et il est en effet, une nouvelle preuve de la posthumité de la Genèse, puisque *Ninus*, selon Hérodote, ne régna pas avant l'an 1237, environ 200 ans après Moïse. La vérité est qu'ici, comme partout, *Assur* est un nom collectif qu'il faut traduire selon le génie de notre langue, l'*Assyrien* ou les *Assyriens*. Parcourez tous les livres hébreux, spécialement Isaïe, Jérémie, les Rois, surtout au livre IV; jamais vous ne trouverez le *pays* ou le *peuple* assyrien désigné autrement que par *Assur*.

« *Assur* viendra comme un torrent; *Assur* s'é-
« lèvera comme un incendie; le Seigneur suscitera
« *Assur* contre *Moab*, contre *Ammon*, contre
« *Juda*, contre *Israël*: » or, personne ne pensera
qu'*Assur*, *Moab*, *Ammon*, *Israël*, soient des individus : bien plus, on trouve cent fois répétée cette autre expression encore plus incompatible :
« Le roi d'Assur, la terre d'Assur, les forts d'As-
« sur; Phal, roi d'Assur, vint contre Manahem;
« Achaz appela Teglat-Phal-Asar, roi d'Assur, etc. »

Il est donc évident qu'*Assur* est toujours un nom collectif, employé selon le génie des langues orientales, dont les Arabes et les Syriens de nos jours sont un exemple subsistant.

3° *Loud*, nom collectif des *Lydiens*, ayant en syriaque le sens de *sinuosités*, qui convient très-bien au fleuve Méandre. Selon les Grecs, avant la guerre de Troie, les Lydiens s'appelaient *Ma-Iones*, nom composé d'*Ionie*. Le nom de *Lydiens* leur vint-il des Assyriens, dont Ninus les rendit sujets?

4° Le quatrième peuple dépendant de Sem est

Aram, qui en syriaque signifie *nord* (relatif aux Phéniciens); c'est la *Syrie* des Grecs, ainsi nommée par abréviation d'*Assyrie*.

Les Hébreux divisent l'*Aram* ou *Syrie* en plusieurs districts, 1° l'*Aram-Nahrim*, l'Aram des deux fleuves (Tigre et Euphrate), traduit en grec *Meso-potamos* (entre les fleuves.)

2° L'Aram propre, ou pays de *Damas* et confins.

3° L'Aram Sobah sur lequel on n'est pas d'accord. Josèphe le prend pour la *Sophène* en Arménie : Bochart (1) lui donne pour limites à l'est le cours de l'Euphrate; à l'ouest, la Syrie de Hamah, d'Alep et de Damas; en sorte que, selon lui, *Sobah* aurait été ce qui depuis fut le royaume de Palmyre. Michaëlis (2) veut que *Sobah* soit Nisibe, à trente-cinq lieues sud-ouest de Ninive; mais les auteurs tardifs dont il s'appuie sont si peu instruits sur cette matière, que traduisant le livre de Samuël, à l'article des guerres de David contre les rois de Sobah, ils n'ont pas même su lire correctement le texte hébreu; car tandis que ce texte dit (3) « que l'Araméen (Syrien) de Damas vint « pour secourir *Hadad-azer*, roi de *Sobah*; que « David battit cet *Araméen*, lui tua 22,000 hom-

---

(1) Phaleg. et Chanaan, lib. II, cap. 6.
(2) *Geographia Hebræorum extera*, page 114.
(3) *Sam.*, lib. II, cap. 8, v. 5 et 6.

« mes, et mit garnison à Damas : » les deux traducteurs arabe et syriaque, au lieu de l'*Araméen* (1), ont lu l'*Iduméen*, sans apercevoir l'inconvenance de lier Damas à l'Idumée, située sur la mer Rouge; et, de plus, l'Arabe a pris sur lui d'appeler roi de Nasbin (Nisibe) le roi de *Sobah*. Michaëlis, en adoptant cette erreur, et voulant la confirmer par saint Ephrem, etc. (2), n'a pas pris garde que le texte, qui parle ailleurs des *rois de Sobah* au nombre pluriel (3), indique que *Sobah* était un pays et non une seule ville. Ce même texte dit encore, « que David battit le roi « de Sobah en *allant* pour *étendre sa main*, c'est-« à-dire son *pouvoir* sur l'Euphrate; » Michaëlis veut que ce soit le roi de Nisibe qui *alla* vers l'Euphrate; mais relativement à l'écrivain juif placé à Jérusalem, le mot *aller* ne peut convenir qu'à David. Si le roi de Sobah fût *venu* de Nisibe, il eût *amené* avec lui les Syriens d'au delà l'Euphrate : il les *fit venir à lui*, selon le propre texte; donc il résidait en deça de l'Euphrate : seulement, il avait sur l'autre rive des sujets ou alliés qu'il fit venir, mais non pas venir de Nisibe, séparée du fleuve par un désert très-aride de quarante lieues d'étendue.

---

(1) Le psaume LX a commis la même faute.
(2) *Voyez* Assemani, Biblioth. syriac., tome I, pag. 533 à 539; tome III, part. I, page 3.
(3) *Sam.*, lib. I, chap. 14, v. 4.

Il est encore dit que le roi de *Hamah* avait eu des guerres fréquentes avec le roi de Sobah; et les chroniques donnent à *Hamah* l'épithète de *Sobah* (*Hamat-Soba*): ces deux pays étaient donc limitrophes. Or, si Hamah, séparée de Nisibe par un désert de 90 lieues, était bornée au sud par Damas, et à l'ouest par les Phéniciens, le *Sabah* devait être situé ou au nord vers Alep, ou à l'est vers l'Euphrate; et c'est précisément ce qu'atteste Eupolême (1) lorsqu'il dit que *David subjugua les Syriens qui habitaient la Commagène et le pays adjacent à l'Euphrate* (où furent situées les villes de Hiérapolis et de Ratsaf, comme l'observe Bochart, qui peut-être a raison d'y joindre Taïbeh et Tadmor.)

« David, dit le texte, revenant de battre les « Araméens (les Syriens), s'illustra (par une nou-« velle victoire) dans la vallée des Salines. »

Il y a deux vallées de ce genre : l'une dans laquelle est situé le lac de Gabala à 25 lieues nord-nord-est de Hamah; l'autre où se forme la lagune salée de Zarqah, 15 lieues nord-est de Hamah : ces deux positions sont également sur la route de David, *revenant* soit du nord, soit de l'est. Si, comme l'a cru Fl. Josèphe, Sobah eût été la *Sophène*, province d'Arménie, les Juifs nous eussent parlé du passage de l'Euphrate, qui eût été

---

(1) Eusèbe, *Præpar. evang.*, lib. IX, chap. 30.

une opération inouïe pour eux. — « David en-« leva une immense quantité d'airain des villes de « *Betah* et de *Birti*, appartenantes au roi de So-« bah. » Betah n'est connue de personne, et vouloir, avec Michaëlis, que *Birta* soit la ville phénicienne de *Beryte*, est une inconvenance inadmissible. Elle serait plutôt *Birta* (aujourd'hui *Bir*), à l'est de l'Euphrate, sur la route d'*Alep* en Assyrie ; mais il faudrait que David eût passé le fleuve, à moins qu'à cette époque il n'y eût sur la rive ouest de l'Euphrate une ville de *Birta*, ruinée ensuite et remplacée par celle du même nom qu'Alexandre bâtit sur la rive orientale. Tout confirme l'opinion de Bochart, et concourt à étendre le royaume de Sobah le long de l'Euphrate jusqu'aux montagnes de la Cilicie.

Remarquons en passant, que cette existence des États araméens de *Sobah*, *Hamah* et *Damas*, qui se continue depuis et avant Saül, jusqu'au temps d'Achaz, confirme l'assertion d'Hérodote qui restreint l'empire des Assyriens ninivites à la haute Asie, pendant 500 ans, et qui par là les exclut de l'Asie basse, c'est-à-dire de l'Asie mineure et de la Syrie. Les chroniques juives s'accordent avec lui, en nous montrant l'ouest de l'Euphrate indépendant de leur puissance, et en n'y laissant apercevoir son extension qu'au règne de *Phul*, vers l'an 770. Alors commence, de la part des sultans de Ninive, un système d'agrandissement de ce côté, qu'ils poursuivent jusqu'au temps de Sardanapale. Le discours de Sennachérib au roi Ézéqiah, indique très-bien cet état de choses. « Les dieux des nations, dit ce prince, « ont-ils délivré les pays ravagés par mes pères, « les pays de *Gouzan*, de *Haran*, de *Ratsaf*; et « les enfants d'Aden qui sont en Talashar? où est « le roi de Hamah et d'Arfad? où sont les rois des « *Sapires*, de *Ana*, de *Aoua*? etc. (1).

Nous avons le pays de *Gouzan*, *Gauzanitis*, de Ptolomée, près de la rivière de Khaboras en Sennaar; celui de *Haran* ou *Charræ*, près d'*Edessa* en Mésopotamie. *Ratsaf* ou *Resapha* est situé au sud de l'Euphrate et au nord de Palmyre. *Aden* est *Adana*, ville puissante, près de *Tarsus* ou *Tarsis* en Cilicie; et puisque Aden est en *Talashar*, il faut que Talashar soit la *Cilicie*, qui, par les Arabes, serait prononcé *Tchilitchia*. Hamah est bien connu sur l'Oronte. Arfad, toujours nommé avec Damas et Hamah (2), ne saurait en être écarté plus loin qu'*Aradus*, appelé aussi *Arvad*. Les Sapires sont au nord de l'Arménie. Ana est une île de l'Euphrate; *Aoua*, un canton de la basse Babylonie.

Lors donc que Sennachérib, pour effrayer le roi juif, lui dit que *ses pères* ont ravagé tous ces

---

(1) Reg. II, cap. 18.
(2) Jérémie, chap. 49, v. 23.

pays, sans doute il n'entend pas une vieille conquête faite par Ninus, 1400 ans auparavant (selon Ktésias); mais une conquête récente dont nous suivons la trace dans Salmanasar, qui subjugua les états phéniciens, dont Arvad fut un; 2° dans Teglat, qui conquit Damas, et en déporta les habitants au pays de Qir (1); 3° dans Phul enfin, qui le premier paraît au sud de l'Euphrate, sans doute après avoir soumis *Adana* : il semblerait que *Tarsus*, port de mer puissant, ne fut conquis qu'au temps de Sardanapale, qui selon une inscription hyperbolique, l'aurait rebâti en un jour (2).

Avant cette conquête des Assyriens, c'est-à-dire avant l'an 770 ou 780 au plus, les Syriens n'étaient connus que sous leur nom d'Araméens; Homère et Hésiode, qui écrivirent vers ce temps, n'en citent pas d'autre. Il s'étendait à la Phrygie brûlée, qu'ils nomment *Arimaïa;* à la Cappadoce, dont les habitants étaient nommés *Arimeéns blancs*,, et descendaient, selon Xanthus de Lydie, d'un antique roi *Arimus*, le même que l'*Aram* hébreu. (Voy. *Strabo*, *lib.* xiii.)

---

(1) Ce pays de *Qir*, prononcé Koïr par les Arméniens, doit être celui du fleuve *Kur*, au nord de l'Arménie : à moins que l'on ne préfère le pays des *Karhi*, peuples belliqueux, mentionnés par Polybe, lib. V, chap. 10, comme habitant les vallées de l'ouest du lac de *Van.* Isaïe, chap. 22, et Amon, ch. 1, v. 5, parlent de Qir au *grand bouclier.*

(2) Peut-être *un jour des dieux* (un an).

Aram a encore pour dépendances, Aouts, Houl, Gatar et Mesh.

Aouts est connu pour l'*Ausitis* de Ptolomée, pays avancé dans le désert de Syrie vers l'Euphrate. Les Arabes *Beni-Temin*, d'origine iduméenne, ont occupé ce pays; c'est à eux que Jérémie dit (1) : « Réjouissez-vous, enfants d'Edom, « qui vivez dans la terre d'Aouts. » Là est placée l'anecdote de Iob, dont le roman offre sur Ahriman ou Satan, des idées zoroastriennes que l'on ne trouve dans les livres juifs que vers le temps de la captivité de Babylone.

Houl n'a pas de représentants.

Gatar est la ville et le pays de *Katara* sur le golfe Persique. (*Voy*. Ptolomée.)

Mesh doit être voisin, et convient aux *Masanites* de Ptolomée, à l'embouchure de l'Euphrate et non loin de Katara : le système de contiguité continue toujours de s'observer.

Un cinquième peuple de *Sem* est *Araf-Kashd*, représenté dans le canton *Arra-Pachitis* de Ptolomée, qui est le pays montueux, au sud du lac de Van, d'où se versent le Tigre et le Lycus ou grand *Zab*. Ce nom signifie *borne du Chaldéen*, et semble indiquer que les Chaldéens, avant Ninus, se seraient étendus jusque-là.

---

(1) Jérémie, chap. 39 et 49.

Cet *Araph Kashd*, selon Josèphe, fut père des Chaldéens; selon l'hébreu, il produisit *Shelah*, dont la trace, comme *ville* et *pays*, se retrouve dans le *Salacha* de Ptolomée. Shelah produisit *Eber*, père de tous les peuples *au delà* de l'Euphrate; mais si nous le trouvons *en deçà*, relativement à la Judée, nous avons droit de dire que cette antique tradition vient de la Chaldée.

D'*Eber* sont issus *Ieqtan*, père de tous les Arabes-Syriens, et Phaleg, d'où l'on fait venir Abraham, père des Juifs et d'une foule de tribus arabes, par ses prétendues femmes, *Agar* et *Ketura*. Mais si dès le siècle de Moïse, quatre générations seulement après Abraham, ces tribus présentent une masse de population et une étendue de territoire inconciliables avec les probabilités physiques et morales, nous aurons une nouvelle raison de rejeter l'existence d'*Abraham* comme homme; et si l'auteur de la Genèse, au ch. xv, v. 19, suppose que Dieu « promit à « Abraham de livrer à sa postérité, parmi plu- « sieurs peuples, celui de *Qenez*, lequel Qenez « naquit seulement quatre générations après lui; » nous pourrons encore dire que cet auteur se trahit lui-même par un anachronisme choquant. Il est plus naturel de penser que toutes ces petites tribus, d'origine incertaine, et répandues dans le désert de Syrie jusqu'à l'Arabie Pétrée, ont appelé *Ab-ram*, leur père commun, parce qu'il fut leur divinité patronale; et en disant qu'elles vinrent primitivement de Sem, l'on commettrait un pléonasme, puisque, selon le livre chaldéen de Mar-Ibas, *Sem* est le même que Zerouan, qui est aussi le même qu'Abraham; nous n'insistons pas sur le site de toutes ces tribus, parce qu'il est assez bien connu.

De *Ieqtan*, supposé homme, l'auteur fait venir treize peuples arabes, dont il pose distinctement les limites en disant :

1° « Que les enfants d'Ismaël habitèrent de-
« puis *Haouilah* jusqu'à *Shour*, qui est dans le
« désert en face de l'Égypte, sur le chemin d'As-
« syrie (par Damas); »

2° « Que les enfants de Ieqtan habitèrent de-
« puis *Mesha* jusqu'à *Shefar*, *montagne orien-*
« *tale*. »

Shefar est une montagne du désert arabe, par les 29 degrés de latitude, à environ 55 lieues *est* de la mer Rouge, et à l'*orient* d'hiver de Jérusalem : elle fut le campement le plus reculé des Hébreux conduits par Moïse (1) : Ptolomée y pose la limite extrême de l'*Arabia Felix*, au nord. Là commencent l'Arabie Pétrée et les dépendances de Kush, dont *Haouilah* fait la frontière. Tout se trouve d'accord de ce côté, qui est l'occident de Ieqtan.

---

(1) *Numeri*, 33, v. 23.

Mesha, qui est sa borne à l'orient, est le *Masanites fluvius*, l'une des branches de l'Euphrate, vers son embouchure dans le golfe Persique : une ligne tirée de *Shefar* sur *Mesha*, est donc la borne des Arabes Ieqtanides, vers le nord.

L'Océan, ou mer Érythrée, est leur borne au sud.

Vers le couchant, qui est la mer Rouge, si l'on tire une ligne de *Shefer* sur *Sabtah*, frontière de *Kush*, cette ligne laisse tous les peuples de Ieqtan dans le désert à l'est, et tous les *Kushites* dans le Hedjaz et dans le *Téhamah*, vers l'ouest ; avec cette circonstance, qu'elle suit une chaîne de montagnes rocailleuses et stériles, qui en font une limite naturelle. Le pays de Ieqtan occupe donc tout l'orient de la péninsule arabe, depuis le canton de *Saba-Mareb*, jusqu'à l'embouchure du golfe Persique, où les tribus kushites de *Ramah*, *Daden* et *Sheba*, possèdent un territoire qui fait exception. Il s'agit de placer les tribus dont les géographes grecs nous retracent plusieurs noms reconnaissables.

Al-Modad ne l'est pas très-bien dans les *Alumaiotæ* de Ptolomée ; mais *Shelaph* l'est parfaitement dans les *Salupeni* du même auteur.

Hatsar-Môt est sans contredit les *Chatramotitæ* de Strabon, le *Hadramaut* actuel des Arabes.

Ierah se trouve bien dans les *Iritæi* ;

Adouram dans *Adrama*, au pays de *Iemama*,

qui, selon les monuments cités par Pocoke (1), fut la borne de l'empire assyrien en ces contrées.

Auzal est l'*Auzara* de Ptolomée, près le pays d'Oman, sur le golfe Persique. Dans Ezéqiel (chap. 27), Dan est joint à Ion d'*Aouzal*, et Giggeius place en ces cantons une ville de Ion. (*Voy.* Bochart.)

Deqlah est inconnu; *Aoubal* doit être le *Hobal* du géographe Edrissi, ou l'*Obil* anéanti des traditions arabes.

Ambi-mal représente l'un des quatre cantons aromatifères de Théophraste, qui le nomme *Mali*.

Iobab, par l'altération du second *b* en *p* grec, qui est l'*r* latin, a fait *Iobaritæ*, en Ptoloméé.

Le nom de *Sheba* se retrouve dans *Shebám*, château-fort sur les montagnes, à l'ouest du Hadramaut, et peut-être mieux encore dans la ville de *Saba*, ou plutôt *Sheba-Mareb*; c'est-à-dire, la *capitale de Sheba*, le mot *mareb* ayant cette signification en arabe.

Haouilah offre le plus de difficultés, parce que ce nom n'a point laissé de traces, et qu'un passage de la Genèse impose à ce local des conditions contradictoires.

Ce livre dit (chap. 11, v. 10 et 11): « Et le « fleuve (du jardin d'Eden) se divisait en quatre

---

(1) *Specimen historiæ Arabum.*

« autres fleuves, dont le premier s'appelle *Phi-*
« *shoun;* celui-ci entoure tout le pays d'*Haouilah,*
« où se trouve l'or; et l'or de cette terre est bon
« (or fin) : là aussi est le Bedoulah (Bdellium) et
« la pierre de Shahm (l'onyx.) »

Nous avons vu ci-dessus un premier pays de Haouilah, appartenant à la division de Kush, réclamer sa situation dans un désert où l'on ne connaît aucune rivière : ce second Haouilah, appartenant aux Ieqtanides, exige de ne pas sortir de leurs limites; par conséquent il nous faut trouver dans la péninsule arabe, une rivière arrosant un pays où se trouvent l'or, le bdellium et l'onyx.

Les Grecs (1) nous indiquent un premier petit fleuve venant du mont Laëmus, au sud-est de la Mekke, traversant un pays riche en sources, en verdure, et de plus, roulant des paillettes d'or : là vivaient les Arabes Alilæi et les Gassandi, chez qui se trouvaient des pépites d'or en abondance. Au delà, sur la frontière du désert, vivaient les *Debæ*, riches en paillettes d'*or*, d'où leur venait leur nom : tous ces peuples, sans arts, ne savaient employer l'or à rien, et ils le prodiguaient aux navigateurs étrangers, pour des marchandises de peu de prix.

---

(1) *Agatharchides*, de mari Rubro, page 59; *Artemidorus in Strabone*, lib. XVI; *Diodor. Sicul.*, lib. III, § XLV.

Si l'on supposait que le nom *Alilæi* fût une corruption de *Haouilah*, chose très-possible de la part des Grecs, il y aurait ici de grandes convenances; mais encore serions-nous dans le territoire de Kush; et de plus nous n'y trouvons pas la pierre d'onyx, et surtout le *bdellium* que l'on s'accorde à croire être la *perle*.

Cette dernière condition nous appelle sur le golfe Persique : là nous trouvons deux rivières; l'une au pays de Iemama, ayant son embouchure en face des îles de Barhain, où se termine le grand banc des perles; l'autre, appelé *Falg* par les Arabes, sur la même côte du golfe Persique, ayant son embouchure à l'autre extrémité du même banc, sur la frontière du pays d'Oman. Le voyageur Niebuhr assure que l'onyx n'est pas rare en ces contrées : voilà plusieurs conditions remplies; mais nous ne voyons aucun nom retraçant Haouilah; et parce que le récit de la Genèse tient à la mythologie, peut-être la recherche d'un fleuve joint à ce nom est-elle idéale?

Un dernier pays nous reste à trouver, celui d'*Ophir* qui, jusqu'ici, a été la pierre philosophale des géographes : successivement ils l'ont cherché dans l'Inde, à Ceylan, à Sumatra; dans l'Afrique, à Sofala; enfin jusqu'en Espagne, où ils ont voulu que Tartesse représentât la ville de Tarsis. Chacune de ces hypothèses a combattu l'autre par des raisons de vraisemblance et d'autorité; mais toutes ont péché contre une condition essentielle à laquelle on n'a point donné assez d'attention. Cette condition est que l'auteur du dixième chapitre, ayant observé, dans toute sa nomenclature, un ordre méthodique de positions et de limites, il n'est pas permis de violer ici cet ordre : dans le cas présent, le pays d'Ophir étant assigné à la division de Ieqtan, il n'est pas permis de le chercher hors de la péninsule arabe, où cette division est restreinte.

Une hypothèse récente a été mieux calculée, en plaçant Ophir dans les montagnes du Iémen, à 12 ou 14 lieues nord-est de Lohia, en un lieu nommé Doffir (1); mais il reste douteux que ce local, voisin des Sabéens kushites, ait pu appartenir aux Ieqtanides; d'ailleurs l'addition d'une consonne aussi forte que le D, qui aurait changé Ophir en Doffir, est une altération dont l'idiome arabe n'offre pas d'exemple : enfin l'on ne conçoit pas comment les vaisseaux de Salomon auraient employé à faire un voyage de 400 lieues au plus (tout louvoiement compris), un temps aussi long que celui dont le texte donne l'idée, en disant que ces vaisseaux partaient *chaque troisième année* pour Ophir, c'est à dire, qu'ils

---

(1) Recherches sur la Géographie des anciens, par M. Gosselin, in-4°, tome 1, page 124.

étaient un an à se rendre, un an à revenir, et ils n'auraient fait que 400 lieues par an !

Après avoir médité ce sujet, il nous a semblé qu'un plus grand nombre de convenances historiques et géographiques se réunissaient pour placer Ophir sur la côte arabe, à l'entrée du golfe Persique : établissons d'abord le texte qui doit être notre premier régulateur.

« Salomon fit construire des vaisseaux à Atsiom-
« Gaber (sur la mer Rouge près d'Aïlah), et Hi-
« ram, roi de Tyr, lui envoya des pilotes con-
« naissant la mer, pour conduire ses vaisseaux ; et
« ils allèrent à Ophir, d'où ils apportèrent beau-
« coup d'or. (*Reg.* 1, c. 9, v. 10.)

« Et la reine de Sheba ayant entendu parler de
« Salomon, le vint voir. (*Ibid.*, ch. 10, v. 1er.)

« Et elle lui apporta en présent une quantité
« prodigieuse d'or, d'aromates exquis, et de pier-
« res précieuses. (v. 10.)

« Et les vaisseaux de Hiram qui apportèrent de
« l'or d'Ophir, en apportèrent aussi des bois ap-
« pelés *almoguim* (que l'on croit le sandal) et des
« pierres précieuses. (v. 11.)

« Et Salomon tira beaucoup d'or des rois d'A-
« rabie. (v. 15.)

« Et les vaisseaux de Tarsis (appartenant) au
« roi, allèrent avec ceux de Hiram, chaque troi-
« sième année ; et ces vaisseaux de Tarsis appor-

« tèrent de l'or, de l'argent, des dents d'éléphant,
« des singes et des paons. (v. 22.)

« Josaphat fit construire des vaisseaux de Tar-
« sis, pour aller à Ophir; mais ils périrent dans
« le port même d'Atsiom-Gaber. (c. 22, v. 49.) »

Pesons bien les circonstances et même les mots
de ce récit : « 1° Des vaisseaux partent d'Atsiom-
« Gaber; ils vont à Ophir; ils en apportent beau-
« coup d'or; et Salomon tira beaucoup d'or des
« rois d'Arabie. »

Ici Ophir ne figure-t-il pas en synonyme avec
Arabie?

« 2° Et la reine de Sheba ayant entendu parler
« de Salomon, le vint voir. »

Cette princesse ne sera pas venue sur un ouï-
dire; elle aura questionné les gens mêmes de Salomon; elle les aura fait venir; elle ne l'aura pu
qu'autant qu'ils auront relâché dans un de ses
ports. Les ports du Téhama ne lui appartenaient
point, ils étaient aux Kushites. Le port le plus
voisin de sa résidence, qui devait le mieux lui
appartenir, était celui que les Grecs appelèrent
par la suite *Arabia felix*, aujourd'hui *Hargiah*,
à l'embouchure de la rivière de Sanaa. Ce port,
disent les Grecs, fut l'entrepôt où les marchandises de la mer Rouge et celles du golfe Persique et de l'Inde se rencontraient, avant qu'une
navigation directe se fût établie de l'Égypte dans
l'Inde.

Selon les monuments arabes, la reine de Saba, nommée *Balqis*, vivait à *Mareb*, c'est-à-dire, dans la *capitale* du pays de *Saba*. Le Hadramaut était dans sa dépendance; il est la contrée des aromates. Les singes qu'elle y joignit, sont nommés en hébreu *qouphim*, dont l'analogue subsiste au Malabar, dans le mot *kapi*, venu du sanscrit *kabhi* : les paons, appelés en hébreu *toukim*, s'appellent encore au Malabar *tougui* (1). Voilà des produits indiens : les dents d'éléphant en sont un aussi; mais l'Abissinie et l'Afrique ont pu en produire également. Si les bois *almoguim*, dont Salomon fit des instruments de musique, sont, comme on le croit, le bois de sandal (si rare, dit le texte, que depuis cette époque on n'en vit plus), ils sont une nouvelle preuve d'un commerce indien. Selon nous, les Tyriens qui furent les pilotes de Salomon, et à qui appartenait spécialement ce commerce, ne se bornaient point au port d'*Arabia felix*; ils prolongeaient la côte arabe jusqu'au pays actuel de *Maskat* : là, nous trouvons, près du cap Ras-el-hal, une ancienne ville écrite *Sour*, avec les mêmes lettres que *Tyr* : toute cette contrée, jusqu'au détroit Persique, nous est dépeinte par Niebuhr comme un pays abondant en toute denrée, et méritant le nom de *heureux* et *riche*; là

---

(1) Mémoire de M. Tychsen, *De commerciis et navigatione Hebræorum*, page 165.

étaient les villes ou pays de Sheba, Ramah et Daden, dont Ezéqiel nous dit « que les habitants « étaient les associés ou courtiers des Tyriens, à « qui ils fournissaient les dents d'éléphant, les aro- « mates et l'or (chap 27). » Sur cette côte existe encore une ville de *Daba*, dont le nom signifie *or;* et il est prouvé par une foule de passages des anciens, qu'a recueillis Bochart, en sa Géographie sacrée (liv. II, chap. 17), que cette contrée fut jadis aussi riche en or que le sont de nos jours le Pérou et le Mexique.

Eupolême (1), qui fut instruit dans l'histoire des Juifs, dit que David envoya des vaisseaux exploiter les mines d'or d'une île appelée *Ourphé*, située dans la mer Erythrée, qui est le nom de l'Océan arabique jusque dans le golfe Persique.

Ici *Ourphé* semble n'être qu'une altération d'Ophir, altération d'autant plus croyable que le même texte fait partir les vaisseaux du port d'*Achana*, au lieu d'Aïlana : mais Eupolême n'a-t-il pas eu en vue une île célèbre de ces parages, appelée par Strabon *Tyrina* (l'île tyrienne), « où l'on montrait, « sous des palmiers sauvages, le tombeau du roi « *Erythras* (c'est-à-dire, du *roi Rouge*), qui, disait- « on, avait donné son nom à l'Océan arabique, « parce qu'il s'y noya ? » Nous avons ici un conte phénicien, dont le vrai sens est que le *soleil brûlant*

---

(1) Eusèbe, *Præpar. evang.*, lib. IX, cap. 30.

et *rouge*, qui chaque soir se noyait dans la mer, reçut un culte des navigateurs qui la traversaient, et qui, en action de graces d'un voyage heureux, lui élevèrent un monument de la même espèce que celui d'Osiris, *roi, soleil,* comme Erythras. En désignant ce tombeau comme un *tumulus* pyramidal *considérable*, Strabon nous fait soupçonner un autre motif utile, celui d'avoir élevé sur cette côte plate un point dominant propre à diriger les marins.

Si nous pénétrons dans le golfe Persique, nous trouvons, sur la côte arabe, une rivière appelée *Falg*, dont le cours nous conduit à une ancienne ville ruinée qui porte le nom de *Ophor* (1), lequel, vu l'insignifiance de la seconde voyelle, représente matériellement le nom que nous cherchons, et qui le montre en un lieu convenable : il est vrai que ce local n'est point une île, comme le dit Eupolême; mais il faut observer que dans tous les dialectes de l'arabe, y compris l'hébreu, un même mot signifie île et presqu'île. Or, la pointe d'Oman, où nous trouvons Ophir, est une véritable presqu'île, surtout à raison des rivières qui coupent sa base. Quant au site propre de la ville actuelle, il a dû changer, en ce que les attérissements considérables

---

(1) M. Seetzen, dans la Correspondance de M. le baron de Zach, nomme celui-ci *Ophir*, en toutes lettres, et énonce la même opinion d'identité. (*Note communiquée*).

de cette côte ont éloigné la mer, et par cela même ont fait perdre au port et à la ville d'Ophir son activité et sa renommée.

A l'embouchure de la rivière qui avoisine les restes d'Ophir, commence le grand banc des perles, foyer très-ancien d'un riche commerce; à l'extrémité de ce banc se trouvent encore deux îles qui jadis portèrent le nom de *Tyr* et *Arad*, et qui eurent, dit Strabon (lib. 16), des temples phéniciens : leurs habitants se prétendaient la souche de ceux de Tyr et Arad sur la Méditerranée; mais si l'on considère qu'ils n'étaient que de pauvres pêcheurs sur un sol d'ailleurs aride, l'on sentira que la vraie souche de population fut aux bords fertiles de la Phénicie, et que ce récit n'est qu'une inversion qui néanmoins indique encore le commerce et la fréquentation des Tyriens, dont nous venons de rassembler un assez grand nombre de preuves.

On objecte que le circuit de l'Arabie est trop considérable pour la science nautique de cet ancien peuple; nous répondons que le vrai degré de cette science n'est pas très-bien connu, ne l'a peut-être pas même été par les Grecs, venus à une époque tardive : en outre, l'analyse semble prouver que ce circuit n'excéda réellement pas les moyens des anciens. Leurs géographes s'accordent à nous dire qu'une journée moyenne de navigation équivalait à 14 ou à 15 de nos lieues marines, c'est-à-dire

¾ de degré (1). La longueur de la mer Rouge est d'environ 320 lieues : supposons 400 à raison des caps et des baies, que les anciens tournaient ; la distance du détroit de Bab-el-mandel au cap Raz-el-had, passe 360 ; supposons 430, nous avons 830 : ajoutez 120 jusqu'au golfe Persique, plus 50 jusqu'à la rivière Falg; pour ces deux branches, supposons 200 : la totalité sera de 1030 lieues; pour compte rond, supposons 1050.

Les vaisseaux ont eu cent cinquante jours, c'est-à-dire, cinq mois de très-bon vent pour franchir cet espace : en effet, à la fin de mai commence la mousson de nord-ouest, qui dure jusqu'à la fin d'octobre. 1050 lieues, divisées par 150 jours ne donnent que 7 lieues à chaque journée : les navigateurs purent donc employer 75 jours, c'est-à-dire la moitié du temps, à des relâches : la mousson de sud-est, qui les eût ramenés, commence en novembre et finit en avril; mais ils ne pouvaient en profiter, parce qu'ils n'auraient pas eu le temps de faire leur négoce : seulement, ils purent employer les vents variables du mois qui la termine, à sortir du golfe Persique, à caboter sur la côte de Maskat; et leur retour au port d'Atsiom-Gaber put

---

(1) C'est la valeur des 540 stades allégués par Hérodote, lib. II, § CVI, de l'espèce de ceux dont on comptait 1620 entre Héliopolis et la mer. Scylax, qui compte un jour et demi de navigation entre la Corse et l'Italie, nous donne la même mesure, puisqu'il y a 23 lieues.

être effectué à la mi-janvier de l'année *seconde* du départ; alors une nouvelle expédition avait le temps de se préparer pour partir à la fin de *mai*, qui commençait l'année *troisième*.

Dira-t-on que les Tyriens ont exploité le commerce du golfe Persique par un moyen qui a encore lieu aujourd'hui, c'est-à-dire, par les caravanes des Arabes se rendant à travers le désert, soit à l'Euphrate, soit directement au golfe? Il est vrai que plusieurs passages des psaumes de David, des prophètes, et surtout d'Ezéqiel, indiquent que les Tyriens surent tirer ce parti des Bédouins, en tout temps dévoués à celui qui les salarie; mais la voie du désert n'offrait guère moins d'obstacles que celle de la mer, en ce que les Tyriens étaient obligés de traverser les pays, souvent hostiles, des Juifs, des Syriens de Damas, et surtout de prolonger le pays des Babyloniens, dont les rois furent leurs ennemis acharnés. La cause de cette haine, comme de celle des Ninivites leurs prédécesseurs, s'explique même en faveur de notre hypothèse, en disant que, jaloux des richesses que les Phéniciens tiraient du commerce de l'Inde, par le golfe Persique, ils leur coupèrent d'abord la voie du désert; puis, lorsque l'industrie tyrienne eut imaginé la voie de la mer Rouge et le circuit de l'Arabie, ils l'attaquèrent dans son foyer même, pour extirper cette dérivation du commerce indien, et le ramener en son lit ancien et naturel, le cours du Tigre et de l'Euphrate, où il fut la véritable cause de la splendeur successive de Ninive, de Babylone et de Palmyre.

On nous oppose l'opinion de plusieurs écrivains grecs qui « ont nié que personne eût navi- « gué au delà du pays de l'encens avant l'époque « d'Alexandre; » ce sont les expressions d'Eratosthènes en Strabon (lib. XVI, pag. 769) : mais le témoignage d'Hérodote est d'un plus grand poids, lorsque, sur l'autorité des savants égyptiens et perses qu'il consulta, il raconta, « qu'environ 40 « ans avant lui, le roi Darius Hystaspes eut la cu- « riosité de connaître le cours de l'Indus; que pour « cet effet il confia des vaisseaux à des *hommes* « *sûrs et véridiques*, entre autres à Scylax de Ka- « riandre, lesquels vaisseaux, après avoir des- « cendu l'Indus depuis la ville de Kaspatyre, fi- « rent route dans l'Océan vers l'ouest, et arri- « vèrent le trentième mois, au fond du golfe « d'Héroopolis d'Égypte (1). »

Comment Eratosthènes et d'autres anciens ont-ils négligé ce fait? Nous répondons, avec de savants critiques : 1° parce que les anciens ont en général dédaigné les prétendus contes d'Hérodote; et nous ajoutons, 2° parce qu'ils ont été

---

(1) Hérodote, lib. IV, § XLIV : ce Scylax est l'auteur même du Périple qui porte son nom, comme l'a démontré Sainte-Croix.

imbus d'un préjugé formellement avoué par Arrien : cet auteur, parlant des efforts inutiles d'Alexandre pour faire sortir ses vaisseaux du golfe Persique, nous dit en substance : « On était per-
« suadé à Babylone, que le golfe Persique et le
« golfe Arabique ayant leurs embouchures dans
« l'Océan, il devait exister un passage libre par
« mer, entre Babylone et l'Égypte; mais personne
« n'était encore parvenu à doubler les caps mé-
« ridionaux de l'Arabie : cette entreprise passait
« pour impossible, à cause de l'*excessive chaleur*
« qui dans ces latitudes rend la terre inhabitable. »
Arrien ajoute : « Si la côte extérieure au golfe
« Persique eût été navigable, ou si l'on eût soup-
« çonné la possibilité de s'en approcher, je ne
« doute pas que l'extrême curiosité d'Alexandre
« ne fût parvenue à faire reconnaître le pays par
« mer ou par terre (1). »

L'excessive chaleur rendant la terre inhabitable; voilà le préjugé qui a égaré presque tous les anciens, et dont ne fut pas exempt Hérodote lui-même; avec cette différence, honorable à son

---

(1) Arrien, *Rerum Indicarum*, chap. 43; et *De expeditione Alexandri*, lib. 7, chap. 20 : il est étonnant qu'Arrien, homme d'esprit, n'ait pas vu que la prétendue impossibilité alléguée de sortir du golfe Persique eut la même cause que le découragement qui, sur les bords de l'Indus, s'opposa à ce que le conquérant poussât plus loin les expéditions guerrières dont son armée était excédée.

caractère, qu'il n'eut point la présomption de soumettre les faits à sa théorie, et qu'au contraire, en plusieurs occasions, il a eu la candeur de nous dire : « Voilà ce qu'on m'assure : « cela ne me paraît pas croyable; mais peut-être « d'autres le croiront. » Nous verrons bientôt que cette bonne foi l'a mieux dirigé que ses censeurs.

Pour revenir à notre question, nous disons que la *persuasion* où l'on était à Babylone de la possibilité du circuit de l'Arabie, avait pour cause quelques traditions confuses ou dissimulées des anciennes navigations : leur souvenir dut s'obscurcir même chez les Orientaux, parce que les guerres continues depuis Salmanasar jusqu'à Nabukodonosor, après avoir long-temps distrait, finirent par détruire les Tyriens et les Iduméens, agens de ces navigations, et plongèrent dans le trouble et l'ignorance, les générations qui leur succédèrent. A plus forte raison, les Grecs d'Alexandre, venus deux siècles et demi après que Tyr eut été dévastée par Nabukodonosor, puis par Kyrus et ses successeurs, durent-ils ignorer des faits qui, par eux-mêmes, n'étaient pas éclatants; surtout lorsque nous voyons ces mêmes Grecs peu et mal instruits dans toute l'histoire des rois ninivites et babyloniens, de qui ces faits furent contemporains.

Mais enfin, dira-t-on, ce petit peuple tyrien,

séparé de la mer Rouge, par un espace de 90 lieues communes (de 2,500 toises) qu'occupaient quatre ou cinq nations souvent en guerre; comment put-il entretenir les communications nécessaires à son commerce, et surtout comment put-il former et alimenter le matériel d'une marine soumise à beaucoup de casualités, c'est-à-dire, se procurer les métaux, les chanvres, les bois de construction, etc., quand il est avéré que les bords de la Méditerranée sont tellement dénués de ces objets, que, selon Strabon, Diodore et Pline, « les indigènes n'y exerçaient la navigation « qu'au moyen de grands paniers tissus de joncs « ou de feuilles de palmiers, recouverts de peaux ou cuirs cousus et goudronnés? »

Sans doute ce sont là des difficultés, mais un examen attentif des faits sait les résoudre.

D'abord, quant aux communications, ce qui se passa entre Hiram et Salomon nous montre ce qui dut se passer avant et après ces princes ; il est sensible que les Tyriens durent avoir tantôt avec les Philistins, tantôt avec les rois de l'Idumée, des traités semblables à ceux qu'ils eurent avec David et Salomon, maîtres accidentels de cette contrée.

Quant au passage matériel des choses, il put se faire entièrement par terre, dans les cas d'alliance avec les Juifs et les Philistins; mais en d'autres cas, il dut se faire par des moyens plus convenables à l'esprit d'économie d'un peuple marchand.

Ce peuple de Tyr étant, comme l'on sait, maître de la mer de Syrie, il dut user de cet avantage pour se procurer un entrepôt rapproché, autant que possible, de la mer Rouge. Parmi plusieurs, la côte de Gaza lui en offrit un éminemment commode dans le lieu appelé *El-arish* qui, situé sur une plage déserte, loin des regards jaloux de tout gouvernement, avait le double mérite de la sûreté et du secret; joignez-y un torrent d'eau douce (dit le *torrent d'Égypte*), à la vérité temporaire, et quelques sources saumâtres ombragées de palmiers. Ce havre, encore praticable, dut jadis être meilleur, quand les attérissements continus de cette plage ne l'avaient pas ensablé; sa distance au port d'Atsiom-Gaber est d'environ 45 lieues communes, c'est-à-dire de 5 à 6 journées de caravane. Le désert intermédiaire, très-aride, ne peut se traverser qu'avec l'agrément des Arabes qui le parcourent; il fut facile à un peuple riche, de mettre à sa solde des Bédouins toujours affamés; leurs chameaux transportèrent tout ce que les Tyriens voulurent débarquer. Des discussions accidentelles avec les Iduméens, maîtres naturels d'Atsiom-Gaber, durent s'élever pour motifs d'intérêt et de péage; elles durent susciter l'idée de chercher ailleurs un établissement plus indépendant; la plage, au couchant du mont Sinaï, en offrait de tels; les Phéniciens en profitèrent, de l'aveu exprès des historiens grecs, qui nomment, comme leur appartenant, une ville au local d'Elim, et un port qui, chez les Arabes, conserve encore le nom d'*El-Tor*, mot identique à celui de *Sour* et *Tyr*. Ce lieu, favorisé de bonne eau douce et de palmiers-dattiers, dut surtout fixer les Tyriens qui, protégés par leurs vaisseaux, purent y être à l'abri des caprices des Arabes, leurs hôtes.

Mais ces vaisseaux, comment se trouvent-ils construits là? Nous répondons que les Tyriens firent alors ce qui se fait encore aujourd'hui, ce que l'histoire nous apprend s'être fait de tout temps : ils firent fabriquer sur la Méditerranée tous les agrès et les carcasses même des vaisseaux, et ils les transportèrent à dos de chameau d'un rivage à l'autre; c'est ainsi que les Turks ont entretenu leur marine à Suez (1), depuis Sélim; que Soliman, en 1538, y fit passer une flotte entière de 76 bâtimens, fabriqués à Constantinople et sur la côte de Cilicie. C'est ainsi qu'Ælius Gallus, sous le règne d'Auguste, fit passer une autre flotte de 80 galères, à 2 et 3 rangs de rames, etc.

___

(1) *Voyez* Thévenot, Voyage, liv. II, chap. 24; Niebuhr, Voyage, tome 1, page 172 : et Volney, Voyage en Syrie, t. 1; tous témoins oculaires de ces transports.

Mais de quelle espèce étaient ces vaisseaux tyriens ? Nous l'apprenons clairement d'Ezéquiel, en son intéressant chapitre XXVII, lorsqu'il dit : « O « Tyr! tes enfants (ou tes constructeurs) emploient « les sapins de Sanir à faire les planches (pour les « bordages ou les ponts) de tes vaisseaux; ils em- « ploient les cèdres du Liban à faire *tes mâts*; les « aunes de Bazan à faire *tes rames*; les buis de Ke- « tim, incrustés d'ivoire, à faire les bancs de tes « rameurs; les fines toiles d'Égypte bariolées, à « faire *tes voiles*; l'hyacinthe et la pourpre des îles « de Hellas, à teindre les tentes qui ombragent « (tes nautoniers,) : tu dis : Je suis d'une beauté « parfaite..».

Nous voyons, dans ce texte, que les vaisseaux de Tyr étaient à *voiles* et à *rames*, c'est-à-dire, du genre des galères dont l'usage est immémorial sur la Méditerranée ; par conséquent cette voile fut triangulaire, celle que l'on appelle *voile latine*, qui a le mérite précieux de serrer le vent au plus près.

Le texte ne spécifie pas que les vaisseaux fussent *pontés*; mais cet attribut des galères nécessité par la grosse mer, est une suite indispensable.

Maintenant d'où vient, dans le texte du livre des Rois, l'expression de *vaisseaux de Tarsis*, construits par Salomon et par Josaphat ? Les commentateurs en ont cherché l'explication au bout du monde : elle nous semble placée sous la main, et offerte par un état de choses encore présent à nos yeux.

En effet, nous voyons qu'en matière de constructions, chaque peuple et ci-devant chaque ville maritime, par certaines raisons de calcul ou de routine, ont donné et donnent encore à leurs vaisseaux des formes particulières, d'où leur sont venus des noms distincts. Ainsi l'on distingue les vaisseaux de Hollande, par leurs hanches plus larges, par leurs quilles plus aplaties ; les vaisseaux d'Angleterre, par leurs flancs plus effilés, par leurs quilles plus tranchantes ; les vaisseaux de Venise et de Gênes (quand ces villes furent républiques), par d'autres caractères particuliers ; en sorte que de très-loin en mer, un œil expert sait de quel pays et même de quel chantier est un vaisseau. Hé bien, chez les anciens cet état de choses dut avoir lieu, et alors les différences durent être d'autant plus marquées, que les peuples, dans un état habituellement hostile, avaient moins de rapports. Les vaisseaux de Carthage, ceux de Syracuse, d'Athènes, de Milet, durent avoir des caractères distincts ; or, parmi les anciennes villes qui eurent une marine, et par conséquent des chantiers de construction, il s'en présente une célèbre qui eut tous les moyens de construire des vaisseaux désignés par son nom. Cette ville appelée *Tarsus* par les Grecs, la même que notre

Tarsis des Hébreux, était située sur la côte de Cilicie, la plus riche de la Méditerranée en bois de marine, et le foyer perpétuel d'une navigation active, portée jusqu'à la piraterie.

« *Tarsus*, nous dit le savant Strabon (liv. xiv,
« p. 673), doit son origine aux Argiens qui, sous
« la conduite de Triptolème, cherchaient Io » (c'est-à-dire que cette origine se perd dans les temps fabuleux). Solin, compilateur d'auteurs anciens, l'attribue à Persée (ch. xxxviii; autre signe d'antiquité) : il ajoute qu'on l'appelait la *mère des villes* ;
« que ces peuples (les Ciliciens) avaient jadis com-
« mandé depuis la Lydie jusqu'à l'Égypte ; qu'ils
« furent dépossédés par les Assyriens, etc. » Ceci cadre bien avec le discours de Sennachérib, disant à Ézéqiah « que ses pères ont récemment conquis
« la ville de Adana (près de *Tarsus*); et avec l'anecdote de Jonas qui, sous le règne de Jéroboam II, environ 65 ans avant Sennachérib, s'enfuit à *Tarsus*, pour *éviter* de *se rendre* à Ninive : n'a-t-on pas droit de conclure qu'alors Tarsus était indépendante de Ninive ? L'épitaphe de Sardanapale, qui suppose que ce prince *bâtit en un jour Tarsus* et *Anchialé*, indique seulement qu'il *répara*, et qu'alors ces deux villes dépendaient des Assyriens. Le dixième chapitre de la Genèse, en nommant Tarsis comme *enfant*, c'est-à-dire *colonie* de Ion, dépose dans le même sens que les Grecs en faveur de son antiquité. Quant à son industrie,

Strabon continue : « La rivière Kydnus traverse
« Tarsus, et forme au-dessous d'elle un marais na-
« vigable, qui jadis fut un port spacieux, ayant
« son embouchure dans la mer par un col étroit
« appelé *Regma*, c'est-à-dire *rupture*. Cette ville
« est populeuse et a le rang de métropole ; ses ci-
« toyens ont une telle passion pour les sciences
« physiques et mathématiques, qu'ils ont sur-
« passé en ce genre les écoles d'Athènes, d'A-
« lexandrie et de toute autre ville savante qu'on
« pourrait nommer : il y a ceci de notable, qu'à
« Tarsus ce sont les indigènes qui sont les savants
« et les studieux ; il y vient peu d'étrangers. Ces
« indigènes, au lieu de rester dans leurs foyers,
« se livrent aux voyages pour acquérir ou per-
« fectionner leurs connaissances ; et ces voyageurs
« s'expatrient volontiers pour s'établir ailleurs ; il
« n'en revient qu'un petit nombre : c'est le con-
« traire des autres villes, si j'en excepte Alexan-
« drie, etc. »

Avec un tel caractère moral, et avec l'avantage
des forêts de son voisinage et des métaux dont l'A-
sie mineure fut toujours riche, l'on a droit de
croire que Tarsis eut très-anciennement des chantiers actifs ; que par cette activité, ses constructeurs ayant acquis la science qui naît de la pratique, ils imaginèrent des formes de vaisseaux
mieux calculées que celles de leurs voisins, et qui
reçurent la dénomination de *vaisseaux de Tar-*

sis. Salomon, qui nous est dépeint comme un prince curieux en tout genre d'arts et de sciences, ou lant avoir des vaisseaux sur la mer Rouge, et se trouvant obligé de les y construire de toutes pièces, sans être dirigé par aucune routine antérieure de son pays et de sa nation, Salomon a dû désirer de les construire sur le modèle le plus renommé, le plus parfait : il aura choisi celui de Tarsus; et parce qu'il fallut que ces vaisseaux fussent transportés de toutes pièces par terre, pour être refaits à Atsiom-Gaber, pays sauvage et dénué d'ouvriers, ce prince habile les aura fait fabriquer ou acheter tout faits au chantier de Tarsus, opération, en pareil cas, toujours la plus économique et la plus sûre. Il est même probable que les Tyriens, dont le pays fertile, mais très-petit, n'avait que des arbres fruitiers, prirent de bonne heure le même parti, et achetèrent des *vaisseaux de Tarsis*. Tel est le sens le plus naturel, et telle est sûrement l'origine de cette expression, *vaisseaux de Tarsis*, qui s'adapte très-mal aux autres sens que les commentateurs lui ont donnés.

Selon les uns, Tarsis signifierait la *mer*, par analogie au mot grec θαλάσση; mais plusieurs passages des écrivains juifs repoussent cette explication : par exemple Jérémie dit: « On apporte de « l'argent de Tarsis et de l'or d'Ophaz (c. x, v. 9). » Ophaz n'est ici qu'une altération d'Ophir, causée par la ressemblance de l'*r* et du *z* dans l'alphabet chaldaïque : en tout cas, *Ophaz* comme *Ophir*, étant une ville, *Tarsis* qui est mise en comparaison, ne peut qu'en être une autre ; il serait ridicule de dire : *L'on apporte de l'argent de la mer et de l'or d'Ophaz.*

Ezéqiel, en son chapitre XXVII, dit à la ville de Tyr : « Les vaisseaux de Tarsis sont *tes voitu-* « *riers* dans tes navigations. » — Que signifierait, *les vaisseaux de la mer?*

Le sens ne serait pas moins disparate dans les menaces d'Isaïe (chap. XXIII), à l'époque où Salmanasar réduisit Tyr aux abois (vers l'an 727) : « Malheur à Tyr ! Jetez des cris de deuil, *vais-* « *seaux de Tarsis !* la maison où ils venaient (le « port de Tyr) est (ou sera) renversée (1). On les « avait taillés (ou transportés) de la terre de Ke- « tim pour eux (Tyriens). — Habitants des *îles*, « faites silence : ce qui a été entendu sur l'Égypte « (cris de deuil à l'occasion de la conquête par « l'éthiopien Sabako), Tyr l'entendra (sur elle- « même). — Passez à Tarsis, jetez des cris de « deuil, habitants des îles ! *O fille de Tarsis* (Tyr) ! « écoule-toi sur la terre comme un ruisseau (de « pluie). »

Dans tout ce passage, si, au lieu de *Tarsis*, on introduit le mot *mer*, l'on n'a point de sens rai-

---

(1) L'hébreu autorise également le futur et le présent.

sonnable: « *Passez à la mer, habitants des îles,*
« etc. » Au contraire, Tarsis convient partout à la
ville de *Tarsus*; et cette convenance se confirme
par son adjonction, 1°. au pays de *Ketim*, qui
chez les Hébreux désigne Cypre et la côte de
Cilicie; 2° aux *îles* qui chez eux désignent également Rhodes et l'Archipel. — Notez qu'Isaïe appelle ici Tyr *fille de Tarsis* (tirant d'elle sa puissance), comme ailleurs il l'appelle *fille de Sidon*
(tirant d'elle sa naissance).

Il dit encore (ch. 2, v. 16) : « Dieu manifestera
« sa grandeur sur tout ce qui est orgueilleux, sur
« tout ce qui est élevé, sur les vaisseaux de Tarsis,
« et sur tout ce qui est *beau à la vue*. » Cette
comparaison des *vaisseaux de Tarsis* à ce qui est
beau à la vue, n'indique-t-elle pas que les vaisseaux de cette ville étaient pour ces temps-là, et
surtout pour les Hébreux, montagnards ignorants,
un objet d'art étonnant, qui mérita une dénomination spéciale ? Cette même comparaison de
beauté se trouve dans Ezéqiel, lorsqu'au chapitre 27, après avoir dépeint les vaisseaux de
Tarsis, il fait dire à Tyr : « Je suis *d'une beauté*
« *parfaite.* »

Mais, objectent encore les commentateurs, on
lit dans le livre des Paralipomènes (1), que les
vaisseaux du roi allèrent à *Tarsis*, et que Josa-

---

(1). Liv. II, chap. 9, v. 22; chap. 20, v. 36.

phat fit construire des vaisseaux à Atsiom-Gaber, pour aller à Tarsis.

Cette difficulté a été insurmontable pour ceux qui ont attribué une infaillibilité sacrée aux livres hébreux; mais tout lecteur qui, libre de préjugé, se rappellera les erreurs chronologiques où nous avons surpris et où nous surprendrons encore l'auteur tardif et négligent des Paralipomènes; tout lecteur qui remarquera qu'en cette occasion, comme dans plusieurs autres, il n'a tiré ses informations que du livre des Rois, qu'il n'en est même ici que le copiste littéral, à l'exception du du mot *aller* (1), pensera qu'il a été trompé par l'expression *vaisseaux de Tarsis*, et que, selon l'erreur de son siècle, ayant cru qu'on les envoyait dans ce pays, il a, de son chef, introduit le mot *aller*: voilà l'unique base sur laquelle repose l'hypothèse qui veut que les vaisseaux de Salomon, et par suite ceux des Tyriens, aient fait

---

(1) Et aussi du mot *Almogim*, qu'il altère en *Algomim*, comme il a fait *Argoun* au lieu d'*Argmoun* dans Ezéqiel, chapitre 28. Un autre exemple d'altération et d'erreur de la part des Paralipomènes, est le pays de *Parvaim* ou *Pherouim*, dont ils vantent l'or. Quelques paraphrastes n'ont pas craint d'y voir le *Pérou*; nous y voyons tout simplement l'altération du mot *Sapherouim*, dont l's initial a disparu, et qui désigne l'un des peuples cités par Sennachérib, et connu des Grecs sous le nom de *Sapires* et *Saspires*, voisin de la Colchide, et riche en or natif recueilli dans les torrents.

habituellement le tour de l'Afrique, pour arriver à *Tartesse*, supposée Tarsis; trajet si inconcevable pour tous les anciens, que Hérodote même qui, sur la foi des prêtres égyptiens, en a cité *un exemple extraordinaire*, paraît en douter, et que tous les anciens l'ont considéré comme une fable (1).

---

(1) Des savants modernes sont du même avis. En rendant hommage à leur talent, nous ne pouvons souscrire à cette opinion, parce que ses principaux motifs pèchent dans leurs bases. « Les Phéniciens, dit Hérodote, ayant navigué dans la mer aus-
« trale, quand l'automne fut venu, abordèrent à l'endroit de la
« Lybie où ils se trouvèrent, et ils semèrent du blé. Ils atten-
« dirent le temps de la moisson, et après la récolte ils se remi-
« rent en mer. »

L'on attaque ce récit : on nie que les Phéniciens aient connu l'état des saisons de l'autre côté de l'équateur, et qu'ils aient pu semer en temps opportun : l'on veut même que cette expression de semer en automne, prouve un mensonge de leur part.

Laissons à part leurs connaissances possibles qui sont des conjectures : quant aux mots *semer en automne*, ils ne viennent pas des Phéniciens, mais d'Hérodote qui, écrivant 150 ans après eux sur le récit des prêtres, et qui n'ayant aucune idée de ce qui se passait de l'autre côté de la ligne, y a supposé l'ordre physique et rural de celui-ci : il a même supposé qu'ils semèrent du blé, et cela par le préjugé des Européens, qui croient qu'on ne vit pas sans blé, tandis que chez les Asiatiques, tels que les Égyptiens et les Syriens, il n'est qu'une très-petite portion des comestibles : l'on peut assurer que les navigateurs qui ont eu l'idée d'une telle entreprise, auront préféré toute autre espèce de grain, exigeant le moins de temps possible pour être récolté, tel que les lentilles, les pois, les haricots, le doura, le maïs et l'orge, auxquels 2 ou 3 mois de

CHAPITRE XIX.

L'on sent que nous parlons du voyage de ces Phéniciens qui, sous Nekos, roi d'Égypte, firent voile du fond de la mer Rouge, et qui, ayant navigué pendant deux années, doublèrent à la troisième année les colonnes d'Hercule (détroit de Gibraltar), et revinrent en Égypte (*Hérodote*, lib. iv). Cette troisième année n'a pas laissé de contribuer à l'erreur, par la fausse ressemblance

---

terre suffisent, et sur la convenance desquels les Phéniciens auront eu des connaissances préliminaires acquises dans leurs voyages antérieurs sur les côtes d'Éthiopie et d'Arabie.

« A leur retour en Égypte, ils racontèrent qu'en faisant voile « autour de la Libye, ils avaient eu le soleil à leur droite. Ce « fait, ajoute Hérodote, ne me paraît pas croyable : peut-être « le paraîtra-t-il à quelque autre. »

L'on veut que cette circonstance soit une preuve de fausseté, parce que, dit-on, les Phéniciens ne pouvant se guider que par les étoiles de l'un ou de l'autre pôle, n'ont pu avoir le soleil qu'au visage ou au dos, et que pour l'avoir à main droite, il aurait fallu qu'ils prissent leur point de direction au couchant, ce qu'on ne peut admettre. Nous pensons, tout au contraire, voir ici une preuve de vérité d'autant plus lumineuse qu'Hérodote n'y croit point. Cet auteur, comme tous les Grecs, a cru que l'on ne pouvait passer sous la ligne à cause d'une prétendue chaleur excessive; il a donc conçu que les Phéniciens avaient fait le tour de l'Afrique sans avoir passé l'équateur ; que dans ce cas, naviguant vers l'occident, ils ont dû avoir toujours le soleil sur leur gauche; mais puisque les Phéniciens traversèrent l'équateur, alors ils arrivèrent au cap de Bonne-Espérance; forcés par la direction de cette côte de *se diriger au couchant* pendant plusieurs semaines, ils eurent réellement le soleil sur leur droite; et toutes ces circonstances, combinées avec le temps suffisant qu'ils employèrent, nous paraissent mettre leur navigation hors de doute.

avec le verset qui dit que les *vaisseaux* de Salomon *allaient* chaque *troisième* année. Récemment on a voulu substituer à cette hypothèse celle du voyageur Bruce, qui a prétendu trouver un pays de *Tarshish*, en Abissinie; mais quiconque a connu Bruce, ou qui a lu son livre avec attention, sait que les assertions systématiques et présomptueuses de cet écrivain, ne peuvent être reçues sans preuves positives. Terminons cet article par une dernière remarque.

Selon d'anciens monuments arabes recueillis et cités aux neuvième et dixième siècle de notre ère, par les Musulmans, il existait d'autres versions, d'autres traditions que celle de la Genèse sur les origines arabes. Le plus savant de leurs historiens, Maséoudi (1), déclare, d'après des auteurs respectés, « que les plus anciens peuples de la
« péninsule furent quatre tribus appelées Aad,
« Tamoud, Tasm et Djodaï (ou Djedis).

« Aad habita le Hadramaut.

« Tamoud habita le Hedjaz et le rivage de la
« mer de Habash (le Téhama).

« Tasm habita les Ahouaz et la Perse méridio-
« nale.

« Enfin Djodaï habita le pays de Hou, qui est
« le Iémama.

---

(1) Notice des manuscrits orientaux, tome 1, extrait du Moroudj-el-Dahab, page 28.

« Or, ces Arabes, ajoute-il, soumirent l'Iraq
« (la Babylonie), et y habitèrent. »

Il y a ici une analogie marquée avec la Genèse :
le pays de Hedjaz ou *Téhama*, l'*Iraq* et le midi de
la Perse, sont les mêmes pays que le livre juif
attribue aux peuples noirs venus de Kush, soit
immédiatement, soit médiatement par Nimrod ;
ces premiers Arabes seraient donc les Kushites
de la Genèse (les Arabes noirs), et cette conséquence est appuyée par un monument arabe qui,
parlant du puits de Moattala, chez les Madianites,
comme de l'une des merveilles du monde, remarque que les Madianites descendaient des deux
tribus Aad et Temoud (voyez *Notice des manuscrits orientaux*, tom. 11). Or, nous savons par les
Hébreux que les Madianites, dont Moïse épousa
une femme, étaient des *Kushites*, des *Éthiopiens*.

Ces premiers Arabes furent attaqués et finale-
ment expulsés par une autre race se prétendant
issue de Sem, et parente des Assyriens et des Chaldéens ; sur quoi l'historien Hamza observe qu'il y
avait une autre manière de raconter l'histoire de
ces tribus, lorsqu'il dit :

« Tel est le récit des *Iamanais* sur leur origine ;
« mais j'ai lu dans des écrivains qui s'autorisent
« d'*Ebn-Abbas*, que les vrais Arabes, au nombre
« de dix peuples, comptaient leurs années à dater
« d'*Aram*, et que ces dix peuples ou familles

DIVISION DE SEM. 277

« étaient *Aad*, *Tamoud*, *Tasm*, *Djedis*, *Amaleq*,
« *Obil*, *Amim*, *Ouabsar*, *Djasem* et *Qahtan*: ces
« familles désignées par le nom d'*Arman*, avaient
« déjà péri en partie, quand les derniers coups
« furent portés par *Ardouan*, roi (de la dynastie
« perse) des *Ashganiens*.... Jusque-là ces Arabes
« comptaient leurs années à dater d'*Aram*. Enfin
« elle furent entièrement détruites par Ardeshir
« Babeqan (vers les années 130 de notre ère et
« suivantes). »

Il est fâcheux que les Arabes ne nous aient pas
donné l'époque de cet *Aram*. Au reste, pour raisonner sur ce récit, il nous faudrait entrer dans
trop de détails. La principale conséquence que
nous en voulons tirer, est que les Arabes ayant eu
des opinions diverses sur leurs antiquités, la version adoptée par Helqiah n'a pas le droit d'être
préférée sur parole et sans aucune discussion, surtout lorsqu'aux neuf, dix et onzième siècles, il existait encore en Orient beaucoup de livres d'origine
perse et chaldéenne, dont la composition première pouvait être contemporaine des monuments
où puisa Helqiah. Le résultat le plus probable qui
nous semble indiqué par tous ces récits, est qu'effectivement à une époque reculée, l'Arabie eut
deux races d'habitants, les uns ayant la peau et
les yeux noirs avec les cheveux longs, c'est-à-dire
vrais Éthiopiens, comme leurs voisins d'Axoum et

de Méroë (1); les autres plus ressemblants aux Assyriens, du pays desquels ils peuvent être venus; les uns et les autres parlant un langage identique dans ses principes et dans ses règles de grammaire et de construction. Cette circonstance indique qu'originairement ils sortirent d'une même souche, dont une branche habitant le midi, reçut l'impression du soleil africain; l'autre s'étant répandue plus au nord, prit une constitution adaptée à son climat. En remontant plus haut, cette souche première est-elle née en Abissinie, ou en Arabie, ou en Assyrie? C'est un problème que nous n'entreprendrons point de résoudre : seulement nous dirons que si, selon la remarque des anciens, la péninsule arabe, et spécialement son grand désert, n'ont jamais été conquis, ses habitants ne doivent point avoir été le produit d'une invasion subite d'étrangers qui n'y auraient trouvé ni subsistances, ni appât du pillage; tandis que ces mêmes habitants dressés à la vie guerrière par la dureté de leur climat, par la nécessité journalière de supporter la soif et la faim, par le besoin de changer chaque jour de site et de campement, ont eu sans cesse les motifs, et de temps

---

(1) Si les Phéniciens sont vraiment originaires du *Tehama*, ils seraient de cette race, et cela est indiqué par la *parenté* de Kanaan avec *Kush*.

à autre les moyens de se porter sur les pays riches de leurs voisins, par des irruptions semblables à celles de leurs sauterelles; et lorsque d'autre part ces mêmes anciens nous assurent que tous les peuples répandus de l'Euxin aux sources du Nil, de la Perse à la Méditerranée, leur offraient un même fonds de constitution physique, de lois, de mœurs et surtout de langage, l'on a droit de conclure qu'à des époques inconnues de l'histoire, de telles irruptions ont eu lieu, alors que des hommes à talent, tels que Mahomet et Moïse, eurent l'art de rassembler les diverses tribus arabes sous un seul drapeau, en détournant leurs passions et leurs jalousies vers un même but. Par cette raison, l'Abissinie ou Éthiopie, pays abondant et fécond en majeure partie, devrait avoir été envahie par des Arabes qui en chassèrent les nègres crépus, avant que, par un retour subséquent, ces émigrés arabes, devenus nombreux et puissants, eussent reporté leur action sur la mère patrie (1); mais ce sont là des conjectures de raisonnement, et nous n'avons pas à leur appui des faits positifs fondés sur des monuments.

---

(1) Le mot *Éthiopie* n'est point connu des Arabes, qui le remplacent par le mot *Habash*, dont les Européens ont fait Abissin, Abissinie; mais ce mot *Habash* a précisément le sens du mot *Arab*, car l'un et l'autre signifient *mélange d'hommes divers*. En hébreu *Arab* signifie *turba mixta*, en arabe *Habash* aussi *turba mixta*. Voyez les Dictionnaires.

Résumé.

Maintenant, si nous résumons les résultats que nous ont fournis ces derniers, nous pensons avoir établi comme vraies les propositions suivantes :

1° Que le livre appelé la *Genèse* est essentiellement distinct des quatre autres qui suivent ;

2° Que l'analyse de ses diverses parties démontre qu'il n'est point un livre national des Juifs, mais un monument chaldéen, retouché et arrangé par le grand-prêtre Helqiah, de manière à produire un effet prémédité, à la fois politique et religieux (1) ;

---

(1) L'on ne saurait douter qu'à l'époque où écrivit Helqiah, 620 ans avant notre ère, les livres sacrés des Indiens désignés sous le nom de *Pouranas*, ne fussent connus des Assyriens, qui avaient des relations de commerce avec la Syrie. Or, il est vraiment remarquable que les conditions établies pour la composition d'un Pourana se trouvent exactement observées dans le Pentateuque. « Les savants Brahmes (dit Sr W. Jones, tome VI de ses Œuvres in-4°, page 445) disent que cinq « conditions sont requises pour constituer un véritable *Pou-* « *rana* :

« 1° Traiter de la création de la matière en général ;

« 2° De la création ou production des êtres secondaires ma« tériels et spirituels ;

« 3° Donner un abrégé chronologique des grandes périodes « du temps ;

« 4° Un abrégé généalogique des grandes familles qui ont « régné dans le pays ;

3° Que la prétendue généalogie mentionnée au dixième chapitre, n'est réellement qu'une nomenclature des peuples connus des Hébreux à cette époque, formant un système *géographique* dans le style et selon le génie des Orientaux;

4° Que la prétendue chronologie antédiluvienne et postdiluvienne, si invraisemblable, si choquante même, n'est, jusqu'au temps de Moïse, qu'une fiction allégorique des anciens astrologues, dont le langage énigmatique, comme celui des modernes alchimistes, a induit en erreur d'abord le vulgaire superstitieux, puis, avec le laps de temps, les savants mêmes, qui perdirent la clef des énigmes et de la doctrine secrète;

5° Que la véritable chronologie n'a dû, n'a pu commencer qu'avec la véritable histoire de la tribu juive, c'est-à-dire à l'époque où son législateur Moïse l'organisa en corps de nation;

6° Que néanmoins à cette époque même aucun calcul régulier ne se montre dans les livres hébreux; que c'est seulement à dater du pontificat de Héli, douze siècles avant notre ère, que l'on

---

« 5° Enfin l'histoire de quelques grands personnages en par-
« ticulier. »

N'est-ce pas là précisément le sommaire de la Genèse et des quatre autres livres; et n'est-il pas probable que le grand-prêtre a été guidé et encouragé dans son travail par des modèles accrédités et par le succès de tout livre de ce genre?

parvient à saisir une chaîne continue de temps et de faits méritant le nom d'*Annales;*

7° Enfin, que ces annales ont été rédigées avec tant de négligence, copiées avec tant d'inexactitude, qu'il faut tout l'art de la critique pour les restaurer dans un ordre satisfaisant.

De toutes ces données il résulte avec évidence que les livres du peuple juif n'ont point le droit de régir les annales des autres nations, ni de nous éclairer exclusivement sur la haute antiquité; qu'ils ont seulement le mérite de nous fournir des moyens d'instructions sujets aux mêmes inconvénients, soumis aux mêmes règles de critique que ceux des autres peuples; que c'est à tort que jusqu'ici l'on a voulu faire de leur système le régulateur de tous les autres; et que c'est par suite de ce principe erroné que les écrivains se sont trouvés pris dans un filet inextricable de difficultés, en voulant forcer tantôt les événements anciens de descendre à des dates tardives, tantôt des événements récents de remonter à des temps reculés : ce genre de désordre qui a surtout eu lieu dans l'Histoire des Empires de Ninive et de Babylone, va devenir pour nous une raison d'en faire un nouvel examen, et de fournir une nouvelle preuve de la bonté de notre méthode.

NOMENCLATURE GÉNÉALOGIQUE,
OU PLUTÔT
GÉOGRAPHIQUE DU Xᵉ CHAPITRE DE LA GENÈSE.

```
                              ┌ Almodad    ┐
                              │ Shelaph    │ Habitèrent depuis Mesha
                              │ Hatsarmout │ jusqu'à Shefamont oriental
                              │ Irah       │
                              │ Hadouram   │
                              │ Aouzal     │
                    ┌ Ieqtan..┤ Aoubal     │
                    │         │ Deqlah     │
                    │         │ Abmal      │
         ┌ Aïlam    │         │ Sheba      │
         │ Ashour   │         │ Ophir      │
         │ Arafkashd......Shelah..│ Haouilah│
  Shem   │ Loud     │         └ Iobab      ┘
  ou    ─┤          │                        ┌ Nabt.    ┐
  Sem    │          │                        │ Kedar.   │
         │          │ Phelag-Raou-Sheroug-Nahor-│ Masha.│
         │          │ Taré-Abram-Ishmal......│ Tima.    │
         │ Aram....┌ Aouts                   │ Itour.   │
                   │ Houl                    │ Qodamé,  │
                   │ Gatar                   └ etc.     ┘ Dans le désert de Syrie.
                   └ Mesh
                                             ┌ Shiba
                              Ieqshan.......┤
                                             └ Deden

         ┌ Gomer ou ┌ Ashkenez
         │ Cimr...  │ Riphat
         │          └ Togormiah
         │ Mayoug
         │ Medi
  Ia-   ─┤          ┌ Elish
  phet   │ Ion. ....│ Tarshish
         │          │ Ketim
         │          └ Rodenim
         │ Toubal
         │ Moshk
         └ Tiras

                    ┌ Tsidon
                    │ Het........Anoqim et Amim.
                    │ Iebousi
                    │ Amri
                    │ Gargashi
         ┌ Kanan...┤ Haoui        Habitèrent depuis Sidon
         │         │ Arouqi       jusqu'à Gezar et Gazah.
         │         │ Sini
         │         │ Aroudi
         │         │ Tsamiri
         │         └ Hamati
         │          ┌ Loudim
         │          │ Anamim
  Ham   ─┤ Mastrim..│ Lehbim
  ou     │          │ Neftahim
  Cham   │          └ Fatrousim...... ┌ Philashtim.
         │                            └ Kaftorim.
         │ Phut
         │          ┌ Saba
         │          │ Haouilah
         └ Koush...┤ Sabtakah
                   │                 ┌ Sheba.
                   └ Ramah.......... └ Daden.
              Nemrod-Babylon-Arak-Akad-Kalané.
```

CHRONOLOGIE

DES ROIS LYDIENS.

§ 1er.

On ne peut refuser aux chronologistes du siècle dernier (1) le mérite d'avoir établi, avec le secours des astronomes, une série satisfaisante de faits successifs, depuis le temps présent jusqu'au 6e siècle avant notre ère : avec eux, à partir du jour où nous vivons, la succession des rois de France nous conduit à leur fondateur Clovis, qui, l'an 486 de l'ère chrétienne, abolit, par la victoire de Tolbiac, le pouvoir des Romains dans la Gaule. Ce fait, qui coïncide à l'an 13 de Zénon, empereur romain à Constantinople, nous donne le moyen de remonter, par la liste de ses successeurs, jusqu'au règne d'Octave, dit *Auguste*, qui, l'an 31 avant notre ère, ayant vaincu son rival Antoine et la reine Cléopâtre, au combat d'Actium, termina en la per-

---

(1) *Voyez* surtout l'Art de vérifier les Dates, par les Bénédictins de Saint-Maur.

sonne de cette reine, la dynastie des rois grecs ou macédoniens en Égypte : ces rois grecs nous conduisent ensuite jusqu'à leur auteur Alexandre, fils de Philippe, qui, l'an 331 avant l'ère chrétienne, renversa, par sa victoire d'Arbelles, l'empire des Perses en Asie, et termina, dans la personne de Darius Codoman, la série de leurs monarques, laquelle remontait dans un ordre connu jusqu'au conquérant appelé *Cyrus*, ou plus correctement *Kyrus*.

Jusque-là, c'est-à-dire vers l'an 650 avant J.-C., les faits politiques sont liés sans interruption; mais au-dessus de Kyrus commencent des incertitudes, des contradictions que les plus savants écrivains n'ont pu éclaircir. Ce n'est pas qu'en général on ne sache qu'à l'époque de Kyrus, l'Asie occidentale, depuis la Méditerranée jusqu'au fleuve Indus, était partagée en 4 ou 5 royaumes principaux, formés des débris d'un empire antérieur, l'*empire Assyrien*. Ces royaumes connus sous les noms de *Lydie*, de *Médie*, de *Babylonie*, de *Phénicie*, et peut-être de *Bactriane*, avaient dans leur dépendance de moindres états tributaires et vassaux : de ce nombre, à l'égard de la Médie, était le pays montueux appelé proprement *Fars* ou *Perse*. Ses habitants portés à l'indépendance par la nature du sol, par le genre de leur vie, par leur pauvreté, supportaient impatiemment un joug étranger. Kyrus, devenu leur chef ou satrape, profita de ces

dispositions; et par des moyens semblables à ceux
de Gengis-Khan et de Tamerlan, ayant armé les
Perses, il attaqua d'abord les Mèdes dont il abolit
la monarchie dans la personne d'Astiag; puis les
Lydiens, dont il prit d'assaut la capitale (Sardes),
et saisit vif le dernier roi Krœsus; enfin les Babyloniens, dont il prit par stratagème l'inexpugnable
cité, l'an 639 avant J.-C. Ces faits sont connus
d'une manière générale; mais en quelle année le
conquérant perse prit-il la ville de Sardes et le roi
Krœsus? Combien d'années ce dernier avait-il régné? Quelle avait été la durée du royaume des
Mèdes? Combien de rois avait-il comptés? Combien de rois avant Kyrus avaient gouverné Babylone? Auquel de ses rois cette ville célèbre devait-
elle ses constructions prodigieuses? Enfin quelle
avait été la durée du vaste empire des Assyriens
antérieurs à ceux-ci? Ce sont là autant de problèmes sur lesquels, depuis deux mille ans, s'exercent sans fruit la curiosité, la méditation et la
patience des historiens : voyons aujourd'hui si,
profitant de leurs travaux, et surtout de leurs erreurs, nous parviendrons à dénouer ce faisceau de
difficultés : commençons par celles de la monarchie
des Lydiens.

Les érudits qui ont traité ce sujet s'accordent
tous à dire que la prise de Sardes est l'époque fondamentale de la chronologie lydienne, c'est-à-dire
l'anneau par lequel elle se joint au système général

des temps qui nous sont connus. En cela ils ont raison, l'histoire ne nous fournissant aucun autre point de contact que cette prise de Sardes : mais parce qu'Hérodote, notre informateur premier, même unique à cet égard, n'en déclare pas implicitement l'année précise, nos savants l'ont cherchée partout ailleurs qu'en son livre, et ils ont cru la trouver chez deux écrivains tardifs, dont l'un est d'une ignorance manifeste. En cela ils ont eu tort, car si l'on veut peser avec nous toutes les expressions d'Hérodote; si l'on veut comparer, comme nous allons le faire, tous les indices fournis par cet historien, on y trouvera non-seulement l'année de la prise de Sardes désignée avec clarté, mais encore l'on découvrira dans l'ambiguité de l'une de ses phrases, la cause des faux calculs de tous les copistes modernes ou anciens, notamment du biographe Sosicrate, dont on veut maintenant élever contre lui l'autorité. En procédant à notre analyse sous les yeux du lecteur, nous allons lui fournir les moyens de prononcer par lui-même sur nos résultats.

Nous employons la traduction de Larcher, à laquelle nous ne reprocherions point la faiblesse de style, si elle avait toujours le mérite de la fidélité; mais nous aurons plus d'une occasion d'en remarquer l'absence; et comme d'ailleurs cet écrivain, par esprit de parti, a surchargé les 2 volumes du texte original, de 7 volumes de notes et de commentaires remplis d'erreurs quant aux choses, et souvent de termes injurieux quant aux personnes, la lecteur ne trouvera pas injuste que, par représailles, nous mettions en évidence l'impéritie et même la malignité du censeur.

Texte d'Hérodote.

§ xxvi. « Alyattes étant mort, Crésus son fils « lui succéda à l'âge de 35 ans. »

§ lxxxvi. « Et il régna 14 ans et 14 jours. »

§ xxvi. « Éphèse fut la première ville qu'il atta- « qua;.... après avoir fait la guerre aux Éphésiens, « il la fit aux Ioniens et aux Éoliens, mais *successivement*.... etc. »

§ xxvii. « Lorsqu'il eut subjugué les Grecs de « l'Asie, il pensa à équiper une flotte pour atta- « quer les Grecs insulaires : tout était prêt pour « la construction des vaisseaux, lorsque Bias de « Priène, ou selon d'autres, Pittacus de Mity- « lène vint à Sardes (et l'en détourna.) »

§ xxviii. « Quelque temps après, Crésus sub- « jugua toutes les nations en deçà du fleuve Ha- « lys, excepté les *Kilikiens* (1) et les Lykiens; sa- « voir, les Phrygiens, les Mysiens, les Maryan- « diniens, les Chalybes, les Paphlagoniens, les

---

(1) Ciliciens.

« Thrakes de l'Asie (1), c'est-à-dire les Thyniens
« et les Bithyniens, les Kariens, les Ioniens, les
« Doriens, les Éoliens et les Pamphyliens. »

§ XXIX. « Tant de conquêtes ajoutées au royaume
« de Lydie *avaient rendu* la ville de Sardes très-
« florissante : tous les Sages qui étaient alors en
« Grèce, s'y rendirent chacun en son particulier :
« on y voit entre autres arriver Solon. »

Ici Hérodote raconte en détail toute l'entrevue de Crésus et de Solon.

— § XXXIV. « Après le départ de Solon, la ven-
« geance des dieux éclata d'une manière terrible
« sur Crésus. »

Ici Hérodote raconte la mort d'Atys, fils chéri de ce prince, avec tous les incidents qui y sont relatifs. Comme ils sont amusants, ainsi que les discours de Solon, la plupart des lecteurs perdent de vue le fil chronologique du fond de l'histoire.

§ XLVI. « Crésus pleura deux ans la mort de son
« fils Atys : mais l'empire d'Astyag, fils de Kya-
« xarès, détruit par Kyrus, et celui des Perses
« qui prenait de jour en jour de nouveaux ac-
« croissements, lui firent mettre un terme à sa
« douleur. »

Arrêtons-nous un moment ici. Nous y trouvons une date qui nous est connue : la défaite et

---

(1) Les Thraces.

la prise d'Astyag par Kyrus datent de 561. Crésus avait donc perdu son fils en 563. La visite de Solon avait pu se faire cette année là même, conformément à ces mots : *après le départ de Solon* : mais elle ne peut se reculer au delà de 564.

Crésus avait donc fait ses conquêtes nombreuses et *successives* dès avant l'année 564 ou 563 : et cela dans un temps où la moindre ville fortifiée exigeait des années de blocus et de siége. Il avait donc commencé son règne plusieurs années avant l'an 564. Un fait authentique cité par les Grecs prouve qu'il régnait dès avant 570; car selon d'anciens auteurs cités par Plutarque et par Diogène de Laërte (1), Pittacus, homme très-remarquable pour avoir été un des sept Sages de la Grèce, pour avoir sagement gouverné pendant plusieurs années Mitylène, et surtout pour avoir volontairement abdiqué le pouvoir suprême, Pittacus qui mourut l'an 570 (an 3 de la 52ᵉ olymp.), avait eu avec Crésus, déja roi, divers rapports notoires d'affaires et d'amitié : Crésus entre autres lui ayant fait offrir une pension et des présents, il se dispensa de les accepter, par la raison que venant d'hériter de son frère, il était *du double plus riche qu'il ne voulait*. Hérodote lui-même en racontant comme possible que le roi de Lydie en eût reçu des conseils sur son expédition con-

---

(1) Vie de Pittacus.

tre les Grecs insulaires, atteste implicitement
qu'il régna de son temps. Nous avons donc le
droit de supposer que Crésus commença de régner
au plus tard en l'an 571, et l'on voit que par les
probabilités il a pu régner bien plus tôt : or, si
son règne fut de 14 an et 14 jours, il n'avait
plus à la fin de l'an 561, et au début de l'an
560, que 3 ans à régner. Poursuivons le texte
d'Hérodote, et ne perdons pas de vue cette indication lumineuse et simple.

Suite du texte.

§ XLVI. (Après avoir pleuré 2 ans la mort de
son fils Atys), « Crésus ne pensa plus qu'aux
« moyens de réprimer la puissance (des Perses et
« de Kyrus) avant qu'elle devînt plus formidable.
 (Donc elle était très-récente.)
« Tout occupé de cette pensée, il résolut *sur-le-*
« *champ* d'éprouver les oracles de la Grèce et
« l'oracle de la Libye. Il envoya des députés à
« *Delphes*, d'autres à *Abes en Phocide*, d'autres
« à *Dodone*, etc. Il en *dépêcha* aussi en Libye au
« temple de Jupiter Ammon. (Or) ce prince n'en-
« voya ces (premiers) députés que pour éprouver
« ces oracles, et au cas qu'ils rendissent des ré-
« ponses conformes à la vérité, il se proposait de

« les consulter une seconde fois pour savoir s'il
« devait faire la guerre aux Perses. »

§ XLVII. « Il donna ordre à ces députés de con-
« sulter les oracles le 100ᵉ jour (précis) à compter
« de leur départ de Sardes ; de leur demander
« ce que Crésus, fils d'Alyattes, roi de Lydie, fai-
« sait ce jour-là, et de lui rapporter par écrit la
« réponse de chaque oracle. »

(Dans ce paragraphe et les suivants, Hérodote
raconte comment l'oracle de Delphes fut le seul
qui devina d'une manière surprenante [pour
ceux qui ne connaissent pas les manœuvres des
anciens temples] ; comment Crésus frappé d'é-
tonnement et lui livrant toute sa confiance, fit
d'innombrables sacrifices au dieu et envoya aux
prêtres d'immenses présens en vases d'or, etc.).

§ LIII, p. 38. « Les Lydiens chargés de porter
« ces présents aux oracles de Delphes et d'Am-
« phiaraüs (Crésus méprisa tous les autres),
« avaient ordre de demander si Crésus devait
« faire la guerre aux Perses, et joindre à son
« armée des troupes auxiliaires. »

Hérodote raconte en détail la réponse.

§ LVI. « Crésus charmé de ces réponses, et
« concevant l'espoir de renverser l'empire de
« Kyrus, envoya de nouveau des députés à Del-
« phes pour distribuer à chacun des habitans (il
« en savait le nombre) deux statères d'or par
« tête. »

§ LV. « Crésus ayant envoyé ces présens aux
« Delphiens, interrogea le dieu *pour la troisième*
« *fois ;* car depuis qu'il en eut reconnu la véra-
« cité, il ne cessa plus d'y avoir recours ; il lui
« demanda donc si sa monarchie serait de longue
« durée. »

(Hérodote cite la réponse, et après avoir indiqué la résolution de Crésus d'entreprendre la
guerre, il dit :)

§ LVI ; pag. 41. « Ce prince *ayant recherché*
« *avec soin* quels étaient les peuples les plus
« puissants de la Grèce dans le dessein de s'en
« faire des amis, il trouva que les Lacédémoniens
« et les Athéniens tenaient le premier rang ; les
« uns parmi les *Doriens*, les autres parmi les
« *Ioniens.* »

(Ici Hérodote fait une digression sur l'origine
des deux nations, l'une issue des *Hellènes* et
l'autre des *Pélasgues.*)

§ LIX. « Crésus apprit que les Athéniens l'un de
« ces peuples (pélasguiques), partagés en diverses
« factions, étaient sous le joug de Pisistrate, alors
« tyran d'Athènes. »

(Hérodote introduit ici une autre digression
sur l'origine de Pisistrate, sur la manière dont il
s'empara d'Athènes, et afin de ne pas revenir
sur ce sujet, il conduit en six pages toute l'histoire de Pisistrate jusqu'à sa troisième et dernière
invasion qui arriva 15 ans après la première :

puis il continue en ces mots, que le traducteur n'a pas rendus littéralement comme il importe, qu'ils le soient).

§ LXV. « Tel était l'état où Crésus apprenait *alors* « que se trouvaient les Athéniens. Quant aux La- « cédémoniens, etc. »

(L'historien raconte en quelles circonstances Crésus trouva aussi les Lacédémoniens : comment ils avaient élevé leur puissance : comment Lycurgue leur donna des lois : etc.).

§ LXIX. Crésus informé de leur état florissant, leur envoya des ambassadeurs pour les prier de s'allier avec lui. » (Récit de l'ambassade.)

Arrêtons ici Hérodote : n'y a-t-il pas de l'ambiguité dans cette phrase ?... *Tel était l'état où Crésus apprenait alors que se trouvaient les Athéniens.....* A qui se rapporte ce mot *alors ?* Hérodote dit *qu'ils étaient* sous le joug de Pisistrate *lorsque* Crésus prenait ces informations : mais ils y furent à 3 reprises différentes dont les époques nous sont bien connues. Une première fois sous l'archontat de Comias, répondant à notre année 560 (1), et cette première invasion ne fut pas

---

(1) Larcher a disposé assez bien toutes les dates de Pisistrate et de ses enfants. Voyez sa chronologie, tome 7; mais comme il calcule à la manière des chronologistes, il compte une année de trop, attendu que dans le véritable calcul, selon les astronomes, l'an 1er avant Jésus-Christ et l'an 1er de Jésus-Christ exigent que cette dernière année soit comptée zéro

de longue duré. Supposons un an : une seconde fois, environ 5 ans après, vers l'an 555 avant notre ère : enfin une troisième fois, à la onzième année suivante (voyez § LXII) laquelle année répond à l'an 545 avant notre ère, et cette dernière invasion définitive dura 15 ans, jusqu'à la mort de Pisistrate. Maintenant à laquelle de ces 3 invasions et de ces 3 dates répond la date des informations de Crésus? ce ne peut être à la troisième, en l'an 545 : tout serait bouleversé. Crésus aurait passé 15 ans à consulter les oracles : ou bien il n'aurait commencé de régner qu'en 559; et l'on a déjà vu que cela est impossible.... Est-ce à la seconde, en l'an 555? cela serait moins absurde; mais comme il régna encore au moins 2 années après, son règne se trouverait être de 17 ans, et (Crésus) n'en régna que 14. Ce ne peut donc être qu'à la première invasion, qui eut lieu dans les 6 derniers mois de l'an 560, et les 6 premiers mois de l'an 559, faisant l'année première de l'olympiade cinquante-cinquième; posons cette donnée, et continuons de raisonner et de calculer d'après elle.

§ LXXI. « Crésus (induit en erreur par le sens
« ambigu de la deuxième réponse de l'oracle, voy.
« § LIII) se disposait à marcher en Cappadoce,
« dans l'espérance de *renverser l'empire de* Kyrus
« et des Perses.... »

(Ici les représentations d'un seigneur lydien, et quelques détails sur la Cappadoce).

§ LXXIII. « Crésus partit donc avec son armée
« pour la Cappadoce, afin d'ajouter à ses états ce
« pays alors dépendant des Perses, animé par sa
« confiance en l'oracle et par le désir de venger
« Astyag, son beau-frère, captif de Kyrus. *Voici*
« *comment Astyag était devenu beau-frère de Cré-*
« *sus.* »

(Ici Hérodote raconte l'anecdote des chasseurs
scythes qui occasiona la guerre de l'éclipse, et
le mariage d'Astyag qui en fut une conséquence).

§ LXXV. « Crésus, irrité contre Kyrus pour avoir
« détrôné Astyag, avait donc consulté les oracles...;
« et sur une réponse qui lui était venue de Del-
« phes, il s'était déterminé à entrer sur les terres
« des Perses. Qand il fut arrivé sur les bords du
« fleuve Halys, etc. »

(Récit de la manière dont il le passa).

§ LXXVI. « Après le passage de l'Halys, Crésus,
« avec son armée, entra dans la partie de la Cap-
« padoce appelée *Ptérie*..... près Sinope. Il y assit
« son camp..., prit la ville..., s'empara des bour-
« gades..., déporta les Syriens; etc.... Cependant
« Kyrus assembla son armée, prit avec lui tout
« ce qu'il put trouver d'hommes sur sa route, et
« vint à sa rencontre..... Après de violentes escar-
« mouches, on en vint à une action générale —
« qui fut indécise. »

§ LXXVII. « Crésus (pour divers motifs) retourna
« à Sardes... dans le dessein d'appeler ses alliés...;

« il comptait y passer tranquillement l'hiver, et re-
« tourner à l'entrée du printemps contre les
« Perses.

(Ici l'historien raconte les présages de sa
ruine.)

§ LXXIX. « Kyrus, instruit de la retraite de Cré-
« sus à Sardes, l'y poursuit avec *tant de rapidité*,
« qu'il lui porte la nouvelle de son arrivée. Cré-
« sus fait sortir ses Lydiens et livre bataille aux
« Perses; il est battu. »

§ LXXXIV. « La ville est prise le quatorzième jour
« du siége. Et »

§ LXXXVI. « Crésus tombe vif entre les mains
« des Perses, ayant régné 14 ans et soutenu un
« siége d'autant de jours. »

Tel est le récit d'Hérodote qui, au moyen de
ses digressions et des anecdotes dont il orne le
fond, se prolonge pendant 50 pages. — En le résumant et le réduisant à sa plus simple expression, nous trouvons la série des faits suivants.

Crésus perd son fils Atys, 2 ans avant le détrô-
nement d'Astyag, qui eut lieu en l'an 561. Donc
Atys fut tué en l'an 563.... Donc le voyage de Solon en l'année 564.... Déja Crésus avait fait *ses
conquêtes nombreuses et successives*.... Pittacus,
mort en 570, avait eu des rapports avec Crésus,
déja roi puissant et devenu le centre des lumières
et de la célébrité.... Donc Crésus avait commencé
de régner au plus tard en l'an 571, et très-pro-

bablement bien plus tôt. Réveillé de sa douleur vers la fin de 561, il envoie consulter les oracles. Il donne 100 *jours* à ses députés; il n'en fallait pas le quart pour aller à Delphes, ni la moitié pour se rendre à l'oasis d'Ammon, distante de 7 jours seulement de Saïs et de Canopus; mais il prend la plus grande latitude pour parer à tous les incidens. — Ces députés purent revenir en moins de 40 jours: supposons pour l'aller et le venir, 5 *mois*, espace de temps qu'il trouve ensuite suffisant pour avoir des soldats d'Égypte; il eut donc la première réponse au plus tard dans le sixième mois de l'an 560 : n'ayant plus de confiance qu'aux deux oracles de Delphes et d'Amphiaraüs, il leur fait une seconde députation qui a pu aller et revenir en 6 semaines..... Donc elle était revenue au huitième mois de l'an 561. Comblé de joie par cette deuxième réponse, il *envoie des présens aux Delphiens*, cette fois sans consulter l'oracle : puis une troisième députation pour interroger le dieu sur la durée de sa monarchie : toutes ces consultations ont pu être terminées dans l'année 560.

Or Crésus *ayant recherché* quels peuples de la Grèce il devait prendre pour alliés (LVI) il trouva les Athéniens sous le joug de Pisistrate... Ces mots *ayant recherché* prouvent que cette recherche *était déja faite* : elle date donc de la fin de 560 ou des premiers mois de 559. Il est probable que la troisième députation qu'il envoya à Delphes pour une question superflue à son objet principal, ou bien que les envoyés chargés de distribuer des présens aux habitants de Delphes, ne furent que le prétexte de ses *recherches* diplomatiques. C'est ainsi que Diodore de Sicile nous apprend qu'il fit encore partir un certain *Eurybates*, en apparence pour Delphes, mais en réalité pour enrôler les Lacédémoniens (1); cet Eurybates le trahit et passa chez Kyrus. Ces recherches et informations coïncident donc réellement avec l'année de l'archontat de Comias et de l'usurpation de Pisistrate; fixons-les au commencement de 559.... Crésus emploie cette même année 559 à conclure son traité avec les Lacédémoniens, et à faire ses préparatifs : au printemps de l'an 558 il part pour la Cappadoce : ses opérations militaires remplissent l'été. Vers l'automne, il traverse l'Halys, se replie sur la *Ptérie* près Sinope : Kyrus accourt... les armées se mesurent; le succès est indécis. Crésus, sur de vains motifs, se retire à Sardes aux premiers froids de l'hiver, c'est-à-dire au commencement de décembre. Kyrus l'y poursuit. Une bataille se livre sous les murs. Les Lydiens sont battus, et Sardes est prise au bout de 14 jours, en janvier de l'an 557. Toutes les conditions sont rem-

---

(1) Et lorsqu'ensuite nous voyons au siége de Sardes que ce prince avait aussi un traité avec les Égyptiens, il devient évident que la députation en Lybie n'avait encore été qu'un prétexte.

plies; car en attribuant à cette année 557 les 14 jours spécifiés par Hérodote, les 14 années qu'il donne à Crésus remontent avec précision à l'an 571 inclusivement; et tous les événements observent un accord parfait.

Voyons maintenant quelles difficultés ont trouvées ou se sont créées ici nos confrères. N'apercevant pas, ainsi que nous l'avons déja remarqué, la date de la prise de Sardes explicitement exprimée, ils ont trouvé plus simple de la demander à d'autres auteurs, et ils ont cru la trouver dans deux passages positifs que nous allons discuter.

L'un est tiré de C. Julius Solinus, grammairien ou *maître d'école* latin du troisième siècle après notre ère, auteur d'un recueil de fragments historiques, géographiques et physiques, pleins de faits si merveilleux, si fabuleux et si absurdes, que l'on croirait lire un écrivain musulman (1), et que l'on refuse tout discernement à un compilateur aussi crédule. Voici son passage relatif à notre question. Après avoir cité dans son *premier chapitre* plusieurs cas et faits étranges, Solin ajoute (2) : « La peur ôte quelquefois la

---

(1) Et réellement plusieurs de ses contes sur les vertus magiques et talismaniques de certaines pierres, de certains poissons, se retrouvent dans les Orientaux, et indiquent pour source ancienne et commune les Indiens et les Perses.

(1) [*Solinus Polyhist.*, page 8]. Memoriam perimit metus, interdum vice versa vocem excitat. Quum olympiade octava et

« mémoire, et par inverse, elle excite quelque-
« fois la parole. (Ainsi) lorsque Cyrus, en la
« cinquante-huitième olympiade, entra vainqueur
« dans Sardes, *ville d'Asie*, où était caché Crésus,
« le fils de ce roi, nommé *Atys*, muet (de nais-
« sance) recouvra la parole, comme d'explosion,
« par un effort de la peur; car on dit qu'il s'écria :
« *Épargne mon père, ô Cyrus!* et apprends par
« notre infortune, que tu es (aussi) homme. »

Où Solin, plagiaire habituel des anciens, a-t-il puisé cette anecdote? Nous ne la trouvons que dans Hérodote, qui dit à la fin du § LXXXIV :

« Ainsi fut prise Sardes, et la ville entière (fut)
« livrée au pillage. § LXXXV. Quant à Crésus,
« voici quel fut son sort : Il avait un (second)
« fils dont j'ai déja fait mention : ce fils avait
« toutes sortes de bonnes qualités, mais il était
« muet..... Après la prise de la ville, un Perse
« allait tuer Crésus sans le connaître....; le jeune
« prince muet, à la vue du Perse qui se jetait sur
« son père, saisi d'effroi, fit un *effort* qui lui
« rendit la voix : Soldat, s'écria-t-il, ne tue pas
« Crésus (1). »

---

quinquagesima (58) victor Cyrus intrasset Sardis Asiæ oppi-
dum, ubi tunc latebat Crœsus, Atys filius regis mutus ad id
locorum in vocem erupit vi timoris : exclamasse enim dicitur :
Parce patri meo, Cyre, et hominem te esse vel casibus disce
nostris.

(1) Cette phrase est mal construite dans la traduction : *muet*

N'est-ce pas là évidemment l'original dont *So-lin* a fait une mauvaise copie? L'on y trouve son idée fondamentale sur la peur, et jusqu'à ses propres termes, *l'effort de la peur, vis timoris*. Il a d'ailleurs brodé l'anecdote avec un mauvais goût et une inexactitude qui nous donnent la mesure de son esprit ; *Atys* était le nom du prince tué à la chasse, et non pas celui du prince muet..... et ce muet adressa à un soldat et non à Kyrus, un cri de sentiment, et non une phrase de morale. Les anciens compilateurs ont presque toujours cité de mémoire avec cette négligence.

Du moment que Solin a copié Hérodote pour le fait, il a dû le consulter pour la date..... Comment aura procédé cet écrivain superficiel? Ayant d'abord trouvé à l'article LIX, cette phrase de notre historien......

« Crésus apprit que les Athéniens.... partagés
« en diverses factions, étaient sous le joug de Pi-
« sistrate...., alors tyran d'Athènes....» Puis à l'article LXIV, le récit de la troisième et dernière usurpation, suivi de ces mots :

§ LXV. « Tel était l'état où Crésus apprenait
« *alors* que se trouvaient les Athéniens. »

à la vue du Perse: on croirait qu'il est devenu muet à cette vue. — Saisi *d'effroi*, fit un *effort; effroi, effort*. Il fallait dire : Le jeune prince muet, saisi d'effroi à la vue du Perse; mais Larcher a tellement su le grec, qu'il a un peu moins su le français.

Solin, trompé par cette phrase réellement équivoque, et dont l'ambiguité nous a nous-mêmes frappé, a attribué à la troisième invasion ce mot *alors* que nous avons vu par analyse appartenir à la première; et il a de son chef ajouté vaguement pour date de l'événement, la cinquante-huitième olympiade, dont en effet la quatrième année (545) est l'année de l'invasion troisième et définitive.

Et comment Solin n'aurait-il pas commis cette méprise, lorsque tant d'autres plus habiles et plus difficiles y ont été trompés ? lorsque Larcher lui-même, ce prince des critiques anciens et modernes, ne l'a pas évitée? Il est donc évident que le calcul de Solin dérive du passage en question, et que c'est l'autorité même d'Hérodote mal entendu, que l'on veut aujourd'hui opposer à Hérodote pris dans son vrai sens.

Le second passage allégué par les chronologistes, est tiré de Diogène de Laërte qui, vers la fin du second siècle, compila sans méthode et sans discernement l'ouvrage que nous avons de lui sur *la vie des philosophes.* Selon cet écrivain, « Périandre, tyran de Corinthe, mourut âgé de « près de 80 ans : et il ajoute de suite, *Sosicrates de* « *Rhodes assure que ce fut* 40 *ans avant Crésus,* « *et un an avant la quarante-neuvième olym-* « *piade.* » C'est-à-dire que Périandre mourut l'an 4 de la quarante-huitième olympiade, répondant à 585 ans avant notre ère (1), et que *Crésus* 40 *ans après*, correspond à l'an 545. Or voilà précisément le même résultat que Solin ; le même faux calcul dérivé de la même méprise que nous venons de démontrer : de manière que c'est bien réellement ce fatal passage du paragraphe LXV, qui par son ambiguité a induit en erreur les anciens chronologistes, dès une époque reculée. Le temps où vivait *Sosicrates de Rhodes*, n'est point connu ; mais il a sûrement précédé de beaucoup le siècle de Plutarque, qui se plaint amèrement des dissonances et des contradictions des chronologistes, à l'occasion de l'entrevue de Solon avec Crésus.

---

(1) Ce Périandre, *fils de Kypselus*, gouverna Corinthe 44 ans, comme nous l'apprend Aristote dont le témoignage ici n'est pas récusable (Politic., lib. V, ch. 12). Néanmoins Larcher, contre toute autorité, argumentant d'un vers du poète Théognis contre la race de Kypselus, veut que ce tyran ne soit mort qu'en 563, après un règne de 70 ans. Malheureusement pour cette hypothèse, un critique judicieux a remarqué * qu'outre le Corinthien *Kypselus*, père de Périandre, il avait existé un autre Kypselus, Athénien, père de Miltiade, et que c'était à la famille de celui-ci que le vers de Théognis convenait par les rapports de temps et d'affaires. Aussi l'hypothèse de Larcher a-t-elle été rejetée par l'abbé Barthélemy et par M. de Sainte-Croix, qui ont préféré l'autorité d'Aristote et de Sosicrates, confirmée par les rapports de cette famille avec les rois de Rome, en la personne de Lucumon.

* *Voyez* Mélanges de géographie et de chronologie ancienne, par M. de Fortia-d'Urban, in-8°, page 16.

« Quelques auteurs, dit-il, prétendent prou-
« ver par la chronologie, que c'est un conte in-
« venté à plaisir; mais cette histoire est si cé-
« lèbre, qu'on ne saurait la rejeter sous prétexte
« qu'elle ne s'accorde pas avec certaines tables
« chronologiques que mille gens essaient de cor-
« riger, sans jamais pouvoir concilier les contra-
« dictions dont elles sont remplies. »

Plutarque a eu d'autant plus raison d'insister sur la vérité du fait cité par Hérodote, que si ce dernier, postérieur d'un siècle seulement à Crésus et à Solon, eût osé réciter sans fondement cette anecdote, dans les lectures publiques et solennelles qu'il fit de son ouvrage aux jeux olympiques et à Athènes, mille réclamations se seraient élevées contre lui, et Plutarque lui-même, qui a écrit un traité (1) pour dénigrer Hérodote, n'aurait pas manqué d'en recueillir quelqu'une au lieu de l'appuyer comme il fait ici.

Si la chronique des marbres de Paros nous fût parvenue saine et entière, nous aurions pu y reconnaître que les dissonances en question remontaient jusqu'au-delà de l'an 272 avant notre ère, époque de sa composition; et cela nous paraît probable, puisque cette chronique porte des erreurs analogues et manifestes sur d'autres dates connues, telles que l'avénement de Darius, l'expulsion

---

(1) Malignité d'Hérodote.

des Pisistratides, qu'elle distingue de celle d'Hippias, etc. Mais comme tout ce qui est relatif à *Kyrus*, à *Crésus* et même à *Alyattes*, est effacé dans l'original, et a été substitué par les éditeurs anglais, l'on n'en peut rien conclure, si ce n'est que, sous prétexte de compléter et de corriger un monument fruste, l'on est parvenu à en faire un monument apocryphe, de très-peu de mérite et d'utilité.

Nos chronologistes modernes n'ont donc réellement aucun témoignage valable à opposer ni à substituer à celui d'Hérodote; et s'il reste ici quelque difficulté, c'est de concevoir comment des savants aussi renommés que les Scaliger, les Pétau, les Usserius, ont lu cet historien avec tant de négligence ou de prévention, qu'ils n'aient pas saisi le nœud de cette énigme; comment surtout le traducteur Larcher, qui à chaque page de ses notes réprimande et même injurie quiconque n'est pas de son avis, a manié toutes ces idées sans les combiner, sans apercevoir leur résultat; et cela lorsqu'une phrase entre autres déclare en propres termes, que *le temps qui s'écoula depuis la consultation d'Apollon jusqu'à la ruine de Crésus, fut de* TROIS ANS! Voici ce passage vraiment frappant et péremptoire :

§ xc. « (Après avoir retiré Crésus du bûcher « qui devait le consumer) demandez-moi, lui dit « Kyrus, ce qui vous plaira, et vous l'obtiendrez.

« Seigneur, répondit Crésus, la plus grande faveur
« serait de me permettre d'envoyer au Dieu des
« Grecs les fers que voici, et de lui demander s'il
« lui est permis de tromper ainsi. »

§ xci. Les Lydiens, députés par Crésus, étant
arrivés à Delphes, et ayant exécuté ses ordres,
(la Pythie répondit en substance) : « Il est impos-
« sible, même à un dieu, d'éviter le sort marqué
« par les Destins : Crésus est puni du crime de son
« 5ᵉ ancêtre (1)... Apollon a mis tout en usage
« pour détourner de Crésus le malheur de Sardes ;
« mais il ne lui a pas été possible de fléchir les
« Parques... Tout ce qu'elles ont accordé à ses
« prières, il en a gratifié ce prince; *il a reculé de
« trois ans la prise de Sardes* : que Crésus sache
« donc qu'il a été fait prisonnier *trois ans plus tard*
« qu'il n'était porté par les Destins... »

D'où datent *ces trois ans ?* bien évidemment de
l'époque des consultations, et surtout des magni-
fiques présents de Crésus; par conséquent de l'an
560, comme nous l'avons vu. Et puisque Sardes,
prise en l'an 557, devait l'être 3 ans plus tôt par
le *Mulet perse* (Kyrus), instrument du Destin, il

---

(1) C'est absolument la même doctrine théologique que celle
des Hébreux..... *Je poursuivrai le crime d'Israël jusqu'à la* 3ᵉ
et 4ᵉ *génération.* C'est aussi la théologie de tous les sauvages,
et cette identité dérive de ce que l'état sauvage a été l'état pri-
mordial de tous les peuples anciens, sans exception.

est évident qu'il s'agit de l'an 560, avant lequel Kyrus ne régnait pas en Médie.

L'on voit que tout devient de la plus grande clarté; et quoique Larcher nous assure (1) que jamais l'on ne viendra à bout de résoudre les difficultés relatives à Solon, et à tout ce qui touche Crésus, nous allons montrer que toutes se résolvent par le même texte d'Hérodote, et par la clef qu'il nous a fournie. Faisons-en l'épreuve sur Solon.

Solon.

Deux écrivains nous ont transmis la vie de cet homme célèbre; l'un est Plutarque, qui, selon son usage, s'est appliqué à classer les faits dans leur ordre naturel, afin de produire l'instruction

---

(1) *Voyez* note 73, première édition, et note 75, deuxième édition.....

Larcher nous assure aussi dans sa préface, *qu'il a commencé par se mettre Hérodote dans la tête;* mais l'on voit en suivant sa métaphore, qu'Hérodote a fini par s'en tirer heureusement, et qu'il en est sorti *intact comme Jonas*..... Ces expressions triviales *se mettre dans la tête,* Crésus *se mettant à rire* (note 62), *mettre la plume à la main,* et autres semblables qui se trouvent dans le livre de Larcher, nous feraient hésiter sur un fait que l'on nous garantit certain : ce fait est que depuis que Larcher fut reçu membre de l'Académie des Inscriptions, jamais aucun de ses écrits ne fût imprimé sans que, par un esprit de corps raisonnable, quelqu'un de ses confrères n'eût rendu à son style *hellénique* le service de le *fran-*

morale et l'intérêt dramatique vers lesquels il tend ; l'autre est Diogène de Laërte dont les chapitres ressemblent à des tiroirs de chiffonnière, où ce compilateur paresseux et sans esprit a jeté les notes de ses lectures, pour les rassembler ensuite et les coudre sans ordre et sans discussion d'autorités et de temps. Par ce motif, il n'est lui-même qu'une autorité subalterne, dont on ne peut user qu'avec défiance et précaution.

Il est de fait certain et non contesté, que Solon fut archonte ou magistrat d'Athènes, et qu'il établit ses lois en l'an 594 (3ᵉ année de la 46ᵉ olympiade). L'on sent que pour s'élever à un si haut degré de crédit dans une ville où il n'était pas né, il dut être déja un homme d'un certain âge. En admettant les 80 ans de vie que lui donne Diogène, et en plaçant sa mort sous l'archontat d'Hégesistrate (l'an 558), selon l'autorité précise de *Phanias d'Éphèse*, cité par Plutarque, Solon était né en 638, et âgé de 45 ans lorsqu'il fut archonte : le sage Barthélemy et le savant de *Sainte-Croix*, dont Larcher ne récusera pas le jugement, sont de cet

---

ciser ; mais il est quelquefois arrivé que, fidèle à son propre esprit, Larcher a *recorrigé* ses correcteurs ; et cela explique tout,..... Il nous révèle dans sa note 177 que le savant Barthélemy dut beaucoup à M. de *Sainte-Croix*, qui a dressé entre autres la table chronologique du jeune Anacharsis...... Qui nous révélera ce que Larcher doit à l'abbé Barthélemy, à M. de Sainte-Croix, à M. Dacier, etc. ?

avis (1). Né dans l'île de Salamine, d'une famille de *marchands*, Solon se livra lui-même au négoce, et fit long-temps le cabotage dans l'Archipel et sur les côtes de l'Asie mineure. Ce fut dans ces voyages multipliés que son esprit vif et droit, observant en chaque lieu l'action réciproque des tempéraments, des habitudes et des lois, conçut l'idée d'un système approprié au peuple mobile d'Athènes, qu'il préférait, et chez lequel il s'était établi, comme Lycurgue avait approprié le sien au peuple sérieux et morose de Sparte. Ce fut dans les derniers de ses cabotages qu'il dut visiter Thalès à Milet; car Plutarque place ensuite la guerre de Salamine, puis l'accroissement du crédit de Solon et son archontat; en sorte que ses exhortations à Thalès pour l'engager à se marier, et la fausse nouvelle que celui-ci lui fit donner de la mort de son fils déjà pubère, pourraient dater, sans invraisemblance, des années 599 à 601. Son archontat fut, comme nous l'avons dit, en 594. Deux ans après (en 592), parut à Athènes le célèbre Anacharsis, sous l'archonte Eucrate (Diog. de Laërte, *in Anacharsi*) : et cette date non contestée réfute l'opinion de ceux qui veulent qu'immédiatement après son archontat, Solon ait fait son voyage de 10 ans, dans lequel il alla en Égypte, où régnait Amasis, qui ne régna

―――――――――――

(1) *Voyez* la table des époques du jeune Anacharsis, tome 7.

qu'en 570; puis en Lydie, où il vit Crésus : comme si, outre l'inconvenance des temps, il n'était pas contraire à toute vraisemblance que ce législateur eût livré aux caprices d'un peuple léger, et aux secousses des factions, l'arbre frêle et délicat qu'il venait de planter, et qui ne pouvait s'enraciner qu'avec le temps. Solon resta à Athènes pour expliquer et soutenir ses lois. Il continua ses opérations de commerce *pour frayer*, dit Plutarque, *aux dépenses de sa vie dissipée;* l'on sent que chez un tel peuple, la maison de Solon, pour soutenir son crédit, dut être ouverte à tout le monde. Plusieurs années après, c'est-à-dire vers l'an 580, Susarion donna les premières représentations de comédie, et Thespis, qui de l'aveu des auteurs (1), donna les siennes peu de temps ensuite, n'a pu tarder plus que l'an 576. Par conséquent Solon put alors réprimander ses concitoyens au sujet de ces pièces licencieuses dont il prévoyait les effets. Ennuyé enfin, comme il arrive quand on vieillit, et fatigué des importunités des consultants et des *disputeurs* de ce temps-là, il entreprit vers la fin de l'an 574, ou le début de 573, son voyage de *dix ans*. — Il dut procéder lentement de lieu à lieu, de contrée à contrée, comme font tous les observateurs en matière de lois et de morale; il n'arriva

---

(1) *Voyez* les tables de Barthélemy et de Sainte-Croix; Voyage d'Anacharsis, tome vii.

qu'en 571 ou même en 570 en Égypte, où il resta assez long-temps, et il y vit Amasis commencer son règne (570). En quittant l'Égypte il dut revenir en Cypre par Crète ou par la côte de Phénicie : de Cypre il entra dans l'Asie mineure, et enfin il termina par Sardes, où il vit Crésus en 564 ou 563, avant la mort d'Atys. Là, instruit facilement de ce qui se passait à Athènes, il jugea qu'il était temps d'y rentrer pour s'opposer au choc de trois factions qui troublaient la ville : son parent Pisistrate qui en conduisait une, manœuvra si bien, que malgré les avertissements de Solon, le peuple donna dans le piége assez grossier *des blessures de Pisistrate*, d'où résulta la 1e usurpation, pendant le second semestre de l'an 560, sous l'archontat de Comias. Solon résista d'abord ouvertement; mais vaincu par la nécessité des circonstances, par la douceur de Pisistrate et par le consentement du plus grand nombre, il consentit à vivre paisiblement en faisant encore des vers; et en rédigeant les écrits des prêtres égyptiens sur l'*Atlantide*, dont ensuite s'empara Platon; et il mourut sous Hégésistrate, successeur de Comias, l'an 558, selon le témoignage précis de Phanias d'Éphèse. Si *Héraclite de Pont* le fait revivre encore plusieurs années après; c'est qu'il a suivi le système erroné de Sosicrate et de ceux qui comme lui retardaient de 12 ans la ruine de Crésus : mais en prolongeant la vie de Solon jusqu'à l'an 545, ces auteurs commettaient l'invraisemblance de le faire archonte à l'âge de 29 ans. Tout ce que Diogène de Laërte rapporte de ses lettres contradictoires, l'une à Crésus et l'autre à Pisistrate, des réponses de Pisistrate et de sa retraite en Cypre, est évidemment controuvé (comme l'avoue Larcher lui-même) par des rhéteurs grecs, qui, selon leur usage, ont brodé sur un canevas devenu agréable au peuple d'Athènes depuis l'expulsion d'Hippias et le meurtre d'Hipparque.

Thalès.

L'histoire de Thalès compliquée également avec celle de Crésus, s'éclaircit par les mêmes moyens de solution qui vont faire disparaître l'objection que l'on voudrait tirer de l'âge de cet astronome contre l'éclipse de 625.

Diogène de Laërte qui a écrit *la vie* ou plutôt des notes décousues sur la vie de Thalès, nous indique comme sources principales où il a puisé, les ouvrages d'Hérodote, de Douris et de Démocrite. Il parle successivement de son origine phénicienne, avec des doutes sur sa naissance à Milet ou à Sidon; de sa proclamation comme l'un des sept Sages (1), sous l'archonte Damasias (en 582);

---

(1) Lorsque l'on considère à quels hommes les anciens Grecs appliquèrent le nom de *Sage* (*Solon, Pittacus, Périandre*

de sa passion pour l'astronomie; de ses découvertes dans cette branche de science; de ses services civils et patriotiques comme citoyen de Milet, de sa répugnance pour le mariage; de ses maîtres en astronomie (les prêtres égyptiens); du fameux trépied d'or que se renvoyèrent l'un à l'autre les sept Sages dont il était un; des présents que lui

---

même), l'on s'aperçoit qu'ils ne l'entendaient pas dans le sens de nos modernes *correcteurs* moralistes : — *Soyez sage, petit garçon, asseyez-vous, et ne faites pas de bruit;* mais dans le sens de *habile* et *savant*, c'est-à-dire dans le sens précis du mot oriental *kakîm* qui a pour racine *kakam*, gouverner, d'où *kakem, gouvernant* (*soi* et les *autres* avec *habileté* et *science*), et par extension *kakim, médecin*, savant, habile dans les *sciences physiques* et *naturelles* : c'est par ces motifs réunis qu'il fut donné à Salomon, dont nous autres occidentaux avons peine à concilier la *sagesse* avec son *harim* de 700 femmes. Cette conformité d'idées est digne d'attention chez les anciens. Après ces hommes célèbres, Pythagore, *savant* pour son temps, et de plus modeste, ne voulut point accepter le titre de *Sage*; il prit et institua celui d'*ami* ou *aimant* de la *sagesse* : *philosophos*. Il ne se doutait pas qu'un jour ce nom deviendrait un *nom odieux*, une *injure atroce*; comme nous l'apprend Larcher, page 231, ligne 8; et cela parce que les *incrédules se le sont attribué*..... De manière que si les habitués de Bicêtre s'attribuaient, par cas très-possible, le titre d'honnêtes gens, il deviendrait aussi une injure atroce. Avec cette logique, nos dictionnaires tourneront comme nos têtes. En 1787 Larcher nous assurait qu'il était *philosophe plus que Voltaire*, c'était la mode, personne ne le contraria : en 1802 il proteste qu'il n'est pas *philosophe*; la mode a changé; personne ne réclame, et il se fâche: A qui en veut-il? Qu'a de commun la philosophie avec ses notes? Puisse-t-il nous donner une troisième édition en 1817!

adressa Crésus; puis des maximes de sagesse que l'on citait de lui. Or, *ajoute brusquement Diogène*, « On lit dans les *Chroniques* d'Apollodore que « Thalès naquit l'an 1ᵉʳ de la 35ᵉ olympiade (l'an « 640), et qu'il mourut à l'âge de 78 ans, ou à l'âge « de 90, comme le veut *Sosicrate* qui place sa « mort dans la 58ᵉ olympiade (548), et (dit) qu'il « vécut au temps de Crésus à qui il promit de « faire passer l'Halys sans pont, en détournant « le fleuve. »

Voilà, comme l'on voit, deux opinions contradictoires : laquelle préférer? Si nous admettons celle d'Apollodore, Thalès, né en 640, dut mourir en 563 (âgé de 78 ans) : mais en 563 le fils de Crésus vivait encore : Astyages n'était pas détrôné, et Crésus ne songeait pas à la guerre qui, 6 ans plus tard, lui fit traverser l'Halys. Apollodore est donc évidemment en erreur, et cette erreur remonte à 140 ans au moins avant Jésus-Christ, puisqu'il fut disciple du grammairien Aristarque d'Alexandrie (1), cité pour avoir fleuri sous Ptolomée Philométor, vers la 156ᵉ olympiade (154 ans avant Jésus-Christ).

Si nous admettons l'opinion de Sosicrate, Thalès

---

(1) En remarquant qu'il y eut deux Damasias archontes, et que le premier le fut en 640, ne serait-ce pas quelque équivoque de cette date qui aurait induit Apollodore en erreur ?

étant mort dans la 58ᵉ olympiade, âgé de 90 ans, c'est-à-dire vers l'année 648, il dut naître vers 738...... Mais nous avons déja vu que Sosicrate se trompait en supposant la guerre de Crésus et la prise de Sardes arrivées dans la 58ᵉ olympiade (548); que ce fut au contraire en l'an 558 que Crésus traversa l'Halys; donc les 90 ans de Thalès, en remontant de là, portent sa naissance à l'an 648, et le calcul de Sosicrate ainsi redressé, satisfait à toutes les vraisemblances.

A cette occasion faisons une remarque qui s'applique presque généralement aux philosophes de l'antiquité; savoir, qu'étant nés la plupart dans la classe plébéienne, leur naissance était un fait obscur et non remarqué. Ce n'était que lorsqu'ils devenaient célèbres, que l'on faisait attention à leur âge; et c'était surtout à l'époque de leur mort que cette attention notait la durée de leur vie, et supputait la date de leur naissance. Or, dans le cas présent de Thalès, lié par ses dernières années à la guerre de Crésus contre Cyrus, l'erreur commise à l'égard du fait fondamental a nécessairement causé l'erreur de la conséquence; et si l'on observe que les dates de mort et de naissance d'un homme aussi célèbre que Pythagore, ont été un problème jusqu'à ces derniers temps, l'on sentira que l'insouciance et la négligence des historiens d'une part, de l'autre, l'état de troubles et de révolutions où furent habituellement les États et surtout les petits États de l'antiquité, ont été des obstacles presque insurmontables pour l'exactitude des chronologistes (1).

Mais de quel historien Diogène de Laërte et ses auteurs ont-ils emprunté cette circonstance importante de leur récit, « que *Thalès conseilla à Crésus de détourner l'Halys?* » Nous ne la trouvons encore que dans Hérodote qu'ils suivaient ici pas à pas; cet historien l'affirme-t-il aussi positivement? Voilà ce qui nous paraît pour le moins douteux. Lisons ses paroles.

§ LXXV. « Kyrus tenait donc prisonnier Astyages. « Crésus irrité à ce sujet contre Kyrus, avait en-
« voyé consulter les oracles pour savoir s'il devait
« faire la guerre aux Perses. Il lui était venu de *Del-*
« *phes* une réponse ambiguë, et: ....
« *là-dessus*, il s'était déterminé à entrer sur les
« terres des Perses. Quand il fut arrivé sur les bords
« de l'Halys, il le fit, *à ce que je crois*; passer à son
« armée, *sur les ponts qu'on y voit à présent.* Mais

---

(1) Il est très-probable que relativement à *Pittacus*, l'opinion de Lucien et de Suidas s'est formée par les mêmes moyens, la vie de ce sage ayant été mêlée à celle de Crésus; dans tous les cas l'avis de ces auteurs n'est pas une autorité équivalente aux citations très-expresses de Diogène qui articule positivement que Pittacus mourut âgé de plus de 70 ans, accablé de vieillesse et sous l'archontat d'Aristomènes, l'an 3 de la 52e olympiade (570). Au compte de Suidas, c'est 82 (né en 652): Lucien aura calculé ses 100 ans en le supposant mort l'an 552.

« s'il en faut croire la plupart des Grecs (Ioniens),
« Thalès de Milet lui en ouvrit le passage. »

Que signifient ces mots, *il le fit, à ce que je crois?......* mais s'il *en faut croire la plupart* des Grecs (Ioniens).... Hérodote avait donc une opinion différente de celle de *la plupart* des Grecs qui n'était pas celle de la *totalité* : donc le fait n'était pas avéré et constant : c'était seulement une opinion populaire. Or, comme Hérodote se proposait de lire et qu'il lut réellement son livre à de nombreuses assemblées de Grecs, il n'osa heurter de front l'opinion de la plupart de ses compatriotes, vaniteux et jaloux. Il s'est contenté de l'atténuer en exprimant la sienne propre. Comme elle fut très-probablement celle des savants perses et lydiens qu'il avait consultés, elle mérite d'autant plus la préférence, qu'Hérodote semble indiquer *les ponts de l'Halys qu'on y voit à présent*, comme un monument de cette ancienne époque. D'ailleurs comment admettre la présence d'un vieillard de 90 ans à l'armée et au camp de Crésus, surtout lorsqu'on lit cet autre passage de Diogène de Laërte, tom. 1er, liv. Ier, pag. 17?

« Il est certain que Thalès donna des conseils
« très-avantageux à sa patrie (Milet); car Crésus
« ayant sollicité les Milésiens de se joindre à lui
« contre Kyrus, Thalès s'y opposa; et ce conseil
« devint le salut de la ville de Milet après la vic-
« toire de Cyrus. »

Après un tel conseil, quel accueil Thalès eût-il reçu de Crésus? Or, le fait cité par Diogène de Laërte, est encore attesté formellement par Hérodote, lorsqu'il dit, § CXLI, « que les Milésiens « furent les seuls Ioniens avec lesquels Kyrus fit « un traité aux mêmes conditions que leur avait « accordées Crésus. »

Le seul moyen conciliatoire serait de supposer que tandis que Thalès, vivant à Milet, donnait à ses concitoyens un conseil salutaire, il envoyait par écrit à Crésus celui de détourner l'Halys; ou plutôt que cet expédient militaire pratiqué en des temps bien antérieurs, par Sémiramis et par les rois de Babylone, dont Thalès dut connaître l'histoire, fut suggéré par ce philosophe au roi de Lydie, dans l'une de ces guerres antérieures, où il passa également l'Halys pour mettre à contribution *les riverains de l'Euxin*, riches en mines d'or et d'argent.

Si nous devions en croire le traducteur d'Hérodote, nous aurions ici une objection grave contre nos explications; car dans son canon chronologique, à l'an 543, il place un *conseil de Thalès aux Ioniens;* et il cite pour garant notre commune autorité, Hérodote, lib. Ier, § CLXXI. Nous ouvrons Hérodote, nous lisons le paragraphe cité, et nous ne trouvons rien de semblable, ni même de relatif; seulement au § précédent (CLXX), en parlant du conseil que Bias donna aux Ioniens

accablés de maux par les Perses de Kyrus, il dit:
« Tel fut le conseil que Bias donna aux Ioniens
« après qu'ils eurent été réduits en esclavage ;
« *mais avant que leur pays eût été subjugué*, Tha-
« lès de Milet leur en donna un qui était excel-
« lent, ce fut d'établir à Téos, au centre de l'Ionie,
« un conseil général pour toute la nation, sans
« préjudicier au gouvernement des autres villes,
« qui n'en auraient pas moins suivi leurs usages
« particuliers. »

Il est clair que le temps dont il s'agit ici, *avant
que leur pays eût été subjugué*, se rapporte à un
temps bien antérieur à l'an 543, et que Larcher
a encore raisonné ici selon l'hypothèse de la ruine
de Sardes en 545. On pourrait reporter ce conseil de Thalès jusqu'aux dernières années d'A-
lyattes, où ce prince, ennemi des Milésiens, mena-
çait d'un asservissement complet tous les Ioniens,
dont la plupart étaient déja tributaires ; et si l'on
observe que ce fut en 582, 9 ans avant la mort
d'Alyattes, que Thalès fut déclaré *Sage*, l'on pensera que ce furent de tels avis qui lui méritèrent
cet honneur.

De ce qui précède, l'on peut conclure que
Thalès vivait encore lorsque Crésus chercha des
alliés contre Kyrus, en 559, et que très-probablement il mourut peu après, supposons l'an 557.
En admettant qu'il vécut 90 ans complets, sa naissance peut se reporter jusqu'à l'an 646 ou même

647; et cette date remplit bien l'exigence d'un fait célèbre où Thalès est cité comme acteur; nous voulons parler de l'éclipse de soleil prédite par ce philosophe, laquelle, survenue au fort d'un combat entre les Lydiens et les Mèdes, causa une obscurité si forte, que les combattants mirent bas les armes, et que les deux rois cimentèrent leur réconciliation par le mariage d'Astyages, fils du mède Kyaxarès, avec Aryenis, fille du lydien Alyattes. Une foule de savants, depuis Cicéron et Pline, se sont exercés à trouver l'époque de cet événement; mais ils n'ont pu s'accorder ni entre eux, ni avec eux-mêmes.

Larcher présente un tableau curieux de leurs noms et de leurs opinions, dans sa note sur le § LXXIV du premier livre (1); parmi les anciens, il cite : 1° *Cicéron* et *Pline*, qui assignent l'éclipse à l'an 584 avant J.-C., et il omet Solin qui suit leur avis (2); Clément d'Alexandrie, qui interprétant Eudemus, la place vers l'an 580; parmi les modernes, Riccioli, Dodwel, Desvignoles, de Brosses, qui se rangent à l'avis de Pline; Scaliger, qui hésite entre 585 et 583; *Usher* ou *Usserius* qui préfère l'an 601; Calvisius, l'an 607. Il omet

---

(1) *Voyez* tome 1, note 190 de la première édition, page 308 et note 204 de la deuxième édition, page 331.

(2) *Solin.*, pag. 25 : *bello quod gestum est olympiade* 49 (584) *inter Alyattem et Astyagem, anno post Ilium* 604.

les astronomes anglais Costard et Stukeley, qui la veulent, avec Bayer, l'an 603 (1); enfin lui-même adopte l'opinion de Petau, de Hardouin, Marsham, Bouhier et Corsini, qui ont cru la trouver en 597; mais comme cette dernière opinion n'est pas mieux fondée que les autres, et qu'elle implique également des anachronismes et des discordances, Larcher convient que cette *époque n'est pas sûre* (2), *vu les variantes des auteurs;* ainsi rien n'est prouvé, et rien ne pouvait l'être; car de toutes les dates alléguées, pas une ne cadre avec le texte d'Hérodote, à 18 ans près; et parce que ce texte est notre régulateur général et commun, la base unique de tous les raisonnements que l'on a faits et que l'on peut faire, nous allons l'exposer sous les yeux du lecteur, non par fragments détachés, auxquels on fait dire tout ce que l'on veut, mais dans son ensemble; parce qu'alors les faits s'éclairant réciproquement par leur liaison et par leurs circonstances, il en résulte un ordre de temps, et un classement de dates obligatoire et presque forcé, qui exclut toutes les divagations dans les-

---

(1) Transact. philos.; année 1753, pages 17 et 221.
(2) *Voyez* à ce sujet la note 72, page 223 de la première édition; et note 75, § xxx de la deuxième, page 236, second alinéa.

quelles sont tombés, nos prédécesseurs pour n'avoir pas suivi cette méthode.

L'éclipse en question étant arrivée dans le cours du règne de Kyaxarès, roi des Mèdes, au commencement de la sixième année d'une guerre qu'il eut contre Alyattes, roi des Lydiens, sans que l'on sache en quelle année commença cette guerre, il est nécessaire de rassembler et de classer par ordre successif tous les événements de ce règne; pour cet effet, il faut d'abord remonter jusqu'à la mort de Phraortes, père de Kyaxarès.

Texte d'Hérodote (1).

§ cii. « Phraortes, (roi des Mèdes) ayant atta-
« qué les Assyriens de Ninive,.... périt dans cette
« expédition avec la plus grande partie de son ar-
« mée..... Kyaxarès, son fils, lui succéda. »

Nous sommes d'accord avec Larcher, que ces deux événements doivent s'assigner, le premier à l'an 635, le second à l'an 634 avant notre ère.

§ ciii « On dit qu'il fut encore plus belliqueux

---

(1) Traduction de Larcher, tome 1, liv. I, § cii. Nous observons au lecteur que presque toutes nos remarques vont porter sur ce tome, et sur ce livre premier; que tous nos renvois y seront relatifs; et parce que les pages des deux éditions diffèrent de chiffres arabes, nous ne citerons le texte que par les §§ dont les chiffres romains ne diffèrent pas.

« que ses pères. Il sépara le premier les peuples
« d'Asie en différens corps de troupes, et assigna
« aux piquiers, à la cavalerie, aux archers, cha-
« cun un rang à part : avant lui tous les ordres
« étaient confondus. Ce fut lui qui fit la guerre
« aux Lydiens, et qui leur livra une bataille pen-
« dant laquelle le jour se changea en nuit. »

Voyez, dit Larcher, le § LXXIV. Nous y recou-
rons ; mais parce que le sens est la suite insépa-
rable du § LXXIII, nous sommes obligés d'y remonter, et nous y trouvons l'occasion de cette
guerre.

§ LXXII, *ligne* 8. « Une sédition avait obligé
« une troupe de Scythes nomades à se retirer se-
« crètement sur les terres de Médie. Kyaxarès, fils
« de Phraortes, et petit-fils de Déiokès (1), qui
« régnait alors sur les Mèdes, les reçut d'abord
« avec humanité, comme suppliants, et même il
« conçut tant d'estime pour eux, qu'il leur confia
« des enfants pour leur apprendre la langue scy-
« the, et à tirer de l'arc. Au bout de quelque temps
« les Scythes, accoutumés à chasser et à rappor-
« ter tous les jours du gibier, revinrent une fois
« sans avoir rien pris. Revenus ainsi les mains vides,
« Kyaxarès, qui était d'un caractère violent,

---

(1) Larcher traduisant immédiatement du grec, aurait dû
conserver l'orthographe grecque, sans faire passer les noms
par l'orthographe latine qui en défigure pour nous la prononciation : nous les rétablirons partout.

« comme il le montra, les traita de la manière la
« plus rude. Les Scythes indignés d'un pareil trai-
« tement, qu'ils ne croyaient pas avoir mérité,
« résolurent entre eux de couper par morceaux
« un des enfants dont on leur avait confié l'édu-
« cation, de le préparer de la manière qu'ils avaient
« coutume d'apprêter le gibier, de le servir à
« Kyaxarès, comme leur chasse, et de se retirer
« aussitôt à Sardes, auprès d'Alyattes, fils de Sa-
« dyattes. Ce projet fut exécuté. Kyaxarès et ses
« convives mangèrent de ce qu'on leur avait servi;
« et les Scythes, après cette vengeance, se reti-
« rèrent auprès d'Alyattes, dont ils implorèrent la
« protection. »

§ LXXIV. « Kyaxarès les redemanda. Sur son re-
« fus, la guerre s'alluma entre ces deux princes.
« Pendant cinq années qu'elle dura, les Mèdes et
« les Lydiens eurent alternativement de fréquents
« avantages, et la sixième, il y eut une espèce de
« combat nocturne, car après une fortune égale
« de part et d'autre, s'étant livré bataille, le jour
« se changea tout à coup en nuit, pendant que
« les deux armées étaient aux mains. Thalès de
« Milet avait prédit aux Ioniens ce changement,
« et il en avait fixé le temps et l'année où il s'o-
« péra. Les Lydiens et les Mèdes, voyant que la
« nuit avait pris la place du jour, cessèrent le
« combat, et n'en furent que plus empressés à faire
« la paix..... Les rois de Babylone et de Cilicie en

« furent les médiateurs. Persuadés que les traités
« ne peuvent avoir de solidité sans un puissant
« lien, ils engagèrent Alyattes à donner sa fille
« Aryenis à Astyages, fils de Kyaxarès. »

*Voilà comment Astyages devint beau-frère de
Crésus*, ainsi qu'Hérodote le dit au commencement du § LXXXIII, avant ces mots, *une sédition
avait obligé*, etc.

§ CIII. « Ce fut encore Kyaxarès qui, après avoir
« soumis toute l'Asie au-dessus du fleuve Halys,
« rassembla toutes les forces de son empire, et
« marcha contre Ninive, résolu de venger son
« père par la destruction de cette ville. Déja il
« avait vaincu les Assyriens en bataille rangée;
« déja il assiégeait Ninive, lorsqu'il fut assailli par
« une nombreuse armée de Scythes. C'était en
« chassant d'Europe les Kimmériens, qu'ils s'é-
« taient jetés sur l'Asie: la poursuite des fuyards
« les avait conduits jusqu'au pays des Mèdes,
« § CIV, qui leur ayant livré bataille, la perdirent
« avec l'empire de l'Asie. § CV. Les Scythes, maîtres
« de toute l'Asie, marchèrent de là en Égypte;
« mais quand ils furent dans la Syrie de Palestine,
« Psammitichus, roi d'Égypte, vint au-devant
« d'eux, et à force de présens et de prières, il les
« détourna d'aller plus avant. § CVI. Les Scythes
« conservèrent vingt-huit ans l'empire d'Asie, ils
« ruinèrent tout par leur violence et leur négli-
« gence. Kyaxarès et les Mèdes en ayant invité

« chez eux la plus grande partie, les massacrèrent
« après les avoir enivrés. Les Mèdes recouvrèrent
« par ce moyen et leurs états et l'empire sur les
« pays qu'ils avaient auparavant possédés. Ils
« prirent ensuite la ville de Ninive; enfin ils sub-
« juguèrent les Assyriens, *excepté le pays de*
« *Babylone*. Ces conquêtes achevées, Kyaxarès
« mourut : il avait régné 40 ans, y compris le
« temps que dura la domination des Scythes.
« § CVII. Astyages, son fils, lui succéda. »

Tel est l'exposé d'Hérodote, où l'on voit une succession de faits tellement liés les uns aux autres, que l'on ne saurait en déplacer aucun sans les troubler tous. En les réduisant à leur plus simple expression, l'on trouve, — mort de Phraortes; — avénement de son fils Kyaxarès; soins administratifs et réorganisation militaire; arrivée d'une petite troupe de chasseurs scythes; leur séjour de peu de durée; leur fuite chez Alyattes. — Guerre de 5 ans entre Alyattes et Kyaxarès. Bataille, éclipse et traité au commencement de la sixième année. — Siége subséquent et immédiat de Ninive. — Irruption des Scythes qui font lever le siége; corps de leur armée poussé jusqu'en Palestine, où Psammitichus, roi d'Égypte, les arrêta. Domination des Scythes pendant 28 ans. — Leur expulsion par stratagème. — Deuxième siége, et ruine finale de Ninive. — Mort de Kyaxarès.

Il s'agit maintenant d'établir des dates : la méthode d'Hérodote, pour les indiquer, a cet inconvénient, qu'il ne rapporte point habituellement les dates partielles à un terme général et commun, à une ère fixe, pas même à celle des Olympiades, dont l'usage ne s'introduisit que plus d'un siècle après lui, au temps d'Alexandre; il guide sa marche, s'il est permis de le dire, en se *jalonnant* d'un événement sur l'autre, ce qui produit quelquefois une incertitude d'années complètes ou fractionnelles qui peuvent avoir été comptées simples ou doubles. Par exemple, lorsqu'il dit en nombres ronds :

 Phraortes régna. . . . . 22 ans.
 Son fils Kyaxarès. 40
 Astyages. 35

La somme additionnée présente. . . 97 ans, et néanmoins il est possible qu'il n'y ait eu que 96 et même 95 années entières, parce qu'il est peu naturel que 3 règnes aient commencé et fini juste avec des années, et que la même année dans laquelle on a commencé un règne et fini un autre, peut avoir été comptée à chacun d'eux : il faut donc quelquefois accorder à ses calculs une petite latitude fondée sur ce motif; cependant comme Hérodote, en certaines occasions importantes, a comparé des événements de l'histoire des Perses à l'ère des Olympiades, qui se lie d'une manière certaine à la nôtre, l'on a profité de ces données pour coordonner tout son système. Ainsi, parce qu'il a fait remarquer d'une part, que le combat de Marathon fut livré la cinquième année avant la mort de *Darius*, fils d'*Hystaspes*; combat bien connu des Grecs, pour avoir eu lieu la troisième année de l'olympiade 72°, répondant à l'an 490 avant notre ère; et que d'autre part il a spécifié le nombre des années et la série des rois perses, en remontant depuis Darius jusqu'à Kyrus (Cyrus), l'on est parti, et nous partons nous-mêmes de ce point pour rapporter à notre ère la chronologie des rois mèdes. En conséquence, nous disons avec Larcher(1), et avec tous les chronologistes, que puisque la première année du règne de Kyrus concourut avec l'an 560 avant J.-C., les

---

(1) Mais nous ne nous servirons point avec lui de la période julienne, dont il embarrasse tous ses calculs d'autant plus mal à propos, que cette période inventée par Jules Scaliger, en l'an 1582 de notre ère, et composée de 7980 années, de 365 jours 6 heures précises, selon le calendrier de Jules-César, est un système aussi idéal en chronologie, que celui de Fahrenheit en barométrie, et de plus, compliqué, inutile et inexact en astronomie, ne se liant à aucun événement, comme l'a démontré un savant académicien, Louis Boivin, dans sa dissertation de 1703. Le choix seul d'une mesure aussi vicieuse est d'un fâcheux augure pour le goût et le genre d'esprit d'un chronologiste. On supprimerait 30 pages entières de Larcher, si l'on en retirait toutes les citations : nous n'emploîrons que l'échelle ascendante avant notre ère, dont le seul inconvénient est de calculer en sens inverse; mais l'on y est bien vite accoutumé, et l'on a des idées toujours nettes du temps.

règnes des rois mèdes que nous avons cités, se classent comme il suit :

Phraortes périt l'an................ 635.
Kyaxarès régna ... 1re année........ 634.
                    40e.............. 595.
Astyages......... 1re............. 594.
                    35e .... 561.
Kyrus........................... 560.

L'on voit que ce tableau fixe d'abord, sans difficulté, les 40 années de Kyaxarès, entre les années avant notre ère 634 et 595 ; il s'agit de soumettre au calcul et de dater les événements divers qui remplissent son règne.

Ce règne de 40 ans se divise naturellement en 3 parties ou périodes.

1° Le temps qui précède la grande invasion des Scythes, portion qui réclame d'abord 6 années complètes pour la guerre de l'éclipse, plus une durée antérieure *non connue* depuis le commencement du règne.

2° Le temps de l'invasion et de la domination des Scythes, qui est une portion connue de 28 ans.

3° Le temps qui suivit l'expulsion des Scythes, et qui fut rempli par le deuxième siége et la ruine finale de Ninive, avec quelques faits subséquents de peu d'importance et de durée.

Dans ces 3 périodes, nous avons de connus les 28 ans des Scythes et les 5 années antérieures, ce qui fait déjà 33 sur 40 : il ne nous en faut plus que 7, qui peuvent se distribuer par des probabilités raisonnables. Supposons que le 2ᵉ siége de Ninive, et les faits de la période 3ᵉ jusqu'à la mort de Kyaxarès en 595, aient duré 3 ou 4 ans; que l'expulsion des Scythes ait eu lieu vers la fin de 599 ou dans le cours de 598; leur irruption (28 ans plus tôt) qui concourut avec le 1ᵉʳ siége de Ninive, peu de mois après l'éclipse, aura eu lieu dans l'année 626, laquelle se trouvera être celle de l'éclipse, et la 6ᵉ de la guerre contre les Lydiens. Les 5 années révolues que dura cette guerre nous mènent inclusivement à l'an 631. Les chasseurs scythes et leur anecdote appartiennent à la fin de l'année 632; et Kyaxarès aura passé les 3 premières années de son règne (depuis 634) dans les soins administratifs, et dans une réorganisation militaire dont la catastrophe de son père avait amené la nécessité, et sans doute fait connaître les moyens.

Voilà donc, par un ordre naturel et par la série nécessaire des faits, notre éclipse indiquée vers l'an 626 avant J.-C., et elle ne peut s'en écarter de plus d'une année; car au-dessous de 625, les 28 ans des Scythes ne laissent que 2 ans complets au règne de Kyaxarès; et au-dessous de 627, ils ne laissent que 2 ans entre son avénement et la guerre. Il faut donc pour l'honneur d'Hérodote, et un peu pour le nôtre, trouver en ces 3 années une éclipse totale ou presque totale de soleil, par les latitudes et longitudes du pays situé entre la Lydie et la

Médie : nous ouvrons les tables que l'astronome Pingré a dressées pour les 10 siècles antérieurs à notre ère, en faveur de l'Académie des Inscriptions (1), et nous trouvons ce qui suit :

Année 627 avant J.-C., 19 septembre, à minuit et demi, éclipse centrale de soleil visible seulement pour l'Asie orientale. (*Ce n'est pas la nôtre.*)

Année 626, 14 février, 9 heures du matin, éclipse par simple attouchement des bords du disque. (*Ne peut convenir.*)

Année 625, 3 février, à 5 heures et demie du matin, *éclipse centrale*, visible pour l'orient de l'Europe, de l'Afrique, et pour l'Asie (entière), à partir du 22ᵉ degré de longitude à l'est de Paris. Voilà sûrement notre éclipse, car cette année 625 avant J.-C. (2) a de préférence à toute autre, le mérite de cadrer avec les diverses circonstances des récits d'Hérodote et de Jérémie. (*Voyez* partie 1ʳᵉ de cet ouvrage, pag. 92.)

Il est bien vrai que l'heure assignée par l'astronome français est trop matinale, puisque le soleil eût à peine été levé aux latitudes et longitudes requises ; mais le modeste *Pingré* nous avertit, dans l'Art de vérifier les dates (tom. 1ᵉʳ, pag. 41), que

---

(1) *Voyez* Mémoires de l'Académ. des Inscript., tome 42, page 115 de la partie de l'Histoire.

(2) 625 selon les astronomes, et 626 selon le vulgaire des chronologistes.

les calculs des astronomes, à mesure qu'ils s'enfoncent dans l'antiquité, perdent de leur précision, et qu'ils peuvent être en erreur d'une portion de temps assez considérable. — Depuis Pingré, de plus hautes prétentions se sont formées, et si l'on devait souscrire à la décision d'un savant professeur, dans un livre récent (1), la science aurait acquis un tel degré d'infaillibilité, que le récit d'Hérodote et de ses auteurs serait une *fiction*, par cela seul que l'éclipse ne tombe pas dans les calculs actuels; mais alors beaucoup d'éclipses mentionnées même par les astronomes anciens, seront aussi des *fictions*, puisque le calcul ne les rencontre pas à leur place.

Pour réfuter une doctrine si tranchante, il nous suffira d'observer, 1°. que sur certaines éclipses de lune, les chefs de la science, *Hipparque* et *Ptolomée*, ne sont pas d'accord à 50 minutes près (2);

---

(1) Voyez *Abrégé d'Astronomie*, in-8°, 1813, par M. Delambre, qui dit, page 335 : « Hérodote en indique l'année d'une *manière si vague*, que l'on doute si elle est arrivée en l'an 581, 585, 597 ou 607 avant J.-C.; encore aucune de ces éclipses n'a-t-elle dû être totale et ramener cette *obscurité* qui n'est peut-être qu'une fiction d'Hérodote ou de ceux qui lui en parlèrent. » Nous répondons qu'Hérodote ne paraît vague qu'à ceux qui ne l'ont pas lu attentivement. Notre analyse démontre sa précision; mais M. Delambre, à qui nous l'avions soumise, n'en a tenu compte.

(2) *Voyez*, à ce sujet, la *critique des Observations astronomiques* de Ptolomée, faite par Riccioli, dans son *Astronomia*

2° Que les manuscrits de leurs copistes ont des variantes quelquefois considérables sur une même éclipse;

3° Que Ptolomée offre, en certains cas, des discordances d'une telle nature, qu'on ne saurait les attribuer à l'ignorance, mais à l'intention préméditée de dissimuler les bases de la science au lecteur *non initié à ses mystères*, qui chez les anciens furent une véritable franc-maçonnerie (1);

4° Que la théorie des écoles modernes de l'Europe ne se fonde point sur des séries suffisantes d'observations positives, faites avec la précision de temps et d'instruments convenables;

---

reformata, in-fol., livre III, chap. 4, pages 108 et suivantes; chap. 5, pages 115 et suivantes; et plus particulièrement celle des 19 éclipses de lune rapportées dans l'Almageste, livre III, chapitre 9, pages 133 et 134; et chapitre 7, page 129, article *Eclipses ex mera conjectura*.

(1) On sait à quel point les Brahmanes chez les Indiens modernes sont jaloux de leurs notions astronomiques. Ils sont en cela, comme en bien d'autres choses, l'image des anciens savants, c'est-à-dire, des prêtres dont la puissance était fondée sur la possession *exclusive* des sciences parmi lesquelles la *prédiction* des phénomènes célestes tenait le premier rang. Aussi Julius Firmicus nous apprend-il que même les adeptes *prétaient serment de ne point communiquer les principes;* et Albaténius se fait un mérite de dire clairement ce que les anciens n'ont dit que par *enigmes, quæ ab antiquis per involucrum dicta sunt explicavi*. Nous connaissons un savant critique qui par des compensations de 3 ou de 5 ou de 7 minutes, tantôt en plus, tantôt en moins, ramène toutes les anomalies de Ptolomée à l'état vrai, à commencer par la mesure de l'année solaire qu'il a évidemment altérée.

5° Qu'à défaut de cet élément important (dont furent favorisés les anciens prêtres de Chaldée et d'Égypte, à raison de leur ciel toujours clair et de leur transmission héréditaire), les astronomes modernes, pour dresser leurs tables lunaires, ont employé certaines observations citées par Ptolomée et par les Arabes, desquelles l'exactitude est hypothétique et contestable;

6° Que pour obtempérer à ces observations, l'on a supposé au nœud de la lune un *mouvement d'accélération progressive*, que l'on évalue à environ 1 degré et demi pour l'an 625 avant J.-C.: et de là le déplacement de notre éclipse; mais ce *mouvement d'accélération* n'est pas un fait *à priori*. Ce n'est qu'une induction tirée de faits présumés et *non démontrés* certains; par conséquent c'est une pure hypothèse, une *fiction*, à tel point que les maîtres de la science ne s'accordent point sur la marche et la quantité de ce mouvement supposé. En effet, tandis que M. *Burgh* veut que l'accélération aille croissant régulièrement à mesure que l'on se rapproche des temps modernes, M. *de Zach* veut qu'elle n'aille croissant que depuis l'an 1700, avant lequel elle aurait été en décroissant; dans cette seconde hypothèse, l'éclipse est retardée d'environ 5 heures, et retombe vers 10 heures du matin, tandis que dans l'hypothèse de M. Burgh, suivie par M. Delambre, elle anticipe jusque vers les 4 heures après minuit. Dans un tel état d'opinion,

l'on n'a pas réellement le droit d'inculper de *fiction*
ou de mensonge l'historien grec ou ses auteurs
asiatiques, surtout lorsque plusieurs considérations
morales viennent militer en leur faveur. D'abord on
ne voit pas comment les historiens babyloniens,
mèdes et lydiens, intéressés au fait, ont pu s'entendre pour imaginer une *fiction* sans base; encore
moins comment Hérodote, voyageur étranger, impartial et d'un caractère éminemment sincère, a
pu consulter les livres et converser avec les savants
de ces divers peuples, sans trouver et sans noter
quelque doute, s'il y en eut, sur un fait si remarquable, lui qui nous répète cette phrase de candeur : « Voilà ce que disent les uns; mais les autres
« prétendent que cela se passa autrement. »

Ensuite l'on doit remarquer qu'ici l'éclipse n'est
pas l'accessoire, la broderie du fait, mais le fait
principal lui-même, la cause occasionelle et déterminante d'un traité qui changea l'état politique de l'Asie, et cela de la manière la plus notoire,
la plus remarquable, puisqu'une grande guerre
fut terminée brusquement par l'un de ces prodiges célestes qui excitaient une terreur générale
chez les anciens peuples. Ce fut encore une suite
de l'éclipse, que le siége de Ninive par Kyaxarès,
et son interruption par les Scythes, qui poussèrent jusqu'à Ascalon, où les *arrêta Psammetik, roi
d'Égypte*. Cette dernière anecdote, Hérodote la
tient des prêtres égyptiens, comme il tient des Chal-

déens celle de Labinet. Conçoit-on qu'il ait lié tous ces traits en un même récit, sans avoir fait une sorte de collation avec ces divers auteurs, et sans les avoir questionnés sur une éclipse aussi remarquable?

L'on se récrie contre la circonstance de l'*obscurité semblable* à la nuit, que l'on dit n'arriver pas même dans les éclipses totales; mais que répondra-t-on si, dans nos temps modernes, quelques éclipses ont offert des incidents de ce genre, incompréhensibles même pour les astronomes qui en font le récit? Par exemple, *Mœstlin*, de qui fut élève Kepler, en cite un exemple frappant dans l'éclipse de soleil observée à Tubingen le 12 octobre 1605. *Commencement à* 1^h 40' *après midi. Fin à* 3^h 6' *temps vrai. Grandeur,* 10 doigts $\frac{1}{3}$ ou $\frac{2}{3}$. « Vers le milieu de cette éclipse, dit Mœst-« lin, le ciel étant parfaitement pur, il survint « tout à coup une obscurité semblable au crépus-« cule du soir, à tel point que l'on put voir *Vé-« nus*, quoique rapprochée du soleil à 21 degrés; « que les vignerons occuper à vendanger eurent « peine à discerner les grappes, et que les mai-« sons disparurent dans l'ombre. »

Voilà l'effet que produirait une éclipse totale, et néanmoins il s'en fallait 4 minutes que dans celle-ci le disque du soleil fût masqué : concluons que le récit d'Hérodote mérite une attention particulière, et qu'il doit devenir un point de mire utile à nos astronomes. Revenons à notre sujet.

Dira-t-on que le 3 février est une saison improbable pour les événements militaires ? cette objection ne peut avoir de poids relativement au climat de l'Asie mineure, qui, par sa température en général moins froide que la nôtre, permet la guerre en toute saison. Mais de plus, nous remarquons que cette circonstance du *mois de février* vient à l'appui du fait lui-même, par certaines expressions du texte que l'on ne doit pas négliger. *Cette espèce de combat nocturne*, dit Hérodote ; *eut lieu au commencement de la sixième année de la guerre* : or, l'époque de ce *commencement* peut se deviner, si l'on observe que ce fut pendant la *saison des chasses* que la petite troupe des Scythes employés à ce service par Kyaxarès, se retira chez Alyattes. La saison des chasses, en Médie comme en France, n'a lieu que dans les mois d'automne et d'hiver, surtout pour le gros gibier, tel que les fauves. L'on sent que les Scythes, avec leurs grands arcs et leurs longues flèches, ne chassaient pas aux petits oiseaux ; et lorsque Hérodote peint la colère de Kyaxarès de se voir frustré de provisions, lors surtout qu'il cite l'horrible fraude des Scythes qui, pour *gibier*, apprêtent les membres d'un jeune homme de 18 ou 20 ans (puisqu'il maniait l'arc), l'on sent qu'il s'agit de la chasse aux grands fauves, daims, gazelles, cerfs et bœufs sauvages, dont la Médie et le Caucase voisin abondent. Nous le répétons, la saison de cette chasse étant surtout depuis septembre jusqu'en janvier, la fuite des Scythes a dû avoir lieu en octobre ou novembre, et la guerre s'ensuivre immédiatement dès le mois de décembre; et alors on voit que le mois de février se trouve en effet au commencement des années de cette guerre. La paix et le traité d'alliance ayant eu lieu dans ce même mois, Kyaxarès eut le temps de tourner ses armes contre les Assyriens de Ninive, et d'entreprendre le siége de cette grande ville, que l'irruption des Scythes le força de quitter pour s'occuper de sa propre sûreté. Tous ces événements datent donc de l'an 625, et cette année ayant dû être comptée pour l'une des 28 de la domination des Scythes, leur expulsion a eu lieu dans le cours de l'an 598 qui leur a été pareillement compté : Kyaxarès, toujours en armes, et qui avait préparé ce coup, recommença de suite ses attaques contre les Assyriens, assiégea Ninive, la prit, la ruina, et les 3 ans qui s'écoulèrent depuis 598 jusqu'à la fin de 595, ont suffi à ces événements.

Tout concourt donc à prouver que nous possédons réellement enfin la date de la plus célèbre et de la plus ancienne des éclipses solaires citées par les Grecs.

Maintenant rappelons à l'examen et à la comparaison les dates proposées par les savants que Larcher cite dans sa note 204.

D'abord l'opinion de Cicéron et de Pline, qui

ont supposé notre éclipse arrivée en l'an 585, est une erreur d'autant plus insoutenable que le principal acteur, Kyaxarès, était mort depuis 10 ans : en considérant que cette erreur est précisément de 40 ans ou x olympiades, nous avions d'abord pensé que les manuscrits de ces deux écrivains célèbres pouvaient avoir été altérés dans cet endroit, comme dans tant d'autres, par les copistes qui, au lieu de l'an 4 de la xxxviiie olympiade (notre date véritable, 625), auraient mis un x de trop, et auraient écrit de la xxxxviiie olympiade, faisant 685 : mais la comparaison que Pline fait de cette année à l'an de Rome 170, qui en effet y correspond ; la presque identité du calcul de Solin, le plagiaire habituel de Pline, et qui désigne l'olympiade 49, commençante à l'an 584 ; enfin le nom d'Astyages, que Cicéron substitue à celui de Kyaxarès, parce qu'il a reconnu que ce dernier ne régnait plus, tous ces motifs rendent l'erreur inexcusable ; et malheureusement lorsqu'on a lu les anciens avec un esprit dégagé de ce respect servile et superstitieux que commandent ceux qui ne les connaissent point, l'on sait qu'ils ont presque généralement traité l'histoire et fait leurs citations avec une légèreté, une négligence et quelquefois une ignorance inconcevables. La seule conjecture que nous puissions faire sur cette singulière erreur de x olympiades, est que quelque chronologiste antérieur à Cicéron même, aurait véritablement marqué xxxviii, et que son manuscrit, surchargé d'un x, aurait induit en erreur Cicéron et Pline, qui n'y ont pas regardé de si près que nous autres modernes (1).

Le calcul le moins erroné est celui de Calvisius, qui suppose l'éclipse en 607. L'évêque irlandais Usher, qui, sous le nom d'*Usserius*, est le guide de la plupart de nos compilateurs, et qui, de l'aveu de Larcher, comme de Fréret, a réellement troublé toute la chronologie ancienne, Usher, en assignant l'éclipse à l'an 601, s'est trompé de 24 années; quant aux RR. PP. jésuites Petau et Hardouin, dont Larcher suit ici et presque partout le sentiment, il est difficile de comprendre comment des hommes de ce savoir ont persiflé l'opinion de Pline et de ses partisans, sans remarquer que la leur tombait par leur propre et même argument. « L'éclipse, disent-ils, n'a pu « avoir lieu en 585, parce que le roi mède Kyaxarès, « acteur principal, était mort depuis 10 ans. » Nous leur *rétorquons* : « L'éclipse n'a pu avoir lieu en 597, comme vous le dites, parce que le roi d'Égypte, Psammitichus, acteur cité, postérieur pour le moins d'une année, était mort 20 ans auparavant (en 617). » Comment se fait-il que tant de

---

(1) Il faut d'ailleurs convenir que les anciens avec leurs manuscrits non collationnés et difficiles à lire, ont eu bien moins de commodités que nous avec nos imprimés.

savants hommes aient si peu ou si mal lu et médité le texte fondamental? Mais ce qui est plus incompréhensible, c'est que le traducteur lui-même, le grand helléniste Larcher, qui plus qu'un autre a dû se pénétrer de toutes les idées d'Hérodote, qui a dû les posséder comme sa propre composition, n'a cependant rien compris au plan de son auteur, n'y a vu au contraire que nuages et chaos, comme le démontre tout ce qu'il en dit.

D'abord, sa première édition, tome VII, p. 546, lig. 27, présente ce passage vraiment étrange : « Une troupe (de Scythes) obligée par une sédi-
« tion de se retirer en Médie, gagne l'estime de
« *Crésus*; on leur confie des enfans pour les éle-
« ver; maltraités par la suite, ils en tuent un qu'ils
« apprêtent en guise de gibier; quittent *Sardes*, et
« se retirent auprès d'Alyattes. Sujet d'une guerre
« entre Kyaxarès et Alyattes. »

L'on ne peut pas dire que *Crésus* soit ici une faute d'impression, car ils quittent *Sardes*. La cause de cette bizarre méprise, est que Larcher ayant lu dans le § LXXIII, que *Crésus partit avec son armée pour la Cappadoce, afin de venger son beau-frère Astyages;* et de suite Hérodote racontant *à quelle occasion il était devenu son beau-frère*, et récitant l'anecdote des Scythes chasseurs, que nous avons rapportée page 305, Larcher a fait de tout cela un seul et même faisceau d'idées, et a joint pêle-mêle les Scythes, Crésus, Alyattes et

Kyaxarès; ce quiproquo a disparu de la seconde édition, mais tous les autres y restent.

« Selon Larcher, l'éclipse a lieu en 597, et « par suite le mariage d'Astyages avec Aryenis, « fille d'Alyattes; Mandane, fille d'Astyages, naît « l'année suivante (596); elle se marie en 576, « et l'année suivante elle donne le jour à Cyrus « qui, à ce moyen, détrône, à l'âge de 15 ans, « son grand-père Astyages (en 560). »

Cependant, contre le ridicule de ces 15 ans, Hérodote dit positivement que Cyrus, lorsqu'il souleva les Perses, *avait atteint l'âge viril*, ce qui indique au moins 25 ans : toutes ces invraisemblances disparaissent dans le système d'Hérodote. D'abord en mariant Astyages, l'an 625, il laisse tout le temps nécessaire à la naissance et à l'âge mûr de sa fille et de son petit-fils. Mais de plus, il ne dit ni ne laisse entendre, en aucun passage, que Mandane fût fille d'*Aryenis*; si cela eût été, il est presqu'impossible que cet historien, très-attentif à citer les généalogies, n'en eût pas fait la remarque, et qu'il eût négligé d'ajouter au caractère de Cyrus le trait vraiment piquant d'avoir eu la *double fortune* de détrôner aussi son grand-oncle, après avoir détrôné son grand-père. Son silence à cet égard est confirmé par l'*arménien Moïse* de *Chorène*, qui cite sur la vie et le caractère d'Astyages des détails très-circonstanciés, tirés d'une ancienne histoire dont nous parlerons.

Cet écrivain observe, entre autres, que ce *prince rusé* avait épousé plusieurs femmes prises dans les familles des princes ses voisins, afin de soutirer par leur canal les secrets de ses amis et de ses ennemis. Ainsi Larcher, non content des difficultés de son texte, y a encore ajouté des invraisemblances gratuites de son fonds (1).

En plaçant l'éclipse en l'an 597, il n'a plus de place pour le premier siége de Ninive, qui la suivit, ni pour l'irruption de l'armée des Scythes qui força Kyaxarès de lever ce siége, et il intervertit tous ces faits de la manière la plus bizarre : il fait arriver l'armée des Scythes en 633, seconde année du règne de Kyaxarès, tandis que le texte porte expressément que ce fut après l'éclipse, et à la 6ᵉ année de la guerre contre Alyattes. — Il les fait expulser en 605, prendre Ninive en 603, puis arriver les chasseurs *Scythes*, portant

---

(1) D'après les indications d'Hérodote, Kyaxarès en 625 n'ayant encore que 9 ans de règne, son fils Astyages dut être âgé d'environ 20 ans; par conséquent il dut en avoir 85 environ, lorsqu'il fut détrôné par son petit-fils. Ce grand âge explique très-bien la clémence du vainqueur qui lui laissa la vie, et qui voulut brûler vif Crésus, âgé de 50 ans, et jouissant d'un grand crédit en Asie. Grace aux Juifs, Cyrus est devenu un héros de roman; mais lorsque l'on connaît les mœurs de l'Asie et de l'antiquité, l'on sent qu'Hérodote qui nous le représente avec le caractère et le génie de Tamerlan, a peint le véritable chef insurgé des Perses, *sauvages vétus des peaux crues* de leurs troupeaux et de leurs chasses.

un nom abhorré des Mèdes et de Kyaxarès, que, par une autre invraisemblance, il suppose les avoir reçus à bras ouverts à cette époque, et leur avoir confié des jeunes gens de sa cour.

« Mais, dit Larcher, je ne puis faire autrement, « parce que dans mes calculs le règne d'Alyattes ne « commence qu'en l'an 516. »

Donc, lui répliquons-nous, vos calculs sont en erreur. « Mais le prophète Jérémie (1), en l'an 13 « de Josias, prédisait l'arrivée des Scythes, d'ac- « cord en cela avec Hérodote, qui parle de leur « irruption en Syrie jusqu'à Ascalon. »

Donc Jérémie prononce contre vous; car, selon vous, l'an 13 du roi Josias fut l'an 629, et il est ridicule de dire que Jérémie prédisait en 629 l'arrivée des Scythes que vous placez en l'an 633: il est bien plus convenable, même pour le sens prophétique, de la placer, comme le fait Hérodote, en l'an 625, parce que, dès un mois après, leur cavalerie, rapide comme celle des Tartares, qui sont leurs représentants et leurs successeurs, dut être en Judée et à Ascalon, où *Psammitik* l'arrêta à force de présents. Mais c'en est assez sur cet article; terminons-le en revenant à l'anecdote qui nous a servi de point de départ, c'est-à-dire à l'éclipse prédite par Thalès. Ce philo-

---

(1). *Voyez* le tome VII contenant la chronologie, page 152 : Jérémie cité chap. 4—6, et chap. 6—22—24.

sophe étant né en 647 ou 646, avait 23 ou 24 ans à l'époque du phénomène, et cet âge est compatible avec l'instruction nécessaire, surtout si, comme on le soupçonne, il dut la connaissance de cette éclipse aux savants d'Égypte et de Phénicie, dont il fut le disciple. Il ne nous reste plus à résoudre que quelques difficultés de détail.

§ II.

Solution de quelques difficultés.

Le texte d'Hérodote en présente deux relativement au règne de Krœsus. 1° Si ce règne ne commença qu'en 571, comment Pittacus, mort bien certainement en 570, a-t-il pu donner à Krœsus un avis cité pour sa prudence et pour sa finesse, quand ce prince déja vainqueur de la plupart des Ioniens du continent, voulut attaquer les Ioniens insulaires? 2° Comment concevoir que Krœsus, dans l'espace de moins de 8 ans (depuis l'an 571 jusqu'à 563), où Solon le trouva dans une prospérité déja affermie, eût fait cette multitude de guerres et de conquêtes (*voy*. p. 320 ci-dessus), qui avait rendu Sardes le siége de l'opulence asiatique, et le rendez-vous de tous les savants de la Grèce, et cela dans un temps où la seule ville de Milet avait résisté 12 années aux attaques de son père, et où le moindre lieu fort exigeait des années de blocus! Ces objections sont si graves, que Larcher même en a déduit la nécessité d'une association de Krœsus au trône de son père, dès l'an 574; mais un tel fait méritait bien la peine d'être soutenu d'autorités précises; heureusement, pour l'admettre et l'appuyer, nous en trouvons une de ce caractère dans un historien antérieur à Hérodote même; dans Xanthus de Lydie, dont un fragment précieux nous a été transmis par Nicolas de Damas (1).

Après avoir parlé de Sadyattes, roi de Lydie, comme très-vaillant, mais intempérant; de son fils Alyattes, également débauché lorsqu'il était jeune, etc., etc; Nicolas de Damas raconte «qu'A-
« lyattes, devenu roi, et voulant faire la guerre
« aux Kariens, ordonna à ses fils de lui amener
« des troupes à Sardes à un jour fixe: *Krœsus*,
« l'aîné de ses fils, qui était *gouverneur* (vice-roi)
« de la province d'*Adramout* et du pays de *Thè-*
« *bes*, reçut aussi cet ordre; comme il était mal
« vu de son père, à cause de sa paresse et de son
« intempérance, il voulut saisir cette occasion de
« rentrer en grace, et il s'adressa au plus riche
« marchand de Lydie pour avoir de l'argent et le-
« ver des soldats; le marchand le refusa. Il s'adressa
« à un autre d'Éphèse, qui lui procura 1000 piè-

---

(1) *Excerpta Valesii*, page 452.

« ces d'or, au moyen desquelles il leva son con-
« tingent, et cela le fit triompher de ses calomnia-
« teurs. »

Il résulte évidemment de ce récit, que Krœsus avant d'être *roi* de Lydie, comme héritier de son père, avait eu déjà, comme prince apanagé, *un état à gouverner*; par conséquent *une cour*, une représentation, une administration militaire et politique, en un mot tout ce qui constitue la *royauté*, fors l'indépendance vis-à-vis de son père. C'est ainsi que de nos jours nous avons vu les enfants de *Dáher* être dans leurs petites principautés des souverains aussi absolus et plus fastueux que leur père, et cela par l'usage très-ancien où sont les princes asiatiques, de donner à leurs enfants des établissements royaux, qui, après la mort des pères, occasionent des guerres civiles fatales à leurs propres familles : cet usage, que l'on retrouve dans l'Inde, ayant existé dans la Lydie, comme nous en avons la preuve, l'on est fondé à dire que ce fut pendant sa vice-royauté que Krœsus eut avec les Grecs ses relations, et commença d'acquérir cette célébrité dont Hérodote nous fournit les témoignages antérieurs à l'an 572 : à ce moyen tout reste intact dans son récit et dans les probabilités.

Le règne d'Alyattes présente quelques difficultés qui ne se concilient pas aussi heureusement : écoutons Hérodote.

§ xvi. « Alyattes succéda à Sadyattes son père. »

§ xvii. « Sadyattes lui ayant laissé la guerre con-
« tre les Milésiens, il la continua. »

§ xviii. « Il leur fit la guerre 11 ans. — Or des
« 11 ans qu'elle dura, les 6 premières appartien-
« nent au règne de Sadyattes, qui dans ce temps-
« la régnait encore en Lydie. Ce fut fut lui qui
« l'alluma ; Alyattes poussa avec vigueur (pen-
« dant) les 5 années suivantes, la guerre que son
« père lui avait laissée. A la douzième année,
« Alyattes met le feu aux blés des Milésiens, etc.
« tombe malade, et (§ xxii) conclut la paix. »

Plusieurs remarques se présentent sur ce texte.
1º Si Alyattes fit pendant 6 ans la guerre, du vivant de son père, il eut donc un apanage ou une
vice-royauté comme Krœsus : ces deux exemples
se confirment l'un l'autre.

2º Si la guerre *dura* 11 *ans*, pourquoi est-il dit
qu'à la douzième année il y eut encore une invasion dans laquelle *furent brûlés sur pied les blés*,
et par suite *un temple* de Minerve, laquelle, pour
se venger, frappa Alyattes de maladie ? Il y a ici
contradiction entre les nombres 11 et 12.

3º Si, comme le veulent les calculs d'Hérodote
Alyattes ouvrit son règne en l'an 528, les 5 *dernières années* de la guerre de Milet ont duré jusqu'en 624 inclusivement ; en ce cas elles ont coïn-
cidé avec la guerre de Kyaxarès : comment Alyattes a-t-il pu faire ces deux guerres à la fois ? Ceci

s'explique assez bien par la peinture que fait Hérodote de celle contre Milet, lib. 1, § 17.

« Lorsque la terre était couverte de grains et
« de fruits, Alyattes se mettant en campagne, son
« armée marchait au son du chalumeau, de la
« harpe et des flûtes : arrivé sur le territoire des
« Milésiens, il défendait d'abattre les métairies,
« de les brûler et même d'en enlever les portes ; il
« laissait intactes les maisons des cultivateurs ;
« mais il ravageait les blés, les arbres, etc., puis
« il s'en retournait sans assiéger la ville, ce qui
« eût été inutile, les Milésiens étant les maîtres
« de la mer. »

Avec une guerre aussi peu embarrassante, l'on conçoit qu'Alyattes put soutenir la guerre contre Kyaxarès, surtout si l'on observe que l'usage des troupes réglées n'existait point à cette époque ; que les guerres n'étaient que des incursions commencées au printemps et finies en automne ; et que les troupes, formées subitement de vassaux et de paysans, comme dans les temps de la féodalité, s'empressaient, au début de l'hiver, de retourner dans leurs foyers, ce qui causa la perte de Krœsus.

Pourquoi Hérodote ne fait-il pas la remarque du concours simultané de ces deux guerres ? Il est vrai qu'il l'indique, lorsque traçant le tableau sommaire du règne d'Alyattes, il dit qu'il succéda à son père, qu'il fit la guerre aux Mèdes et à Kyaxarès, qu'il prit la ville de Smyrne, et l'on voit la guerre des Mèdes placée en tête de toutes ses actions. Mais si la guerre contre Milet ne finit qu'à la sixième campagne, sa fin arriva donc en 623 au mois de juillet, 2 ans et demi après l'éclipse; cela n'est pas impossible; néanmoins l'on désirerait que l'historien eût expliqué plus clairement cet enchevêtrement de faits.

Enfin comment Alyattes put-il avoir une fille nubile en 623? Supposons à cette fille 15 ou 16 ans; cela rejette la naissance d'Alyattes au moins à l'an 657; et puisqu'il mourut en 572, il aurait vécu 85 ans. Cela n'est point impossible, et l'histoire fournit à l'appui plusieurs exemples; l'on peut dire aussi qu'un usage antique et général en Asie, fut de fiancer des filles dès l'âge de 9 et 10 ans; en un tel cas Alyattes aurait vécu 81 ans comme son fils Krœsus (1). Il faut en convenir, tout ceci n'est pas sans quelques nuages; mais il n'est pas permis de faire violence à un texte précis, pour obtenir de plus grandes vraisemblances.

On voit plus clair dans ce qu'Hérodote a dit,

―――――――――

(1) Krœsus, âgé de 35 ans lorsqu'il règne en 570, est par conséquent né en 605 : nous le retrouvons en Égypte à la suite de Kambyse en 525 : par conséquent il était âgé de 80 ans. Xanthus de Lydie et Plutarque en observant qu'Alyattes son père eut plusieurs femmes, nous indiquent assez qu'il fut d'un autre lit que cette fille d'Alyattes.

par fragments épars, de quelques anciennes irruptions faites par les Kimmériens de la Chersonèse taurique, ou presqu'île de *Krimée*, dans l'Asie mineure.

§ xv. « Avant Alyattes régna Sadyattes, son père,
« pendant 12 ans (650). »

§ xvi. « Avant Sadyattes régna Ardys, son père,
« pendant 49 ans (699). »

« (Or, § xv) sous le règne d'Ardys les Kimmé-
« riens chassés de leur pays par les Scythes no-
« mades, vinrent en Asie (mineure), et prirent
« Sardes, excepté la citadelle. »

§ vi. « L'expédition des Kimmériens contre l'Io-
« nié, *antérieure à Krœsus*, n'alla pas jusqu'à rui-
« ner des villes ; ce ne fut qu'une incursion suivie
« de pillage. »

(C'est celle de l'article précédent.)

§ ciii. « Après la bataille de l'éclipse (en 625),
« Kyaxarès assiégeait (Ninive), lorsqu'il fut as-
« sailli par une nombreuse armée de Scythes : c'é-
« tait en chassant d'Europe les Kimmériens, qu'ils
« s'étaient jetés sur l'Asie. La poursuite des fuyards
« les avait conduits jusqu'aux pays des Mèdes. »

Lib iv, § xi. « Les Scythes nomades qui habi-
« taient en Asie, accablés par les Massagètes avec
« qui ils étaient en guerre, passèrent l'Araxès (le
« Volga, appelé *Rha*), et vinrent en Kimmérie. Les
« Kimmériens, les voyant fondre sur leurs terres,
« délibérèrent entre eux sur cette attaque... Les

« sentiments furent partagés... La discorde s'al-
« luma... Les partis se trouvant égaux, ils en vin-
« rent aux mains, et après avoir enterré leurs morts,
« ils sortirent du pays, et les Scythes le trouvant
« désert et abandonné, s'en emparèrent. »

§ XII. « Il paraît certain que les Kimmériens
« fuyant les Scythes, se retirèrent en Asie, et qu'ils
« s'établirent dans la presqu'île où l'on voit main-
« tenant une ville grecque appelée *Sinopé*. Il ne
« paraît pas moins certain que les Scythes s'éga-
« rèrent en les poursuivant, et qu'ils entrèrent en
« Médie. Les Kimmériens, dans leur fuite, côtoyè-
« rent toujours la mer (Euxine); les Scythes au
« contraire avaient le Caucase à leur droite, jus-
« qu'à ce que s'étant détournés de leur chemin, et
« ayant pris par le milieu des terres, ils pénétrèrent
« en Médie. »

Lib. I, § XVI. « Alyattes succéda à Sadyattes, il fit
« la guerre a Kyaxarès; ce fut lui qui chassa les
« Kimmériens de l'Asie. »

Ces passages comparés ne présentent que deux
invasions bien distinctes; l'une (depuis le § CIII),
au temps d'Alyattes et de Kyaxarès, immédiatement
après la bataille de l'éclipse, et ce fut la dernière:
l'autre du temps d'Ardys (§ XVI, XV et VI) : sans
doute celle du temps d'Alyattes fut aussi *antérieure
à Krœsus;* mais il est évident que ces mots, « les
« Kimmériens *n'ayant fait qu'une incursion suivie
« de pillage*, s'en allèrent sans avoir pris la citadelle

« *de Sardes ni ruiné des villes,* » s'entendent de l'irruption sous Ardys : lors au contraire qu'ils revinrent sous Alyattes, fuyant devant les Scythes; après quelques dégâts commis pour vivre, ils tentèrent de s'établir près de Sinope, et ce fut ceux-là qu'Alyattes expulsa comme des hôtes dangereux ou incommodes : la politique de ce prince ne les troubla point sans doute du temps de leurs ennemis, les Scythes, afin de les leur opposer au besoin; mais lorsque ceux-ci eurent été chassés de Médie par Kyaxarès, Alyattes aura imité son allié.

Strabon (liv. 3, pag. 222) parle aussi d'une incursion des Kimmériens, qui au temps d'Homère, ou peu auparavant, avaient ravagé l'Asie mineure, jusqu'à l'Ionie et l'Æolide. Larcher (1), dont les calculs sur l'époque d'Homère ne cadrent point avec ce fait, pense que le savant géographe s'est trompé. Il veut que ce soit une autre expédition antérieure au siége de Troie, et dont Euripides aurait fait mention dans son Iphigénie en Tauride. Mais parce que le poëte parle *de villes ravagées*, et que, selon Larcher, *il n'y avait point alors de villes en Ionie*, cet imperturbable critique déclare qu'Euripides s'est aussi trompé, et que c'est par une licence poétique, *pour rendre son récit plus touchant*, qu'il parle *de villes détruites.*

Il est très-difficile, comme l'on voit, d'avoir

---

(1) Note 19, page 183.

raison avec Larcher : cependant Euripides et Strabon pourraient bien n'avoir pas tort; car si l'on fait attention que les *Kimmériens*, peuple d'origine keltique et gauloise (1), étaient des barbares vagabonds et pillards comme les Scythes, et que leur établissement dans la Tauride date d'une antiquité inconnue à l'histoire, l'on croira facilement qu'ils ont fait, comme les Normands, dans une espace de 3 à 4 siècles, plusieurs incursions dans l'Asie mineure, soit par mer, soit en traversant le Bosphore de Thrace; et ces incursions pourraient expliquer l'origine des *Galates*, autre nom des *Keltes* et des *Kimmériens*, dont l'établissement dans l'Asie mineure ne connaît point de date.

Quant à l'assertion du savant académicien *qu'il n'y avait point de villes en Ionie*, 12 ou 13 cents ans avant notre ère, c'est une conséquence naturelle du système qui *croit* que le monde date d'hier; et comme on ne dissuade point ceux qui, par principe de conscience, croient de telles niaiseries, nous ne perdrons point notre temps à y répondre.

Avant Ardys avait régné Gygès, son père, pendant 38 ans, ce qui remonte sa première année à l'an 727.

---

(1) Les amateurs d'antiquités keltiques ou celtiques savent que *Kimr* est le nom national que se donnent les *Gálois* ou peuple du pays de *Galles*, qui, comme les Bas-Bretons, sont les descendants des anciens Keltes, et les restes de la souche keltique : le nom de Kimr a fait aussi *Kimbri* ou les *Cimbres*.

Ce fut ce Gygès (prononcé *Gouguès* par les Grecs), qui enleva le trône à Candaules, dernier rejeton de la race des Héraclides en Lydie... « Can-
« daules, dit Hérodote, descendait d'Hercules par
« Alkée, fils de ce héros : car *Agron (fils de Ninus,*
« *petit-fils de Bélus, arrière-petit-fils d'Alkée)* fut
« le premier des Héraclides qui régna à Sardes,
« et Candaules fut le dernier. (Or) les Héraclides
« régnèrent, de père en fils, 5o5 ans en 22 gé-
« nérations. »

Le texte grec de tous les manuscrits et de toutes les éditions porte unanimement en toutes lettres, et non en chiffres, ces mots *cinq cent cinq, en vingt-deux générations*, et Larcher en convient; mais parce que le système habituel d'Hérodote est d'estimer la génération à 33 *ans*, lorsqu'il *n'a pas de données précises* sur le nombre des années, Larcher, qui vient de redresser Euripides et Strabon, redresse aussi Hérodote; et sous le prétexte que la règle générale des 33 ans par génération est violée dans le calcul des 5o5 ans, il a, de son chef, osé *falsifier* le texte de son auteur, et y substituer 15 générations au lieu de 22. Qu'un traducteur éclaircisse et corrige ce qu'il croit obscur et défectueux, c'est en cela que consistent son mérite et son devoir; mais il le doit faire par des notes placées hors du corps du *texte* : le texte est comme le métal sacré d'une médaille antique, à qui il est défendu de mêler aucun alliage : Larcher reconnaît lui-même la vérité, la nécessité de ce principe, lorsqu'il dit, page 488, lig. 1 et 2, que *l'on ne doit point insérer dans le texte d'un auteur des corrections, par conjecture, sans y être autorisé par quelque manuscrit.* — Et dans un autre endroit, il tance très-sévèrement un éditeur allemand qui a pris cette licence (1).

En effet, sans ce respect conservateur de l'identité des témoins et de leurs témoignages, qu'eût-ce été de tous les manuscrits anciens qui ne nous sont parvenus qu'au moyen d'une série de copistes? Que fût-il arrivé si chacun de ces copistes eût substitué ses idées à celles de l'auteur, sous prétexte de les redresser? et si de nos jours, au temps de l'imprimerie et de la publicité, un traducteur ose, malgré sa conscience, se permettre une telle transgression, que n'a pas dû faire, en des temps de fanatisme, le zèle audacieux des transcripteurs et des possesseurs, qui purent en secret, à volonté et impunément, altérer leurs manuscrits, dont chacun équivalait à une édition? et si de nos jours, un savant et dévot anglais, M. J. Bentley, prétend infirmer l'autorité de tous les livres hindous, par la raison qu'ils présentent des interpolations plus ou moins sensibles; s'il établit en principe de critique, qu'une seule interpolation prouvée ébranle toute l'authenticité d'un ouvrage, et le rend apo-

---

(1) Voyez sa *Chronologie*, page 355.

cryphe, comment empêcherons-nous les Hindous, les Chinois, etc., de nous rétorquer ces principes sur nos propres livres; surtout lorsqu'ils auront des exemples si frappants à nous présenter? D'ailleurs, ce n'est point ici le seul exemple d'interpolation et d'altération que l'on ait à reprocher au traducteur d'Hérodote : nous en trouvons un autre aussi hardi au § CLXIII, où il a introduit, sans raison, contre le sens de l'auteur, le nom de *Crésus*, au lieu du *Mède* qui est dans l'original et qui se rapporte à *Harpagos*, général des troupes de Kyrus... Et cependant nous ne parlons que du premier livre, le seul dont nous nous soyons occupés (1). Or, la conséquence de ces interpolations serait que beaucoup de lecteurs inattentifs, ne lisant point les notes, admettraient ces *sens intrus* comme le sens vrai de l'historien; qu'ils les pourraient citer dans d'autres livres, et que peu à peu la trace de la vérité pourrait s'effacer, même dans de nouvelles éditions.

Ici le texte d'Hérodote, aux yeux d'une saine critique, ne présente aucun motif de rejet pour les 22 générations : on n'aperçoit aucune contradiction avec ce qui suit ou ce qui précède; il y a même un synchronisme remarquable entre l'origine du royaume lydien dans la personne d'Agron, l'an 1232, et l'origine de l'empire assyrien dans

---

(1) *Voyez* la note à la fin de ce chapitre.

la personne de Ninus, père d'Agron, l'an 1237, ainsi qu'il résulte des calculs d'Hérodote que nous allons voir. D'ailleurs aucune vraisemblance naturelle n'est violée ici, puisque 22 générations réparties sur 505 ans donnent 23 ans par degré, à l'exception d'un seul qui n'a que 22 ans : or, pour un climat tel que celui de la Lydie, pour une famille de princes partout empressés et intéressés à se marier de bonne heure, cet âge n'a rien que de probable. On peut, il est vrai, citer plusieurs exemples de généalogies de 30 et 35 ans par degré ; mais on en peut opposer un nombre encore plus grand à 24 et 26 ans ; témoin celle des rois et des prêtres hébreux que nous avons vue ci-devant.—La vérité est qu'il n'y a pas de règle fixe en une chose aussi variable, sur laquelle le climat, les lois, les mœurs, les conditions de la société exercent des influences si diverses.

Mais quel motif Hérodote a-t-il eu d'évaluer à 33 ans chaque génération ? Voilà le point qu'il eût fallu d'abord éclaircir, et ce dont nous croyons trouver la source dans un passage de cet historien : il raconte qu'étant en Égypte (à Memphis), « les « prêtres lui dirent que depuis le premier roi (Mé- « nès) jusqu'à Séthos, prêtre et roi au temps de « Sennachérib, il y avait eu 341 générations ; et il « ajoute : 300 générations font 10,000 ans, car « *trois générations valent* 100 *ans.* »

De qui vient cette dernière assertion ? ce ne peut

être des Grecs ; car puisqu'ils ne nous montrent aucune annale régulière au-dessus de Solon, ils n'ont pu conserver de généalogies capables de leur rendre un principe aussi général, sans quoi, par ces généalogies, ils auraient pu remonter l'échelle du temps jusqu'au delà du siége de Troie.

Ce principe doit donc venir des Égyptiens, à qui leurs nombreux colléges de prêtres et leurs gouvernements anciens ont pu fournir des moyens d'apprécier les générations; mais les faits par eux cités à Hérodote portant plusieurs contradictions et une impossibilité morale, comme nous le prouverons, nous disons que cette évaluation est un résultat systématique inadmissible en principe général.

Pour revenir au règne de Candaules, il est échappé à Larcher une forte distraction sur son époque. En *corrigeant* Pline (car toujours il corrige), « ce naturaliste, dit-il, *se trompe grossière-*
« *ment* (1), lorsqu'il dit que *Caudaules* mourut la
« même année que Romulus, puisque le prince
« (lydien) périt environ 500 *ans* avant le fonda-
« teur de Rome. Il est étonnant que François
« Junius et le P. Hardouin n'aient pas relevé cette
« erreur. » (Encore deux auteurs châtiés en passant).

---

(1) Note 20 sur le § vii.

Ouvrons la table chronologique de Larcher, nous trouvons,

Candaules est tué l'an 715 avant J.-C.
Numa règne à Rome l'an 714.

Par conséquent Romulus périt l'an 716 (à cause de l'interrègne d'un an qui eut lieu entre lui et Numa). Le calcul de Pline n'offre donc qu'un an de différence; et c'est Larcher qui se trompe en entier des 500 ans qu'il lui reproche, sans que l'errata ait corrigé cette faute. Il est d'ailleurs remarquable qu'ici le calcul de Pline est encore celui de Solin et de Sosicrates; car si de 715 où périt Candaules, l'on soustrait la durée des princes lydiens jusqu'à la prise de Sardes, durée qui fut de 170 ans, on a pour résultat cette année 545, dont nous avons démontré l'erreur.

D'après tous ces exemples le lecteur peut apprécier la logique, la sagacité, même la politesse de notre censeur; désormais nous laisserons à l'écart ses notes pour ne nous occuper que du texte; et prenant pour transition les rapports de dates et de parenté qu'établit Hérodote entre Ninus et Agron, nous allons discuter le système chronologique de cet historien sur l'empire d'Assyrie, contradictoirement avec les récits de son antagoniste Ktésias.

Remarques sur la traduction de M. Larcher.

Ne voulant plus importuner le lecteur des erreurs multipliées du censeur Larcher en matière de *chronologie*, nous voulons néanmoins démontrer par quelques exemples, qu'en fait de *traduction*, ce savant helléniste n'est pas toujours au pair de sa réputation.

1.° Hérodote, *livre I*ᵉʳ, parlant des anciennes guerres entre les Phéniciens et les Grecs, dit : « *Les Perses les plus savants dans l'histoire,* » par-là il indique l'*histoire en général*, selon la valeur même du mot grec *logios*. Pourquoi Larcher se permet-il d'introduire une restriction en ajoutant *dans l'histoire de leur pays* (dont la Grèce ne faisait point partie)?

2.° Hérodote dit : « Les Phéniciens étant arrivés « à Argos, *étalèrent* (*exposèrent*) leurs marchan- « dises pour les vendre. » La traduction dit d'une manière triviale et inexacte, « *se mirent à vendre* « *leurs marchandises.* »

3o Article 2. Hérodote dit : « Les Perses, peu « d'accord avec les *Grecs*, prétendent, etc. » Le traducteur ose altérer ce texte en disant : « Les « Perses, peu d'accord avec les *Phéniciens*. » Hérodote poursuit : « Ils ajoutent qu'ensuite quelques « Grecs (*c'étaient des Crétois*). » Pourquoi Larcher introduit-il un doute en disant : c'étaient *peut-être* des Crétois ?

Le texte continue et dit : Le roi de Colchide envoya un *héraut* en Grèce. Le traducteur dit : envoya un *ambassadeur*. Ce n'est pas du tout la même chose.

4° Article 4. Le texte dit encore : « que les Grecs « assemblés envoyèrent des *messagers* (angeli) pour « redemander Hélène. » Le traducteur en fait encore des *ambassadeurs*. Mais ce mot signifie chez nous quelque chose de bien plus pompeux et de moins analogue à la simplicité des anciens.

5° Article 11. La reine, épouse de Candaules, dit à Gygès : « *Voici deux routes dont je te laisse le* « *choix.* » Pourquoi Larcher ajoute-t-il de son chef la phrase : « *Décide-toi sur-le-champ ?* Le mérite d'une traduction est surtout d'être le miroir littéral de l'original.

6° Article 30. Solon étant logé dans le palais de Crésus, les serviteurs de ce prince font voir toutes ses richesses au philosophe ; au mot richesse, le texte ajoute, *et son bonheur*. Le traducteur a eu tort de le supprimer, attendu que l'idée de *bonheur* se reproduit dans l'entretien des deux personnages, surtout lorsque *Crésus* demande si Solon a connu quelqu'un plus *heureux* que lui.

7° Article 46. Le texte dit : « Pendant deux ans « Crésus fut dans un très-grand deuil de la mort de « son fils. » Larcher ne rend pas du tout cette idée lorsqu'il dit que « Crésus pleura pendant deux ans. » Chez les anciens le deuil se composait de formalités autres que les pleurs.

8° Article 47. Le texte dit : « Crésus envoya vers « les oracles des *messagers pour les éprouver* (c'est-à-dire pour *éprouver* leur science, leur véracité). » Le traducteur altère le texte en disant, pour les *sonder* : *sonder* quelqu'un, c'est vouloir tirer son secret : mais le mettre à l'*épreuve* (pour savoir s'il sait le nôtre), est tout autre chose. — L'oracle répond : « *Je connais la mesure* (ou *l'étendue*) *de la* « *mer*. » Le traducteur dit : « *Je connais les bornes de* « *la mer*. » C'est encore une autre idée.... On peut connaître les bornes, sans connaître la capacité de la mesure.

9° Article 55. L'oracle de Delphes répondit à Crésus en deux vers hexamètres; pourquoi Larcher dit-il nûment : « L'oracle répondit en ces « termes, » sans indiquer que ce sont des vers?

10° Article 59. Le texte dit : « Des citoyens ar- « més de *massues*. » Larcher dit : « armés de « *piques*. »

11° Article 62. Le texte dit : « *L'hameçon* ou « *l'appât* est jeté, les rets sont tendus. » Larcher fait un pléonasme, en disant : « Le filet est jeté, « les rets sont tendus. »

12° Article 67. Le texte dit : « L'un des Spar- « tiates, que l'on appelle *agathoerges* (lesquels sont « toujours les plus anciens *cavaliers* qui ont reçu

« leur congé). »Pourquoi Larcher dit-il, les plus anciens *chevaliers ?* Ce mot donne l'idée d'un ordre privilégié qui n'avait pas lieu à Sparte.

13° Article 81. Le texte dit : «Crésus croyant « que le siége de Sardes traînerait en longueur, fit « partir du sein *des murs* de nouveaux envoyés vers « ses alliés. » Pourquoi Larcher dit-il : *fit partir de la citadelle*, surtout lorsqu'ici le texte emploie le même mot que, deux lignes auparavant, Larcher a traduit par *murailles ?*

14° Article 92. Le texte dit que «Crésus envoya « à Thèbes un trépied d'or au dieu Apollon ismé-« nien; à Delphes, un bouclier d'or consacré à Mi-« nerve; à Éphèse, des génisses d'or et la plupart « des colonnes.» Comment Larcher ose-t-il ajouter *du temple ?* Comment imaginer que Crésus ait *envoyé les colonnes du temple d'Éphèse ?* Il n'a pu envoyer que des *colonnes* votives en matière d'or, comme étaient la génisse, le trépied et le bouclier.

15° Article 93. Le texte dit que «*le tombeau* « d'Alyattes fut élevé aux frais des marchands, des « artisans et de *jeunes filles exercées au travail*; » au lieu de ces derniers mots, Larcher dit, des *courtisanes.*

16° Article 98. Hérodote appelle « *Ekbatane*, la « capitale des Mèdes. » Pourquoi Larcher écrit-il toujours *Agbatane ?* — « Les Mèdes permettent à « Deiokès de choisir dans toute la nation, des

« gardes *pour lui donner de la force*, » (c'est-à-dire, pour que ce roi, nouvellement élu, pût faire exécuter ses ordres, que beaucoup de gens auraient pu méconnaître). Le traducteur fait croire que ce fut uniquement pour sa sûreté, en disant, *choisir des gardes à son gré*.

17º Article 14. En parlant de Kyrus qui, encore enfant, se nomme des officiers, le texte dit : « L'un « était l'œil du roi, l'autre devait porter au loin *ses* « *mandements* ou *ses ordres*. » Le traducteur dit : *devait lui présenter les requêtes des particuliers* · ce n'est pas du tout la même chose.

18º Article 165. Le texte dit : « Les Phocéens, « chassés par les Perses, s'embarquèrent pour « chercher un asile, et tandis qu'ils étaient en « route pour aller en Corse, plus de la moitié, « touchés de désir en regrettant la patrie, retour- « nèrent vers Phocée. » Le traducteur ne commet-il pas un contre-sens évident, lorsqu'il dit, *touchés de compassion?*

19º Article 167. Le texte parle de *membres affectés d'inflammation*, la traduction dit des membres *perclus*.

20º Article 170. Larcher dit, *les plus riches* de tous les Grecs ; Hérodote a écrit, *les plus heureux* de tous les Grecs ; et il en donne des raisons qui ne s'appliquent pas aux richesses.

21º Article 173. Le texte dit : « Si un citoyen, « même du rang le plus distingué, épouse une

« étrangère ou une concubine, ses enfants *n'ont*
« *plus les* honneurs ou la considération de leur
« père. » Pourquoi Larcher dit-il *sont exclus des*
honneurs? Hérodote indique une dégradation, et
ce n'est pas la même chose qu'une exclusion.

22° Article 185. Nitokris fit creuser un lac dont
les bords furent revêtus de pierre *circulairement*.
Pourquoi le traducteur a-t-il omis ce mot important qui désigne la figure du lac?

23° Article 211. Le texte, parlant des *Massagètes*, dit que (selon l'usage des anciens) « leurs
« guerriers se *couchèrent* ou s'assirent à terre pour
« prendre leur repas. » Le traducteur les fait *mettre*
à *table* comme nous, et par cette expression, il
masque l'usage des anciens.

Ainsi, voilà dans le premier des neuf livres d'Hérodote seulement, plus de vingt altérations matérielles, sans compter celles que nous avons déjà
citées, et celles que nous avons négligées comme
de moins graves, qui cependant ne laissent pas
d'altérer le sens. Or si, comme il est vrai, le mérite d'une traduction consiste à représenter littéralement l'original; si le texte du narrateur doit
être considéré comme un procès verbal dont chaque expression a un sens précis qu'il importe de
n'altérer ni en plus ni en moins, il est évident que
la traduction de Larcher est très-défectueuse, très-
incorrecte, et que pour bien connaître Hérodote,
une autre traduction serait un ouvrage non-seulement utile, mais indispensable.

CHRONOLOGIE
D'HÉRODOTE.

EMPIRE ASSYRIEN DE NINIVE.

§ Ier.

Sa durée. Hérodote et Ktésias opposés quant au temps, mais non quant aux faits.

L'on convient généralement que la durée de l'empire assyrien, ainsi que les époques de son origine et de sa fin, forment la difficulté la plus grande de l'histoire ancienne; l'on pourrait ajouter qu'elles sont le sujet de la querelle la plus inconcevable entre les deux historiens de qui nous tenons nos documents. En effet, comment expliquer que Ktésias, au temps d'Artaxercès, ait évalué cette durée à 1306 ans, lorsque Hérodote, moins de 70 ans avant lui, ne l'avait trouvée que de 520? Comment imaginer que le premier ait donné 317 ans à *neuf* rois mèdes, qui, dit-il, remplacèrent les Assyriens, tandis que le second ne compte que quatres rois mèdes dans un espace de 150 ans, et cela lorsque Hérodote écrivait moins de 70 ans après la mort de Kyrus, qui détrôna le dernier de ces monarques? Nécessairement l'un des deux historiens s'est trompé; et de là un schisme entre leurs sectateurs. Les uns, préférant Ktésias, prétendent qu'il a dû être mieux instruit, par la raison que ce Grec asiatique, né à Knide, ville tributaire des Perses, d'abord soldat de Kyrus le jeune, puis, de prisonnier, devenu médecin du grand roi, eut tout le temps, pendant les 17 années qu'il vécut à la cour, de connaître l'histoire du pays: il en eut tous les moyens, si, comme il le dit lui-même dans Diodore, il eut en main les archives royales; et il put les avoir, parce que l'usage de tous les anciens gouvernements d'Asie fut de tenir des registres qui nous sont plusieurs fois cités. Raisonnant sur ces faits et sur leurs conséquences, les partisans de Ktésias attaquent Hérodote, citent contre lui le mot de Cicéron (1), le Traité de Plutarque (2) les inculpations de Strabon (3), et prétendent que le père de l'histoire n'a eu ni les moyens, ni la solidité

---

(1) Quamquam apud Herodotum patrem historiæ, et apud Theopompum sunt *innumerabiles fabulæ*. Cicero, de Legibus, lib. I, § 1.

(2) Traité de la malignité d'Hérodote.

(3) Directes en plusieurs passages, indirectes au sujet de la mer Caspienne et du voyage des Phéniciens à Cadix.

d'instruction de son successeur et contradicteur.

En admettant les moyens de Ktésias, l'on a dit, ou l'on peut dire en faveur d'Hérodote (1), que les siens n'ont pas été moindres, et que même ils sont préférables. On demande si l'étranger, médecin du grand roi, assujetti au service d'une maison immense, a eu le temps de se livrer à l'étude des antiquités, d'apprendre la langue et le système d'écriture des Assyriens, sans doute différens de la langue et du système d'écriture des Perses; s'il a pu traduire par lui-même des monuments déja vieillis, ou s'il n'a eu que les traductions et les extraits qu'en auront faits les Perses; si, dans l'un et l'autre cas, il n'a pas été sujet à beaucoup d'erreurs involontaires ou préméditées. On demande si, vivant dans une cour très-despotique, il n'a pas été dans une dépendance nécessaire de tout ce qui l'a entouré; s'il a pu voir par d'autres yeux que par ceux des courtisans; épouser d'autres opinions, d'autres intérêts que ceux des Perses. Or les Perses avaient un intérêt *national* et *royal* à décréditer le livre d'Hérodote, qui, de toutes parts, choque leur orgueil,

---

(1) En faveur d'Hérodote sont Denys d'Halicarnasse, Ussérius, Conringius, Marsham, Prideaux, Newton, Bossuet, Montfaucon, Dom Calmet, etc. En faveur de Ktésias sont Diodore, Justin, Eusèbe, Scaliger, Petau, Pezron, Desvignoles, etc.

en célébrant leur défaite, et en publiant plusieurs traits de folie de leur roi. Ktésias est atteint de cette partialité, lorsqu'il se déclare en propres termes *contradicteur* d'Hérodote, et que, selon les expressions de Photius (1), il l'appelle *menteur* et *inventeur de fables* : cette accusation est d'autant plus singulière de sa part, que de tous les historiens, Ktésias est celui qui, chez les anciens, a été le plus généralement décrié pour ses fables et pour ses mensonges; son livre *sur les Indes*, qui nous est parvenu, justifie cette opinion. Quant à sa partialité, elle nous est formellement indiquée par un passage de Lucien, dans ses Préceptes sur l'art d'écrire l'histoire.

« Le devoir d'un historien, nous dit-il, est de
« raconter les faits comme ils sont arrivés : mais il
« ne le pourra, s'il redoute Artaxercès, dont il est
« le médecin, ou s'il espère en recevoir la robe
« de pourpre des Perses, avec un collier d'or et
« un cheval niséen, pour le salaire des éloges
« qu'il lui aura donnés dans son histoire (2). »

Il est évident que ce trait s'adresse à Ktésias ; et il l'atteint avec d'autant plus de force, que Lucien, l'un des plus savants et des plus indépendants écrivains de l'antiquité, ne l'a point lancé sans en

---

(1) Bibliothèque grecque, page 107.

(2) Lucien, Traité de la manière d'écrire l'histoire, *vers la fin*.

avoir trouvé le motif dans les anecdotes de la vie du médecin; il est donc certain que sous le rapport de la moralité, Ktésias ne peut soutenir le parallèle avec Hérodote, tel qu'il nous est connu par les principaux événements de sa vie.

En effet, nous savons par divers témoignages, et par quelques traits répandus dans son livre, que, né dans une condition indépendante, il n'eut d'autre passion, d'autre but que d'acquérir de la gloire, d'être un grand historien, et de devenir un homme aussi célèbre qu'Homère, dont en effet il imite l'art en beaucoup de points. De tout temps l'art de raconter fut la passion des Grecs et surtout des Asiatiques; chez ceux-ci, il menait à la faveur des rois; chez ceux-là, libres alors, il procurait une sorte d'idolâtrie plus enivrante que l'or des cours et leur servitude. Né 4 ans avant l'invasion de Xercès (1), élevé au milieu des cris de la victoire et de la liberté, il paraît qu'Hérodote conçut de bonne heure le projet de célébrer cette guerre, comme Homère avait célébré celle de Troie. Pour exécuter cette entreprise, il fallait avoir acquis beaucoup de con-

---

(1) D'après la remarque de Pamphilia, savante dame romaine, citée par Aulugelle, Hérodote avait 53 ans lors de la première année de la guerre du Péloponèse; par conséquent il était né l'an 484 avant J.-C. Xercès passa en Grèce en 480. Pamphilia fut célèbre à Rome, sous Néron, pour divers écrits sur l'histoire et sur la musique. Elle avait fait un abrégé de Ktésias, en trois livres.

naissances; et dans un temps où les livres étaient rares et mauvais, les connaissances ne s'acquéraient qu'en voyageant. Il se livra aux voyages : divers passages de son livre prouvent qu'il visita d'abord l'Égypte, Memphis, Héliopolis, Thèbes, puis Tyr (1), Babylone, très-probablement Ekbatane, qu'il décrit comme ferait un témoin oculaire, et qui d'ailleurs était sur sa route vers la Colchide; de là il dut revenir par l'Asie mineure, traverser le fleuve Halys, dont il cite les ponts construits par Krœsus. Après avoir concouru à chasser Lygdamis, tyran d'Halicarnasse, sa patrie, il fit une première lecture solennelle de son histoire à l'assemblée des jeux olympiques, et l'on doit remarquer que cette épreuve est une des plus fortes qu'un historien pût subir, puisque par cette publicité il s'exposait à la censure des Grecs instruits, qui de tous les pays accouraient à ces fêtes. Or à cette époque (vers 460) il n'y avait pas plus de 100 ans que Kyrus avait détruit l'empire des Mèdes; pas plus de 97 ans qu'il avait pris Sardes et *Krœsus*, ce roi lydien si connu de toute la Grèce; pas plus de 70 ans que Kyrus lui-même était mort. Hérodote, dans ses voyages, avait pu recueillir des traditions de la seconde et même de la première main; partout il avait consulté les prêtres, classe la plus savante, la seule

---

(1) *Voyez* lib. II, §§ III, IV et XLIV; lib. I, § CLXXXIII; lib. IV, §§ XLIII, CLXV et CLXXXVI.

savante chez les anciens. En consultant ceux de
peuples différens et même ennemis, il avait eu le
moyen de vérifier, de redresser les contradictions
de l'erreur ou du préjugé, et parce que de toutes
ces informations il composa un seul système, il
fut obligé, pour le bien établir, d'en confronter,
d'en discuter toutes les parties. Son ouvrage doit
donc être considéré comme un extrait, comme un
résumé de tout ce que les plus savans hommes de
l'Asie savaient de son temps sur l'histoire ancienne.
D'autres historiens, alors célèbres dans la Grèce,
tels que Cadmus, Xanthus, Hellanicus, l'avaient
précédé : s'il eût choqué les idées reçues, il se
fût élevé contre lui quelque contradicteur dans
les nombreuses lectures publiques qu'il fit à *Élis*,
à Corinthe, à Athènes, etc. ; et la moindre anecdote de ce genre eût été connue de Plutarque qui,
par une partialité puérile, a tenté de le dénigrer,
pour venger, dit-il, *les Thébains ses compatriotes
d'avoir été accusés par Hérodote de n'avoir pas
secondé les Grecs contre les barbares.* Cette véracité
d'Hérodote, en lui suscitant des ennemis, est un
titre de plus à notre confiance et à notre estime ;
d'ailleurs son livre, que nous possédons, respire
partout la bonne foi, la candeur : ses connaissances en physique sont faibles, comme elles l'étaient
généralement de son temps ; mais son bon sens,
sa réserve à prononcer, sa sagesse à douter, le
conduisent souvent mieux que la science systéma-

tique de ses successeurs ; témoin le géographe Strabon, qui n'a point voulu croire au *voyage des Phéniciens* autour de l'Afrique (1), et qui a prétendu que la Caspienne était *un golfe et non une mer isolée*; notre géographie moderne, en démentant les raisonnements physiques du géomètre, nous fournit une preuve de cette vérité historique et morale : « que quelquefois des faits *incroyables*, « *invraisemblables*, parce qu'ils choquent la doc- « trine reçue dans un temps, n'en sont pas moins « certains ; et que le récit naïf d'un narrateur fidèle, « qui dit, comme Hérodote, *je ne comprends pas cela, mais voilà ce que j'ai vu, ce que m'ont assuré des témoins instruits*, est quelquefois préférable aux dénégations dogmatiques des théoriciens (2). Cicéron lui reproche de raconter beaucoup de fables (3), et en effet il raconte quelquefois des

---

(1) Il commet d'ailleurs une fausse citation, en le plaçant sous *Darius* au lieu de *Nékos*. *Voyez* Strabon, Géogr., liv. II, pages 98 et 100.

(2) Nous en avons un bel exemple récent, dans les pierres tombées du ciel, sur lesquelles *Fréret* écrivit, il y a un demi-siècle, un mémoire alors peu goûté : l'on ne croyait pas à ce prodige..... Il est prouvé : comment s'opère-t-il ? Les savants prononcent.... Nous disons : *Il faut douter et observer*. Ce genre de grêle métallique finira par s'expliquer.

(3) Ce qui n'empêche pas Cicéron d'en parler avec éloge, en quatre autres endroits; par exemple, il dit, *lib. II, de Oratore : Namque et Herodotum, qui princeps hoc genus ornavit, in causis nil omnino versatum esse accepimus. Atqui*

miracles ou *prodiges*, selon l'esprit de son temps. Mais en général il cite comme l'opinion reçue, plutôt que comme la sienne : et lorsqu'il y croit, il y est porté *par le respect des dieux*, qui est une sorte de garantie de sa droiture. Cicéron lui-même eût été fort embarrassé à désigner les faits *fabuleux*, puisque plusieurs de ceux que cite Hérodote sur l'intérieur de l'Afrique, et qui jusqu'ici semblaient *incroyables*, ont été de nos jours reconnus *vrais* par les voyageurs (1). Telle est la destinée singulière d'Hérodote, qu'après avoir été mal apprécié des anciens, le mérite de son ouvrage s'est élevé chez nous autres modernes à mesure que nous avons acquis plus de connaissances sur les pays dont il a traité. Tous les voyageurs en Égypte s'accordent à dire que l'on ne peut rien ajouter à la justesse, à la correction, à la grandeur du tableau qu'il en a tracé. En sorte que c'est pour avoir été en général trop au-dessus des notions vulgaires, qu'il a eu chez les anciens moins de crédit que des écrivains d'un ordre inférieur. Si dans des matières aussi délicates et difficiles, il a porté cete finesse de tact et cette rectitude de jugement, l'on a droit d'en conclure qu'il n'a pas été

---

tanta est eloquentia, ut me quidem quantum ego græce scripta intelligere possum magnopere delectet.

(1) *Voyez* Hornemann, *Voyage en Afrique*. Hérodote a cité pour ses autorités les voyages et négociants carthaginois. lib. IV, § XLIII — CLXV — CLXXXVI.

moins soigneux, moins habile dans ses recherches sur la chronologie, et l'on peut poser en fait que, sous aucun rapport, Ktésias ne lui est préférable, ni même comparable.

De cette conclusion passer subitement, comme l'ont fait plusieurs savants, à n'ajouter aucune foi à tout ce qu'a écrit Ktésias, cela nous paraît une exagération passionnée; et comme en ce genre de questions les raisonnemens n'ont de force qu'autant qu'ils sont établis sur des faits positifs, nous allons remplir un double objet d'utilité, en soumettant au lecteur le principal fragment de Ktésias sur les Assyriens, lequel, d'une part, fournira les moyens d'apprécier l'esprit et l'autorité de cet historien, tandis que de l'autre, il montrera, dans leur ensemble, les faits dont Hérodote n'a cité que des parties accessoires ou des résultats généraux.

§ II.

Idée générale de l'empire Assyrien, selon Ktésias, en Diodore, liv. II, page 113 et suivantes, édit. de Wesseling (1).

« Avant Ninus, roi des Assyriens, l'Asie ne cite
« aucun roi indigène qui ait fait de grandes choses,
« ni qui ait même laissé le souvenir de son nom.
« Ninus est le premier dont les hauts faits aient ré-
« pandu et conservé la renommée ; par cette raison,
« nous allons en parler avec quelque détail. Poussé
« par son caractère belliqueux vers tout ce qui exige
« le mâle courage de l'homme ; il arma d'abord les
« jeunes gens les plus robustes de son royaume, et
« les habitua, par de longs et fréquens exercices,
« à toute espèce de fatigues et de périls. (Non con-
« tent) de cette armée redoutable, il s'associa en-
« core *Ariaios*, roi de l'Arabie (heureuse), pays
« alors rempli des plus vaillans guerriers. Cette

---

(1) Nous n'employons point la traduction française de Terrasson, parce que depuis Rhodoman, qu'il a suivi, M. Wesseling a donné une traduction latine bien plus correcte, et parce que Terrasson, pour rendre son style plus français, a écarté une foule d'images et de termes techniques très-importants au sujet. Lorsque l'on traduit des historiens, surtout anciens, l'on peut dire que c'est un mérite au style, d'avoir la physionomie quelconque de l'original.

« nation de tout temps a été jalouse de sa liberté ;
« jamais elle n'a reçu de princes étrangers ; et,
« malgré leur immense pouvoir, les rois de Perse
« et les Makédoniens n'ont pu l'asservir : (la raison
« en est) que l'Arabie étant déserte en certaines
« parties, et dans d'autres n'ayant que des puits
« cachés, connus des seuls naturels, il devient
« impossible à des armées étrangères (d'y subsis-
« ter) et de s'en emparer. Fortifié du secours des
« Arabes, Ninus, à la tête d'une armée nombreuse,
« envahit (d'abord) la Babylonie qui lui était limi-
« trophe. *La ville actuelle de Babylone* n'était pas
« encore bâtie, mais le pays avait beaucoup d'au-
« tres villes bien peuplées. Les naturels inexpéri-
« mentés à l'art de la guerre, furent facilement
« vaincus et assujettis au tribut annuel. Quant à
« leur roi, Ninus l'emmena ainsi que ses enfans ;
« par la suite il le fit périr. De là s'étant porté
« contre l'Arménie, il renversa quelques villes
« fortes, et la terreur se répandit dans le pays.
« Barsanès qui en était roi, convaincu de son infé-
« riorité, vint au-devant de Ninus avec de riches pré-
« sens, et lui promit d'exécuter tous ses ordres. L'As-
« syrien magnanime l'accueillit avec douceur ; il
« lui rendit même le royaume d'Arménie, à condi-
« tion qu'il resterait ami fidèle, et qu'il lui fourni-
« rait des vivres et des soldats pour ses autres expé-
« ditions. Avec cet accroissement de moyens, Ni-
« nus attaqua la Médie, et malgré une vive résis-

« tance, il défit Pharnus, roi du pays, qui perdit
« beaucoup d'hommes, et qui, fait prisonnier avec
« sa femme et ses sept enfans, fut *mis en croix* par
« l'ordre du vainqueur.

« De si brillants succès inspirèrent à Ninus un
« violent désir de soumettre à ses lois toute l'Asie
« située entre le Tanaïs et le Nil : tant il est vrai
« que la prospérité ne sert qu'à ouvrir le cœur de
« l'homme à plus de cupidité. Ayant donc établi un
« de ses amis *satrape* de Médie, il se livra tout entier
« à l'exécution de son projet, et dans l'espace de 17
« ans, il parvint a subjuguer tous les peuples (de la
« presqu'île et du continent), à l'exception des *Bac-*
« *triens* et des *Indiens*. Aucun écrivain n'a transmis
« le nombre des combats qu'il livra, ni des enne-
« mis qu'il vainquit. Bornons-nous donc, en suivant
« Ktésias de Knide, à énumérer les pays les plus
« célèbres. D'abord, venant des pays maritimes vers
« le continent, Ninus conquit l'Égypte, la Phéni-
« cie, la Célésyrie (Damas et Balbek), la Cilicie,
« la Pamphilie, la Lykie, la Karie, la Phrygie, la
« Mysie, la Lydie ; ensuite la Troade, la Phrygie
« hellespontique, la Propontide, la Bithynie, la
« Cappadoce et les peuples barbares situés dans le
« Pont (sur les rives de l'Euxin jusqu'au Tanaïs) ;
« il s'empara (aussi) du pays des Cadusiens, des
« Tapyres, des Hyrkaniens, des Draggues, des *Der-*
« *bikes*, des Karmaniens, des Choromnéens, des
« Borkaniens et des Parthes ; il y joignit la Perse,

« la Susiane, et ce qu'on appelle la *Caspiane*, où
« l'on ne pénètre que par des gorges étroites nom-
« mées *Portes Caspies* ; enfin beaucoup d'autres
« peuples moins connus, qu'il serait trop long d'é-
« numérer. Quant à la guerre contre les Bactriens,
« la grande difficulté des passages (à travers la chaîne
« des monts), et la multitude de leurs guerriers l'o-
« bligèrent, après plusieurs tentatives infructueu-
« ses, de l'ajourner à un temps plus opportun.

« Ayant donc ramené ses troupes en *Syrie* (Assy-
« rie), il choisit un terrain propre à construire une
« ville immense, qui, de même que ses exploits
« surpassaient tous ceux connus avant lui, pût
« aussi surpasser non-seulement toutes les villes
« alors existantes, mais encore celles que l'on pour-
« rait construire après lui. Quant au roi des Arabes,
« il le congédia avec ses troupes, après l'avoir com-
« blé de présens et de dépouilles. »

Ici Diodore entre dans de longs détails sur la construction de Ninive, au bord de *l'Euphrate* (au lieu du Tigre) ; puis sur la reprise des hostilités contre les Bactriens ; sur les aventures singulières et la fortune de Sémiramis, etc, : il raconte comment, par son esprit, son courage et sa beauté, cette femme devint épouse de *Ninus*, lui donna un fils appelé *Ninyas*, et peu de temps après régna seule par le décès du roi ; il expose comment, pour égaler et même surpasser la gloire de son mari, elle bâtit la ville de Babylone avec ses murs énor-

mes, ses tours nombreuses, ses quais, ses ponts, son temple de Bélus, et ses deux palais communiquant par dessous l'Euphrate, au moyen d'un boyau de galerie voûtée, etc., etc.—« Quant au jar-
« din suspendu, placé près de la citadelle, ce ne
« fut pas Sémiramis, *mais un roi syrien* qui, dans
« des temps postérieurs, le construisit pour une
« de ses concubines née en Perse, et désireuse de
« revoir, comme dans son pays natal, de vertes
« prairies sur des montagnes. (Diodore décrit la
« construction de ce jardin.) Sémiramis bâtit en-
« core sur l'Euphrate et le Tigre, d'autres villes où
« elle établit des marchés et des foires pour les mar-
« chandises qui venaient de la Médie et de la Pa-
« rétakène;.... et parce que ces deux fleuves sont,
« après le Nil et le Gange, les plus grands de l'A-
« sie, leur lit est le véhicule d'un commerce très-
« actif; en même temps que les villes placées sur
« leurs bords sont le siége d'une foule de riches
« marchés qui contribuent à la magnificence de
« celui de Babylone, etc., etc. »

En quittant Babylone, Sémiramis mène son armée en Médie, campe au pied du mont *Bagistan*(1), y construit un *jardin* magnifique, fait sculpter sur le rocher, des chasses d'animaux et des inscriptions en *lettres assyriennes*; construit un autre jar-

---

(1) En persan moderne, *Bag* signifie jardin. *Bag-Estan*, pays ou *lieu du jardin*.

din autour du rocher *Xaoun*; se livre à toutes les voluptés, ne veut point d'époux, de peur de perdre son sceptre, mais prend des amants qu'ensuite elle fait périr. Elle s'avance vers Ekbatane, parcourt *la Perse* et les autres provinces de son empire, laissant partout sur ses pas des monuments qui durent encore et gardent son nom. De là, Ktésias la conduit en Égypte et en Libye dont elle soumet une partie, et où elle consulte l'oracle sur la fin de sa vie; puis elle retourne à Bactres, et entreprend au bout de trois ans, contre les Indiens, une guerre où elle perd beaucoup de troupes, et faillit elle-même de périr. Enfin, avertie que son fils lui dresse des embûches (selon la prophétie de l'oracle d'Ammon); elle prend le parti d'abdiquer et de mourir.

« Ninyas, fils de Ninus et de Sémiramis, régna
« à leur place; n'imitant point leur mœurs guer-
« rières, il mena au fond de son palais une vie pa-
« cifique et mystérieuse, ne se laissant voir qu'à ses
« femmes et à ses eunuques. Uniquement occupé
« à jouir du repos et de toute espèce de sensua-
« lité, il écarta avec soin les soucis et les embarras
« (des affaires), ne pensant pas qu'un règne heu-
« reux pût avoir d'autre but que de jouir sans
« trouble de tous les plaisirs (de la nature hu-
« maine); et cependant, afin de gouverner avec plus
« de sûreté, et de tenir ses sujets dans la crainte,
« il institua l'usage de lever chaque année, en

« chaque province, un certain nombre de soldats
« avec un chef; puis rassemblant tous ces corps
« dans Ninive, il leur nommait un commandant
« très-attaché à sa personne. L'année révolue, il
« faisait venir de nouveaux corps semblables, et
« après avoir délié les premiers de leur serment,
« il les renvoyait dans leur pays. A ce moyen, les
« peuples qui voyaient une forte armée toujours
« campée, et prête à punir toute rébellion, vécurent
« dans la soumission. Le motif (secret) du *chan-*
« *gement annuel* était d'empêcher que les chefs et
« les soldats ne formassent ensemble des liaisons
« trop intimes ;...... car la prolongation de service
« donne aux chefs militaires de l'expérience et de
« l'audace, et les invite souvent à conspirer contre
« les princes ; d'autre part, en se rendant invisible,
« Ninyas voilait à tous les regards sa vie voluptueuse,
« et, comme s'il eût été un dieu, personne n'osait
« en mal parler.... Ainsi régna Ninyas, et il fut
« imité par la plupart des rois assyriens), qui,
« *pendant* 30 *générations*, se succédèrent, *de père en*
« *fils*, jusqu'à Sardanapale. Sous ce dernier, l'empire
« assyrien, après avoir duré 1360 ans (1) (lisez 1306)

---

(1) Ce nombre de 1360 est certainement une erreur de nos imprimés et du manuscrit qu'ils représentent. Les anciens n'ont point lu ainsi; ils ont lu 1306 ans, et cela, en citant ce même passage de Diodore..... Témoin Agathias, qui, après avoir dit qu'Arbakes et Bélésis enlevèrent à Sardanapale l'empire de l'Asie, ajoute que, « à cette époque, il s'était écoulé,

« selon le témoignage de Ktésias de Knide, en *son*
« *second livre*, fut remplacé par celui des Mèdes.

« Il serait inutile de rapporter le nom de ces
« rois et la durée de leur règne, puisqu'ils n'ont
« rien fait de mémorable : seulement le secours
« envoyé par l'un d'eux aux Troyens, sous la con-
« duite de Memnon, fils de *Tithon*, mérite que nous
« le citions : ce roi d'Assyrie fut *Teutamus*, 20e des-
« cendant de Ninyas, fils de Sémiramis, sous le-
« quel les Grecs, conduits par Agamemnon, atta-
« quèrent la ville de Troie, lorsque les Assyriens
« possédaient l'empire de l'Asie depuis plus de *mille*

« depuis que Ninus avait fondé l'empire, une durée totale de
« *treize cent six ans*, comme en convient Diodore de Sicile,
« *d'accord avec les calculs de Ktésias.* »

Agathias, lib. II, p. 63.

Témoin encore George le Syncelle, qui dit également,
page 359 : « Ainsi les Assyriens possédèrent l'empire pendant
« un espace de 1306 ans, comme le dit *Diodore, sur l'autorité*
« *et le témoignage de Ktésias.* » Les 1360 ans de nos imprimés
doivent donc être une faute de copiste, par une méprise décimale de 60 pour 6. Le nombre de 1306 doit d'autant mieux
être la vraie leçon, que Diodore, à la fin de ce fragment, va
nous donner le nombre rond de 1300, comme son synonyme,
ce qui ne pourrait se dire de 1360. Enfin Justin ou Trogue-
Pompée n'a lu que 1300 ans.

A cette occasion, remarquons que nos premières éditions
ont en général été une source d'erreurs, parce que les savants
n'eurent pas alors toutes les facilités de consulter beaucoup
de manuscrits ; et que depuis lors, ces premiers imprimés,
en faisant négliger et perdre les manuscrits mêmes, sont devenus le type défectueux de toutes nos copies.

« *ans*. Ce fut à titre de prince vassal, que Priam,
« accablé du poids de la guerre, envoya vers Teuta-
« mus demander des secours. Le monarque lui
« envoya 10,000 Éthiopiens et autant de Susiens,
« avec 200 chars de guerre. Tithon alors était gou-
« verneur de la Perse, joussoit plus qu'aucun
« autre satrape de la faveur du roi ; Memnon, son
« fils, était à la fleur de l'âge, et doué d'autant
« de force de corps que de vivacité d'esprit : il
« avoit construit, dans la citadelle de Susé, un pa-
« lais qui garda son nom *jusqu'à l'empire des Perses*,
« ainsi qu'*une rue* qui porte encore son nom. Néan-
« moins les Éthiopiens voisins de l'Égypte récla-
« ment ce Memnon comme leur compatriote, et
« montrent des palais appelés *Memnoniens*. Quoi
« qu'il en soit, l'opinion constante est que Memnon
« conduisit à Troie 20,000 hommes de pied et 200
« chariots ; qu'il combattit avec une valeur bril-
« lante et tua beaucoup de Grecs ; mais les Thes-
« saliens le tuèrent enfin dans une embuscade. Les
« Éthiopiens leur ayant enlevé son corps, le *brû-
« lèrent* et portèrent *ses os* à son père Tithon. Voilà
« ce que les barbares (les Perses) assurent (selon
« Ktésias) être consigné dans les archives royales.

« *A l'égard de Sardanapale*, 30ᵉ et dernier roi
« depuis Ninus, il surpassa tous ses prédécesseurs
« en débauche et en mollesse : invisible comme
« eux, et entouré de *troupeaux* de femmes, il en
« prit les mœurs et les formes ; il portait leur vê-

« tement, imitait leur voix, se peignait le visage,
« le corps, brodait, tissait, filait la laine, teignait
« en pourpre, etc., etc. L'on assure qu'il s'était
« composé lui-même cette épitaphe: Mortel, qui
« que tu sois, livre-toi à tes penchans, essaie de
« toutes les jouissances; *le reste n'est rien*. Me voici
« cendre, moi qui fus le *Grand-Roi* de Ninive : ce
« que l'amour, la table, la joie me procurèrent de
« bonheur quand j'étais vivant, cela seul me reste
« maintenant dans le tombeau; tous les autres biens
« m'ont quitté (1).

« Cependant un Mède nommé *Arbák*, homme
« de tête et de courage, se trouva commander le
« contingent annuel des troupes de la Médie; ayant
« formé des liaisons avec le commandant des Ba-
« byloniens, celui-ci le sollicita de secouer le joug
« des Assyriens; le nom de ce Babylonien était
« Bélésys, homme le plus distingué des *prêtres ba-
« byloniens*, que l'on nomme *chaldéens*. Son habi-
« leté en astrologie, son talent à deviner et à pré-

---

(1) *Voyez* à ce sujet un intéressant mémoire de M. de Guignes, qui prouve que la morale de Salomon, dans le Cantique, dans les Proverbes et dans l'Ecclésiaste, est absolument la même : il eût dû ajouter que le système appelé *épicurisme* a, comme tous les autres systèmes des Grecs, été puisé en Asie, où il régnait depuis des siècles. (*Mémoires de l'Académie des Inscriptions*, tome XXXIV). Solon dit à Krœsus : « Ne « donnez pas le titre d'heureux à un homme avant sa mort. » L'Ecclésiaste dit : *Ante mortem ne hominem laudes*.

« dire avec certitude les événements, lui avaient
« acquis un très-grand crédit; il prédit donc au
« général mède qu'il posséderait tout ce que pos-
« sédait Sardanapale. Arbâk, flatté du présage, lui
« promit, si l'événement réussissait, de lui donner
« la satrapie de Babylone : de ce moment, plein
« d'espoir en l'oracle, il s'étudia à gagner l'amitié
« des autres chefs, par des repas et des propos
« affectueux. Il tâcha aussi de se procurer la vue
« du roi et du genre de vie qu'il menait; pour cet
« effet, il fit présent d'une coupe d'or à un eunu-
« que, qui l'introduisit et le rendit témoin de
« toute la mollesse et de toute la débauche du pa-
« lais. Dès lors Arbâk, plein de mépris pour Sar-
« danapale, se livra de plus en plus aux espérances
« présentées par le Chaldéen. Ils concertèrent en-
« semble, l'un, de faire soulever les Mèdes et les
« Perses; l'autre, d'engager les Babyloniens à se
« joindre à eux, et à communiquer le projet *au
« roi des Arabes*, ami de Bélésys. L'année s'écou-
« lait, et les nouveaux contingents allaient rem-
« placer les anciens, lorsqu'Arbâk persuada aux
« Mèdes de secouer le joug des Assyriens, et sé-
« duisit les Perses par l'appât de la liberté. Bélésys
« souleva aussi les Babyloniens, et envoya des
« députés au roi d'Arabie, avec qui il était lié
« d'hospitalité, pour lui faire part de l'entreprise.
« L'année étant enfin révolue, tous les chefs arri-
« vèrent avec de nombreuses troupes, en appa-

25.

« rence pour fournir le contingent, mais, en effet,
« pour ravir la suprématie aux Assyriens. Le nom-
« bre total des quatre peuples réunis se trouva
« *être de 400,000 hommes.* Le camp étant posé,
« l'on commença de délibérer sur les opérations.
« Sardanapale, au premier avis de l'insurrection,
« mène contre les révoltés les troupes des autres
« nations. L'action s'engage, et après une forte
« perte, ils sont poussés jusqu'à des collines si-
« tuées à 70 stades de Ninive (1). Ils tentent une
« seconde action ; Sardanapale range ses troupes
« en bataille, et fait crier par des hérauts, qu'il
« donnera 200 talents *d'or* à qui tuera Arbâk ;
« et le double, avec le gouvernement de la Mé-
« die, à qui le livrera vivant : il met également à
« prix la tête de Bélésys. Ces offres devenant inu-
« tiles, il livre un second combat, tue un grand
« nombre de rebelles, et chasse le reste vers leur
« camp sur les collines. Arbâk ébranlé de ce se-
« cond échec, assemble ses amis et tient conseil.
« La plupart voulaient retourner chez eux, s'y
« emparer des lieux forts, et se préparer à soutenir
« la guerre; mais Bélésys, protestant que les dieux
« annoncent par des prodiges qu'à force de pa-
« tience ils viendront à bout de leur noble dessein,
« décide les généraux à une troisième bataille. Le

---

(1) Le stade de Ktésias est celui de 833 et ⅓ au degré, ce qui donne ici environ 4782 toises, ou 2 lieues ¼.

« roi les bat encore, s'empare de leur camp et les
« chasse devant lui jusqu'à la frontière de Babylo-
« nie; Arbâk lui-même, affrontant tout danger et
« tuant beaucoup d'Assyriens, reçoit une bles-
« sure. Alors la plupart des chefs perdent tout es-
« poir et veulent retourner chez eux; mais Bélésys,
« qui avait passé la nuit à considérer les astres,
« leur annonce qu'un secours inespéré va s'offrir
« de lui-même, et que s'ils veulent attendre seu-
« lement 5 jours, la face des affaires changera
« totalement; que tels sont les signes certains que
« lui montrent les dieux, par la science des astres.....
« Ils rappellent donc leurs soldats, et tandis qu'ils
« attendent le 5ᵉ jour, le bruit se répand qu'un
« corps nombreux de Bactriens envoyés au roi,
« marche à grandes journées et déja est près. Ar-
« bâk, prenant avec lui l'élite de ses soldats, mar-
« che à leur rencontre, dans le dessein de les
« amener à son but par la persuasion ou par la
« force. L'amour de la liberté séduit les Bactriens,
« et d'abord les chefs, puis tout le corps, réunis-
« sent leurs tentes à celles d'Arbâk. Le roi, qui
« d'abord ignora cette défection (soudaine), et que
« sa prospérité enivra, déja reprenait ses habitudes
« de mollesse, tandis que ses troupes se livraient
« à des festins pour lesquels il leur avait fait four-
« nir une grande quantité de vin, de chairs de
« victimes et autres provisions. Arbâk, informé de
« la négligence et de l'ivresse, suite nécessaire de

« ces grands repas, les attaque de nuit et à l'im-
« proviste. Les Assyriens surpris dans leur camp,
« se sauvent en désordre à Ninive, après une perte
« très-considérable; le roi (déconcerté) charge
« *Salaimén*, frère de sa femme, du commande-
« ment des troupes extérieures, et s'enferme dans
« la ville pour la défendre. Les rebelles attaquent
« *Salaimén* d'abord en rase campagne, puis au pied
« des remparts, le battent deux fois et même le
« tuent. L'armée du roi, partie précipitée dans
« *l'Euphrate* (le Tigre), partie mise en fuite, se
« trouve anéantie. Telle fut la quantité des morts,
« que les eaux du fleuve furent rougies dans un
« long espace. Du moment où Sardanapale fut
« ainsi assiégé, plusieurs nations, pour devenir
« libres, se joignirent aux rebelles. Dans ce dan-
« ger imminent, le roi envoie ses trois fils et ses
« deux filles, avec de grandes richesses, au satrape
« de Paphlagonie, *Cotta*, qui était le plus dévoué
« de ses serviteurs : il dépêche des agents dans
« toutes les provinces, pour qu'on lui amène des
« secours, et il se prépare à soutenir un long
« siége; se confiant en un oracle transmis par ses
« ancêtres, lequel portait que *Ninive ne serait ja-*
« *mais prise, à moins que le fleuve ne devînt son*
« *ennemi*, ce qui lui parut un cas impossible.

« Les Mèdes, encouragés par leurs succès, pres-
« saient le siége; mais l'extrême solidité des murs
« résistait à tous leurs efforts : car *à cette époque*

« *les beliers, les chaussées de terre, les balistes* et
« les autres machines n'étaient pas inventées ; et
« les assiégés vivaient dans l'abondance par la pré-
« voyance particulière du roi à cet égard. Le siége
« traîna ainsi deux ans sans avancer. Le sort vou-
« lut que la troisième année, d'énormes pluies
« ayant fait déborder *l'Euphrate* (le Tigre) jusque
« dans la ville, ses eaux firent écrouler 20 stades
« des murailles (1360 toises). Le roi, frappé de cet
« accident, juge que l'oracle est accompli, que le
« fleuve est devenu l'ennemi de la ville, et il n'es-
« père plus de se sauver. Mais afin de ne pas tom-
« ber vif dans les mains de l'ennemi, il fait dresser
« dans le palais un bûcher immense, y entasse ses
« trésors en argent, en or, en vêtements, en meu-
« bles précieux ; rassemble ses eunuques et ses
« femmes favorites dans la petite chambre qu'il
« avait fait pratiquer au sein du bûcher, et y al-
« lumant lui-même le feu, il se brûle avec eux et
« avec tout son palais... Les rebelles, avertis de sa
« mort, entrent par la brèche du fleuve, et ayant
« revêtu Arbâk du manteau et du pouvoir suprême,
« ils le *proclament monarque*.

« Alors, tandis qu'Arbâk récompensait les com-
« pagnons de ses travaux, chacun selon son rang,
« et qu'il *nommait les satrapes*, le Babylonien
« Bélésys, qui lui avait prédit l'empire, s'appro-
« cha de lui, et après lui avoir rappelé ses ser-
« vices, il lui demanda le gouvernement de Ba-

« bylone, selon sa promesse. En même temps il
« lui exposa qu'au milieu des dangers il avait fait
« à Bélus le vœu que lorsque Sardanapale serait
« vaincu et son palais incendié, il en transpor-
« terait à Babylone un monceau de cendres, pour
« en élever près du temple de Bélus, un monu-
« ment qui rappelât à tous les navigateurs sur
« l'Euphrate, la mémoire de celui qui avait détruit
« l'empire des Assyriens. Il faisait cette demande,
« parce qu'un eunuque transfuge qu'il avait caché
« chez lui, l'avait instruit de la quantité d'or et
« d'argent chargée sur le bûcher. Arbâk ne se
« doutant de rien, parce que tout le reste des
« serviteurs du roi avaient péri avec lui, accorda
« à Bélésys et les cendres et *la satrapie de Ba-
« bylone* exempte de tribut. Bélésys se hâte de
« charger les cendres sur des bateaux, et il arrive
« à Babylone avec une partie de l'or et de l'argent
« de Sardanapale. Bientôt ce larcin transpire, et *le
« roi* dénonce le coupable aux chefs qui l'avaient
« aidé dans la guerre commune. Ils condamnent à
« mort Bélésys qui convient du vol : mais Arbâk,
« plein de générosité, lui fait grace de la vie, et
« considérant ses services précédents comme bien
« supérieurs à sa faute, il lui laisse ses richesses, et
« même son gouvernement de Babylone. Cet acte
« de magnanimité, divulgué dans les provinces, ac-
« crut la gloire du roi et l'amour de ses sujets. Il
« usa de la même douceur envers les habitants de

« Ninive, il leur laissa leurs biens; et se bornant à
« les disperser dans des bourgades voisines, il
« rasa les murs de la ville. Enfin il emporta à
« Ekbatane, capitale des Mèdes, le reste de l'or
« et de l'argent des cendres, qui se montait à plu-
« sieurs talents. Ainsi fut détruit l'empire assyrien,
« après avoir duré plus de 1300 ans, pendant 30
« générations depuis Ninus (1). »

Page 444. « Les auteurs principaux n'étant point
« d'accord sur la monarchie des Mèdes, nous de-
« vons, *par amour de la vérité*, comparer leurs
« différents récits. D'une part, Hérodote, qui fleu-
« rit au temps de Xercès, raconte que l'empire des
« Assyriens sur l'Asie avait duré 500 ans lorsqu'il
« fut renversé par les Mèdes; qu'après cet évène-
« ment, le pays n'eut point de rois *pendant plu-
« sieurs générations*, et que chaque ville ou canton
« se gouverna démocratiquement. Plusieurs an-
« nées s'étant ainsi écoulées, ajoute-t-il, *Kyaxa-
« rès*, homme devenu célèbre par sa justice, fut
« élevé à la royauté par les Mèdes. Ce premier roi
« soumit à son pouvoir les peuples voisins, et
« commença de former un puissant empire. Ses
« descendants continuèrent d'en reculer les limites
« jusqu'au règne d'Astyages qui fut vaincu par
« Kyrus, chef des Perses. Nous n'indiquons en ce
« moment que la substance des faits; nous en dé-

---

(1) Confrontez la page 383 ci-devant.

« velopperons les détails par la suite en lieu con-
« venable. D'après Hérodote, l'élection de Kyaxa-
« rès par les Mèdes correspond à l'an 2 de la 17ᵉ
« olympiade (1) (711 avant J.-C.).

« Mais cet historien est contredit par Ktésias,
« qui vécut lors de la guerre de Kyrus le jeune
« contre Artaxerces son frère, et qui, après avoir
« été fait prisonnier du roi, acquit ses bonnes
« graces par son habileté en médecine, et passa
« 17 ans à sa cour, très-considéré. Ktésias, con-
« sultant les archives royales, dans lesquelles les
« Perses, d'après une loi positive, écrivent tout
« ce qui s'est passé dans les temps anciens, a re-
« cherché avec soin tous les faits, et *après les avoir*
« *mis en ordre*, il en a transmis la connaissance
« aux Grecs. Or cet écrivain soutient que les Mè-
« des, après avoir dépossédé les Assyriens, régi-
« rent à leur tour l'Asie sous le commandement
« suprême d'Arbâk, vainqueur de Sardanapale,
« comme nous l'avons dit; mais qu'après avoir
« eu 28 ans de règne, *Arbâk* laissa l'empire à son
« fils *Mandauk* qui régna 50 ans. A celui-ci suc-
« céda Sosarmus, 30 ans; puis Artoukas, 50; *Ar-*
« *bian,* 22; et Artaios, 40.

« Sous le règne de ce dernier s'alluma, entre les
« Mèdes et les Cadusiens, une violente guerre

---

(1) Tout ce prétendu extrait d'Hérodote est faux, comme nous l'allons voir ci-après.

« dont voici le motif. Un *Perse*, nommé *Parso-*
« *das*, qui par sa vaillance, son habileté et ses
« autres vertus, était l'objet de l'admiration pu-
« blique, d'ailleurs très-aimé du roi, et ayant la
« plus grande influence dans le conseil (d'état);
« *Parsodas*, dis-je, se trouvant offensé d'un juge-
« ment que le roi avait rendu à son égard, passa
« chez les Cadusiens avec 3,000 hommes de pied
« et 1,000 hommes de cheval, etc., etc. — Il s'en-
« suivit une guerre à outrance. Parsodas arma tous
« les Cadusiens, au nombre de près de 200,000
« hommes, battit Artaios qui en avait amené
« 800,000, fut créé roi des Cadusiens, et avant
« de mourir, les engagea, par serment, à ne ja-
« mais faire la paix avec les Mèdes. Ce qui a en
« effet duré jusqu'au temps où Kyrus fit passer
« aux Perses l'empire de l'Asie.

« Après *Artaios*, régna Artynes pendant 22 ans,
« puis Altibaras pendant 40. De son temps, les
« Parthes refusèrent l'obéissance, et livrèrent la
« province et leur ville (forte) aux *Sakas*. (De là
« une guerre de plusieurs années, sous la direc-
« tion de la reine des Sakas, appelée *Zarina*, les
« Grecs prononcent *T'sarina*), femme d'une habi-
« leté et d'une beauté extraordinaire : la paix se
« conclut, à condition que les Parthes rentreraient
« dans le devoir, et que les Mèdes et les Sakas se-
« raient amis ou alliés, rentrant chacun dans leurs
« anciennes limites. Astibaras, par la suite, acca-

« blé de vieillesse, mourut à Ekbatane, et eut pour
« successeur *Aspadas* son fils, que les Grecs ap-
« pellent *Astyages*; le Perse Kyrus l'ayant vaincu,
« l'empire de l'Asie passa aux Perses. Nous en avons
« dit assez sur la domination des Assyriens et des
« Mèdes. »

Tel est le récit que Diodore nous donne comme un extrait de Ktésias; d'autre part *Photius* nous apprend que les six premiers livres de cet historien traitent des Assyriens et des autres peuples antérieurs à l'empire des Perses, et que les 17 (1) autres étaient consacrés à cette nation depuis l'avénement de Kyrus. Ici deux observations se présentent.

D'abord, lorsque Diodore concentre en quelques pages la substance de plus de deux livres de Ktésias (2), il est évident qu'il a dû introduire beaucoup d'expressions de son chef, par conséquent altérer le coloris propre de l'original; et cependant ce fragment porte une physionomie orientale, frappante pour tout lecteur qui connaît les mœurs de l'ancienne Asie. Le fond des faits doit être vrai, l'erreur volontaire ou préméditée ne peut avoir lieu que pour les dates; et en effet cette erreur est saillante dans la *durée* prétendue de

---

(1) Par conséquent, 23 livres, qui, avec celui des *Indiens*, font 24, en imitation d'Homère.

(2) *Voyez* page 433. Pour la fin du règne de Sardanapale, il cite Ktésias en son livre second : les Mèdes ont dû commencer avec le livre III.

l'empire assyrien; car, 1° ces 1306 ans, si on les répartit sur 30 générations, donnent un terme moyen de 43 ans pour chaque règne, ce qui est inadmissible, comme nous le dirons ailleurs.

2° Il serait possible que dans cette partie, comme dans toute autre, Diodore eût considérablement altéré l'exposé de Ktésias; nous allons dans l'instant avoir la preuve d'une insigne falsification qu'il commet sur le texte d'Hérodote. Commençons par examiner les passages de ce dernier concernant les Assyriens; ils sont laconiques, peu nombreux, et par cette raison le commentaire précédent était plus nécessaire.

§ III.

Exposé d'Hérodote.

« La ville de Babylone », dit Hérodote (lib. 1º, § CLXXXIV), « a eu un grand nombre de rois, dont
« je ferai mention dans mon histoire d'Assyrie. »
Et au § CVI (même livre 1er) : — « Quant à la
« manière dont Ninive fut prise (par Kyaxarès),
« j'en parlerai dans un autre ouvrage (qui est
« évidemment cette même histoire d'Assyrie). »

Par conséquent Hérodote s'était spécialement occupé des Assyriens; il n'en a pas traité légèrement, et lorsqu'il va nous donner de grands résultats, il les aura établis avec connaissance de cause.

Après avoir décrit comment *Kyrus* détruisit le royaume des Lydiens, voulant remonter à l'origine de la puissance de ce conquérant, et montrer comment il avait renversé l'empire des Mèdes qui avait succédé à l'empire des Assyriens; il dit :

« Mais quel était ce Kyrus qui détruisit l'em-
« pire de Krœsus? comment les Perses obtinrent-
« ils l'empire de l'Asie ? Ce sont des détails qu'exige
« l'intelligence de cette histoire. *Je prendrai pour
« guide quelques Perses qui ont moins cherché
« à relever les actions des Kyrus qu'à écrire la
« vérité*, quoique je n'ignore pas qu'il y ait sur ce
« prince trois autres sentiments. »

Ainsi, ce n'est pas seulement l'opinion et les calculs d'Hérodote que nous trouvons dans son ouvrage, ce sont les calculs des Perses *savants* et *impartiaux*. Il contine :

§ xcv. « Il y avait 620 ans que les Assyriens
« étaient les maîtres de la *Haute-Asie*, lorsque les
« Mèdes commencèrent les premiers à se révolter.
« Ayant combattu avec *courage et constance* contre
« les Assyriens, pour la liberté, ils l'obtinrent et
« brisèrent le joug. Les autres nations imitèrent
« les Mèdes. »

Voilà une durée de 520 ans bien différente des 1306 de Ktésias; et cependant l'on ne peut pas dire qu'Hérodote ait désigné d'autres époques d'o-

rigine et de *fin;* car cette *fin* opérée par les Mèdes, est bien celle de Sardanapale dont notre historien cite le nom dans une anecdote tout-à-fait convenable à ce prince (1). Et cette *origine* est bien celle qui eut lieu sous *Ninus*, puisque la durée des rois lydiens, en remontant de Candaules à Agron, fils de Ninus, cadre parfaitement avec le calcul présent, comme nous l'allons voir. Poursuivons.

« Alors tous les peuples du continent se gou-
« vernèrent par leurs propres lois. Mais voici com-
« ment ils retombèrent sous la tyrannie : il y
« avait chez les Mèdes un sage nommé *Déiokès*,
« fils de *Phraortes* : ce Deïokès, épris de la royauté,
« suivit ce plan de conduite pour y parvenir. Les
« Mèdes vivaient divisés par bourgades. Deïokès
« considéré depuis du temps dans la sienne, y
« *pratiquait* (2) la justice avec d'autant plus de

« (1) J'avais ouï dire qu'il s'était fait quelque chose de sem-
« blable à Ninive, ville des Assyriens. Quelques voleurs, in-
« struits du lieu souterrain où Sardanapale, roi de Ninive,
« conservait d'immenses sommes d'argent, formèrent le com-
« plot de les enlever. Pour cet effet, après avoir bien me-
« suré leur distance au palais du roi, ils ouvrirent une mine
« dans la maison qu'ils habitaient, et pendant la nuit, jetant
« les terres provenues de leur fouille dans le Tigre, qui baigne
« Ninive, ils finirent par arriver au but qu'ils désiraient. » *Hérodote*, lib. *II*, § CL.

(2) Larcher a traduit : y rendait la justice ; ce terme ne se dit que d'un juge déja constitué: Deïokès, encore simple particulier, la *pratiquait* ; il ne la rendit que lorsqu'ensuite il fut élu juge.

« soin, que dans toute la Médie les lois étaient
« méprisées, et qu'il savait que ceux qui sont injus-
« tement opprimés détestent l'injustice : les habi-
« tants de sa bourgade, témoins de ses mœurs, le
« choisirent pour juge, etc., etc. » Hérodote raconte
ensuite comment les autres bourgades l'élurent
aussi, comment il feignit d'abdiquer et fut élu roi
par toutes les tribus des Mèdes ; enfin, comme il
bâtit la ville d'*Ekbatane aux sept enceintes*, et
constitua un gouvernement sage et vigoureux :
« Or Déiokès, ajoute-t-il (§ ci), réunit tous les
« Mèdes en un seul corps (de nation), *et il ne*
« *régna que sur eux.* »

§ cii. « Après un règne de 53 ans, Déiokès
« mourut ; son fils *Phraortes* lui succéda. Le
« royaume de Médie ne suffit point à son ambi-
« tion ; il attaqua d'abord les Perses, et ce fut le
« premier peuple qu'il assujettit ; avec ces deux
« nations, l'une et l'autre très-puissantes, il sub-
« jugua ensuite l'Asie, etc., etc. »

Voilà le texte d'Hérodote ; comparons-lui la citation qu'en fait Diodore.

Hérodote dit que les Assyriens régnèrent 520
ans. Diodore lui fait dire 500, et suppose l'interrègne de *plusieurs générations*. Hérodote, au contraire, limite cet interrègne à un temps très-court.
Il appelle *Déiokès* le roi élu ; Diodore y substitue *Kyaxarès*, trompé par l'identité du nom de
leurs pères, les deux *Phraortes*, dont l'un fut roi

et l'autre plébéien; ce qui prouve que Diodore a cité de mémoire avec une excessive légèreté : enfin il attribue au roi élu (*Deïokès*) les conquêtes qui ne furent faites que par ses successeurs. Avec de si fortes méprises quelle confiance peut mériter un abréviateur? Mais à qui attribuerons-nous l'erreur grossière de placer Ninive sur l'*Euphrate*? erreur répétée à trois reprises, et qui ne saurait venir des copistes. Diodore ne peut s'en laver, mais Ktésias en est-il bien pur? S'il eût écrit le *Tigre*, Diodore ne l'eût-il pas copié? Un second fragment de Ktésias, relatif aux Perses (1), nous présente deux autres erreurs, qui dans leur genre ne sont guère moins graves que celle-ci; car il va seul contre toutes les notions de l'antiquité, lorsqu'il donne *dix-huit* ans de règne à Cambyse, qui n'en régna que *sept et demi*, et 31 à Darius, qui en régna 36. Non-seulement il est démenti par la liste officielle des rois chaldéens, dite *Kanon* de Ptolomée (2), et par Hérodote, mais encore par les chronologies égyptienne et grecque, dont les rapports avec Xercès, Darius, Cambyse et Kyrus, sont établis d'une manière certaine, sur les époques de Salamine, de Platée, du passage de Xer-

---

(1) *Voyez* Photius, *Biblioth. histórica*, pages 114 et 115.

(2) Cambyse règne 8 ans, dans le Kanon, parce que cette liste, qui n'admet point de fractions, lui donne les 5 mois de Smerdis.

cès, du combat de Marathon, de la mort d'Amasis, de Polycrate, de Kyrus, de Pisistrate, etc.; de manière que si les deux nombres de Ktésias étaient admis, tout serait disloqué. Ainsi tout concourt à prouver que Ktésias en général a été peu soigneux, et que dans les matières scientifiques, l'on ne peut lui accorder qu'une confiance très-circonspecte; actuellement il s'agit d'analyser le plan d'Hérodote, et de fixer d'abord l'époque de la révolte des Mèdes et de la ruine des Assyriens, afin de trouver, 520 ans plus haut, la date de leur fondateur Ninus.

§ Ier.

Calculs d'Hérodote comparés à ceux des Hébreux; dissonance qui en résulte.

D'après Hérodote, ou plutôt d'après les *savants perses*, dont il reçut ses documents sur Kyrus et sur ses ancêtres, les Mèdes, depuis leur révolte contre les Assyriens jusqu'à leur asservissement par les Perses, n'eurent que 4 rois qui, de père en fils, se succédèrent dans l'ordre suivant :

1° Anarchie. . . . Temps omis. Avant J.-C.
Deïokès. . . . . 53 ans.
Phraortes. 22
Kyaxarès. 40
Astyag. 35
      Total. . . 150 ans.

La royauté dura donc 150 ans ; or, puisque la dernière année d'Astyag fut l'an 561 avant notre ère, la première année de Deïokès arriva l'an 710 avant notre ère.

Mais, d'autre part, Hérodote, après avoir raconté comment *Astyag perdit sa couronne* (1), ajoute ces mots remarquables :

« Les Mèdes, qui avaient possédé la domination « de la *Haute-Asie*, jusqu'au fleuve Halys, pen- « dant 128 ans, sans y comprendre le temps que « dominèrent les Scythes (lequel *fut de* 28 *ans*), « furent assujettis aux Perses de Kyrüs. »

Ici 128 plus 28 font 156 : voilà une différence de 6 ans introduite entre la durée de la *royauté* et celle de la *domination nationale*, avec cette remarque, que c'est la *domination* qui a duré les 6 ans plus que la royauté. Hérodote serait-il ici en contradiction ? ou serait-ce une faute des manuscrits ? La plupart des chronologistes ont cru l'un ou l'autre ; mais la confrontation d'un autre calcul fournit une puissante raison de n'être pas de leur avis, et de penser que ces 6 ans sont le temps qui s'écoula depuis l'affranchissement des Mèdes par *Arbák*, jusqu'à l'élection de Deïokès, comme roi : de manière que cet affranchissement daterait de l'an 716, et la ruine de Sardanapale,

---

(1) Lib. I, § cxxx.

de l'an 717. En effet, à l'article des Lydiens, Hérodote a dit que depuis la mort de Candaules, dernier roi héraclide, en remontant jusqu'à Agron, fils de Ninus, il s'était écoulé 505 ans juste, en 22 générations. Ces 505 ans partent (comme nous l'avons vu) de l'an 728 inclusivement; par conséquent la première année d'Agron, fils de Ninus, tombe en l'an 1232. Actuellement cet auteur nous dit que, selon les calculs mèdes et assyriens, l'empire de Ninus avait duré 520 ans, lorsqu'il fut renversé l'an 717 : or ces deux sommes jointes donnent 1237, pour époque de la fondation par Ninus : ce qui établit un synchronisme complet. Remarquez qu'ici Hérodote et Ktésias se trouvent d'accord sur la conquête de la Lydie par Ninus, en sorte que le fait paraît authentique, en démentant Ktésias, seulement quant à la date.

Ce calcul de notre historien, ainsi confirmé, il nous faut le comparer et confronter à notre grand régulateur, le calcul hébreu, qui seul, dans ces siècles reculés, nous donne une série de temps continue.

Suivant ce calcul, la onzième année de *Sédéqiah*, dernier roi de Jérusalem, fut la 18e de Nabukodonosar : l'incendie du temple ordonné par ce monarque, l'année suivante, arriva dans sa 19e. Le Nabukodonosar des Hébreux est bien reconnu pour être le Nabokolasar de la liste chaldéenne, ou

Kanon de Ptolomée, qui, comme les Hébreux (1), lui donne 43 ans de règne. Il régna donc 25 ans depuis la onzième de Sédéqiah. Ses successeurs en régnèrent 23, jusqu'à la prise de Babylone par Kyrus. L'année de cette prise, on plutôt l'année première de Kyrus, comme roi de Babylone, date de l'an 538. Ajoutez à 538 les 48 années écoulées depuis l'an 19 inclusivement de Nabukodonosar, vous avez l'an 585; donc l'an onze de Sédéqiah, 18e de Nabukodonosar, fut l'an 587 avant notre ère.

Or, en remontant de cette année 587 jusqu'à l'an 716 ou 717, nous avons la série suivante des rois juifs :

Sédéqiah......	règne 11 ans, et finit en	587.
Sa première année	commence en	597.
Jhouïkin..........	0 3 mois.....	598.
Jhouïqim..........	11...............	608.
Jhouachaz.........	0 3 mois......	608.
Josias............	31 commence en	638.
Amon.............	2.............	640.
Manassé..........	55.............	695.
Ézéqiah..........	29 meurt en	724.
Sa 10e.............		714.
Commence sa première en		725.

De ce tableau, il résulte que la première année d'*Ezéqiah* tombe à l'an 725; par conséquent sa neuvième à l'an 717 : or de là naissent de

---

(1) Ihouïkin, disent leurs annales, fut tiré de prison l'an 37 de sa captivité, première année d'*Aouil-Mérodak* : or il y avait été jeté l'an 8 de Nabukodonosar; donc, etc.

grandes difficultés contre Hérodote : car à cette époque les annales juives nous montrent les rois de Ninive au comble de leur puissance. L'un d'eux, *Salman-Asar*, cette année-là même, prenait Samarie après 3 ans de siége : déja son prédécesseur avait enlevé les sujets de ce petit royaume, qui vivaient à l'est du Jourdain : lui, *Salman*, enleva ceux de l'ouest et acheva de déporter les *dix* tribus d'Israël en *Assyrie*, dans les pays de *Halah*, de *Gauzan*, de *Kabour* (1), et *dans les villages des Mèdes*. Donc les Mèdes étaient encore soumis au monarque assyrien : bien plus, pour repeupler le royaume de Samarie, le roi de Ninive, *Salman*, déporta et y amena des naturels de *Babylone*, de *Kouta*, d'*Aoua*, de *Hamat*, et des *Saphirouim*; donc il était le maître absolu ou suzerain de Babylone, comme le dit Ktésias, ainsi que des pays désignés : or les *Kutéens*, selon Josèphe (2), étaient des montagnards perses, les *Cossæi* de Danville. Aoua était le pays d'Ahouaz, au sud-ouest de Suze. *Hamat* est en Syrie sur l'Oronte, et les *Saphirouim* sont les *Saspires* d'Hérodote, près de la Colchide. Ainsi l'empire assy-

---

(1) Kalakène, Gauzanitèz et Kaboras de Ptolémée. Ces deux derniers situés en Mésopotamie, à 50 et 60 lieues de Ninive. Le Kalakène est à l'est du Tigre, sur le Grand-Zab, ou Lycus.

(2) Joseph. *Antiq. judaic.*, lib. XI, n° 2, *initio*.

rien était dans sa force : mais les déportations violentes annoncent de la part de ses rois des craintes et des précautions contre des sujets mécontens et disposés à la révolte.

Peu après cet événement, l'an 14 de Hezqiah (1), 712 ans avant J.-C., paraît *Sennacherib*, dont Hérodote a cité très-correctement le nom, et conté l'histoire selon les Égyptiens qui, en cela, diffèrent peu des Juifs. Ce monarque, irrité de ce que le roi de Jérusalem a refusé le tribut et invoqué le secours de l'Égypte, *attaque et prend toutes les villes fortes de Juda*, menace la capitale, et envoie à Hezqiah ce message très-instructif dans notre question:

« N'as-tu donc pas appris ce que les rois d'*As-
« sur* ont fait à tous les pays, en les détruisant...
« et toi, tu te sauverais (de mes mains)?... Les
« dieux ont-ils sauvé ceux que mes pères ont dé-
« truits, les peuples de *Gauzan*, de *Haran*, de
« *Ratsaf*, les habitants d'*Adan* en *Talachar* (Cilicie)?
« Où est le roi de *Hamat*, le roi d'*Arfad*, et ceux
« de la ville des *Saphirouim*, de Hanah et d'Aoua? »

Remarquez que les généraux de Sennacherib, en parlant de lui, l'avaient désigné par le titre de *Grand-Roi*, qu'affectaient les souverains de Ninive.

Ainsi le pays de *Gauzan*, de Haran et de Ratsaf en Mésopotamie, d'*Adan* en Cilicie, près de *Tar-*

---

(1) Reg. II, chap. 18.

sous et *Anchiale*, de *Hamat* sur l'Oronte, siége d'un royaume dès le temps de David : d'*Arfad*, qui doit être *Aruad* (Aradus); des *Sapires*, près de la Colchide, de l'île de *Anah* dans l'Euphrate, et de *Aoua* au bas du Tigre; tous ces pays venaient d'être détruits ou conquis par les pères de *Sennacherib*, c'est-à-dire :

1°. Par *Phul* ou *Phal* qui, le premier des rois assyriens mentionnés par les Hébreux, parut en Syrie du temps de Manahem, roi de Samarie, qu'il soumit au tribut, 30 ou 40 ans avant *Hezqiah*.

2° Par Teglat-Phal-Asar qui, au temps d'*Achaz*, vint, à la prière de ce roi, détruire Damas, où Achaz alla lui rendre ses hommages, et d'où il apporta une foule d'objets de luxe et de culte assyrien inconnus en Judée; des modèles d'autels, de chars consacrés au soleil; un cadran horizontal sur lequel Isaïe opéra la fameuse rétrogradation par un mouvement plus simple que celui du soleil.

Et ce Teglat enleva les tribus de l'est du Jourdain.

3° Par Salmanasar qui, selon l'historien Ménandre traducteur des Annales de Tyr (1), conquit toutes les villes phéniciennes, excepté cette ville.

Ainsi depuis *Phul* l'empire assyrien n'avait cessé de s'accroître, surtout vers le couchant, et il me-

---

(1) *Voyez* Josèphe, contre Appion, lib. I.

naçait l'Égypte au temps de Sennacherib. Ce qui, d'une part, dément en partie Ktésias, relativement aux conquêtes attribuées par lui à Ninus, et prouve, de l'autre, qu'Hérodote était mieux instruit, lorsqu'il restreignait l'empire assyrien à la *Haute-Asie*, qui est proprement le pays élevé que limite le mont *Taurus* au midi. D'où il faut conclure que la dynastie de Ninus n'avait point encore subi d'interruption; que le règne de Sardanapale n'était point encore passé; sans quoi il faudrait le rejeter au-dessus de *Phul*, à une époque inconnue; et alors comment concevoir que Ninive, détruite par les Mèdes ou Babyloniens, se trouvât tout à coup la capitale florissante, maîtresse et suzeraine de ces deux nations, et agrandissant ses dépendances par de nouvelles conquêtes? *Sardanapale* n'a donc pu venir qu'après *Sennacherib*. Or ce dernier, épouvanté des ravages de la peste et de l'arrivée du roi d'*Éthiopie*, *Taraqah*, s'enfuit à Ninive, cette même année 712, 14ᵉ d'Ézéqiah. Il y fut tué, très-peu de temps après, par ses deux fils aînés; et remplacé par le plus jeune, *Asar-Adon* ou *Asar-Adan*.

Guidés par l'ensemble de ces faits, quelques chronologistes ont cru reconnaître dans ce dernier prince assyrien, le *Sardanapale* des Grecs:

D'abord, parce qu'immédiatement après l'avénement d'*Asar-Adon*, les Juifs, jusqu'alors tourmentés par les Assyriens, restent dans une tranquillité profonde; leurs chroniques ne disent plus un seul mot de Ninive, et au contraire l'on voit bientôt après l'empire des Chaldéens ou de Babylone occuper exclusivement la scène, et finir par subjuguer le reste de la Phénicie et de la Syrie, jusqu'au désert d'Égypte.

2° Parce que tous les éléments du nom grec se présentent dans le nom chaldéen : car en supprimant les deux *a*, comme ont dû le faire les Grecs, l'on obtient *Sardan*; et si l'on remarque que *Phul* ou *Phal* fut son aïeul ou bisaïeul, on trouve que, d'après un usage oriental, il dut s'appeler *Sardan*, fils de *Phal* (*Sardanapal.*)

Mais alors comment concilier son règne qui, selon les annales juives, s'ouvre en l'an 712, avec le calcul d'Hérodote qui le termine en l'an 717 ? Voilà le grand obstacle, le véritable nœud gordien, qui jusqu'à ce jour a déconcerté tous les chronologistes : barrés ici dans leur marche, ils se sont jetés à l'écart dans des hypothèses toutes vicieuses par leur base, toutes réfutées victorieusement l'une par l'autre. L'on pourrait en cette occasion comparer les chronologistes à des chasseurs qui, ayant perdu la trace du gibier, divaguent de divers côtés sur de fausses voies, et malgré eux sont toujours ramenés au lieu circonscrit où la piste leur a échappé. Instruits par leur exemple, et convaincus par l'ensemble des faits, que la solution du problème se tenait ici cachée sous quelque incident matériel et grossier, nous résolûmes de sonder de toutes parts le terrain, et, au lieu d'hypothèses compliquées, de faire une supposition très-simple, qui ne troublât rien. Nous nous dîmes :

§ V.

Solution de la difficulté.

« Il est connu qu'en plusieurs cas il s'est glissé
« dans les manuscrits des fautes de copistes, qui,
« surtout en matière de nombre et de chiffres, ont
« porté le trouble dans les systèmes. Supposons
« qu'un tel accident soit arrivé ici; le moyen de le
« découvrir sera de soumettre tous les textes à un
« examen sévère, à un calcul rigoureux de proba-
« bilités. D'abord scrutons Hérodote... Est-ce une
« chose probable que ce règne de 53 ans qu'il donne
« à *Deïokès*, dont les manœuvres profondes indi-
« quent un homme de 30 ans ?... Communément
« les erreurs ont porté sur les dizaines : supposons
« qu'ici il se soit glissé une dizaine de trop, et qu'il
« faille lire 43 *ans* : alors Deïokès aura régné l'an
« 700. Ninive aura été prise l'an 707. *Sardanapale*
« aura régné 5 ans. Il périt jeune, ses enfants étaient
« en bas âge : il put les avoir dès avant son règne,
« il put en avoir plusieurs en une même année,
« parce qu'il avait beaucoup de femmes... Tout
« cela pourrait cadrer : mais alors il faudra donc
« supposer qu'une autre erreur a été commise

« dans le calcul des 128 *ans* de la *domination* des
« Mèdes... plus les 28 ans de celle des Scythes.
« Cela ne peut s'admettre. Serait-ce l'écrivain juif
« qui se serait trompé, non pas *l'inspiré*, mais le
« copiste de seconde main? à plus forte raison ce-
« lui de troisième, de quatrième... Les théologiens
« nous accordent cette thèse; et il le faut bien,
« puisque les livres juifs en général, et celui des
« Rois en particulier, ont beaucoup d'erreurs de
« calcul. Les règnes d'Osias et de Joathan en offrent
« dix ou douze exemples... Supposons donc qu'une
« erreur semblable se soit glissée dans la partie qui
« nous occupe; que dix ans aient disparu de quel-
« que règne postérieur à Ezéqiah, et qu'au lieu de
« commencer le sien en 525, il l'ait commencé
« en 735, sa 9e année sera l'an 727 (prise de Sa-
« marie). Sa 14e sera l'an 722... Fuite et mort de
« Sennacherib. — Avénement d'*Asar-Adan-Phal*,
« l'an 721; ce prince nomme à la satrapie de Ba-
« bylone Mardok-Empad, qui, selon l'usage du
« pays, se trouve qualifié de *roi* dans la liste... Or
« nous verrons que certainement ces *rois* n'étaient
« que des satrapes amovibles, depuis Ninus jusqu'à
« Nabo-pol-asar. *Ezéqiah*, à la suite de ces cuisants
« soucis, essuie une grande maladie. A cette époque,
« *Mérodak*, fils de *Balozan*, roi de Babylone, l'en-
« voie complimenter. N'est-il pas singulier que
« *Mardok* et *Mérodak* se rencontrent si bien? Le
« nom est absolument le même; car l'hébreu n'a

« pas de voyelles : *Balézan*, prononcé par les Grecs
« *Baladsan*, ressemble prodigieusement à *Bélé-*
« *sys*... Poursuivons. Pourquoi ce roi satrape de
« Babylone est-il si poli pour un ci-devant rebelle
« à son maître? ne songerait-il pas à se révolter?
« Mérodak serait donc réellement *Bélésys*. En ef-
« fet, le roi de Ninive est jeune, livré au plaisir,
« un roi nouveau; les circonstances sont favorables,
« Mérodak aurait conduit le contingent de Baby-
« lone en 719. Cette même année la guerre com-
« mença; elle finit à la troisième année en 717. »
Voilà l'époque d'Hérodote, qui, à ce moyen, est
d'accord avec les Juifs et avec leur historien Josèphe; car Josèphe, après avoir parlé de la maladie
d'*Ezéqiah*, dit (lib. 9, cap. 2, à la fin) : — « *Vers*
« *ce temps arriva la subversion de l'empire assyrien*
« *par les Mèdes;* et lib. 10, cap. 3, il ajoute *que*
« *la députation de Mérodak eut pour objet de join-*
« *dre ses efforts à ceux des alliés, pour renverser*
« *Ninive*. La catastrophe de Sardanapale a donc eu
« lieu peu d'années après la 14ᵉ ou 15ᵉ d'Ezéqiah,
« date de sa maladie : alors il faut nécessairement
« que cette 14ᵉ année soit remontée plus haut, et
« que 10 ans aient disparu de la liste des rois de
« Jérusalem. — Toutes les probabilités le font
« croire; mais vis-à-vis de livres comme ceux des
« Juifs, il faut des preuves positives. Si elles exis-
« tent, nous devons les trouver dans les règnes
« postérieurs à Ezéqiah. » — Scrutons le texte avec
attention.

D'abord nous prions le lecteur de se rappeler que dans l'article des Juifs, traitant de la *période des Rois* (chap. 1er, page 4), nous avons vu que les pieux rédacteurs ou copistes des *chroniques*, avaient introduit *un excès de dix ans* qui a troublé les règnes de Joathan et de son père Ozias, et que la correction de cet excès remettait tout en ordre. Ne serait-il pas possible que, gênés par cette *surabondance*, ils eussent retranché à quelque autre roi ces mêmes dix années, pour trouver toujours une même somme totale qui n'a pu manquer d'être remarquée? Pesons chaque mot de leur récit; calculons chaque circonstance, en remontant depuis Sédéqiah, dernier roi de la race. Arrivés au règne d'*Amon*, nous en trouvons une singulière. On nous dit : *Amon régna âgé de* 22 *ans, et il régna deux ans* (donc il vécut 24 ans). *Son fils Josias lui succéda âgé de 8 ans.* Si de 24 nous ôtons 8, nous avons 16 ans, et presque 15 pour l'âge où Amon engendra son fils. Cela est presque physiquement impossible : cependant toutes les versions de la Polyglotte de Walton sont d'accord. — Fort bien; mais si nous examinons les notes variantes du grec, nous trouvons que le plus ancien des manuscrits porte : *Amon régna* 12 *ans* (donc il vécut 36 ans). Voilà une autorité très-grave, et qui l'est surtout lorsque l'on apprend que ce manuscrit est le célèbre *Alexandrin*, écrit tout en lettres majuscules, et reconnu de tous les *biblistes*, pour le plus beau, le plus ancien, des manuscrits, sans excepter celui du Vatican. Écoutons Pridaux à ce sujet. Après avoir parlé de ce dernier avec l'éloge qu'il mérite, cet historien ajoute (1) :

« Mais le plus ancien et le meilleur manuscrit
« des *Septante* qui existe, au jugement de ceux
« qui l'ont examiné avec beaucoup de soin, c'est
« l'*Alexandrin*, qui est dans la bibliothèque du
« roi, à Saint-James. Il est tout en lettres capi-
« tales. Ce fut un présent fait à Charles Ier, par
« *Kirillos Lucar*, alors patriarche de Constantino-
« ple, et qui précédemment l'avait été d'Alexan-
« drie. En l'envoyant au roi d'Angleterre par son
« ambassadeur *Thomas Roye*, ce patriarche y mit
« une note de laquelle il résulte que ce manuscrit
« fut écrit par une savante dame égyptienne, ap-
« pelée *Thécla*, peu de temps après le concile de
« Nicée (qui fut en l'an 321). »

Par conséquent le manuscrit alexandrin serait d'un siècle plus ancien que celui du Vatican.

Voilà donc le plus ancien des manuscrits qui convertit en fait positif ce qu'une combinaison réfléchie des calculs d'Hérodote et des récits des Juifs nous avait fait apercevoir par conjecture. Selon la jurisprudence de ces matières, ce premier témoin décide lui seul notre question. Mais nous avons

---

(1) Histoire des Juifs, partie II, lib. I, *in fine*.

le bonheur d'en avoir un second à produire; car en lisant la chronique d'Eusèbe, nous trouvons à ce même article la phrase suivante (page 27):

« Amon, selon le texte grec des Septante, régna
« 12 ans, et selon le texte hébreu, 2 ans (seule-
« ment). »

Or Eusèbe a écrit sa chronique avant le concile de Nicée; donc il eut en main, ou ce manuscrit (ce qui doublerait sa valeur, mais cela n'est point probable), ou bien il en eut un autre déja ancien et regardé comme authentique, ce qui est le vrai cas : par conséquent notre leçon a été et est une leçon orthodoxe, et la seule orthodoxe primitive. Pourquoi donc le Syncelle a-t-il traité ici Eusèbe de menteur? Parce que le concile de Nicée ayant adopté et consacré un autre manuscrit, ce manuscrit *consacré* devint le type exclusif, le régulateur impérieux de toutes les copies : tous les manuscrits furent corrigés d'après lui, sous peine de rébellion et de schisme, et nos deux variantes ne se sont sauvées que par accident; et néanmoins le Syncelle lui-même eut en main un troisième manuscrit différent de celui du Vatican : car à l'article Phakée Ier, 7e roi de Samarie, il dit que ce prince régna *dix ans* (1), tandis que le manus-

---

(1) Le Syncelle, page 502; et ces 10 ans sont aussi la leçon du manuscrit alexandrin, qui ne lit point *deux*, mais *dix*.

crit du Vatican, modèle de nos imprimés, lit 2 ans, comme l'hébreu. Mais d'où proviennent ces variantes et ces différences si anciennes de manuscrits grecs à manuscrits, et de texte grec à texte hébreu ? jetons un coup d'œil sur cette question intéressante, mais voilée de beaucoup de préjugés.

§ VI.

Coup d'œil sur l'histoire des manuscrits juifs.

La chronique intitulée les *Rois* que nous possédons, en y comprenant même celle intitulée *Samuel*, est, comme l'on sait, un *abrégé*, un *extrait* de livres hébreux plus anciens et plus volumineux. L'on y trouve répétée cette phrase après la mort de la plupart des rois... « *Le reste des actions* « *de ce roi se trouve écrit dans les commentaires,* « *ou Archives des rois de Juda.* » L'on y trouve même la citation d'une *histoire du règne d'Ozias*, écrite par Isaïe, et livre d'un nommé *Ichar*, ou le *juste*, postérieur à David ; et encore des fragments entiers de Jérémie. Cette chronique est donc une compilation posthume ou tardive d'écrits originaux : et l'habileté, la fidélité du compilateur sont devenues la mesure de l'exactitude du livre, sans compter la fidélité des premiers auteurs. Cette compilation n'a pu être faite avant le règne d'Evil-Mérodak, roi de Babylone, où elle se termine; et elle doit ne l'avoir été que bien plus tard. On l'attribue à Esdras; ce qui est possible, mais non pas démontré. Elle a dû avoir deux motifs.

1° Les manuscrits originaux étant sans doute uniques, chacun pour leur sujet, le compilateur anonyme, bien sûrement lévite, s'acquit un grand mérite en faisant connaître leur contenu d'une manière quelconque, et en composant un livre court, facile à copier, et à répandre.

2° Tous les livres hébreux composés avant la captivité de Babylone, avaient été écrits dans le caractère ancien et national, qui est le *phénicien-samaritain*. Pendant la captivité, la portion de ce peuple qui résida à Babylone, fut par l'*ordre du roi* élevée dans les mœurs et dans les sciences chaldaïques, par conséquent elle contracta l'usage du caractère *chaldéen*, qui est l'*hébreu* actuel. Après la captivité, cette portion, composée spécialement des riches et des prêtres, trouva incommode l'usage de l'ancien caractère; il tomba en désuétude, et ce fut rendre un service agréable aux lettres, que de faire en caractères chaldaïques un extrait des livres écrits en caractère samaritain. Par la suite les originaux périrent d'accident ou de vétusté; l'extrait se répandit et subsista. Les *livres nouveaux n'impriment pas un très-grand respect*. Les prêtres qui s'en procurèrent des copies, purent avoir de bonnes raisons de faire quelques corrections, d'émarger quelques notes.... de là des variantes premières. Le silence et la paix du règne des Perses couvrirent ces opérations. Alexandre parut; les guerres survinrent, les manuscrits autographes périrent, ou ne furent plus connus. Les Juifs, depuis leur dispersion par les Assyriens et les Babyloniens, s'étaient répandus dans tout l'empire perse....... Protégés par Alexandre et par les Ptolomées, ils eurent des relations actives de commerce et de finance avec les Grecs; leur jeunesse en apprit la langue. Le second Ptolomée fonda la bibliothèque d'Alexandrie (1) : le directeur de Démétrius, ami des arts, voulut avoir les livres juifs; leur traduction fut peut-être sollicitée par la puissante corporation juive qui habitait cette ville. Un de ses lettrés, plusieurs années ensuite, sous le nom supposé d'*Aristœas*, raconta cet événement avec des circonstances fabuleuses, que la crédulité admit, mais qu'une judicieuse critique a démontré n'être qu'un tissu d'invraisemblances (2). Ce travail, comme tous les travaux de ce genre, dut être fait par des hommes savans, par conséquent peu riches, qui furent encouragés et payés par ceux qui l'étaient. La diversité de leur style prouve la diversité de leurs personnes, de même que la différence d'une foule

---

(1) Vers 277 avant J.-C.
(2) *Voyez* Prideaux, année 277.

de passages avec notre texte hébreu, qu'ils paraphrasent souvent, prouve qu'ils ont été bien moins scrupuleux que nous, ou qu'ils ont eu d'autres manuscrits : d'ailleurs, plusieurs erreurs avérées en géographie, démontrent qu'à cette époque la chaîne des bonnes traditions était déja rompue. Le manuscrit provenu de ce travail dut être déposé dans la bibliothèque publique du roi Ptololomée, et devenir la matrice de tous ceux qui se sont répandus. Jamais on ne l'a cité. Il aura été brûlé dans l'incendie, sous Jules-César...... De copie en copie, les fautes des écrivains introduisirent des variantes, et le texte grec eut les siennes comme l'hébreu : un peu plus d'un siècle après cette opération, les rois grecs furent chassés de Judée pour leurs vexations; l'esprit juif se retrempa sous les Asmonéens. On voulut ramener les anciens usages : l'on frappa des médailles en caractère samaritain, c'est-à-dire en *hébreu ancien*. L'on écrivit en hébreu des livres qui furent supposés anciens, tels que Daniel, Tobie, Judith, Susanne, etc. *Les Paralipomènes*, c'est-à-dire *les choses omises* (par le livre des Rois) furent composés par rivalité, et leur auteur anonyme, bigot et obscur, bien moins instruit que celui des Rois, introduisit de véritables erreurs de fait et de géographie : sans doute, c'est à cette période peu connue dans ses détails, qu'il faut attribuer le grand schisme survenu entre l'hébreu et le grec, sur la chronologie des patriarches, dont l'un compte depuis la création juive jusqu'à notre ère, 5508 ans, tandis que l'autre n'en compte pas 4000. La puissance romaine ramena dans l'Asie, de préférence au latin, l'idiome grec, qui n'avait pas péri. Le christianisme naquit : les querelles de secte s'allumèrent, les manuscrits se multiplièrent et s'altérèrent ; chaque église eut le sien. Enfin après 320 ans d'anarchie, le concile de Nicée fit sortir du sein des factions cette unité de doctrine toujours sollicitée par le pouvoir politique et civil. Nos quatre évangiles furent choisis sur plus de trente ; le manuscrit d'où viennent nos bibles, le fut aussi *sans discussion* : elle n'eût pas fini. Dès lors tout ce qui différa fut proscrit. Omar survint au 7ᵉ siècle...... La bibliothèque d'Alexandrie fut brûlée, et ce n'est que parce que la chronique d'Eusèbe, écrite avant le concile, a sauvé une phrase, et que la ville d'Alexandrie, foyer de savoir, garda son indépendance, que nous sont parvenues, à travers tant de hasards, deux étincelles de vérité. Vantons-nous de la posséder sur tant d'autres points !

Mais revenons à l'époque de l'an 717, reconnue par les Juifs, comme par Hérodote, pour être celle de la prise de Ninive et de la mort d'*Asardanaphal*. Un monument asiatique très-ancien nous en fournit un nouveau témoignage : nous le devons à l'Arménien Moïse de Chorène, écrivain du cinquième siècle, faible par lui-même, mais précieux par les fragments qu'ils nous a transmis : écoutons-le (1).

§ VII.

Monument arménien confirmatif de notre solution.

« Arshak, devenu roi et fondateur de l'empire
« parthe (2), après avoir chassé les Macédoniens
« de l'Orient et de l'Assyrie, établit roi d'Arménie
« son frère Valarshak, qui prit pour capitale la
« ville de Nisbin. Ce prince voulant savoir s'il
« commandait à un peuple lâche ou courageux,
« désira de connaître son histoire. Après quelques
« recherches, il découvrit un *Syrien* nommé Mar-
« Ibas, versé dans les langues grecque et chal-
« daïque, et il l'adressa à son frère, avec une lettre
« (que cite textuellement Moïse), afin que les ar-
« chives royales lui fussent ouvertes. Mar-Ibas,
« bien accueilli d'Arshak, eut la permission de vi-
« siter le dépôt royal des livres à Ninive (3), et il

___

(1) *Moses Chorenensis* Historia Armeniaca, cap. VII, p. 20.

(2) Les Parthes des Grecs et des Romains ne sont pas autre chose que les *Kurdes* et les Mèdes ressuscités.

(3) Fréret a voulu douter de ce fait, par la raison que *Ninive* n'existait plus. Mais outre que le nom de Ninive, à cette époque, est encore mentionné par Tacite et Ptolomée, les Arméniens ont pu en donner le nom à une ville voisine, par exemple à celle que les Arabes ont appelée *Moussol*: Fréret

«y découvrit un *volume* écrit en grec, avec ce
«titre: *Ce volume* (ou rouleau) *a été traduit du
«chaldéen en grec, par l'ordre exprès d'Alexandre.
« Il contient l'histoire véritable des* (temps) *anciens
«qu'il dit commencer à Zeruan, Titan et Apetos-
«thes,* etc. Mar-Ibas, ayant retiré de ce volume
«tout ce qui était relatif à notre nation armé-
«nienne, apporta à Valarshak son travail, que ce
«prince fit conserver avec soin. C'est de ce livre,
«dont l'exactitude nous est constatée, que nous
«allons tirer nos récits, jusqu'au *Chaldéen Sarda-
«napale*, et même après lui. »

Moses nous donnant ensuite, page 53, la liste
des princes arméniens, selon *Mar-Ibas*, comparée
à celle des rois assyriens, selon Eusèbe ou Kephalion, qu'il cite page 48, établit la correspondance
suivante :

Rois assyriens.		*Princes arméniens.*	
Eu-pal-mus		Bazouk.	
Prideaz....es		Hoï.	
Pharat.....es	contemporains	Jusak.	
Acratzan...es	de	Kaïpak.	
			qui accueillit les
Sardanapal-os		Skaïord	enfants meurtriers
			de Sennachérib.
Varbak (Arbâk)............		Paraïr.	

---

a douté, parce que ce fait contrariait son hypothèse. Ammien-
Marcellin dit positivement (lib. XVIII, cap. VII), «Sapor passe
«par Ninive, ville immense : (et page 355, il ajoute) dans
«l'Adiabène est Ninive. »

Il ajoute, page 55 : « Le dernier de nos princes
« qui obéit aux successeurs de Sémiramis et de
« Ninus, fut *Paraïr*, sous le (règne de) Sardana-
« pale. Ce Paraïr aida puissamment Arbâk à dé-
« trôner le roi assyrien. Le général mède lui ayant
« promis de l'élever à la dignité royale, parvint à
« l'attirer dans son parti. Après avoir enlevé l'em-
« pire au roi assyrien, Varbak, maître de l'Assyrie
« et de Ninive, laissa des préfets (satrapes) dans
« ce pays, et transféra le siége de l'empire chez les
« Mèdes... J'allais oublier (page 60) de parler de
« *Sennacherim* qui régna sur les Assyriens (1) au
« temps d'Ezéqiah : ses fils Adramel et Sanasar
« l'ayant assassiné, notre prince *Skaïord* leur donna
« asile, et assigna pour domaine à Sanasar le dis-
« trict de la montagne de *Sim*, que sa postérité
« multipliée a entièrement peuplé. »

Si l'on pèse bien ces passages que Moses a dis-
séminés en diverses pages, il paraît :

1° Qu'il a fait de Mar-Ibas et de Kephalion (2),
un mélange dont il n'a pas tiré d'idées claires;

2° Qu'il a tiré de Mar-Ibas ce qu'il dit de
Skaïord, de Paraïr, de Sennacherim et de ses en-
fants; et de Kephalion ce qu'il dit d'Arbâk et de
Sardanapale.

---

(1) Il ajoute que ce fut 80 ans avant Nabukodonosar; mais
ce calcul, qui est de lui, est erroné.

(2) Il ne cite en aucun endroit le livre de Ktésias, mais seulement Diodore, page 231.

Mais en raisonnant sur ses données, l'on a droit de dire,

1°. Si Skaïord accueillit les enfans meurtriers de Sennacherim, il fut donc contemporain d'*Asar-Adon*, leur cadet, qui régna à leur défaut? *Paraïr*, fils de Skaïord, fut donc aussi contemporain d'Asar-Adon. Or, si Paraïr se révolta contre Sardanapale, roi d'Assyrie, ce Sardanapale ne saurait être qu'*Asar-Adon-Phal*.

2° Si Asar-Adon est *Sardanapale*, son père *Acratzanes* est *Sennacherim*; et alors il est démontré que ces princes ont eu plusieurs noms; que ces deux listes sont écrites en deux idiomes différens, l'un chaldaïque, employé par Mar-Ibas, par les Hébreux, même par Hérodote, qui nomme Sennacherib; l'autre perse-grec, employé par Ktésias et ses copistes. Remarquez qu'en remontant, avec l'Arménien Moses, à *Eupal-mus*, appelé *Eupal-Es* dans Eusèbe, l'on a cinq princes correspondants à ceux que nomment les Hébreux, et que l'analogie de *Phal* ou *Eupal* est évidente.

Phul ou *Phal*,............Eu-*pal*-es (1).
Teglat-Phal-asar,.........Prideazes.
Salman-asar,.............Pharates.
Senna-cherib,............Acrazanes.
Asar-Adon,..............Sardanapale.

---

(1). L'initiale *Eu* est ajoutée comme dans *Eu*-phrat-es, qui en syrien est seulement *pharat*.

Voilà donc un troisième monument parfaitement d'accord avec Hérodote, et avec notre leçon des chroniques juives : en sorte que l'identité d'*Asar-Adon* et de *Sardanapale*, ne peut plus faire une question.

Maintenant il serait superflu de réfuter les hypothèses divagantes dont elle a été le sujet. L'on en peut compter trois principales :

L'une, pour obéir à des témoignages discordants, a voulu reconnaître deux ou trois *Sardanapale*, et par ses mêmes arguments, l'on prouverait autant de Pythagores, de Zoroastres, et même de Kyrus.

L'autre a voulu que *Phul* et *Sardanapale* fussent la même personne, et par suite, que *Nabonasar représentât Bélésys*. Le traducteur d'Hérodote, en adoptant cette idée, qu'il a imitée de Scaliger et de Petau, a cru lui ajouter un grand poids, en prétendant que l'ère de Nabonasar n'avait eu d'autre *motif*, que de célébrer l'affranchissement des Babyloniens. Tous les arguments de son long mémoire académique, composé en vue de réfuter ses confrères Bouhier et Fréret, roulent uniquement sur ce vicieux pivot (1). Mais outre l'impossibilité absolue de ces identités dans le système hébreu, il est, contre ce prétendu motif,

---

(1) Mém. de l'Académ. des Inscript., tome XLV, pages 351—361 et suivantes, année 1783.

un témoignage formel qui l'annulle sans réplique : écoutons le Syncelle, p. 207 :

« Alexandre Polyhistor et Bérose, qui ont re-
« cueilli les antiquités chaldaïques, attestent que
« Nabonasar ayant rassemblé les actes des rois (de
« Babylone) qui l'avaient précédé, les fit *dispa-*
« *raître* (en les brûlant ou lacérant), afin qu'à l'a-
« venir la liste des rois chaldéens *commençât par*
« *lui*. »

Ainsi, c'est la vanité grossière de Nabonasar, qui, en supprimant les noms de ses prédécesseurs, a fondé une ère musulmanique, destructive des ères et des monuments antérieurs. Pourquoi le traducteur d'Hérodote a-t-il oublié cette citation ?

Une troisième hypothèse a encore voulu que l'*Asar-adon*, roi de Ninive, fût le même que *Asar-adinus*, roi de Babylone ; et du moins celle-ci a eu en sa faveur la parfaite identité de nom, et la souveraineté de Babylone commune à l'un comme *vassal* et *satrape*, à l'autre, comme *grand-roi* et sultan suzerain. Mais outre que les temps sont inconciliables, puisque *Asar-adon*, roi de Ninive en 722, ne régnerait à Babylone que 43 ans plus tard (en 680), il faudrait encore supposer que lui seul de sa dynastie se fût introduit dans la liste babylonienne. Il est plus naturel et bien plus vrai de dire, que, par un cas très-commun chez les orientaux, deux princes différents ont porté le même nom ; et ici nous touchons au doigt la raison qui a fait ajouter le surnom de *Phal* au Ninivite, afin de le distinguer du Babylonien par l'indication de sa famille : *Asar-adon*, fils de *Phal*. Cette identité de nom a pu arriver d'autant mieux, que le dialecte chaldéen paraît avoir été usité à Ninive comme à Babylone ; car les noms de *Phul* ou *Phal*, de *Asur*, de *Salmann*, de *San-Harib* et d'*Adon*, ont tous des racines chaldaïques... *Phal* signifie *gros* et *puissant*, d'où dérive *Fil*, l'*Éléphant. Asar* signifie *lier, garrotter, vincire* en latin ; d'où dérive *vincere, vaincre*, parce que le vainqueur mène ses captifs *liés*. Celui qui les tue est le *carnifex*; *Adon* signifie *seigneur* et *maître. Salmann* est le *pacifique* (*Salomon*)... *Harib* est le *destructeur*, le guerrier ; et *San* est le nom propre que nous retrouvons dans *acratzan-es*, autre nom de San-harib (1).

---

(1) L'un des généraux de *San-Harib* est appelé *Rabb-Saris*, qui signifie littéralement *chef des eunuques*. Un autre est nommé *Rabb-Sakès*, ou plutôt *Rabb-Shaqeh, chef de ceux qui versent à boire, le grand échanson : phal* ou *pal* pourrait être une altération de *bal* ou *bel. Teglat* est le mot *Diglit*, nom du fleuve *Tigris*, que Pline nous apprend signifier une *flèche*, et tout ce qui est rapide..... *Ana-baxarès* pourrait être *aïna-batsar, soleil d'or*, ou *source d'or*. Enfin, l'un des noms de *Sardanapale*, Thonos-Koun-Koléros, s'explique en partie, *base et soutien* (Koùn) *de toute la terre* (Kôl árts). *Memno* lui-même, ce général de Teutam, est un mot pur chaldéen et arabe, signifiant *investi de confiance ; m'amnou*, par emphase *m'amnoûn*.

Maintenant, que vont devenir les neuf rois mèdes de Ktésias, et leur durée prétendue de 317 ans?... Partant comme ils le doivent, de l'an 561, dernière année d'Astyag, la victoire d'Arbâk tomberait à l'an 877, c'est-à-dire 160 ans avant l'époque donnée par les livres juifs, en cela d'accord avec Hérodote et le livre chaldéen d'Alexandre. Ktésias est donc atteint et convaincu d'erreur, et nous pourrions désormais ne faire aucune mention de son travail : mais parce qu'en examinant sa liste, il nous a semblé y voir aussi des preuves d'imposture et d'un faux prémédité, nous allons soumettre au lecteur notre analyse.

§ VIII.

Analyse de la liste mède de Ktésias.

Selon Hérodote, les Mèdes n'eurent que quatre rois, qui furent :

Deïok-ès. . . .	53 ans.
Son fils, Phraortes. . . .	22
Son fils, Kyaxar. . . .	40
Son fils, Astyag-es. . . .	35
	150

Ils eurent huit rois

Selon Ktésias (1).		Selon Mosès.
Sans compter Arbâk, savoir :		
Man-daukés..............	50 ans.........	Mandaukis.
Sosarmos................	30............	Sosarmos.
Artoukas................	50............	Artoukas.
Arbianes................	22............	Kadikeas.
Artaïos.................	40............	Deoukis.
Artounes................	22............	Artounis.
Astibaras...............	40............	Kiaksaris.
Aspadas, dit Astuigas, par les Grecs............	(35)...........	Azdehak.
Total.......	289	
Plus Arbâk......	28	somme 317.

Diodore a omis le temps d'Astuigas, nous le suppléons par Hérodote.

Eusèbe a modifié cette liste, en y introduisant Deïokès à la place d'Artaïos; et l'arménien Mosès, qui suit Eusèbe, a substitué à l'Astuag des Grecs son vrai nom mède *Azdehak* (2); il en résulte la liste comparative que nous avons jointe. Mosès ne donne pas de nombre d'années.

Le Syncelle, page 359, dit que les Mèdes, jusqu'à l'époque de Kyrus, dominèrent 30 *ans*. Cette faute est d'un copiste, il faut lire 300. Il dit, page 235, que depuis Sardanapale, leurs rois régnèrent 276 ans; cette erreur est de lui, comme

---

(1) *Voyez* le fragment cité en Diodore.
(2) Mosès, page 59.

lorsqu'il dit, page 212, que Kyaxarès régna 32 et son prédécesseur 51 *ans*. En général on ne peut compter sur ce mutilateur audacieux et négligent. Tenons-nous-en à Diodore. En partant d'un point connu, commençons par Astuigas... Il est évidemment l'Astyag d'Hérodote. Son autre nom d'*Aspadas* prouve que, selon un usage subsistant en Orient, les rois de ces anciennes listes eurent tous plusieurs noms, et cela par deux raisons :

1° Parce qu'en certaines circonstances ils en changèrent, comme a fait de nos jours *Kouli-Khan*, qui, ayant conquis *Dehli*, s'intitula *Shah-Nadir*, *roi du second hémisphère* (par opposition à zénith).

2° Parce que, selon les divers dialectes ou langages du vaste empire des Perses, les peuples désignèrent le prince par des noms différents. Ktésias désigne *Smerdis* par celui de *Sphendadatès*; Esdras le désigne par celui d'*Artàhshata*, et il nomma Cambyse *Ashouroush* (1). Aspadas paraît

---

(1) Il suffit de lire le chap. 4 avec quelque attention, pour être convaincu de ce fait. Kyrus permet de rebâtir...... on intrigue auprès de lui. L'effet de sa permission demeure *suspendu tous les jours de sa vie*. Ahshouroush (Cambyse) règne après lui; on lui écrit contre les Juifs dès le début de son règne; il empêche de bâtir. Artah-Shata (*Smerdis*) lui succède. Les Samaritains écrivent encore. Enfin Darius arrive; les Juifs réclament et obtiennent la permission de bâtir. Prendre *Artahshata* pour Artaxerce, c'est tout confondre sans motif.

composé du mot *pâd*, *maître*, *seigneur*, et de *asp*, *chevaux*, *maître* de la cavalerie (puissante), très-probablement des *dix milles cavaliers immortels*.

Avant Astuag régna *Astibar*, 40 ans; c'est évidemment le *Ki-asar* d'Hérodote. Mosès le dit expressément. *Ki*, prononcé *kè* en persan, signifie *grand* et *géant*. En arménien, *skai* a le même sens. *Ké-asar, le grand vainqueur*. En effet, Kyaxar renversa une seconde fois Ninive et les Assyriens. Le mot persan *Astebar* est synonyme, puisqu'il signifie *grand* et *puissant* (1). L'identité est d'ailleurs formelle, dans ce passage d'Eusèbe (2):

« Alexandre Polyhistor rapporte que Nabuko-
« donosor, informé de la prophétie de Jérémie
« (au roi Ioakim), sollicita le roi des Mèdes, *As-*
« *tibaras*, de se joindre à lui, et il marcha en Ju-
« dée avec une armée de Babyloniens et de Mèdes. »

C'était l'an 606; le temps convient très-bien. Les Scythes dominaient encore. Kyaxarès, gêné par eux, dut condescendre à la demande indiquée, pour ne pas se faire un puissant ennemi de plus.

Avant *Astibar*, règne Artoûnés 22 ans. C'est la durée de *Phraortes*: c'est même son nom; car celui-ci est composé du persan *Pher*, *grand roi*, *héros*, et d'*arta* ou *orta*, que l'Arménien Mosès,

---

(1) Dictionn. de Castelli, page 28.
(2) Præp. evang., lib. IX.

page 58, dit signifier en langue mède, *juste* (et *magnanime*).

Au-dessus d'*Artoun-es* devrait venir *Dèiokès*. Mosès le dit bien. Mais les 40 ans d'Artaïos indiquent Kyaxar. Cette identité tire de nouvelles preuves de l'anecdote de Parsondas, racontée par Diodore, dans le fragment de Ktésias, page 409.

« Sous le règne d'*Artaïos*, s'alluma une violente « guerre, etc. »

L'historien Nicolas de Damas nous apprend le motif de ce mécontentement de *Parsondas*, dans un récit curieux que sûrement il a copié de Ktésias (1).

« Sous le règne d'Artaïos, roi des Mèdes et suc-
« cesseur d'Arbèk, dit-il, vivait Parsondas, homme
« extraordinaire par ses facultés physiques et mo-
« rales; le roi, ainsi que les Perses, dont il était
« issu, l'admiraient pour sa beauté corporelle et
« pour la prudence de son esprit. Il excellait d'ail-
« leurs dans l'art de combattre, soit à pied, soit
« à cheval, soit sur un char, et personne ne l'é-
« galait à la chasse pour surprendre et tuer des
« bêtes féroces. Ce Parsondas sollicita *Artaïos* de
« destituer *Nanybrus*, roi de Babylone, qu'il mé-
« prisait et haïssait pour ses mœurs *sardanapali-*
« *ques* (2), et de lui donner cette satrapie.

---

(1) *Valesii excerpta*, in-4°, page 427.
(2) C'est la description qu'en fait Athénée, lib. XII.

« Le roi ne put consentir à faire cette injustice à
« *Nanybrus*, contre la teneur *des lois établies*
« *par Arbâk*... Le Babylonien fut instruit du fait...
« Quelque temps après, dans la saison des chasses,
« *Parsondas* alla prendre ce divertissement en Ba-
« bylonie, près d'un lieu où, par hasard, étaient
« campés les vivandiers de Nanybrus : celui-ci, in-
« formé des courses de son ennemi, avait ordonné
« à ses gens de l'épier, de tâcher de l'enlever, et
« de le lui amener; la chose réussit à son gré. De-
« venu maître de Parsondas, le Babylonien l'en-
« ferme dans son *harem* avec ses femmes, le fait
« raser, baigner, vêtir en femme, et le force de
« jouir de toutes les voluptés que le guerrier lui
« avait reprochées. — Il le força même d'appren-
« dre la musique et la danse... Sept ans se passent
« ainsi, sans qu'on sache ce qu'est devenu *Par-*
« *sondas*, malgré toutes les perquisitions ordon-
« nées par le roi. Enfin un eunuque, que *Nany-*
« *brus* avait fait bâtonner pour quelque faute, s'é-
« chappe et va découvrir le délit à Artaïos, qui
« de suite dépêche un *aggar* (1) ou *secrétaire* pour
« réclamer *Parsondas*... Nanybrus nie la détention.
« Un second *aggar* vient, avec ordre de conduire
« au roi *Nanybrus* garrotté, s'il persiste à nier.

---

(1) *Gar* est un mot persan, qui signifie *faiseur*, et qui termine tous les noms de métiers. Nous ignorons ce que signifie *ag*.

« Celui-ci rend son prisonnier, et Parsondas s'en
« retourne sur un char avec le secrétaire. Il arrive
« à *Suse* : Artaïos l'accueille, écoute son histoire
« avec étonnement... Quelques mois après, il se
« rend à Babylone. *Parsondas* l'obsède pour qu'il
« le venge de Nanybrus; celui-ci gagne un eunu-
« que à force d'argent et de présents, et moyen-
« nant cent talents d'or et cent coupes d'or, mille
« talents d'argent et trois cents coupes du même
« métal, il obtient son pardon du roi. »

Dans ces récits, nous avons un indigène Perse, sujet et courtisan d'un roi mède, l'un des successeurs d'Arbâk. Ce roi ne peut être *Deïokès* qui, selon la phrase d'Hérodote, *ne régna que sur les Mèdes*. Est-ce *Phraortes*, son fils, qui y joignit les *Perses*, et *qui avec ces deux nations* puissantes subjugua les autres? Mais les 40 *ans* d'*Artaïos* ne conviennent point à Phraortes, qui n'en régna que 22; et ils conviennent parfaitement à *Kyaxar*. Supposons que *Parsondas* ait demandé à *Kyaxar* la satrapie de Babylone au commencement de son règne, la circonstance convient très-bien; ce sera dans les années 635 ou 634 : supposons que les 7 ans de détention de *Parsondas* aient commencé en 633 et fini en 627; l'irruption des Scythes, en 625, ayant jeté *Kyaxarès* dans un état d'oppression et de faiblesse, le Persan en aura profité pour effectuer une révolte qui, sans cela, eût peut-être été impossible. Relativement au prince babylonien, ces dates conviennent très-bien à *Chinil-adan*, qui régna depuis 647 jusqu'en 626. La différence de nom n'y fait rien, puisque tous ces princes asiatiques en eurent plusieurs.

Quant au nombre des combattants, dont parle Ktésias (page 403), il est visiblement absurde, selon l'usage des livres orientaux; et cette absurdité se démontre par la topographie des Caddusiens, dont le pays montueux ne contient pas plus de 160 à 180 lieues carrées; et encore par les *quatre mille hommes* des premières troupes de Parsondas. Il faut ôter un zéro; et en lisant 20 *mille*, au lieu de 200, et 8 *mille* au lieu de 80 *mille*, l'on sera dans les vraisemblances.

Cette anecdote a d'ailleurs le mérite de nous apprendre que le même roi mède qui régnait à *Ekbatane*, régnait aussi à Suse; ce qui réfute l'hypothèse de ceux qui ont voulu concilier Hérodote avec Ktésias, en faisant de leurs rois deux dynasties qui auraient simultanément régné dans ces deux villes. Il dut en être des rois mèdes, comme il en fut des rois perses, qui passaient leurs hivers à Suse et leurs étés à *Ekbatane*. Quant à la vassalité de Babylone, nous en verrons les preuves complètes ailleurs.

Maintenant, si l'*Artaios* de Ktésias est *Kyaxar* (et fût-il Phraortes), il est clair que cet historien a doublé les temps et les noms. Ce doublement est encore indiqué dans *Arbianes*, qui, par son règne de 22 ans et par sa position avant *Artaïos Kyaxar*, se décèle pour être *Phraortes*.

Au-dessus de lui est *Artoukas*, avec un règne de 50 ans. Ce doit être *Deïokès*; l'analogie des 50 ans de l'un et des 53 ans de l'autre, fortifie ce soupçon. En suivant cette indication, le *Sosarmos* qui le précède, a dû être *Arbâk*. Au-dessus de Sosarmos, se trouve Man-daukès, encore 50 ans, comme *Artoukas*. Nous venons de voir Ktésias répéter deux fois les 40 ans de Kyaxar, dans *Artaios* et *Astybaras*; ne répète-t-il pas également ici le règne de Deïokès dans les 50 ans d'Artoukas et de Mandaukès? Le nom de ce second est évidemment le même; car en séparant l'initiale *Man*, l'on a *Daouk-ès*, manifestement identique à *Deïok-ès*.

Enfin, avant ce chef de la dynastie mède, se montre *Arbâk*, qui règne 28 années bien ressemblantes aux 30 de *Sosarmos*, en sorte que de même que Phraortes a été répété deux fois avant Kyaxar, Arbâk se trouve répété aussi deux fois avant Deïokès, et toute la liste de Ktésias est démontrée n'être qu'un doublement de celle d'Hérodote, comme on le voit dans le tableau suivant.

ROIS MÈDES.

SELON HÉRODOTE.	SELON KTÉSIAS.			
Noms. Règnes.				
Deïokès.... 53 ans.	Arbâk........	28.	Sosarmos......	30.
Phraortes... 22	Man-daukés...	50.	Artoukas......	50.
Ky-axarès... 40	Arbianes......	22.	Artounès......	22.
Astyag-es... 35	Artaïos.......	40.	Astibaras.....	40.
	Astuigas.....	(35).		

Les seuls 28 ans d'Arbâk forment une difficulté: non-seulement Hérodote (ou plutôt ses auteurs perses) les nie, mais il semble nier sa royauté; et après l'affranchissement des Mèdes, opéré par lui, ils ne laissent apercevoir aucune trace de ce libérateur, comme si, satisfait d'avoir rendu la liberté à tous les vassaux de Ninive, il se fût démis du pouvoir suprême, après avoir établi une sorte de *pacte fédéral*, indiqué dans l'anecdote de Parsondas. Comme nous devons retrouver cet *Arbâk* dans un des rois perses des traditions orientales, nous reviendrons à ce sujet.

Mais quel a pu être le motif de Ktésias de nous forger ces faux calculs? Après avoir beaucoup cherché, il nous a semblé en découvrir la raison dans son fragment déja cité. Il y dit que, selon les calculs des Assyriens, la guerre de Troie avait eu lieu sous le roi Teutam, 306 ans avant la mort de Sardanapale. Si Ktésias eût admis le système d'Hérodote, cette date eût placé la prise d'Ilium vers l'an 1023 de nótre ère, et cela eût trop choqué les opinions reçues dans la Grèce : l'une de ces opinions, suivie depuis par Ératosthènes, Apollodore et Denys d'Halicarnasse, était que la prise de Troie avait eu lieu en une année correspondante à notre année 1183 ou 1184 avant J.-C. Ktésias, habitué à flatter les satrapes, ne voulut pas heurter les savants; il s'arrangea de manière à obtenir précisément ce résultat. Car les 306 des Assyriens, joints aux 317 des Mèdes, font 623, lesquels, ajoutés aux 560, époque de Kyrus, font juste 1183, comme Ératosthènes l'écrivit 150 ans après Ktésias : cette coïncidence parfaite n'est-elle pas frappante et décisive?

Puisque nous sommes amenés à cette question, voyons si nous ne pourrions pas acquérir ici une *idée juste* de cette époque si célèbre.

§ IX.

Époque de la guerre de Troie, selon les Assyriens et les Phéniciens.

Ktésias, ayant en main les livres des Assyriens, ou leurs extraits, nous affirme que, selon leurs calculs, la guerre de Troie eut lieu sous l'un des rois ninivites, appelé *Teutam*, 306 ans avant la mort de Sardanapale. Cet auteur, en sa qualité de

Grec, dut porter de la curiosité à connaître cette époque, et les Assyriens eurent des raisons d'état de la noter dans leurs archives, puisque le roi de Troie réclama des secours comme *vassal*, et que le descendant de Ninus envoya le satrape de Suse *Memno*, dont Homère fait une mention expresse. La date que nous fournissent les Assyriens, a donc une autorité égale et même supérieure à celles que fournissent les *Grecs*, puisqu'aucune chronologie de ces derniers ne remonte d'un fil continu et certain, même au temps d'Homère, et que tous leurs chronologistes offrent dans leurs estimations une discordance qui, comme nous l'allons voir, démontre l'incertitude et même la fausseté de leurs bases.

Selon Ératosthènes, Apollodore et Denys d'Halicarnasse, la prise de Troie eut lieu 407 ou 408 ans avant la premiere olympiade, qui date de 776 (par conséquent en l'an 1183 ou 1184). — Selon le chronologiste Sosibius, contemporain de Ptolomée-Philadelphe, elle eut lieu 395 ans avant la première olympiade; donc en l'an 1171. — Selon Arètes, en l'an 1190. — Selon Velleïus Paterculus, en l'an 1191. — Selon Timée, en 1193. — Selon la chronique de Paros, en 1208; selon Dikéarque, en l'an 1212; enfin, selon Hérodote, en l'an 1270, etc.

Le point de départ de tous ces calculs était l'ouverture des olympiades, l'an 776 avant notre ère :

ce point est certain ; pour s'élever au-delà, tous ces auteurs ont tâché de mesurer le temps jusqu'à de grands événements connus, tels que l'invasion des Héraclides, la fondation de la colonie ionienne, une guerre faite par quelque roi de Sparte, etc. Et c'est parce que les dates de ces événements n'étaient pas certaines, qu'ils ont obtenu des résultats si divers. Hérodote seul employa un autre moyen que nous examinerons séparément : si l'on en voulait croire son traducteur (1), tous les anciens peuples grecs auraient eu des archives et des généalogies qui auraient fourni des bases certaines aux écrivains; mais si de tels monuments existèrent en certains lieux et en certains temps, il faut que les guerres perpétuelles dont fut tourmentée cette contrée, les aient détruits ou mutilés de très-bonne heure, puisque à dater seulement du 7ᵉ siècle avant notre ère, tout est discors et confus dans les chronologies grecques; qu'à Sparte, par exemple, l'un des états les plus fixes, l'ordre et la série des rois ne sont pas certains; que leurs règnes, omis après les olympiades, offrent des invraisemblances choquantes dans les temps antérieurs (2), et que l'époque du célèbre législateur Lycurgue subit une contestation de

---

(1) *Voyez* Chronologie de Larcher, article *prise de Troie et rois de Lacédémone*.

(2) Le règne d'Agis est réduit à *un an*, quoiqu'il ait été, dit-on, le plus riche en grands événements.

108 ans, qui, comme nous l'allons voir, n'est pas éclaircie, à beaucoup près, dans le sens que l'on pense. L'époque d'Homère, ce poëte si remarqué, dont tant d'auteurs recherchèrent à l'envi la patrie, l'âge, la vie; cette époque est aussi obscure que celle de Lycurgue et de Troie, ainsi que le prouvent deux curieux passages de Tatien et de Clément d'Alexandrie, qui méritent que nous les citions.

« Selon Cratès (ou Cratètes), Homère ne fut
« postérieur à la prise de Troie que de 80 ans, et
« (vécut) vers le temps de l'invasion des Héra-
« clides; selon Ératosthènes, il fut postérieur de
« 100 ans; de 140 selon Aristarque, qui, dans ses
« Commentaires sur Archiloque, dit qu'Homère
« fut contemporain de la colonie ionienne fondée
« à cette époque.

« Philochorus le place 40 ans plus tard (180 ans
« après Troie).

« Apollodore veut que ce soit 100 ans (c'est-à-
« dire 240 ans après Troie), sous le règne d'A-
« gésilas, fils de *Dorisée*, roi de Sparte ; ce qui
« rapproche Homère du législateur Lycurgue,
« encore très-jeune.

« Euthymène, dans ses Annales, dit qu'il na-
« quit dans l'île de Chio, 200 ans après la prise de
« Troie; Archemacus, dans son troisième livre
« des Euboïques, est du même avis.

« Euphorion, dans son *ouvrage des Aliades*,

« dit qu'il vécut au temps de Gygès, qui com-
« mença de régner en la 18ᵉ olympiade (l'an 708).

« Sosibius de Lacédémone, en sa *Description des
« temps*, place Homère à l'an 8 du roi *Charilas*,
« fils de Polydecte.... Charilas régna 64 ans, son
« fils Nicander en régna 39 : l'an 34 de ce prince,
« dit-il, *fut établie la première olympiade;* en sorte
« qu'Homère se trouve placé 90 ans avant cette
« première olympiade.

« Dieuchidas, dans son 4ᵉ livre des Mégariques,
« dit que Lycurgue fleurit environ 290 après la
« prise de Troie. »

Ératosthènes divise ainsi le temps (1) « depuis
« la prise de Troie jusqu'à l'invasion
« des Héraclides. . . . .   80 ans.
« De là à la colonie ionienne. . . .   60
« De là à la tutelle de Lycurgue. .   159
« De là à la première olympiade. .   108
                Total.   407
                Plus.   776
                                        1183 ans.

« Enfin Hérodote *estime* (dit Tatien) qu'Ho-
« mère vécut 400 ans avant lui, et il lui as-
« socie Hésiode. »

Toutes ces variantes nous ramènent à nos premières conclusions, savoir :

---

(1) Clemens Alexandr. Strom., lib. I, pag. 402.

1° Que les chronologistes grecs n'ont point eu en main de chroniques suivies et connues sur lesquelles se pussent asseoir leurs calculs.

2° Que les Assyriens ayant eu cet avantage, pourraient bien, dans le passage fourni par Ktésias, nous avoir révélé la véritable époque de la prise de Troie.

Mais, en comparant l'extrême différence de l'époque donnée par eux, à la plus rapprochée de toutes celles données par les Grecs, comment, dans une telle question, accorder une préférence décidée à un seul et unique témoignage, surtout quand ce témoignage nous vient par la voie d'*un Ktésias ?*

Tel était notre scrupule, lorsque, parcourant les mêmes pages de Clément d'Alexandrie et de Tatien, deux autres citations ont frappé notre attention.

« Eiram, roi de Tyr, dit Clément, donne sa
« fille en mariage à Salomon, dans le temps où
« Ménélas arrive en Phénicie, après le sac de
« Troie, ainsi que le rapporte *Menander* de Per-
« game, et *Lœtus*, dans leurs Annales phéniciennes.

« Chez les Phéniciens, dit Tatien, nous con-
« naissons trois historiens; savoir, *Théodotus* (1),
« Hypsicrates et Mochus, dont les ouvrages ont

---

(1) Ces noms grecs sont évidemment la traduction des noms tyriens, ayant le même sens.

« été traduits en grec par *Lætus*, qui a recueilli
« avec soin la vie d'un grand nombre de philo-
« sophes : or, dans les histoires dont nous par-
« lons, il est dit que sous un même roi (de Tyr)
« ont eu lieu l'enlèvement d'Europe, l'arrivée de
« Ménélas en Égypte, et les actions de *Cheiram*,
« qui donna sa fille en mariage au roi des Juifs,
« *Salomon*. » Menander de Pergame rapporte les
mêmes faits; et le temps de *Cheiram* est voisin
de celui de Troie (1).

Ici le témoignage de *Menander* est d'autant
plus digne d'attention, que Flavius Josèphe nous
apprend qu'en effet cet écrivain avait traduit les
Annales phéniciennes dont il reconnaît l'exactitude
et la conformité avec celles des juifs. Selon celles-
ci, le règne de Salomon commença l'an 1018
avant J.-C.; selon les Assyriens, Teutam envoya du
secours à Troie, vers l'an 1023. Supposons la prise
en 1022. Selon les Phéniciens, Ménélas dut venir
un ou deux ans après, vers 1021 ou 1020 : Hiram
aurait donc donné sa fille vers l'an 1018 ou 1017.
Un tel accord entre trois témoins différents n'est-il
pas infiniment remarquable? disons mieux, n'est-il
pas probatif et concluant? Prenons cette date pour
la véritable, et supposons la prise de Troie à l'an
1022, nous avons pour terme certain la 1re olympiade en l'an 776, différence 246. Maintenant,

---

(1) *Tatian. Orat. ad Græcos*, 1, pag. 273, n° 37.

voyons comment cadreront toutes nos citations ci-dessus, comparées à ces deux termes : examinons d'abord Hérodote. Les propres paroles de cet écrivain, antérieur aux seize autres cités par Clément et par Tatien, sont telles qu'il suit :

« *J'estime* (1) *que les poëtes Homère et Hésiode* « *n'ont pas vécu plus de* 400 *ans avant moi.* »

Quelques critiques ont déja remarqué que ces expressions sont très-vagues. *J'estime* signifie un calcul par aperçu, par supposition ; *a vécu* n'indique aucune année précise, et peut se prendre pour la naissance, pour la mort, pour le temps de la célébrité ; et ce nombre rond de *quatre cents ans* sans aucune fraction ! N'est-il pas clair qu'ici Hérodote n'a point prétendu donner un calcul précis et méthodique, mais qu'il a fait simplement une *évaluation* approximative ? Lorsque l'on connaît sa méthode, on devine son opération. Ayant lu beaucoup d'historiens, entr'autres Xanthus de Lydie, Cadmus de Milet, Hellanicus, etc., il aura saisi quelque anecdote qui établissait un rapport entre Homère et quelque prince connu, comme lui-même cite un rapport entre Archiloque et Gygès, entre Thalès, Solon et Krœsus. De ce rapport connu, il aura déduit un nombre de générations qui, *évalué*, *estimé*, selon son système, à trois générations par siècle, lui a

---

(1) Lib. II, § LIII.

donné le nombre rond de 400 ans; c'est-à-dire que de lui à Homère, il a estimé douze générations. Cette évaluation de trente-trois ans étant beaucoup trop forte, substituons-y vingt-cinq ans, tels que nous les donnent les générations des rois de Lydie, des rois hébreux et des grands-prêtres juifs; nous aurons quatre générations au siècle, par conséquent 300 ans pour douze générations entre Hérodote et Homère. Hérodote naquit l'an 484 avant notre ère ; donc les 300 ans nous remontent à l'an 784. Maintenant, puisque le mot *a vécu* se prend ordinairement pour *cesser de vivre*, nous dirons que cette année doit être celle de la mort d'Homère, selon Hérodote. Le poëte mourut âgé : supposons que ce fut à 70 ou 80 ans; il dut naître entre les années 854 et 864. Actuellement comparons à ces années les calculs des auteurs.

Selon Apollodore, Homère vécut 240 ans après Troie, ou 100 ans après la colonie ionienne : de 1022 ôtez 240, reste 782; donc Apollodore donne précisément notre calcul de décès à deux ans près.

Selon Euthymènes, il naquit à Chio, 200 ans après Troie; donc en 822. C'est trop tard; il dut déja fleurir.

Selon Sosibius, Homère se place 90 ans avant la 1re olympiade; elle date de 776, plus 90 : c'est 866. Ne serait-ce pas là sa naissance rapportée avec précision à l'an 8 de Charilas?

Selon Apollodore, Homère (mort en 784) se *trouve très-rapproché* de Lycurgue, encore jeune: or, selon *Strabon*, plusieurs auteurs pensaient que Lycurgue avait reçu de la main même d'Homère, vieux, ses poésies qu'il apporta à Lacédémone. Plutarque, indécis, croit que Lycurgue, voyageant dans l'Asie mineure, les reçut seulement de la main des enfants de Cléophile, leur dépositaire. Mais il avoue de bonne foi:

« Que l'origine, les voyages, la mort, l'époque
« même des lois de Lycurgue, étaient un sujet iné-
« puisable de controverse entre les écrivains; il
« déclare que, selon plusieurs, il avait concouru
« avec Iphitus à l'etablissement des jeux olympi-
« ques : c'est, dit-il, l'avis d'Aristote, qui cite en
« preuve de ce fait l'*inscription du palet olympique*,
« où le nom de Lycurgue est gravé. » (1)

Un tel monument, cité par un homme du poids et de l'instruction d'Aristote, est déja une preuve sans réplique; mais Cicéron vient encore y joindre son opinion, lorsque, dans son discours pour *Flaccus*, ce savant Romain dit :

« *Les Lacédémoniens vivent sous les mêmes lois*
« *depuis plus de* 700 *ans.* »

Ce discours fut prononcé l'an *deux* de la 180ᵉ olympiade, c'est-à-dire l'an 59 avant notre ère; par conséquent Cicéron indique une date un peu

---

(1) Plutarque, vie de Lycurgue.

antérieure à l'an 759 ; ce qui correspond d'autant mieux aux dates ci-dessus, que Lycurgue ne donna ses lois qu'après l'établissement des jeux olympiques par Iphitus. Ainsi, ce n'était pas un ouï-dire vague, une opinion populaire, qui plaçait Lycurgue à cette époque du 8ᵉ siècle, et le faisait contemporain de la vieillesse d'Homère : c'était le témoignage des monuments publics de ce temps-là, et l'assentiment des écrivains les plus anciens et les plus savants. Mais, objectera-t-on, comment, moins de cent ans après Aristote, Ératosthènes a-t-il calculé que Lycurgue précéda de 108 ans la fondation des jeux olympiques? Nous ne pouvons rien dire à cet égard, parce que l'ouvrage de cet astronome nous manque. Mais si nous devions le juger par ses copistes, *Trallien*, *Eusèbe*, *le Syncelle* et même *Tatien*, nous ne pourrions avoir une haute idée de sa critique : par exemple, comment Ératosthènes a-t-il pu dire qu'Homère vécut 100 ans seulement après la guerre de Troie? Cela doit être une erreur de Tatien ou de ses copistes. Ératosthènes, qui partage l'opinion d'Apollodore sur la guerre de Troie, a dû penser comme lui sur l'époque d'Homère; il a dû le placer 100 ans *après la colonie ionienne*, et non pas après la *prise de Troie* : c'est une méprise palpable. Ces deux écrivains ont certainement connu les rapports établis par les monuments et par les historiens, entre Homère et Lycurgue; ils doivent avoir fait ce raisonnement :

« Hérodote, né en telle année (484 avant J.-C.),
« dit qu'Homère a vécu ou cessé de vivre 400 ans
« avant lui; donc en 884. Or il est certain que Ly-
« curgue a vu Homère : donc Lycurgue avait un
« certain âge en 884. »

A notre tour, nous disons : de 884 ôtez 108 ans, reste 776, époque précise de la première olympiade ; donc Ératosthènes a opéré comme nous le disons ; donc il a été induit en erreur par les 400 ans d'Hérodote, qu'il a pris au sens matériel ; donc notre interprétation des 400 ans d'Hérodote en 12 générations, est le sens véritable du passage ; donc la durée de 25 ans, que nous donnons à chaque génération, est la plus raisonnable, la plus conforme aux faits : donc l'accord parfait de nos combinaisons avec les calculs des Assyriens et des Phéniciens, donne l'époque de la guerre de Troie et de l'âge d'Homère, plus exacte, plus vraie qu'aucun calcul grec; donc enfin, tout ce que l'on a dit jusqu'à ce jour sur cette double question, est à refaire à neuf, en commençant par les deux chapitres de la Chronologie de M. Larcher, *sur la prise de Troie et sur les rois de Lacédémone*, où de suppositions en suppositions, passant du *probable* au *certain* et à l'*incontestable*, en démentant tous les anciens dont il prétend s'appuyer, ce *correcteur* a rejeté la guerre de Troie plus loin qu'Hérodote lui-même, c'est-à-dire au delà de 1270; et cependant il est clair que c'est pour avoir reconnu l'exagération de cette hypothèse, que les Grecs, dès le temps de Ktésias, commencèrent à la quitter. L'erreur d'Hérodote est saillante à cet égard, si l'on prend tout son calcul au sens littéral; mais si on l'interprète comme nous le faisons, et que les 800 ans, en nombre rond, qu'il *estime s'être écoulés entre la prise de Troie et lui*, ne soient qu'un calcul de générations converti en années, l'on a pour résultat l'an 1084 avant J.-C., c'est-à-dire environ 62 ans de plus que les calculs assyriens et phéniciens; et alors il est de tous les Grecs le plus près de la vérité. Il y a cette remarque à faire sur cet historien, que lorsqu'il suit les Asiatiques, il donne des résultats précis, parce qu'il a des bases fixes; mais lorsqu'il a opéré avec les Grecs, n'ayant point de dates exactes, il est contraint d'user de moyens généraux, qui le mettent en contradiction avec lui-même, comme dans le cas présent où nous pouvons le juger.

On vient de voir que le système des générations, employé selon notre méthode, nous a procuré les plus heureuses coïncidences : le sujet que nous traitons nous en fournit d'autres exemples non moins favorables. Hérodote nous apprend que de son temps les rois de Macédoine s'étant présentés aux jeux olympiques, ils y furent d'abord refusés comme n'étant pas de race grecque, puis admis, pour avoir juridiquement prouvé qu'ils étaient du même sang héraclide que les rois mêmes de Sparte : dans la généalogie de ces rois, Alexandre premier, fils d'Amyntas, qui régnait au temps de Xercès, avait eu pour neuvième aïeul *Karanus*, dont le frère *Phido*, tyran d'Argos, troubla les jeux à la huitième olympiade, c'est-à-dire l'an 748 avant J.-C.

Si l'on compare à la liste macédonienne celle des rois de Sparte, Karanus se trouve parallèle à Lycurgue qui, 29 ans auparavant, parut à ces jeux; et de Karanus à Hercule, il y a onze générations précisément, comme d'Hercule à Lycurgue (1).

D'autre part, nous avons de Karanus à Alexandre-le-Grand, 17 générations qui, à 25 ans, font 425 ans. Ces 425 ans ajoutés à 330, époque d'Alexandre, font 755, plus les 29 de Lycurgue; total; 784. Ne voilà-t-il pas nos mêmes nombres revenus?

Si l'on remonte de Lycurgue au roi héraclide Aristodémus, l'on a sept générations, ou 175 ans: partons de la première olympiade 776, plus 175; c'est 951 : c'est-à-dire que l'établissement des Héraclides tomberait 71 ans après la prise de Troie, selon les Orientaux; et tous les Grecs placent l'invasion de ces Héraclides 80 *ans* après Troie. Si nous sommes dans une route d'erreur, comment

---

(1) Théopompe et *Satyrus*, historiens spéciaux des rois macédoniens, comptent *onze* générations, comme Strabo. Velleïus en compte 16; mais Velleïus est un compilateur tardif, peu sûr en chronologie.

nous conduit-elle à tant d'heureux résultats? Dira-t-on que les règnes des rois de Sparte les contrarient? Mais Larcher lui-même (1) convient qu'on ne peut compter sur les listes d'Eusèbe et du Syncelle, qu'elles sont arbitraires selon l'usage de ces mutilateurs; que le règne d'Agis est inadmissible à un an de durée, tel qu'ils l'établissent; que les autres règnes, quand on les compare dans les deux branches, sont pleins de contradictions, etc., etc. Nous n'entreprendrons pas de redresser ces discordances qui nous écarteraient beaucoup trop de notre sujet. Nous avons assez fait, si nous avons posé les principaux jalons d'alignement de l'ancienne chronologie grecque : quelque bon esprit saura s'en servir pour en reconstruire l'édifice, autant qu'il est possible, avec le peu de données qui nous restent. Revenons à Ktésias, et à ses calculs factices, mêlés d'erreurs et de vérités (2).

***

(1) Chronologie, art. des rois de Sparte.
(2) La prise de Troie étant placée à l'an 1022, il s'ensuit que l'anachronisme de Virgile n'est pas de 400 ans, comme le veut le traducteur d'Hérodote, ni de 300 et plus, comme on l'inférerait des autres opinions. Il se réduit à 151 ans : car la fuite de Didon en Afrique étant arrivée 143 ans 8 mois après la *fondation* du temple de Salomon, selon Josèphe, qui s'autorise des Annales de Tyr (contre Appion, lib. I, n° 17 et 18); et cette fondation répondant à l'an 1015 avant notre ère, il s'ensuit que l'arrivée de Didon en Afrique tombe à l'an 871, tandis que la prise de Troie répond à l'an 1022 : différence 151.

§ X.

Examen de la liste assyrienne de Ktésias.

D'après tout ce que nous venons de voir, la liste mède de cet écrivain étant démontrée fausse, sa chronologie antérieure se trouve frappée de nullité; mais afin de ne pas le juger sans l'entendre, jetons un coup d'œil sur sa liste assyrienne, et voyons si elle ne nous fournirait pas aussi quelques preuves de falsification. Pour en raisonner avec équité, il faut d'abord s'assurer de son véritable état; et c'est une première difficulté à vaincre; car les écrivains qui prétendent copier cette liste, diffèrent sur les noms des rois et sur la durée de leurs règnes; et néanmoins le manuscrit de Ktésias a dû être univoque : selon Diodore, le nombre des rois de *père en fils, fut de* 3; selon Velleïus-Paterculus (1), le dernier roi, *Sardanapale*, aurait été *le* 33ᵉ *depuis Ninus et Sémiramis*. Mais Velleïus, écrivain postérieur, qui ne cite ce trait qu'en passant, paraît avoir été induit ici en erreur par une phrase équivoque de Diodore, qui porte:

« Ainsi régna Ninyas, fils de Ninus; et la plu-
« part des autres rois qui *se* succédèrent de père
« en fils, pendant 30 générations, *jusqu'à Sarda-*
« *napale*, imitèrent ses mœurs. »

---

(1) Lib. I, cap. 6.

LISTE DES ROIS ASSYRIENS, SELON LES DIVERS AUTEURS.

Selon l'Eusèbe de Moses de Chorène. *Histoire d'Arménie* *.	Selon l'Eusèbe vulgaire.	Selon le Syncelle.
		1 Belus.........55
1 Ninus.	1 Ninus..........52	2 Ninus 55
2 Ninyas.	2 Sémiramis......42	3 Sémiramis.....42
3 Arius.	3 Ninyas. 38	4 Ninyas ou Zamès 38
4 Aralius.	4 Arius 30	5 Arius.........30
5 Baleus Cheoxarus.	5 Aralius. 40	6 Aralius........40
6 Amathritès.	6 Baleus Xercès....30	7 Xercès........30
7 Belochus.	7 Armathritès.....38	8 Arma Mithrès ..38
8 Baleus.	8 Belochus 35	9 Belochus 1.....35
9 Azatagus.	9 Baleus 52	10 Baleus........52
10 Mamidus.	10 Altadas.........32	11 Sethos........32
11 Maschaleus.	11 Mamitus 30	12 Mamithus.....30
12 Spharus.	12 Manchaleus.....30	13 Aschalius......22
13 Samilus.	13 Spharus........20	14 Sphærus 28
14 Spharetus.	14 Mamitas. 30	15 Mamylus......30
15 Ascatades.	15 Sparetus.......40	16 Sparthæus.....42
	16 Ascatades. 40	17 Ascatades......38
537	579	
16 Amindès. 45	17 Amyntas....... 45	18 Amyntes......45
25	18 Belochus 25	19 Belotus.......25
607	649	
17 Vestascarus.	19 Beloparès.......30	20 Baletores......30
18 Susarès.	20 Lampridès 32	21 Lamprides.....30
19 Lamparès.	21 Sosarès. 20	22 Sosarès. 20
20 Paneas.	22 Lamparès. 30	23 Lampraès......30
21 Sosarmos.	23 Pannyas.......45	24 Panias........45
22 Mithreus.	24 Sosarmos. 19	25 Sosarmos......22
23 Teutamus.	25 Mitræus.......27	26 Mithrœus......25
	26 Tautanes.......32	27 † Teutamus....32
785	884	
	27 Teuteus 40	28 Teutæus 44
		29 Arabelus 42
		30 Chalaus 45
		31 Ambus 38
		32 Babius 37
24 Thinæus.	28 Tinæus.........30	33 Tinæus........30
25 Dercullus.	29 Dercylus........40	34 Dercylus......40
26 Eupalmns.	30 Eu-pal-ès.......38	35 Enpakinès....38
27 Prideazes.	31 Laosthènes.....45	36 Laosthènes 45
28 Pharates.	32 Piriatides 30	37 Pertiadès......30
29 Acrazanes.	33 Ophrateus 20	38 Ophratæus 21
30 Sardanapale.	34 Ophratenès....50	39 Epecherès.....52
	35 Ocrapazès.......42	40 Aoraganès......42
	36 Thonos concoleros, ou Sardanapale..20	41 Thonos concoleros, ou Macos concoleros, dit Sardanapale....15
1,005		
Velleïus en compte 1,070	TOTAL....1,239	

* La liste de Mosès de Cho.

Velleïus semble s'être dit :

« S'il y eut 30 rois qui se succédèrent depuis
« *Ninyas*, Ninyas ne doit point se compter.... Il
« est excepté par le mot *autre*, et parce que *ses*
« *mœurs furent iimtées*.... Donc avec Ninus et Sé-
« miramis il y eut 33 rois. »

Mais cette première phrase de Diodore, réellement incorrecte, est redressée par son résumé
qui porte ces mots :

« A l'égard de Sardanapale, *trentième et dernier*
« *roi* depuis Ninus. »

Ceci est clair, positif, et ne permet pas d'admettre l'interprétation antérieure. De plus, l'*Arménien Mosès* (de Chorèné), qui (1) cite Diodore
comme une de ses autorités, ne compte que 30
rois dans la liste qu'il nous fournit (2), encore
qu'il eût sous les yeux celle d'Eusèbe, qui en
compte 36..... Cette liste de Mosès semble d'autant plus exacte, que ces cinq derniers princes
correspondent parfaitement, comme nous l'avons
dit pag. 441, à ceux cités par les Hébreux ; d'où
l'on a tout lieu de conclure qu'Eusèbe et le Syncelle ont, selon leur usage, ajouté de leur chef,
Epecherès, *Laosthènes*, et *Ophrathènes*. (Voyez
les listes au commencement de ce §.) *Epecherès*
doit être le même qu'*Ana-Bacherès*, nom de Sen-

---

(1) Moses Chor., pag. 231.
(2) *Idem*, pag. 51.

nacherib, dans l'épitaphe de Sardanapale à *Anchialé*. Ce même prince s'appelle encore *Acrazanes* et *Akraganes* : le nom de *Laosthènes* est purement grec, et ne peut être que la traduction d'un nom assyrien, signifiant *force* et *puissance du peuple* (probablement Euphal-es, Phal). Enfin *Ophrathènes* ne doit être qu'un synonyme de *Ophrateus*, écrit plus asiatiquement *Pharates*, par Mosès de Chorène.

Relativement à la durée totale, nous avons vu qu'il faut lire 1306 ans dans le vrai texte de Diodore, et non 1360. Velleïus, qui n'a porté cette durée qu'à 1070 ans, a dû tirer ce calcul de quelque autre chronologiste que de Ktésias. Quant aux 1995 ans qu'*Æmilius-Sura* comptait depuis Ninus (1) jusqu'à l'an 63, ou plutôt 65 ans avant notre ère, l'on n'en peut rien faire, parce que l'on ignore si ce Romain a évalué les Mèdes selon Hérodote, ou selon Ktésias.—A partir de Kyrus, l'an 560, son calcul donne pour les deux empires, assyrien et mède, 1500 ans. S'il suit Hérodote, il donne 1344 pour les Assyriens; s'il suit Ktésias, il ne leur donne que 1183 (2). L'on voit que Sura ou Velleïus ont fait, ou plutôt ont suivi de con-

---

(1) *Voyez* Velleïus, liv. I, chap. VI.
(2) Larcher, Chronologie, page 144, assure que Diodore et Sura comptent 1310 ans, et l'on voit que cela n'est vrai ni pour l'un ni pour l'autre.

fiance, les tablettes chronologiques de quelque Lenglet de leur temps, sans traiter par eux-mêmes la question.

Il paraît n'en avoir pas été ainsi du chronologiste Castor, qui avait compulsé les archives de plusieurs pays pour en former ses tableaux parallèles des rois d'*Argos*, de *Sicyone*, d'*Assyrie*, etc. Selon Eusèbe (1), Castor ne comptait, pour les

---

(1) *Voyez* le Syncelle, page 167. A cette occasion, le Syncelle fait une remarque importante sur la manière dont Eusèbe a dressé ses tableaux comparatifs : « Eusèbe, dit-il, en
« approuvant l'opinion de Castor, qui renferme l'empire as-
« syrien dans une durée de 1280 ans, ne lui en donne pas
« moins celle de 1300, avec le nombre de 36 rois. Son motif
« a été de couvrir l'erreur où il s'est laissé induire sur le temps
« écoulé entre le déluge et Abraham, par divers faux raison-
« nements, entre autres par l'omission qu'il fait du nom et
« des années du Caïnan, 13ᵉ depuis Adam, selon *Luc* (st.), etc.»
Ici le Syncelle nous révèle son propre secret et celui de tous les anciens auteurs dits *ecclésiastiques*, qui, à l'exemple du prêtre *Africanus*, leur modèle, ont pris pour base de tous leurs calculs la création du monde selon les Juifs, et ont commis la faute ridicule de partir d'un point aérien par lui-même et non fixé dans leur propre système (puisque les textes grec et hébreu diffèrent de plus de 1500 ans), pour descendre, comme en ballon, d'un temps inconnu au connu, quand le plus simple bon sens prescrivait de partir des temps connus et certains, pour remonter, d'échelon en échelon, à ceux qui le sont le moins : dans le cas présent, ayant d'abord adopté sans examen le système de Ktésias, et trouvant que tel nombre d'années plaçait Ninus vers le temps d'Abraham, ces calculateurs mécaniques descendent tête baissée à travers toutes les difficultés, même celles de la période des juges, pour aboutir, sans savoir comment, aux rois de Ninive et de Baby-

Assyriens, que 1280 ans, ce qui produit une différence de 26 ans avec Ktésias.

Un troisième auteur, qui s'était aussi spécialement occupé des Assyriens, *Képhalion*, semble avoir eu encore quelque différence avec le résumé de Castor. Mais son fragment, cité par le Syncelle, est tellement mutilé, que l'on n'en peut rien faire, pris isolément.

Pour revenir à Ktésias, dont l'opinion et le livre paraissent avoir guidé la majeure partie de ses successeurs, il paraît que nous devons considérer comme son vrai texte, le nombre de 30 générations, et la durée de 1306 *ans*. Cela étant posé, nous avons un moyen certain d'arguer de faux sa liste assyrienne, comme sa liste mède; car le terme moyen de 43 *ans et demi* par génération, résultant de ces deux données, est moralement et presque physiquement impossible; et il est d'autant moins admissible, que nous avons contre lui trois témoignages positifs.

---

lone, cités par les Hébreux. Le Syncelle reproche à Eusèbe d'avoir substitué le nombre 1300 (et cependant notre liste d'Eusèbe porte 1239) aux 1280 *de Castor*, et lui-même, suivant la trace d'Africanus, a porté à 1460 ans la durée de l'empire assyrien, par l'introduction arbitraire de quatre rois inconnus de tous les anciens. Avec ces inexactitudes et ces infidélités renouvelées à chaque instant, et communes à tous les anciens auteurs ecclésiastiques, l'on ne peut avoir aucune confiance en leurs assertions, et l'on ne doit en avoir qu'une très-circonspecte dans les citations qu'ils nous donnent.

1º Le témoignage des livres hébreux qui, de *Phal* à *Sardanapale*, comptent cinq rois dans un espace de moins de 70 ans ; de manière que Sennachérib, entr'autres, ne peut avoir régné plus de cinq ans, et qu'il faut nécessairement qu'il ait été frère de Salmanasar, ou Salman-asar, frère de Teglat.

2º Le témoignage de Képhalion, dont le Syncelle nous a conservé un passage précieux quoique mutilé.

« Laissons (1), nous dit ce compilateur, lais-
« sons un autre écrivain illustre nous montrer
« combien ont été absurdes les historiens grecs
« à l'égard de ces rois d'Assyrie...... J'entre-
« prends, a dit Képhalion, d'écrire les faits dont
« Hellanicus de Lesbos, Ktésias de Cnide et Hé-
« rodote ont traité (avant moi). Jadis régnèrent
« en Asie les Assyriens, à qui commanda Ninus,
« fils de Bélus..... Puis Képhalion joint la nais-
« sance de *Sémiramis* et du *mage Zoroastre*; il
« parcourt les 52 ans du règne de Ninus......
« Il décrit la fondation de Babylone par Sémi-
« ramis, et son expédition aux Indes..... Or,
« ajoute-t-il, tous les autres rois (après elle) ré-
« gnèrent pendant *mille ans*, les fils occupant
« le *trône de leurs pères* par *droit d'héritage*;
« mais ils dégénérèrent successivement des vertus

---

(1) Sync., page 167.

« de leurs ancêtres, en sorte que *pas un d'eux*
« *ne passa vingt ans* (1). »

Cette dernière phrase s'accorde, comme l'on voit, parfaitement avec les livres hébreux, dont les dates en effet ne permettent de donner vingt ans à aucun des quatre successeurs de *Phul*.

3° Enfin, puisqu'il est constaté par les divers historiens, que les princes de Ninive, livrés à toutes les voluptés des sens, vivaient de très-bonne heure avec des femmes, il est impossible d'admettre qu'ils n'aient engendré leurs héritiers qu'au terme moyen de 43 ans; ils ont dû, au contraire, avoir des enfans dès l'âge de 19 à 20 ans, quelquefois même de 16, comme l'on en a trois exemples chez les rois hébreux. Notre conjecture ci-dessus, que quelques rois de Ninive se succédèrent à titre de frères, a le double

---

(1) *Ita ut vicennalis obiret nullus.* Si l'on disait que pas un ne *vécut* 20 ans, le sens serait absurde, et *la succession impossible.....* Képhalion continue : *Que si l'on veut savoir le nombre de ces rois, Ktésias en citera, je crois,* 23 *noms.* (Mais Diodore et Mosès en attestent 30)...... *Or, environ* 640 *ans après Ninus, Bélimus s'empara de l'empire des Assyriens.....* *Que si vous comptez* 1000 *ans depuis Sémiramis jusqu'à Methrœus....* (Il y a ici une lacune). *A Methrœus succéda Tautanès, vingt-deuxième roi.* (Mais si Ktésias n'a compté que 23 noms, Sardanapale ne saurait suivre Tautanès.. Il y a évidemment ici mutilation du texte de la part du Syncelle). *Voyez* page 167 de sa Chronographie.

avantage de rendre possible le nombre de 30 rois en 520 ans, et de ne pas heurter l'assertion qu'*ils occupèrent le trône paternel par droit d'héritage.* Au reste, en rejetant le nombre de 30 générations comme absurde, en 1306 ans, il nous reste sur ce nombre même un soupçon, suscité par une phrase de Képhalion, et par un passage d'Hellanicus et de Dicæarque, que nous a conservé Étienne de Byzance (1).

« Les Chaldéens furent d'abord appelés *Ké-*
« *phènes*, de Képhée, père d'Andromède. Leur
« nom de *Chaldéens* leur vint, selon Dicæarque,
« d'un certain Chaldæus, qui engendra l'habile et
« puissant Ninus, fondateur de Ninive : or le
« *quatorzième* après celui-ci, se nomma aussi
« *Chaldæus*, et fonda, dit-on, Babylone, ville
« très-célèbre, dans laquelle il réunit tous ceux
« que l'on appelle *Chaldéens*, et le pays se nomma
« *Chaldée*. »

Aucune liste assyrienne ne présente de roi *Chaldæus*, à la 14e génération, ni à aucun autre degré ; et cependant Hellanicus, contemporain d'Hérodote, est une autorité respectable, ainsi que Dicæarque. Le nombre 14 ne serait-il pas ici une faute de copiste et une altération du

---

(1) *Stephanus, de Urbibus*, au mot *Chaldæi*.

nombre 24? Alors Hellanicus et Dicæarque seraient d'accord avec Képhalion, qui prétendait ne trouver que 23 *noms* (1): Chaldæus serait le 24e; et parce que ce mot qui signifie *devin*, est le synonyme de *Nabou*, que portèrent tous les rois de Babylone, ce *Chaldæus* serait *Bélésys*, le même que *Bélimus*, qui, selon Képhalion, *s'empara de l'empire* des Assyriens, long-temps après Ninus. Et en effet, pourquoi cette remarque, qu'il *s'empara* de l'empire des Assyriens? Il ne succéda donc point par droit d'héritage; il ne fut donc point de la famille de Ninus? Enfin, puisqu'en *réunissant* toute *la caste des Chaldéens dans Babylone*, il fonda un nouvel empire, il fut donc réellement Bélésys, à qui seul conviennent tous ces traits. Ajoutez que le nombre de 23 rois, ou générations *ninivites*, s'accorde singulièrement bien avec les 22 générations des rois lydiens, qui furent exactement parallèles pour le temps. Sans doute chacune de nos preuves n'est pas décisive; mais leur réunion forme un grand poids, surtout si l'on considère que nous n'avons que des fragmens mutilés pour base de la plupart de nos opérations : semblables en cela à l'architecte qui, pour retrouver les dimensions d'un ancien palais ou temple, n'a que quelques restes de piédestaux, de pierres angulaires et de

---

(1) *Voyez* la note ci-devant, page 462.

fondations, dont l'accord néanmoins devient une démonstration dans les règles de l'art.

Ici se présentent plusieurs questions à faire à tous les écrivains qui nous parlent de l'empire de Ninive et de sa durée.

1° Ont-ils bien distingué les deux prises et destructions différentes de cette capitale par les Mèdes, l'une sous *Arbâk*, l'autre sous *Kyaxarès?* n'en ont-ils pas fait une confusion que la ressemblance des faits rendait facile?

2° Ont-ils tenu compte de cet *état secondaire*, ou royaume posthume, qui se composa après la mort de Sardanapale, et qui dura 120 à 121 ans, depuis 717 jusqu'en 597?

3° Ktésias et ses copistes, après avoir doublé la liste des Mèdes pour le nombre des rois et pour la durée, n'auraient-ils pas fait quelque chose de semblable relativement aux Assyriens?

Si nous avions les livres mêmes de ces écrivains, la démonstration pour ou contre deviendrait facile, mais en leur absence, les moindres indices deviennent pour nous de fortes présomptions après le premier exemple. Commençons par la première de nos questions.

Ninive ayant été prise deux fois par les Mèdes, d'abord en 717, sous Arbâk, puis en 597, sous Kyaxarès, nous disons que la ressemblance de ces deux faits a été insidieuse, et a pu causer la confusion de leurs dates. Un passage d'Alexandre Polyhistor, cité par le Syncelle (p. 210), s'explique très-bien par cette hypothèse, et reste entièrement absurde, si on le prend à la lettre.

(1) « Nabo-pol-asar, père de Nabukodonosor, est « appelé Sardanapale par Polyhistor, qui dit qu'il « envoya vers Astyag, satrape de Médie, demander « sa fille Aroïte en mariage pour son fils Nabuko-« donosor.... Le roi des Chaldéens, *Sarak*, lui ayant « confié ses troupes, il (Nabo-pol-asar) tourna ses « armes contre Sarak lui-même, et contre la ville de « Ninive. *Sarak*, éprouvanté de cette attaque, mit le « feu à son palais, et se brûla lui-même, et l'empire « des Chaldéens et de Babylone passa aux mains de « Nabo-pol-asar, père de Nabukodonosor. »

Dans ce récit, le *roi* des *Chaldéens*, qui se brûle dans son palais de *Ninive*, attaqué par l'un de ses généraux *rebelle*, est évidemment *Sardanapale*. *Sarak* est un mot chaldéen qui signifie *prince*, *commandant*, et qui paraît avoir été commun à tous, ou du moins à plusieurs rois assyriens; et cela prouve que Polyhistor, ou son auteur Eupolème, puisa

---

(1) *Nabopolassarus, pater Nabuchodonosori....... Hunc Sardanapalum vocat Polyhistor Alexander, qui ad Astyagem Mediæ satrapam miserit et filiam ejus Aroïtem uxorem filio suo Nabuchodonosoro sumpserit. Hic traditis sibi copiis a Sarako Chaldæorum rege præpositus, in Sarakum ipsum, et Ninivem civitatem arma vertit; cujus impetum et adventum veritus Sarakus, incensa regia igne se absumpsit. Imperium vero Chaldæorum et Babylonis collegit Nabopolassarus, pater Nabuchodonosori.*

aux sources. Si à ce mot on ajoute la désinence emphatique *oun*, l'on a *Sarakoun*, ou plutôt *Sarkoun*, très-analogue au *Sargoŭn* dont parle Isaïe, chap. XX, lorsqu'il dit : *L'année que Tartan, envoyé par Sargoŭn, roi d'Assyrie, vint assiéger Azot et la prit.* Ce *Tartan* est bien connu pour l'un des généraux de *Sennacherib*, cité dans le livre des Rois comme assiégeant Azot; et *Sennacherib* n'est certainement point le *Sarak* (1) qui se brûla. Lors même

---

(1) Dans son commentaire sur le chap. 20 d'Isaïe, saint Jérôme remarque que *Sargoŭn* eut sept noms différents, et nous en trouvons sept à *Sennacherib*; savoir, *Anakindarax*, Anabachères, Acrazanes ou Acraganes, Épecherès, Ocrapazes et Sargoŭn. Cet interprète doit avoir emprunté cette opinion des rabbins, ses maîtres; et il semble les désigner, lorsqu'il ajoute, chap. 36 du même Isaïe : *d'autres pensent qu'un seul et même roi d'Assyrie est appelé de plusieurs noms......* Ces *autres-là* avaient raison contre lui dans le passage suivant :

« J'ai lu quelque part, dit-il, que Sennacherib fut le même
« roi qui prit Samarie : mais cela est faux; car l'Histoire sa-
« crée nous dit qu'un premier roi, *Phul*, sous Manahem, dé-
« vasta les 10 tribus; qu'un second roi, *Teglat-phal-asar*,
« sous Phakée, vint à Samarie; qu'un troisième Salmanasar,
« sous Osée, prit cette ville; qu'un quatrième, *Sargon*, prit
« Azot; qu'un cinquième, Asaradon, après avoir déporté Is-
« raël, établit des Samaritains pour gardiens de la Judée; et
« qu'un sixième, Sennacherib, sous Ézéchias, après avoir pris
« Lachis et toutes les autres villes, assiégea Jérusalem.....
« D'autres pensent *qu'un seul et même prince est appelé de
« plusieurs noms.* » Comment. sur Isaïe, chap. 36, tome III, page 286.

Il y a plusieurs fautes dans ce passage. *Sargon* n'est point nommé dans les Chroniques, mais dans Isaïe, qui écrivit plus de 200 ans avant leur rédaction, et qui, de son côté, ne

que Tartan eût pris Azot, sous Sardanapale (ce qui est invraisemblable), Sardanapale reste toujours le *Sarak* de Polyhistor. Dire qu'il soit *Nabopolasar*, est une grossière méprise, qui semble appartenir au Syncelle. Nabopolasar régna depuis 625 jusqu'en 605, parallèlement à Kyaxar, dont effectivement il avait obtenu la fille pour épouse de Nabukodonosor, vers l'an 607. Ainsi *Aroïte* ne fut point fille, mais sœur d'Astyag, roi en 594. Nabukodonosor seconda *Kyaxar*, dit *Astibar*, au siége de Ninive, en 597. Pourquoi Nabukodonosor et son père se trouvent-ils mêlés avec Sardanapale, mort 120 ans auparavant, l'an 717? Parce que l'historien a confondu la première prise de Ninive avec la seconde, et qu'il a pris Nabopolasar pour *Mardokempad-Bélésys*, son antécesseur. Mais s'il a confondu ces deux événemens et leurs dates, qu'a-t-il fait du temps que dura cet *état secondaire* de

---

nomme point *Sennacherib*. Avant d'en faire deux rois, il eût fallu les discuter. 2.° *Esdras* ou son *rédacteur*, dit, lib. I, cap. 4, v. 2, qu'*Asar-Hadon* déporta les tribus; mais la lettre originale des Samaritains, v. 10, dit que ce fut *Asnafar*; et d'après le témoignage exprès des *Chroniques*, cet *Asnafar* fut Salmanasar. *Asar-Hadon* doit être une interprétation du rédacteur. 3.° Sennacherib ne fut pas roi *sixième*, postérieur à Asaradon; car l'Histoire sacrée dit positivement qu'Asaradon fut *son fils le plus jeune*. Il y a ici plus que négligence, il y a défaut de jugement et de critique; et tel a été le caractère de tous les écrivains ecclésiastiques : occupés uniquement d'objets qui n'exigeaient que la foi *implicite*, ils ont ignoré ou rejeté l'art de la discussion et de la critique.

Ninive, qui eut lieu de 717 à 597? Pourquoi ni Ktésias, ni Képhalion, ni Castor, ni leurs copistes, ne disent-ils pas un seul mot de cet *état*? Hérodote est le seul qui nous l'ait fait connaître; encore ne dit-il pas, quel fut son régime, soit monarchique, soit aristocratique ou républicain. Écoutons-le :

§ cii. « Or, *Deïokès ne régna que sur les Mèdes.* « Son fils Phraortes (lui ayant succédé), le royaume « des Mèdes ne suffit point à son ambition: il at- « taqua d'abord les Perses, et il les subjugua. Avec « ces deux nations, l'une et l'autre puissantes,.... « il marcha de conquêtes en conquêtes, jusqu'à son « expédition contre *ceux des Assyriens*, qui habi- « taient (le pays) de Ninive, ci-devant *maîtres de tous* « *les autres*, mais affaiblis par la défection de leurs « alliés; *du reste encore assez forts. Il périt dans* « *cette expédition* (en 635). »

Mais pourquoi ces Assyriens de Ninive, ci-devant maîtres de tous les autres, formaient-ils un *état particulier encore assez fort*? « Parce qu'après « le renversement de leur empire par Arbâk (en « 717), *les Mèdes s'étant rendus indépendans* (§ xcvi), « les autres nations les imitèrent, et *tous les peuples* « *de ce continent se gouvernèrent par leurs propres* « *lois....* » Les Assyriens de Ninive formèrent donc aussi un état indépendant et libre.

« Kyaxarès ayant succédé à son père Phraortes, « fit d'abord la guerre aux Lydiens,..... puis ib.

« revint contre les Assyriens de Ninive, pour venger
« la mort de son père..... Déja il les avait vaincus,
« et il assiégeait leur ville, lorsque l'irruption des
« Scythes (en 625) le força de se retirer (en Mé-
« die). Ayant chassé les Scythes 28 ans après, il
« revint contre Ninive, la prit, et s'assujettit tous
« les (peuples) Assyriens, excepté ceux de la Ba-
« bylonie. »

Ainsi il est évident qu'après le grand empire de Ninive, un *second état* se recomposa et subsista un peu moins de 120 *ans*, puisqu'il lui fallut quelque temps pour se recomposer. Or, si l'on ajoute aux 520 ans du premier empire les 120 ans du second état, l'on a une somme totale de 640 ans, depuis l'an premier de Ninus en 1237 jusqu'à la ruine de Ninive en 597; et si les historiens n'ont pas distingué les deux prises de cette ville, l'une en 717, l'autre en 597; si Ktésias en particulier a doublé les Assyriens comme les Mèdes, nous devons, dans les nombres qui nous sont présentés, tant par lui que par les autres, voir paraître le double de nos nombres; savoir, tantôt le double de 520 égal à 1040; tantôt le double de 640 égal à 1280, et peut-être même le simple nombre de 120 ajouté à 1040, égal à 1160, etc... Voyons s'il se présentera quelque chose de semblable.

D'abord nous avons cette phrase remarquable de Képhalion, citée par le Syncelle (ci-devant, page 477)..... *Or, environ* 640 *ans après Ninus, Bélimus s'empara de l'empire des Assyriens......* Voilà juste la seconde prise de Ninive; 520 et 120 font 640 : plus 597, total, 1237 : ici *Bélimus-Bélésys* est pris pour Kyaxar. Képhalion a donc confondu la seconde prise avec la première, comme l'a fait Polyhistor (1).

2° Nous avons le résumé de *Castor*, qui, selon Eusèbe et le Syncelle, comptait 1280 ans pour durée de l'empire de Ninive..... Or, 1280 est si exactement le double de 640, qu'il est presque impossible qu'il ait eu une autre source. Mais ce qui convertira notre conjecture en fait, est un autre passage de Castor, cité par le Syncelle (2):

« Il y a des auteurs qui assurent qu'après Sar-
« danapale, l'empire des Assyriens passa à Ninus :
« c'est l'opinion de Castor, qui dit : J'ai placé en
« première ligne les rois assyriens du sang et de

---

(1) Dans la liste d'Eusèbe, nous avons un *Balétorès* à l'an 659; ce qui ne diffère pas matériellement : et ce nom babylonien, *Bal-atsar*, va reparaître dans le *Bélitaras* d'Agathias, bien clairement *Bélésys*.

(2) *Post Sardanapalum Assyriorum imperium Ninum obtinuisse alii asserunt, e quorum numero prodit Castor, qui hæc verba scribit : Primo quidem ordine reges Assyriorum generis et imperii seriem a Belo ducentes locavimus; quanquam de ejus imperii tempore certa et aperta notitia non constet, nominis equidem agimus memoriam. A Nino quoque Chronographiæ principium duximus, et in Ninum Sardanapali successorem desinimus.* Syncelle, page 206.

« la dynastie de Bélus. Quoiqu'il n'y ait rien de
« certain sur le temps du règne de ce prince, j'ai
« dû tenir compte de son nom. J'ai posé Ninus
« en tête de mon tableau chronographique, et je
« me trouve finir à Ninus, successeur de Sarda-
« napale. »

Quelques modernes, et entre autres le traducteur d'Hérodote, ont supposé, d'après ce passage, que les Ninivites, devenus libres, rappelèrent les enfans de Sardanapale, confiés au fidèle *Cotta*, gouverneur de Paphlagonie, et que le nouveau roi prit le nom de Ninus. Mais le récit de Ktésias en Diodore, et celui d'Hérodote, n'accordent pas le plus léger appui à cette hypothèse. Au contraire, notre analyse dévoile et rend saillante la méprise de Castor, qui, en doublant la durée de Ninive, a doublé la dynastie de Ninus; et notre explication trouve encore un autre appui dans le récit suivant d'Agathias (1).

---

(1) *Ninus primo videtur imperium stabilisse, et post eum Semiramis, ac deinceps omnes horum posteri ad Belum Derketadæ filium. Cumque in hoc Belo Semiramicæ stirpis successio desineret, Belitaras quidam vir insitor et hortorum qui in regia erant curator et magister, imperium sibi mira ratione vindicavit, suoque generi inserit, prout Bion et Alexander Polyhistor memoriæ prodiderunt; donec, Sardanapalo regnante, ut illi scribunt, quum emarcuisset imperium, Arbakes Medus et Belesys Babylonius illud Assyriis eripuerunt interfecto rege, et ad Medos transtulerunt, sex et trecentis jam supra mille et paulo amplius annis elapsis ex quo Ninus primum summam*

« Ninus paraît avoir le premier établi cet empire :
« après lui régna Sémiramis, puis la postérité (de
« ces deux fondateurs) jusqu'à *Bélus Derkétade*
« (c'est-à-dire descendant de Derkéto, qui est Sé-
« miramis).... Alors la lignée de Sémiramis se trou-
« vant finir à ce *Bélus*, un certain Bélitaras, in-
« tendant des jardins du palais (bostangi-bachi),
« s'empara du sceptre par des moyens qui tenaient
« du prodige, et il le transmit à sa race (ou caste),
« selon le récit de Bion et de Polyhistor, jusqu'à
« ce que l'autorité avilie sous Sardanapale, fut ar-
« rachée aux Assyriens par le Mède Arbâk et le
« Babylonien Bélésys. Sardanapale ayant été tué,
« l'empire passa aux Mèdes, un peu plus de 1306
« ans depuis l'élévation de Ninus, comme le dit
« Diodore d'après Ktésias. Les Mèdes se trouvè-
« rent donc *derechef* en possession de la supré-
« matie (ou de l'empire). »

Que le lecteur pèse bien ces phrases : *La famille de Sémiramis et de Ninus régna jusqu'à
Bélus Derkétade... Alors un étranger, grand officier du palais, s'empara du sceptre par des
moyens qui tenaient du prodige, et cet étranger se
nomme Bélitaras.* N'est-ce pas là clairement *Bélésys* avec ses *prédictions* astrologiques? Ktésias,

---

*rerum obtinuerat. Ita enim Ktesia Cnidio tempora describenti,
Diodorus assentitur. Medi itaque rursum imperium sunt adepti.*
Agathias, *lib. II, page* 63.

dans Diodore, assure que Sardanapale, 30e roi, descendait directement, de père en fils, de Ninus. Donc il est le même que *Bélus* Derkétade, dernier rejeton de Ninus et de Sémiramis. Après Bélitaras revient une seconde lignée, dont le dernier est Sardanapale;... donc cette lignée est une répétition de la première, puisque ce prince descendit de Ninus; et remarquez ce mot : les Mèdes se trouvèrent *derechef* en possession de l'empire. Le doublement n'est-il pas évident? Le nombre 1306 contient deux fois 640, plus 26 ans. Nous n'apercevons pas d'où ces 26 ans proviennent, mais il suffit d'être assuré de l'opération principale; les accessoires ont pu dépendre de quelques accidens de calcul ou d'interpolation de règne, qui sont sans conséquence.

De tout ce que nous avons dit dans les articles précédents, il résulte :

1° Que Ktésias a sciemment et systématiquement doublé la liste des rois mèdes, afin de faire coïncider les calculs assyriens avec les calculs grecs sur la prise de Troie;

2° Que, par une suite du même système, il paraît qu'un doublement semblable a eu lieu pour les *temps* assyriens, sans que la démonstration puisse en être faite aussi rigoureusement, parce que nous n'avons ni la liste d'Hérodote ni les livres de Ktésias et autres autographes, et que l'on ne peut accorder aucune confiance à leurs copistes, Eusèbe, le Syncelle, etc. (1);

---

(1) Quant au motif de cette faute, nous n'en apercevons qu'un seul qui nous semble plausible. Le médecin grec Ktésias, devenu prisonnier des Perses à la bataille de *Kounaxa*, l'an 401 avant Jésus-Christ, arriva à la cour d'Artaxerces, environ 13 ans après que les Égyptiens se furent *révoltés*, c'est-à-dire eurent recouvré leur indépendance nationale, ravie 112 ans auparavant, par Cambyse, fils de Kyrus. *Le Grand Roi* irrité leur faisait la guerre, mais avec peu de succès. Ses diplomates durent, selon l'usage, donner à cette guerre les motifs les plus légitimes, ou les plus adaptés à l'esprit des peuples. Dans tous les pays, l'antériorité de possession a toujours été considérée comme l'un des droits établissant la propriété. Selon les Égyptiens, leur roi Sésostris avait subjugué la Perse vers l'an 1354 avant notre ère; et quoiqu'il ne l'eût soumise qu'en passant, les Égyptiens pouvaient s'en prévaloir, pour dire que ce n'était pas eux, mais les Perses qui étaient des *rebelles*. Ce dut donc être une étude, un besoin de la part de ceux-ci, de prouver ou de rendre plausible, que les Assyriens, dont ils se prétendaient les héritiers et les représentants, avaient possédé l'Égypte long-temps avant cette époque; il devenait d'autant moins aisé de les refuter, que cette possession était plus antique. De là le système de falsification qui plaça Ninus à plus de 2000 ans avant notre ère, et qui lui attribua, ainsi qu'à Sémiramis, une étendue de conquêtes qui n'avait pas eu lieu. En attribuant à Ktésias le doublement des Mèdes, nous ne voudrions pas garantir qu'il ne fût l'ouvrage des *savants* de la cour d'Artaxerces; mais nous croyons que celui des Assyriens leur appartient exclusivement, et que Ktésias lui-même a été induit en erreur: ce qui rendra croyable et même vraisemblable cette imposture historique de la part des Perses anciens, c'est que dans notre chapitre de Zoroastre, l'on verra l'exemple avoué d'une autre imposture semblable, commise par un roi de Perse, Sasanide,

3.° Que la fausseté du système chronologique de Ktésias n'entraîne pas néanmoins la nullité de tous ses récits historiques, puisque la plupart des faits que nous avons eu occasion d'en tirer, s'amalgament très-bien avec la chronologie d'Hérodote. Nos recherches à cet égard nous ont fait découvrir un exemple curieux et instructif, dans la personne de cet *Araïos, roi des Arabes*, que Ktésias dit avoir été l'allié de Ninus et le coopérateur de ses conquêtes. En feuilletant les chroniques des Arabes modernes, nous avons été surpris d'y trouver un roi homérite de l'Iémen, réunissant le nom et les qualités décrites, avec cette circonstance particulière, que l'époque à laquelle appartient ce roi, coïncide avec celle de Ninus dans le système d'Hérodote, c'est-à-dire qu'elle tombe à la jonction des 12e et 13e siècles avant notre ère (entre 1190 et 1230). Nous pensons que cette anecdote sera d'autant plus agréable au lecteur, que la branche d'histoire dont nous la tirons est presque entièrement inconnue à nos compilateurs modernes.

Chronologie des Arabes homérites, favorable au plan d'Hérodote.

Le lecteur se rappelle que Ktésias, dans son fragment sur les Assyriens, nous a parlé d'un roi

---

d'accord avec son clergé, relativement à la dynastie des Parthes.

de l'*Arabie*, nommé *Ariæus* ou *Araïos*, que Ninus s'associa, afin de pouvoir disposer des *vaillants guerriers dont tout ce pays était alors rempli*. Jusqu'à nos jours on n'a pas connu quel fut ce *roi*, ni même dans quelle *Arabie* il régna. En parcourant les fragments historiques que les Arabes nous ont conservés de leurs antiquités, et qui ont été traduits par les savants Richard Pocoke (1) et Albert Schultens (2), il nous a semblé reconnaître les actions et même le nom de ce personnage dans l'un des rois de l'ancienne *Arabie heureuse*, aujourd'hui Iémen, pays dont les écrivains grecs et romains parlent souvent comme du siége d'une nation puissante, mais dont ils n'ont jamais eu des notions bien claires, vu le grand éloignement. Nos modernes eux-mêmes n'étaient guère plus instruits sur le sujet qui nous occupe, avant que M. A. Schultens eût rassemblé et publié, dans son curieux livre de l'*Ancien empire des Iectanides*, tout ce qu'Aboulfeda, et quatre autres historiens arabes ont eux-mêmes recueilli de traditions et de documents sur l'antique royaume de *Himiar*, ou des *Homérites* dans l'Iémen. Malheureusement, après avoir lu les cinq fragments dont nous parlons, on s'aperçoit qu'ils ont subi de graves altérations de

---

(1) *Specimen Historiæ Arabum.*
(2) *Historia imperii vetustissimi Iectanidarum in Arabia felice.* In-4°, *Harderovici Gueldrorum*, 1786.

la part des musulmans, qui, les premiers, se donnèrent la peine d'extraire les *chroniques* de ces *infidèles*; et même l'on sent que ces chroniques ont été, en original, incomplètes et tronquées; mais l'on n'en est pas moins conduit à croire qu'elles ont existé, et que leurs débris, tels qu'ils nous sont parvenus, ont une authenticité égale à celle de la plupart des livres des Grecs et des Latins. Or, il résulte de ces débris :

1° Que sous le nom d'Arabes, *enfants d'Himiar*, il a existé dans l'*Arabia felix*, ou *Iémen*, bien au-delà de six cents ans avant le siècle de David et de Salomon, un peuple civilisé et puissant connu des Grecs à une époque déja tardive, sous le nom d'*Homérites* ou de *Sabéens*;

2° Que ce peuple eut un gouvernement régulier, et une série de rois dont l'origine se perd dans la plus haute antiquité;

3° Que l'ordre de succession fut très-souvent interrompu, tantôt par des guerres civiles, dues au pernicieux usage des rois asiatiques, de partager leurs états entre leurs enfants; tantôt par des guerres avec les Éthiopiens-Abissins, qui avaient les mêmes mœurs et la même langue;

4° Que ces rois, habituellement maîtres de l'*Iémen* proprement dit, le furent souvent encore du pays de *Hadramaut* et d'autres cantons limitrophes, et qu'ils eurent un état au moins six fois

ROIS ARABES DE SABA,

OU HOMÉRITES.

Contemporains. — Temps vagues et rois non successifs.

Qahtan ou Ieqtan.

Iârab.

Icchehâb.

1er Abd-el-chems, dit *Saba*.

Homeir — Kahlan.... Amrou — Acher.

Aouf — ou Atel 1 — Matât

Bazan — Saksak 2

Aamer-Zou-riâche (*chasse*) Iafar (3)

et est *chassé* par... (4) Nâman-el-moafar

5 Asmah

6

7

8

9

10

11

12

13

14 — Saba *le petit*. — Aad,

15 — Chedâd.

Ninus. — 16 — Haret Arraïés.

17 — Elzâb-zou'l-Quarnain.

18 — Abraha-zou'l-minâr.

19 — Afriqos : puis son fils el *Faïder*, (ou selon d'autres) Amrou zou'l azaar. (frère d'Afriqos).

20

21 Cherâhil.

22 Had-had.

Salomon. — 23 Balqis (sa fille).

Kéqobad et Roustan. — Shamar (ou Chamar) dit Ierâche, ruine Sogd qui prit le nom de *Samar-kand*.

Abou-malek.

El-aqrân......... fonde une colonie au *Sin* ou Tibet.

plus considérable que celui des Hébreux, avant le schisme de Samarie;

5° Que la résidence première et habituelle de ces rois fut la ville de *Mareb*, appelée aussi *Saba*, c'est-à-dire *la victorieuse*, du nom d'un ancien roi appelé *Abd-el-chems* (serviteur du soleil), qui fut ensuite surnommé *Saba*, c'est-à-dire *vainqueur*, parce qu'il *amena* une foule de *captifs* (1) *liés*, dont il se servit pour exécuter de grands ouvrages, entre autres la chaussée ou digue du lac de Mareb;

6° Enfin, que long-temps avant les rois des Hébreux, ceux de l'Iémen avaient fait des expéditions lointaines, tantôt à l'ouest de la mer Rouge, par l'intérieur de l'Afrique, vers Tombout et jusqu'à Maroc; tantôt au nord, jusqu'aux portes Caspiennes, et d'autres fois jusqu'à l'Inde.

Malheureusement, dans leurs récits vagues et souvent contradictoires sur la succession de ces rois arabes, nos compilateurs musulmans ne nous donnent qu'une seule date connue, qui devient notre point d'appui unique pour tous les calculs précis ou probables que l'on peut dresser.

---

(1) Le latin observe la même analogie de mots et d'idées; car *vincere* (vaincre) n'est qu'une modification de *vincire*, lier, *vinctus*, *victus*, *vinctor*, *victor*. L'historien Hamza déclare que l'étymologie de *Saba* l'embarrasse; mais elle est exacte dans l'hébreu, où *sabah* (shabah) signifie *emmener captif*. Ainsi l'antique homérite était analogue à l'hébreu, et nous en verrons un autre exemple dans les noms de *Zohák*.

« Cette date est le règne de *Balqis*, fille de *Had-*
« *had*, fils d'Amrou, fils de *Cheráhil*, laquelle ayant
« succédé à son père, par un cas qui a d'autres
« exemples en ces contrées, devint, après 20 ans,
« de règne, épouse de Salomon (selon Hamza), et
« le suivit en Palestine. Les Homérites prétendent
« qu'elle se bâtit un palais à Mareb, et qu'elle con-
« struisit la digue célèbre *du lac* de cette ville; mais
« le reste des Iémenais assure que depuis long-
« temps la digue était construite, et que Balqis ne
« fit que la réparer. »

En partant de cette époque connue, nous pouvons dire que Balqis commença de régner vers l'an 1030 (puisque Salomon commença de régner l'an 1018): son père *Had-had* avait régné, avant elle, 20 ans selon les uns, 75 ans selon les autres.

A cette occasion nous ferons deux remarques indispensables; l'une, que les auteurs de M. Schultens varient tellement sur la durée des règnes, quand ils la donnent, que l'on ne peut en tenir aucun compte.

L'autre, qu'à plusieurs rois antérieurs à Belqis ils donnent des règnes de 120 et 125, des âges de 300 et de 400 ans, qui ont de l'analogie avec les récits des Hébreux au temps de Moïse et des Juges, et qui autorisent et confirment les idées que nous avons développées sur la valeur des années au-dessous de *douze* mois. (*Voyez* 1re partie).

Nos auteurs ne s'accordent pas sur la généalogie

de Had-had. L'un le fait fils immédiat de Cherâhil; d'autres son petit-fils, par Amrou. Ces confusions sont faciles chez les Arabes, vu la répétition des mêmes noms dans les familles. *Aboul-feda* fait observer que Cherâhil n'était point fils de roi, mais qu'il fut élu par le peuple, las des guerres que ces rois ne cessaient de faire en Afrique. L'on cite deux circonstances de ces guerres qui deviennent un garant de leur réalité.

La première est que le prince homérite, prédécesseur de Cherâhil, fut surnommé le *seigneur* des *monstres* ou des *terreurs* (*Zou-l-Azâar*), parce qu'il amena de la Libye des prisonniers d'une race d'hommes petits et hideux, ayant la tête comme enfoncée dans la poitrine. Or, cette même race d'hommes reparaît dans l'histoire des Grecs et des Romains, qui les appellent *Blemmyes*, et leur aspect causa la même impression d'horreur dans Rome, lorsqu'ils y furent traînés en triomphe.

La seconde est qu'un autre prince antérieur fut surnommé *Zou-l-Minar*, *seigneur* des *phares*, parce que dans une expédition au pays des Nègres, il fit dresser des tours garnies de *lanternes*, afin de retrouver sa route à travers l'océan des Sables.

Un troisième prince, après avoir envoyé dans ce désert plusieurs détachements, qui périrent tous, fit élever sur la frontière des Sables une colonne munie d'une inscription explicative.

Ces expéditions répétées de plusieurs rois successifs, indiquent des motifs puissants de curiosité ou d'ambition, soit pour arriver à quelque pays riche, tel que Tombouctou, soit pour pénétrer jusqu'à l'Océan, dont ils auraient eu connaissance par les caravanes, ou jusqu'à la Méditerranée, vers les lieux où bientôt après s'eleva Carthage, et où déja florissaient peut-être plusieurs colonies phéniciennes : ce sont autant d'indications d'un commerce déja ancien, sur l'histoire duquel le savant professeur *Heeren* (1) nous a donné des idées neuves et lumineuses, qui nous expliquent la prospérité de ces contrées à des époques inconnues.

Quant à la série ascendante de ces rois, elle continue d'être confuse; car au-dessus de *Cheráhil*, *Aboul-feda* compte en remontant,

1° Amrou Dou-l-Azaâr; 2° son frère Afriqos, fils 3° d'Abraha-zou-el-Minar, fils 4° d'El-Sab-Zoul-Qarnain, fils 5° de *Haret Arraïés*.

Hamza, au contraire, supprime *el Sáb*; prétend qu'Abraha régna 183 ans, *Afriqos* 164, et *Zoûl-Azaâr* 25; tandis que, selon Nouëiri, le successeur de Haret fut Hàïar, fils de *Galeb*, fils de *Zeid*,

---

(1) Idées sur les relations politiques et commerciales des anciens peuples de l'Afrique, *en allemand*; par A. H. L. Heeren, professeur de philosophie à Gœttingue, etc., l'un des meilleurs livres historiques publiés de nos jours, dont nous n'avons qu'une traduction bien incomplète publiée en l'an vIII (1800).

lequel Hàïar régna 120 ans: selon *Ebn Hamdoun*, le successeur d'*Afriqos* aurait été son fils *El-Faïder* Zou - Chanâtir, qui alla en Irâq (Babylonie), et y périt.

Mais tous ces auteurs s'accordent sur Haret-Arraïès, comme ayant été le prince le plus remarquable par ses grandes actions.

« A son avénement (dit Hamza), l'Iémen était
« partagé en deux états, celui de *Saba* et celui de
« Hadramaut. Haret les réunit par conquête. Avant
« lui, les Iémenais n'avaient point été rassemblés
« en un seul corps de nation (excepté au temps de
« Homeir). Ce fut à Haret qu'ils se *réunirent* tous ;
« ce fut lui qu'ils *suivirent* tous ; d'où lui vint le
« surnom de *Tobba* (celui qui se *fait suivre*), sur-
« nom qui ensuite devint le titre spécial de tous
« ses successeurs. Après avoir soumis l'Iémen, il
« entreprit de grandes expéditions qui s'étendirent
« jusqu'au *Hend*(l'Indus): il vainquit les *Turks* dans
« l'*Aderbidjan*, en une bataille très-meurtrière ;
« il en amena une quantité d'enfants en esclavage,
« et *rapporta* en Iémen un *butin* d'une *richesse im-
« mense* ; de là lui fut donné le surnom d'Arraïès,
« *celui qui enrichit* (mot à mot, qui *couvre de
« plumes*, sans doute parce que la plume d'au-
« truche fut chez ces peuples le signe de l'opu-
« lence). »

Maintenant comparons ces détails à ceux de Ktésias.

Ninus s'associe au roi d'Arabie. Les historiens de cette contrée assurent qu'il n'y eut point d'autres *rois des Arabes* que ceux de l'Iémen. Ce *roi* d'Arabie s'appelait *Ariaios* ou *Araios*. Haret a le surnom d'*Arraïés*...... *Ariaïos accompagna Ninus contre Pharnus, roi des Mèdes*. Arraïés livra une *bataille terrible* dans l'*Aderbidjan*, qui est la *Médie* propre et originelle; il la livra aux *Turks*, c'est-à-dire à des hommes de *teint blanc*, tels que sont les montagnards de cette contrée, que les auteurs arabes et persans ont appelés *Turks*, parce que n'ayant aucune idée des *anciens Mèdes*, ils ont cru que le pays avait toujours été habité par des *Turkmans*, comme de leur temps. Arraïés poussa jusqu'à l'Indus. — Selon Ktésias, Ninus y alla aussi. Arraïés importa un butin immense. Ninus combla Ariaïos des plus riches dépouilles. Avec tant de traits d'une si parfaite ressemblance, l'on ne saurait douter que l'Arabe *Haret-Arraïés* ne soit l'Ariaïos de Ktésias et de Ninus, et nous en verrons une dernière preuve complémentaire dans les traditions perses sur la dynastie Pichedâd. Objectera-t-on que l'intervalle entre *Haret* et *Balqis* n'est point rempli d'un nombre suffisant de générations? En effet, les auteurs ne comptent que cinq ou six princes pour 200 ans: mais de Balqis à Alexandre ils n'en comptent que sept, dans environ 670 ans. Il est évident (eux-mêmes s'en plaignent et nous en avertissent) que toutes ces successions sont fracturées et incomplètes, comme le sont aussi les dynasties perses de *Kéian* et de *Pichedâd*, ainsi que nous le verrons. Peut-être est-ce pour combler leurs lacunes, que quelque ancien chronologiste a porté le règne d'*Arraïés* à 125 ans, selon *Nouëïri*; à 150 selon Hamza ; et les règnes d'*Abraha* et d'*Afriqos*, ses successeurs, l'un à 164, l'autre à 183, etc.; nombres absurdes, dont les véritables causes d'erreur sont désormais ignorées. Nous n'avons que des fragments, et il doit nous suffire d'y trouver les principales convenances observées. C'en est une de voir *Haret* placé au moins cinq ou six règnes avant Balqis, surtout lorsque les récits décousus et mutilés des auteurs nous laissent apercevoir qu'il y eut des troubles civils et des changements de dynastie. Par inverse de l'objection citée, nous devons dire qu'ayant reconnu l'identité de personnage, nous avons en main les moyens de rectifier ces monuments, et d'apprécier leurs erreurs. Enfin nous verrons dans les traditions perses, qu'en comparant les époques respectives des trois Tobbas, surnommés *premier*, *dernier* et *du milieu*, l'identité de Haret et de Ariaïos se trouve encore confirmée.

Alors que Haret fut contemporain de *Ninus*, son règne en Arabie dut commencer vers 1240 ; parce qu'avant d'être appelé par Ninus, il lui fallut un laps de temps pour subjuguer l'Iémen, et en joindre les diverses principautés à celle de Hadramaut, qui fut son premier domaine. Ici nous obtenons un moyen de classer un autre événement remarquable, qui nous est cité par les auteurs de M. Schultens :

« Ils nous disent *que quinze pères, c'est-à-dire*
« *quinze générations avant* Haret, avait vécu et ré-
« gné *Homeir*, fils de *Saba*, qui, le premier de la
« race de *Qahtan* (Ieqtan), régna sur tout l'Iémen
« (*Hamza*). Il était fils de *Saba-abd-el-chems*, et
« il chassa les Arabes *Temoúd* de l'Iémen dans
« l'Hedjaz (*Aboulfeda*).

« Ce fut le plus habile cavalier et le plus bel
« homme de son temps : son nom de *Homeir*
« (rouge) lui vint de ce qu'il était toujours vêtu
« de cette couleur. Il fut le premier qui posa sur
« sa tête une couronne d'or ; il régna 50 ans
« (*Nouèïri*). »

Si nous appliquons à ces *quinze pères* ou *générations* notre terme moyen de 27 ans, nous avons 405 ans plus 1240, égale 1645 ans : c'est-à-dire que *Homeir* aurait vécu vers 1650 ans avant notre ère. Notre auteur (Nouèïri) ajoute qu'il fut contemporain de *Qaïder*, fils d'*Ismaël*, fils d'*Abraham*, ce qui dans le système juif, veut dire le 19e siècle avant notre ère. Voilà donc les Arabes de l'Iémen ayant des rois et un état social déjà ancien, plus de 600 ans avant le petit peuple hébreu ; et cependant ce n'est pas à beaucoup près l'époque de leur origine.

Mais, pour revenir à Ninus, comment se fait-il que ce roi des *Assyriens*, vivant à *Kélané* ou *Télané* (1), au pays de *Sennar* en Mésopotamie, par le 36 ½ degré, ait eu l'idée de rechercher l'alliance d'un roi des Arabes vivant à *Mareb-Saba*, dans l'*Arabia felix* par le 12ᵉ de latitude, à la distance de près de 500 lieues, à travers les déserts du *Nadjd ?*

Au premier coup d'œil ce fait semble élever une grande difficulté; mais elle se résout très-plausiblement par diverses circonstances que nous fournissent les monuments des anciens Arabes.

Ces monuments nous ont déja dit (*Voyez* ci-devant, article des Juifs), « que les plus anciens
« habitants de l'Arabie furent les tribus d'*Aád*, de
« *Tamoud*, de *Tasm* et de *Djodaï*; qu'*Aád* habita
« *Hadramaut*; Tamoud le *Hedjaz* et le *Téhama*;
« Tasm le Haouas à l'est du Tigre et le midi de la
« Perse; Djoudaï le pays de *Hou*, qui est le *Iémama*; et que ces anciennes nations avaient soumis
« et possédé l'Irâq (qui est la Babylonie). »

Ce serait donc celles-là même que Ninus y aurait trouvées; soit qu'elles s'y fussent réfugiées 400 ans auparavant, à l'époque des guerres de Saba, soit qu'elles s'y fussent établies dès avant cette époque, comme il est probable.

---

(1) *Voyez* Étienne de Byzance, qui écrit *Télané*, probablement par l'altération de *K* en *T,* ou parce que les Syriens ont prononcé le *ké*, *tché*, comme les Arabes.

, Maintenant si, selon ces mêmes traditions, *Haret* fut un descendant de Saba le Homérite, il fut un Arabe de race ieqtanide, et par conséquent l'*ennemi de sang* des quatre anciennes tribus kushites, et nous voyons à la fois pourquoi il chassa de l'Iémen celle de Tamoud, et pourquoi il se lia d'amitié avec l'Assyrien Ninus, ennemi politique des quatre tribus.

Il est vrai que selon Aboulfeda, Haret comptait au nombre de ses ancêtres un prince aâdite appelé *Shedâd* ; mais outre qu'Aboulfeda ou ses auteurs peuvent être en erreur, cette circonstance ne changerait rien au fond des faits, parce que des pacifications ont pu occasioner de telles alliances, comme il se pratique même encore chez les Arabes.

D'ailleurs n'oublions pas que, selon les traditions conservées par Helqiah, les Assyriens et les peuples de l'Iémen durent se considérer comme parents, puisqu'ils reportaient également leur origine à *Sem*, fils de *Nouh* ; et cette parenté semble trouver son appui dans les faits suivants :

1° Leur langage était construit sur les mêmes principes de grammaire et de syntaxe.

2° Le mot *ashour* (assyrien) se traduit littéralement par les mots latins *felix*, *dives*, heureux et riche...... Or, l'Iémen n'a pas d'autre nom que celui d'*Arabie heureuse* chez les anciens Latins et Grecs qui n'ont dû être que les traducteurs des Orientaux : l'Iémen était une Assyrie.

3° Enfin il semble que les lettres alphabétiques furent les mêmes chez les Assyriens et chez les anciens Arabes de l'Iémen : les Arabes modernes, qui depuis le siècle de Mahomet seulement ont adopté l'alphabet syrien, nous apprennent qu'avant cette époque, les autres Arabes, et spécialement ceux de l'Iémen, avaient un système alphabétique totalement différent.

« Nos lettres arabes (disent-ils) s'écrivent de
« droite à gauche. Celles des Hémiarites (Homé-
« rites) s'écrivent de gauche à droite (comme le
« grec et l'éthiopien) : elles sont liées (entre elles)
« comme les lettres éthiopiennes. On les appelle
« *Mosnad*, ou *appuyées*; ce qui se dit aussi de plu-
« sieurs autres lettres anciennes, inconnues (1).

« Il y a douze espèces d'écritures, dit *Maula-ebn-*
« *Kair*; savoir: l'arabique, l'*hémiarite*, la grecque,
« la *persane*, la syrienne, l'hébraïque, la romaine,
« la copte, la *berbère*; l'andalouse, l'indienne et la
« chinoise. »

Dans cette énumération nous pouvons désigner

---

(1) *Voyez* un Mémoire très-approfondi de M. de Sacy, sur la littérature des Arabes et sur les monuments, tome XLVIII des Mémoires de l'Académie des Inscriptions et Belles-Lettres, pages 247 et suivantes.

toutes les espèces, excepté l'*hémiarite :* par *berbère* il faut entendre l'éthiopien dont Ludolf nous a donné le dictionnaire. L'écriture *persane* est le *zend*, que nous ont fait connaître Hyde et Anquetil ; l'indienne est le sanscrit ; l'andalouse est l'écriture appelée par Velazquez *caractères inconnus des anciens espagnols*. L'hémiarite reste donc la seule qui n'aurait pas de type connu ; mais puisque dans ce tableau nous ne voyons pas l'*écriture à clous* tracée sur les ruines de Persépolis et sur les briques des murs de fondation de l'ancienne Babylone, n'est-ce pas une raison de penser que cette écriture à clous doit être l'hémiarite ? On convient que ces murs et ces briques doivent leur origine à l'Assyrienne Sémiramis ; par conséquent ils sont les caractères dont usaient les Assyriens, ces lettres qu'Hérodote appelle lettres *assyriennes*, analogues aux caractères de Persépolis, mais plus compliqués : or, si à l'époque de Nabukodonosor et de Nabonasar, c'est-à-dire lorsque la race indigène des Chaldéens eut recouvré son indépendance nationale, l'écriture alphabétique des Babyloniens était ce que nous appelons la *chaldaïque*, analogue à celle des Syriens et des Phéniciens, n'avons-nous pas droit de conclure que les Assyriens et les Homérites, à titre d'enfants de *Sem*, eurent un système de lettres commun et identique, de même que les Phéniciens et les Arabes Chaldéens, à titre d'enfants de Kush, en eurent aussi un commun, mais différent des précédents, dont ils étaient les ennemis? Pour obtenir la démonstration de cette hypothèse, il nous faudrait la découverte de quelque ancien monument arabe à *Mareb*, ou en d'autres villes de l'Arabie heureuse (1).

Quant à l'écriture à clous considérée en elle-même, c'est une autre énigme qui n'a pas encore trouvé son OEdipe (2). Voyons si en prenant toujours Hérodote pour guide, nous serons plus heureux vis-à-vis de deux sphinx chronologiques, qui jusqu'à ce jour ont fait le désespoir de nos devanciers.

---

(1) Une maladie grave empêcha l'estimable Niebuhr d'avoir une copie qu'on lui disait prise sur une ancienne inscription; mais la main de qui il l'eût tenue, nous eût laissé des doutes légitimes.

(2) On a cru un instant que M. Grotefend avait eu ce bonheur; mais son explication n'a pas eu de suites, et elle ne devait pas en avoir, car elle est fondée sur deux mots dont nous croyons l'orthographe très-vicieuse. M. Grotefend dit que *Darios* devait être écrit Darheusch, et *Xercès*, Khsch-h-er-Sché: il est très-probable que le *Xercès* des Grecs n'a point eu pour type un mot si compliqué, et qu'il est seulement la double syllabe *shir shah* qui, en persan moderne, signifie le *lion-roi*; et tout l'édifice s'écroule. Espérons que les planches d'airain trouvées à Cochin par les missionnaires anglais, et sur lesquelles ont été gravés au 3e ou 4e siècle, en lettres à clous, des priviléges accordés aux juifs ou aux chrétiens, nous donneront une clef plus heureuse. *Voyez* sur cette matière une savante et judicieuse lettre de M. de Sacy, dans le Magasin encyclopédique, année 8, page 438; et pour les lettres hémiarites, *voyez* le mémoire du même savant, tome XLVIII de l'Académie des Inscriptions.

TABLE DES MATIÈRES

CONTENUES DANS CE VOLUME.

	Page.
Chapitre Ier. — Période des rois juifs	3
Chap. II. — Durée des juges	26
Chap. III. — Secours fournis par Favius Josephus	41
Chap. IV. — Y a-t-il eu un cycle sabbatique	52
Chap. V. — Des temps antérieurs à Moïse et des livres attribués à ce législateur	59
Chap. VI. — Passages du Pentateuque, tendants à indiquer en quel temps et par qui cet ouvrage a été ou n'a pas été composé	62
Chap. VII. — Époque de l'apparition du Pentateuque	69
Chap. VIII. — Suite des preuves	81
Chap. IX. — Problèmes résolus par l'époque citée	94
Chap. X. — Suite du précédent	107
Chap. XI. — Examen de la Genèse en particulier	119
Chap. XII. — Du déluge	123
Chap. XIII. — De la tour de Babel, ou pyramide de Bel à Babylone	138
Chap. XIV. — Du personnage appelé Abraham	148
Chap. XV. — Des personnages Antédiluviens	164
Chap. XVI. — Mythologie d'Adam et d'Ève	176
Chap. XVII. — Mythologie de la création	185
Chap. XVIII. — Examen du chap. 10 de la Genèse, ou système géographique des Hébreux	213
Chap. XIX. — Division de Sem	235

CHRONOLOGIE DES ROIS LYDIENS.

§ I	283

§ II. Solution de quelques difficultés............ 345
REMARQUES sur la traduction de M. LARCHER.......... 361

CHRONOLOGIE D'HÉRODOTE.

EMPIRE ASSYRIEN DE NINIVE.

§ I. Sa durée. Hérodote et Ktésias opposés quant au temps, mais non quant aux faits............... 367
§ II. Idée générale de l'empire assyrien, selon Ktésias, en Diodore, livre II, page 113 et suivantes, édition de Wesseling.......................... 377
§ III. Exposé d'Hérodote, sur la durée de l'empire assyrien............................ 397
§ IV. Calculs d'Hérodote comparés à ceux des Hébreux; dissonance qui en résulte.............. 402
§ V. Solution de la difficulté................... 411
§ VI. Coup d'œil sur l'histoire des manuscrits juifs... 417
§ VII. — Monument arménien confirmatif de notre solution............................. 422
§ VIII. Analyse de la liste assyrienne de Ktésias..... 429
§ IX. Époque de la guerre de Troie, selon les Assyriens et les Phéniciens..................... 439
§ X. Examen de la liste assyrienne de Ktésias....... 454
§ XI. Chronologie des Arabes homérites, favorable au plan d'Hérodote......................... 476

FIN DE LA TABLE.

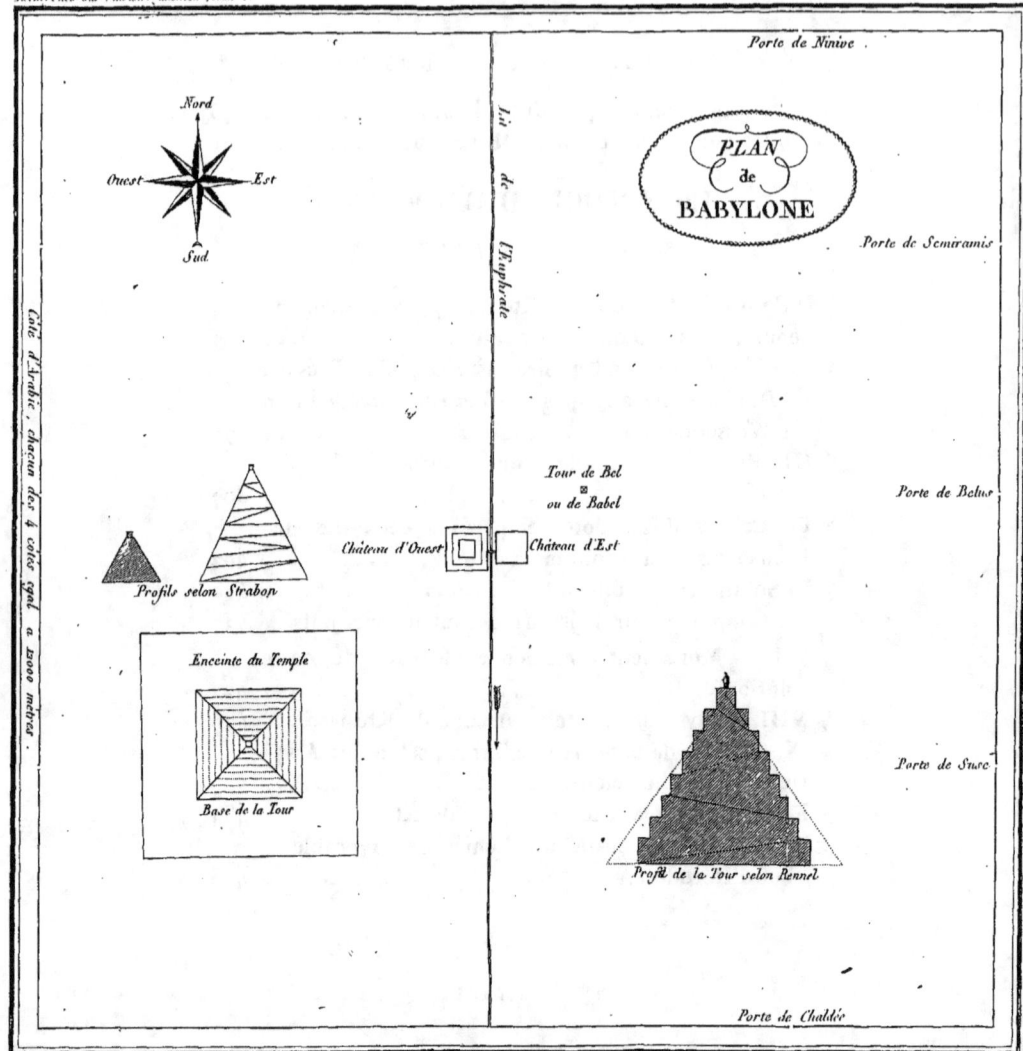